U0515681

中國佛教典籍選刊

法華玄義校注

〔隋〕智顗 講
〔唐〕灌頂 記
夏德美 校注

中華書局

圖書在版編目(CIP)數據

法華玄義校注/(隋)智顗講;灌頂記;夏德美校注. —
北京:中華書局,2022.5(2024.8 重印)
(中國佛教典籍選刊)
ISBN 978-7-101-15684-3

Ⅰ.法…　Ⅱ.①智…②灌…③夏…　Ⅲ.《法華經》-
研究　Ⅳ.B942.1

中國版本圖書館 CIP 數據核字(2022)第 059181 號

封面題簽:劉德輝
責任編輯:劉浜江
特約編輯:黄雯睿
封面設計:周　玉
責任印製:陳麗娜

中國佛教典籍選刊
法華玄義校注
〔隋〕智　顗 講
〔唐〕灌　頂 記
夏德美 校注

*

中 華 書 局 出 版 發 行
(北京市豐臺區太平橋西里 38 號　100073)
http://www.zhbc.com.cn
E-mail:zhbc@zhbc.com.cn
三河市鑫金馬印裝有限公司印刷

*

850×1168 毫米 1/32・23 印張・2 插頁・400 千字
2022 年 5 月第 1 版　2024 年 8 月第 3 次印刷
印數:4501-5500 册　定價:92.00 元

ISBN 978-7-101-15684-3

中國佛教典籍選刊編輯緣起

佛教是世界三大宗教之一，約自東漢明帝時開始傳入中國，但在當時並没有産生多大影響。到魏晉南北朝時期，佛教和玄學結合起來，有了廣泛而深入的傳播。隋唐時期，中國佛教走上了獨立發展的道路，形成了衆多的宗派，在社會、政治、文化等許多方面特别是哲學思想領域産生了深刻的影響。這時佛教已經中國化，完全具備了中國自己的特點。而且，隨着印度佛教的衰落，中國成了當時世界佛教的中心。宋以後，隨着理學的興起，佛教被宣布爲異端而逐漸走向衰微。但是，佛教的部分理論同時也被理學所吸收，構成了理學思想體系中的有機組成部分。直到近代，佛教的思想影響還在某些著名思想家的身上時有表現。總之，研究中國歷史和哲學史，特别是魏晉南北朝隋唐時期的哲學史，佛教是一項重要内容。佛學作爲一種宗教哲學，在人類的理論思維的歷史上留下了豐富的經驗教訓。因此，應當重視佛學的研究。

佛教典籍有其獨特的術語概念以及細密繁瑣的思辨邏輯，研讀時要克服一些特殊的困難，不少人視爲畏途。解放以後，由於國家出版社基本上没有開展佛教典籍的整理出版工作，因此，對於系統地開展佛學研究來説，急需解决基本資料缺乏的問題。目前對佛學有較深研究的專家、學者，不少人年事已高，如果不抓緊組織他們整理和注釋佛教典籍，將來再開展這項工作就會遇到更多困難，也不利於中青年研究工作者的成長。爲此，我們在廣泛徵求各方面意見的基礎上，初步擬訂了中國佛教典籍選刊的整理出版計劃。其中，有重要的佛教史籍，有中國佛教幾個主要宗派（天台宗、三論宗、唯識宗、華嚴宗、禪宗）的代表性著作，也有少數與中國佛學淵源關係較深的佛教譯籍。所有項目都要選擇較好的版本作爲底本，經過校勘和標點，整理出一個便於研讀的定本。對於其中的佛教哲學著作，還要在此基礎上，充分吸取現有研究成果，寫出深入淺出、簡明扼要的注釋來。

由於整理注釋中國佛教典籍困難較多，我們又缺乏經驗，因此，懇切希望能够得到各方面的大力支持和協助，使這項工作得以順利完成。

中華書局編輯部

一九八二年六月

目録

前言

法華玄義是由隋代智顗（五三八—五九七）講説，其弟子灌頂（五六一—六三二）記録整理而成的天台宗重要文獻。

一

智顗，俗姓陳，字德安，荆州華容（今湖北公安縣）人，祖籍潁川（今河南禹州市）。智顗出生在一個官僚家庭，十八歲跟隨湘州（今湖南長沙市）果願寺法緒出家，受十戒；後曾跟隨慧曠律師學習十誦律；又前往光州（今河南光山縣）大蘇山跟隨慧思學習禪觀；學成之後，前往金陵弘法，後創建天台僧團，被陳、隋兩朝尊爲國師。智顗是中國佛教第一個宗派天台宗的實際創立者，在中國佛教史上發揮過重要作用，具有重要地位。智顗生活的時代，正是中國由魏晉南北朝近四百年的分裂割據走向隋唐大一統的時期，政治、經濟、文化諸多方面都在鬥爭、衝突、矛盾中走向新的融會和統一。佛教界各種思潮學説也逐漸打破界限，重新整合，全面創新。智顗的思想和實踐帶有明顯的時代特徵，具有適應大一統的政治文化形態，以一種思想爲主，融會貫通各種已有學説，確立體系龐大、層次清晰、圓融無礙的思想學説的偉大氣魄，正如天台後人諦觀（高麗人，九六〇年入宋）所言：「天台智者大師，以五時八教判釋東流一代聖教，罄無不盡。」〔一〕

智顗所建立的龐大修行體系是以法華經會三歸一、開權顯實爲主要目標和途徑，最大程度吸收東晉以來般若學、涅槃學發展成果，抉擇成實學、毗曇學要義，並適當參考真諦傳入的法相唯識學經典而形成的。法華經被奉爲天台宗的宗經，在智顗的思想體系中具有基礎而核心的位置，因此，智顗關於法華經的講解在其整體思想體系中也就具有了最重要的地位。張風雷先生將智顗的佛學理論體系分爲三個方面，即教相、教

〔一〕天台四教儀，大正藏第四六册，第七七四頁下。

理、觀法〔一〕。那麽，我們可以説智顗關於教相、教理的學説正是集中體現在其對法華經的相關注疏中。一般認爲，智顗關於法華經的著作有法華玄義和法華文句。這兩部書，再加上側重講觀行方法的摩訶止觀，就構成了智顗著作的核心部分，也成爲天台宗歷史上最重要的三大部經典。

二

天台三大部中，法華玄義具有更重要的理論價值。從形式上看，法華文句是對法華經的隨文釋義、逐句解釋，法華玄義是對法華經經題的解釋。法華玄義的主旨是以五重玄義詳釋「妙法蓮華經」這一標題，概説此經的要旨，確定妙法蓮華經在佛陀一代所説諸經中的位置，實際上是智顗對於整個佛教的概論。法華玄義共十卷（多數版本中，每卷又分爲上下兩卷），從大的結構上可以分爲通釋五章（五章，即五重玄義：釋名、辨體、明宗、

〔一〕張風雷：智顗佛教哲學述評，中國佛教學術論典（五），佛光山文教基金會，二〇〇一年版，第一〇一頁。

論用、判教）和别釋五章兩部分。通釋是對五章綜合而簡略的闡釋，包括第一卷上和第一卷下的大部分。别釋五章是詳細論述五章，從第一卷下後半部分一直到第十卷結束。其中，「釋名」部分從第一卷下後半部分一直到第八卷上中間部分，是本書的主體内容；「辨體」從第八卷上中間到第九卷下；「明宗」「論用」主要在第九卷下；「判教」包括第十卷上、下。

縱觀法華玄義的内容，有幾點值得特别關注：

第一，法華玄義所引用的經典，除了法華經，最多的是大智度論和大般涅槃經。根據現代一些學者的研究，大智度論不一定是龍樹所作，可能並不屬於中觀學派，但自從鳩摩羅什翻譯出來之後，漢地佛教界都將其作爲與三論一樣的中觀學著作。大智度論在南北朝極爲盛行，北方甚至出現了專門研究大智度論的智論師。南方研究三論的學僧都會同時研究大智度論。智顗的老師慧思對大智度論情有獨鍾，專門提倡。智顗對大智度論的重視既受時代思潮的影響，也是對慧思思想的傳承。大般涅槃經是印度大乘佛教進一步發展時期出現的總結性經典，北涼曇無讖（三八五—四三三）翻譯之後，在漢地大爲流行，成爲南北朝時期討論最激烈的佛性問題的經典依據。南方流行的大般涅槃經是經過劉宋慧嚴（三六三—四四三）等改治的，綜合了曇無讖所譯和法顯（三三四—四二〇）所譯佛説大般泥洹經的内容。智顗對大般涅槃經的偏重，正是對南北朝時期熱點問題的積極回應。

第二，法華玄義的最主要内容有三部分，一是「判教」部分，二是「釋妙」部分，三是「辨體」部分。後來的天台宗人將智顗的判教歸納爲五時八教，但其實最重要的是藏、通、別、圓四教。這四教不僅是對一切經典次序、價值的判釋，也是對一切重要理論的判釋。或者説智顗將藏、通、別、圓的等級次序貫穿在對一切重要問題的解釋過程中。「釋妙」部分佔據了法華玄義近五分之三的篇幅，在這裏，智顗對所能見到的有關重要佛教理論的不同闡釋進行系統評判和排序，最終確定只有以法華經爲主的教法、理論才是最圓融、最究竟的，並將此作爲修行者的理論原則和實踐指導。在這一部分，雖然智顗分别從十個方面闡釋「跡門十妙」和「本門十妙」，重點卻是「跡門十妙」中的「境妙」和「智妙」。智顗最核心的理論一念三千、三諦圓融、一心三觀在這一部分得到了最詳盡、最完備的論述。「辨體」部分是對智顗實相理論的簡要概括，也是智顗所有修行理論的簡約版，重點討論了實相是什麼，如何才能悟入實相，體現了天台佛學理論與實踐的高度融合。

第三，南北朝後期，出現了幾位具有强烈綜合創新品格的佛學大師，影響最大的就是後來被稱爲「隋代三大師」的淨影慧遠（五二三—五九二）、智顗和吉藏（五四九—六二三)。慧遠是北方地論師的重要代表人物，吉藏是三論宗的集大成者，三人關注的問題多有重合，在各自著述中的相關論述也有很多相似之處，法華玄義中就有不少這樣的段落。比較這些論述，分析這些文本之間的相互關係，對我們深入理解三大師之間的思想關聯，理解南北朝後期的地論學派與天台、三論等宗派的關係意義重大。這方面日本學者已經做了諸多工作，國內的研究才剛剛開始，還需要投入更多的力量，進行更廣泛的文本對照和思想梳理。

法華玄義的最終完成，經過了灌頂的多次修改。從某種程度上説，法華玄義是智顗和灌頂共同完成的作品，其中也包含了灌頂對很多問題的理解。在法華玄義文本之中有些內容以「私」字開頭，這部分很明確是灌頂的闡釋；也有的內容直接編入文中，不容易區分，需要我們結合智顗、灌頂的其他著作，還有同時代人的作品去做詳細的比對研究。這項工作，在上個世紀六十年代的日本學者中已經開始，現在還遠沒有結束。

三

由於法華玄義的重要價值和在天台宗中的重要位置，其出現以來，一直受到佛教界的重視。唐代唯識宗重要創立者之一、玄奘（六〇二—六六四）弟子窺基（六三二—六八二）作法華玄贊十卷，從法相唯識立場解釋法華經，其中對很多重要問題的闡釋就是專門針對法華玄義。八世紀中葉，天台宗的復興者，被尊爲天台九祖的荆溪湛然（七一一—七八二），對智顗重要著作進行了全面注釋，其中，法華玄義釋籤二十卷既是對法華玄義的詳細解釋，也是對天台思想的深入發展。湛然還專門作法華五百問論三卷，對窺基法華玄贊展開集中批判，全力維護天台宗的基本立場。此後，佛教界（主要是天台宗）對法華玄義的注釋或節選一直不斷，重要的有宋法照法華經三大部讀教記二十卷、有嚴（一〇二一—一一〇一）法華經玄籤備檢四卷、從義（一〇四二—一〇九一）法華三大部補注十四卷、善月（一一四九—一二四一）大部妙玄格言二卷；明傳燈（一五五四—一六二八）法華經玄義輯略一卷、智旭（一五九九—一六五五）法華經玄義節要二卷；清靈耀法華經釋籤緣起序指明一卷、智銓法華經玄籤證釋十卷等等。這些著作大都是從宗派立場上反對或支持法華玄義，難免有偏頗之處，但可以看作是對法華玄義的早期整理和研究。

近代以來，隨著佛學研究的興盛，天台學研究也備受關注，法華玄義作爲天台宗的重要經典也受到了國内外學術界的重視。國内的研究側重把法華玄義作爲天台宗重要文獻，從中概括、提煉天台宗思想。對智顗思想的專題研究和一些重要的天台宗史、佛教通史性著作都採用這種方式。如吕澂中國佛學源流略講〔一〕、張風雷智顗佛教哲學述評、李四龍天台智者研究：兼論宗派佛教的興起〔二〕、潘桂明中國天台宗通史〔三〕、賴永海主編中國佛教史〔四〕第六卷，魏道儒主編世界佛教通史〔五〕第四卷等。日本學界一直注重對法華玄義進行文獻整理和單獨研究。佐藤哲英天台大師の研究〔六〕是這方面的代表性作品，其第三篇天台三大部の研究，詳細考察了三大部成立的過程，論述了法華玄義與吉藏法華玄論的關係，法華文句和吉藏法華玄論、法華義疏的關係。安藤俊雄天台學：根本思想とその展開〔七〕也對法華玄義進行了深入研究。菅野博史一直關注法華經注疏的研究，有關法華玄義方面，已經出版現代日語翻譯和日文注釋書。中國學界對於法華玄

〔一〕中華書局，一九七九年版。
〔二〕北京大學出版社，二〇〇三年版。
〔三〕鳳凰出版社，二〇〇八年版。
〔四〕江蘇人民出版社，二〇一〇年版。
〔五〕中國社會科學出版社，二〇一五年版。
〔六〕日本百華苑，一九六一年版。
〔七〕日本平樂寺書店，一九六八年版。

義的文獻學整理和單獨研究相對不足，目前主要有李志夫的妙法蓮華經玄義研究〔一〕和沈海燕法華玄義精讀〔二〕兩種。李著是對法華玄義的系統研究，主要依據歷代法華玄義注釋梳理其中的重要概念，並進行義理上的分段、總結、評論。沈著是對智旭節選的兩卷本法華玄義節要的内容介紹和導讀。這兩種著作都爲本次整理提供了參考。

四

法華玄義形成後有單行本流行。唐天寶年間，鑒真（六八八—七六三）將法華玄義等天台宗文獻傳入日本，後日僧最澄（七六七—八二二）、空海（七七四—八三五）等繼續弘傳。唐末五代之後，戰亂頻仍，佛教各宗的文獻大都流散，法華玄義也在劫難逃。五代後期義寂（九一九—九八七）前往天台山研習止觀，發現天台宗的文獻大都已經散失，只找到了淨名經疏一種，遂發誓尋回典籍。後來，在義寂請求下，吴越王遣使十人，前往日

〔一〕台北中華佛教文獻編撰社，一九九七年版。
〔二〕上海古籍出版社，二〇一一年版。

本，取回天台教籍，法華玄義才得以重新流傳。北宋天聖二年（一〇二四）法華玄義被收入大藏經，但現存的早期大藏經如高麗藏、磧砂藏等都没有收録法華玄義，趙城金藏中殘留卷二、卷七、卷八三卷。明代藏經中，永樂北藏、永樂南藏、徑山藏（嘉興藏）都收録。此外，法華玄義在日本還保留了不少版本。

此次校注，以永樂北藏本爲底本，以趙城金藏本（簡稱金本，中華大藏經影印）殘本、大正藏本（簡稱大本）爲校本，參考中華書局中華大藏經所收法華玄義根據永樂南藏（簡稱南本）、徑山藏（簡稱徑本）所作的校勘記，並對書中的典故人物、關鍵術語進行了注釋。

書中不當之處在所難免，懇望方家不吝指正。

夏德美

徵引文獻目録

本書目所列皆爲整理本，凡出自大正藏、卍續藏、中華大藏經等藏經文獻的經典概不列示。

陳書，唐姚思廉撰，中華書局，一九七二年版

出三藏記集，梁釋僧祐撰，蘇晉仁、蕭鍊子點校，中華書局，一九九五年版

春秋左傳正義，春秋左丘明撰，晉杜預注，唐孔穎達疏，北京大學出版社，二〇〇二年版

高僧傳，梁釋慧皎撰，湯用彤校注，湯一玄整理，中華書局，一九九二年版

國語集解，徐元誥撰，中華書局，二〇〇二年版

漢書，漢班固撰，中華書局，一九六二年版

弘明集校箋，梁釋僧祐撰，李小榮校箋，上海古籍出版社，二〇一三年版

禮記正義，東漢鄭玄注，唐孔穎達疏，北京大學出版社，二〇〇〇年版

論衡注釋，東漢王充著，北京大學歷史系論衡注釋小組注釋，一九七九年版
論語譯注，楊伯峻譯注，中華書局，一九八〇年版
吕氏春秋集釋，許維遹著，梁運華整理，中華書局，二〇〇九年版
孟子譯注，楊伯峻譯注，中華書局，二〇一〇年版
南史，唐李延壽撰，中華書局點校本，一九七五年版
尚書正義，西漢孔安國傳，唐孔穎達疏，北京大學出版社，二〇〇〇年版
世説新語校箋，楊勇校箋，中華書局，二〇〇六年版
隋書，唐魏徵、唐令狐德棻撰，中華書局，一九七三年版
續高僧傳，唐道宣撰，郭邵林點校，中華書局，二〇一四年版
文選，梁蕭統編，上海古籍出版社，二〇〇七年版
周易正義，魏王弼等注，唐孔穎達疏，北京大學出版社，二〇〇二年版
莊子今註今譯，陳鼓應注譯，中華書局，一九八三年版

法華私記緣起

隋〔一〕沙門灌頂〔二〕述

大法東漸，僧史所載，詎有幾人不曾聽講，自解佛乘〔三〕者乎？縱令發悟，復能入定，得陀羅尼〔四〕者不？縱具定慧，復帝京弘二法不？縱令盛席，謝遣徒衆，隱居山谷不？縱避世守玄，被徵爲二國師〔五〕不？縱帝者所尊，太極〔六〕對御，講仁王般若〔七〕不？縱正殿宣揚，爲主上三禮〔八〕不？縱令萬乘屈膝，百高座〔九〕百官稱美讚歎，彈指喧殿不？縱道俗顒顒，玄悟法華圓意不？縱得經意，能無文字，以樂説辯〔一〇〕晝夜流瀉不？唯我智者〔一一〕，具諸功德。

【校注】

〔一〕隋：南本、徑本、大本無。

〔二〕灌頂：（五六一—六三二），字法雲，俗姓吴，智顗弟子，原籍常州義興（今江蘇宜興），後遷臨海章安（今屬浙江），時稱章安大師、章安尊者，被尊爲天台宗五祖。續高僧傳卷十九有傳。灌頂是智顗著述的主要整理者，現存的智顗著作，除了有關維摩詰經的著述之外，都是灌頂整理而成。智顗去世後，灌頂撰寫了隋天台智者大師别傳一卷、編纂了國清百録四卷等有關智顗生平事蹟的著作。灌頂撰有大般涅槃經玄義二卷、大般涅槃經疏三十三卷，觀心論疏五卷、天台八教大意一卷。

〔三〕佛乘：指以妙法蓮華經爲代表的一乘佛教。

〔四〕陀羅尼：梵語 dhāraṇī 的音譯。意譯爲總持、能持、能遮等，陀羅尼是一種記憶術，就是能總攝憶持無量佛法而不忘失的能力。

〔五〕二國師：指陳、隋二國國師。

〔六〕太極：指陳朝的正殿太極殿。據國清百録卷一至開陽門舍人陳建宗等宣少主口敕第十二：「羅闡宣口敕，請講：國家一年舊有仁王兩集，仰屈於太極殿開講。法式處分，一聽指撝。」

〔七〕仁王般若：指仁王般若波羅蜜經，共二卷，姚秦鳩摩羅什譯，今收於大正藏第八册。本經與妙法蓮華經、金光明經被稱爲護國三部經。在南北朝隋唐時期，經常舉行以講説、持誦三部經爲主的法會。

〔八〕爲主上三禮：湛然法華玄義釋籤卷一：「初開法筵，主上親於衆中三禮。」

〔九〕高座：指高僧。

〔一〇〕妙法蓮華經卷一序品：「皆得陀羅尼，樂説辨才，轉不退轉法輪。」

〔一一〕智者：據菩薩地持經卷五，「智者」泛指授菩薩戒的戒師。據續高僧傳卷一七，智顗曾爲晉王楊廣授菩薩戒，楊廣尊智顗爲智者，此後智者往往成爲智顗的專稱。

幸哉灌頂，昔於建業，始聽經文；次在江陵，奉蒙玄義；晚還台嶺，仍值鶴林。荆揚往復，途將萬里，前後補接，纔聞一徧。非但未聞不聞，亦乃聞者未了，卷舒鑽仰，彌覺堅高〔一〕，猶恨緣淺，不再不三，諮詢無地，如犢思乳。並復惟念：斯言若墜，將來可悲。涅槃明若樹若石〔二〕，今經稱若田若里〔三〕，聿遵聖典，書而傳之，玄、文〔四〕各十卷。或以經論誠言，符此深妙；或標諸師異解，驗彼非圓。後代行者，知甘露門之在兹。

【校注】

〔一〕卷舒鑽仰，彌覺堅高：出論語子罕：「顏淵喟然歎曰：『仰之彌高，鑽之彌堅，瞻之在前，忽焉在後。』」

〔二〕若樹若石：出自大般涅槃經卷一四聖行品釋迦牟尼佛前身爲求半偈捨身事：「善男子！我於爾時深思此義，然後處處若石、若壁、若樹、若道，書寫此偈。」

〔三〕若田若里：出自妙法蓮華經卷六隨喜功德品：「如來滅後，若比丘、比丘尼、優婆塞、優婆夷，及余智者，若長若幼，聞是經，隨喜已，從法會出，至於餘處，若在僧坊，若空間地，若城邑、巷陌、聚落、田里，如其所聞，爲父母、宗親、善友、知識，隨力演説。」

〔四〕玄、文：即法華玄義與法華文句。

序王

所言「妙」者，「妙」名不可思議也。所言「法」者，十界〔一〕、十如〔二〕權實之法也。「蓮華」者，譬權實法也。良以妙法難解，假喻易彰，況意乃多，略擬前後，合成六也。一、爲蓮故華，譬爲實施權。文云：「知第一寂滅，以方便力故，雖示種種道，其實爲佛乘。」〔三〕二、華敷譬開權，蓮現譬顯實。文云：「開方便門，示真實相。」〔四〕三、華落譬廢權，蓮成譬立實。文云：「正直捨方便，但說無上道。」〔五〕又蓮譬於本，華譬於迹，從本垂迹，迹依於本。文云：「我實成佛來，久遠若斯。但教化衆生，作如是說：『我少出家，得三菩提。』」〔六〕二、華敷譬開迹，蓮現譬顯本。文云：「一切世間皆謂今始得道，我成佛來，無量無邊那由他劫。」三、華落譬廢迹，蓮成譬立本。文云：「諸佛如來，法皆如是。爲度衆生，皆實不虛。」是以先標妙法，次喻蓮華。蕩化城之執教〔七〕，廢草庵之滯情〔八〕；開方便之權門，示真實之妙理；會衆善之小行，歸廣大之一乘。上、中、下根，皆與記莂。又發衆聖之權巧，顯本地之幽微，故增道損生，位隣大覺，一期化導，事理俱圓。蓮華之譬，意在斯矣。「經」者，外國稱修多羅，聖教之都名，有翻、無翻，事如後釋。

記者[九]釋曰：蓋「序王」者，叙經玄意。玄意述於文心，文心莫過迹本。仰觀斯旨，衆義泠然。妙法蓮華，即叙名也；示真實之妙理，叙體也；歸廣大之一乘，叙宗也；蕩化城之執教，叙用也；一期化圓，叙教也；六譬，叙迹本也。文略意周矣。

【校注】

〔一〕十界：指十法界，六凡（地獄、惡鬼、畜生、阿修羅、人、天）、四聖（聲聞、緣覺、菩薩、佛）。這是天台宗獨特的説法。

〔二〕十如：指妙法蓮華經卷一方便品中「十如是」：「所謂諸法如是相，如是性，如是體，如是力，如是作，如是因，如是緣，如是果，如是報，如是本末究竟等。」

〔三〕見於妙法蓮華經卷一方便品。

〔四〕見於妙法蓮華經卷一方便品。

〔五〕見於妙法蓮華經卷四授學無學人記品。

〔六〕妙法蓮華經卷五如來壽量品：「諸善男子！如來見諸衆生樂於小法、德薄垢重者，爲是人説：『我少出家，得阿耨多羅三藐三菩提。』然我實成佛已來久遠若斯，但以方便，教化衆生，令入佛道，作如是説。諸善男子！如來所演經典，皆爲度脱衆生，或説己身、或説他身，或示己身、或示他身，或示己事、或示他事，諸所言説，皆實不虛。」以下兩處引文都來自於此。

〔七〕妙法蓮華經卷三化城喻品：「今此大城，可於中止。」

〔八〕妙法蓮華經卷三信解品：「猶處門外，止宿草庵。」

〔九〕記者：指灌頂。法華玄義是由灌頂記録、整理而成，在智顗去世後，又經過多次修改。

私序王〔一〕

夫理絶偏圓，寄圓珠而談理；極非遠近，託寶所而論極。極會圓冥，事理俱寂。而不寂者，良由耽無明酒，雖繫珠而不覺；迷涅槃道，路弗遠而言長。聖主世尊，愍斯倒惑，四華六動〔二〕，開方便之門；三變〔三〕千踊〔四〕，表真實之地，咸令一切普得見聞。發祕密之奥藏，稱之爲妙。示權實之正軌，故號爲法。指久遠之本果，喻之以蓮。會不二之圓道，譬之以華。聲爲佛事，稱之爲經。圓詮之初，目之爲序。序類相從，稱之爲品。衆次之首，名爲第一。

釋曰：談記是叙名；會冥是叙體；圓珠是叙宗；俱寂是叙用；四華六動是叙教。本迹可知。

【校注】

〔一〕此爲灌頂所作序言。下文凡有「私」字處，也應爲灌頂自己的解釋。

〔二〕四華六動：出自妙法蓮華經卷一序品：「是時，天雨曼陀羅華、摩訶曼陀羅華、曼殊沙華、摩訶曼殊沙華，而散佛上，及諸大衆，普佛世界，六種震動。」

〔三〕三變：指妙法蓮華經卷四見寶塔品中釋迦如來十方分身佛，各自帶領一位菩薩，爲供養多寶塔，來靈鷲山時，釋迦如來以神力三變穢土而爲淨土：初變娑婆世界，次變二百萬億那由他國，後更變二百萬億那由他國爲淨土。這就是「三變土田」。

〔四〕千踊：指妙法蓮華經卷五從地踊出品中衆多菩薩從地踊出。

此妙法蓮華經者，本地〔一〕甚深之奥藏也。文云：「是法不可示〔二〕，世間相常住〔三〕。」三世如來之所證得也。文云：「是第一寂滅〔四〕，於道場知已，大事因緣出現於世〔五〕。始見我身，令入佛慧〔六〕。爲未入者，四十餘年，以異方便助顯第一義〔七〕。今正直捨方便，但說無上道。」〔八〕

所言妙者，褒美不可思議之法也。又妙者，十法界、十如之法。此法即妙，此妙即法，無二無別，故言妙也。又妙者，自行權實之法妙也，故舉蓮華而況之也。又妙者，即迹而本，即本而迹，即非本非迹，或爲開廢〔云云〕。又妙者，最勝修多羅甘露之門，故言妙也。

釋曰：妙無別體，體上褒美者，叙妙名也。妙即法界，法界即妙者，叙體也。自行權實者，叙宗也。本迹六喻者，叙用也。甘露門者，叙教也。

【校注】

〔一〕本地：指佛法身。相對於化身而言，法身稱爲「本地」。

〔二〕妙法蓮華經卷一方便品：「是法不可示，言辭相寂滅，諸餘衆生類，無有能得解，除諸菩薩衆，信力堅固者。」

〔三〕妙法蓮華經卷一方便品：「是法住法位，世間相常住，於道場知已，導師方便説。」

〔四〕妙法蓮華經卷一方便品：「知第一寂滅，以方便力故，雖示種種道，其實爲佛乘。」

〔五〕妙法蓮華經卷一方便品：「佛告舍利弗：『如是妙法，諸佛如來時乃説之，如優曇鉢華，時一現耳。舍利弗！汝等當信佛之所説，言不虚妄。舍利弗！諸佛隨宜説法，意趣難解。所以者何？我以無數方便，種種因緣、譬喻言辭，演説諸法。是法非思量分別之所能解，唯有諸佛乃能知之。所以者何？諸佛世尊唯以一大事因緣故出現於世。舍利弗！云何名諸佛世尊唯以一大事因緣故出現於世？諸佛世尊，欲令衆生開佛知見，使得清淨故，出現於世；欲示衆生佛之知見故，出現於世；欲令衆生悟佛知見故，出現於世；欲令衆生入佛知見道故，出現於世。舍利弗！是爲諸佛以一大事因緣故出現於世。』」

〔六〕妙法蓮華經卷五從地踊出品：「爾時，世尊於菩薩大衆中而作是言：『如是，如是！諸善男子！如來安樂，少病、少惱；諸衆生等，易可化度，無有疲勞。所以者何？是諸衆生，世世已來常受我化，亦於過去諸佛供養尊重，種諸善根。此諸衆生，始見我身，聞我所説，即皆信受入如來慧，除先修習學小乘者。如是之人，我今亦令得聞是經，入於佛慧。』」

〔七〕妙法蓮華經卷一方便品：「又諸大聖主，知一切世間，天人群生類，深心之所欲，更以異方便，助顯第一義。」

〔八〕妙法蓮華經卷一方便品：「今我喜無畏，於諸菩薩中，正直捨方便，但説無上道。」

妙法蓮華經玄義卷第一上

隋天台智者大師〔一〕説

門人灌頂記〔二〕

釋名第一

辨體第二

明宗第三

論用第四

判教第五

釋此五章，有通、有別。通是同義，別是異義。如此五章，徧解衆經，故言同也。釋名異，乃至判教教異，故言別也。例衆經之初，皆安五事，則同義也。「如是」詮異，「我聞」人異，「一時」感應異，「佛住」處所異，「若干人」聽衆異，則別義也。又通者，共義；别者，各義。如此通、别，專在一部。通則七番共解，别則五重各説。例如利鈍，須廣略二門也。衆教通別，今所不論；一經通別，今當辨。

就通作七番共解：一、標章；二、引證；三、生起；四、開合；五、料簡；六、觀心；七、會異。標章令易憶持，起念心故。引證據佛語，起信心故。生起使不雜亂，起定心故。開合、料簡、會異等，起慧心故。觀心即聞、即行，起精進心故。五心立，成五根，排五障〔三〕，成五力〔四〕，乃至入三脱門〔五〕。略説七重共意如此。

【校注】

〔一〕隋天台智者大師：南本作「智者大師」，徑本、大本作「天台智者大師」。以下各卷同。金本僅存的幾卷作「智者大師」。

〔二〕門人灌頂記：南本、徑本、大本無。以下各卷同。金本僅存的幾卷無此。

〔三〕五障：此處指五力之障礙，即欺、怠、嗔、恨、怨等五障。法華玄義釋籤卷一：「言排障者，如信解品云：無有欺、怠、瞋、恨、怨言。欺爲信障，怠爲進障，瞋爲念障，恨爲定障，怨爲慧障。」

〔四〕五力：指五種力用，即信力、精進力、念力、定力、慧力。

〔五〕三脱門：即三解脱門：空、無相、無作。

廣解五章者，一一廣起五心、五根，令開、示、悟、入佛之知見耳。

初標五章（云云）。標名爲四：一、立；二、分別；三、結；四、譬。

立名者，原聖建名，蓋爲開深以進始〔一〕，咸令視聽，俱得見聞，尋途趣遠，而至於極，故以名名法，施設衆生。

分別者，但法有麤妙，若隔歷三諦，麤法也；圓融三諦，妙法也。此妙諦本有，文云：「是法住法位，世間相常住。唯我知是相，十方佛亦然。」〔二〕尚非不退菩薩、入證二乘所知，況復人天羣萌之類。佛雖知是，不務速説。文云：「我若讚佛乘，衆生没在苦。謗法不信故，墜於三惡道。」〔三〕所以初教建立融不融，小根併不聞；次教建立不融，大根都不用；次教俱建立，以融斥不融，令小根恥不融，慕於融；次教俱建立，令小根寄融向不融，令大根從不融向於融。雖種種建立，施設衆生，但隨他意語，非佛本懷，故言不務速説也。今經正直捨不融，但説於融，令一座席同一道味，乃暢如來出世本懷，故建立此經，名之爲妙。

結者，當知華嚴兼，三藏但，方等對，般若帶。此經無復兼、但、對、帶，專是正直無上之道，故稱爲妙法也。

譬蓮華者，例有麤妙。云何麤？狂華無果，或一華多果，或多華一果，或一華一果，或前果後華，或前華後果。初喻外道，空修梵行，無所剋獲。次喻凡夫，供養父母，報在梵天。次喻聲聞，種種苦行，止得涅槃。次喻緣覺，一遠離行，亦得涅槃。次喻須陀洹，却後修道。次喻菩薩，先藉緣修，生後真修。皆是麤華，不以爲喻。蓮華多奇，爲蓮故華，華實具足，可喻即實而權；又華開蓮現，可喻即權而實；又華落蓮成，蓮成亦落，可喻非權非實。如是等種種義便故，以蓮華喻於妙法也。

【校注】

〔一〕開深以進始：法華玄義釋籤卷一：「一實相處，名爲深理；七方便人，皆名始行。」

〔二〕妙法蓮華經卷一方便品：「是法住法位，世間相常住，於道場知已，導師方便說。（中略）唯我知是相，十方佛亦然。」

〔三〕妙法蓮華經卷一方便品：「若但讚佛乘，衆生没在苦，不能信是法；破法不信故，墜於三惡道。」

體者爲四：一、釋字；二、引同；三、簡非；四、結正。體字訓禮。禮，法也，各親其親，各子其子〔一〕，君臣撙節〔二〕。若無禮者，則非法也。出世法體，亦復如是，善惡、凡聖、菩薩、佛，一切不出法性，正指實相以爲正體也。故壽量品云：「不如三界，見於三界」，

「非如非異」〔三〕。若三界人見三界爲異，二乘人見三界爲如，菩薩人見三界亦如亦異，佛見三界非如非異，雙照如異。今取佛所見爲實相正體也。金剛藏説「佛甚微智」，辭異意同。其辭曰：「空有不二，不異不盡。」〔四〕空非斷無，故言空有。有即是空，空即是有，故言不二。非離空有外，別有中道，故言不異。徧一切處，故言不盡。此亦與龍樹意同。中論云：「因緣所生法，即空、即假、即中。」〔五〕因緣所生法即空者，此非斷無也。即假者，不二也。即中者，不異也。因緣所生法者，即徧一切處也。今言實相體，即權而實，離斷無謗也；即實而權，離建立謗也；權實即非權實，離異謗也；雙照權實，徧一切處，離盡謗也〔六〕。斯乃總二經之雙美，申兩論之同致，顯二家之懸會，明今經之正體也。

【校注】

〔一〕禮記禮運：「今大道既隱，天下爲家，各親其親，各子其子。」

〔二〕撙節：指抑情順禮。禮記曲禮上：「是以君子恭敬、撙節、退讓以明禮。」孫希旦集解：「有所抑而不敢肆謂之撙，有所制而不敢過謂之節。」

〔三〕妙法蓮華經卷五如來壽量品：「如來如實知見三界之相，無有生死、若退若出，亦無在世及滅度者，非實非虚，非如非異，不如三界，見於三界，如斯之事，如來明見，無有錯謬。」

〔四〕十地經論卷二：「自體本來空，有不二不盡，遠離於諸趣，等同涅槃相。（中略）偈言自體本來空，智自空故。云何取此自體空？有、不二、不盡，如是取。此句顯離三種空攝，一離謗攝，二離異攝，三離盡滅攝。』」淨影慧遠十地經論義記：「離前三種邪空攝也。離謗攝者，以是有故，離謗無攝。離異攝者，以不二故，離異智攝。離盡攝者，以不盡故，離盡滅攝。」無論是十地經論，還是十地經論義記，都認爲自體空有三個層次：有、不二、不盡。智顗卻增加了一個層次：不異。從義法師三大部補注這樣來解釋：「今家學者，須知論文，次了天台借用之意。偈、論但有三句，而無不異句也。其文雖闕，其義無虧。何者？既有不二，豈無不異？四句備矣，大旨全焉，所以天台借而復加不異句也。況復論云『二離異攝』，既離於異，明知不異，是故加句，良由此矣。」

〔五〕中論卷四觀四諦品：「衆因緣生法，我説即是無。亦爲是假名，亦是中道義。未曾有一法，不從因緣生。是故一切法，無不是空者。」

〔六〕法華玄義釋籤卷一：「兩教二乘，不能即權而實，名爲斷無。藏通菩薩，不能即實而權，名爲建立。別教菩薩，棄邊取中，名之爲異。地前爲權實，登地爲雙非，並語地前不能權實即中及中照權實，故不免異及以盡謗。」

私謂：實相之法，橫破凡夫之四執〔一〕，豎破三聖〔二〕之證得。破凡夫可解。破聖者，三藏二乘指但空爲極，譬玻瓈〔三〕珠一往似真，再研便僞。身子云：「我等同入法性，失於如來無量知見。」〔四〕空有之旨，正破此證也。

通教人指但空、不但空共爲極，譬雜色裹珠，光隨色變，緣所見之光，亡其本體，逐玄黄之色，墮落二乘。大經云：「聲聞之人但見於空，不見不空。菩薩之人非但見空，亦見不空。」〔五〕所見既殊，不二之旨，正破此證也。

别教人指不但空爲極，迥出二邊，如雲外月，棄邊取中，如捨空求空，不異之旨，正破此證。

若彼有此無，則正法不徧。不盡之旨，亦破此證也〔六〕。

此等皆非佛甚微智，不與金剛藏意同，非佛證得。本有常住，不與方便品同。不徧一切處，不與壽量品同〔七〕。既不會正體，攝屬何法？但空是化他之實，但、不但是自行化他之實。出二邊中，是自行之權。並他經所説，非今體也〔八〕。

今經體者，體化他之權實即是自行之權實，如垢衣内身，實是長者〔九〕。體自行化他之權實，即是自行之權實，如衣内繫珠，即無價寶也〔一〇〕。自行之權即自行之實，如一切世間治生産業，皆與實相不相違背，一色一香〔一一〕無非中道，況自行之實而非實耶？

【校注】

〔一〕四執：指古印度外道對諸法所持有的四種執著看法，又稱四邪、四迷、四術。數論外道主張一切法爲一，勝論外道主張一切法爲異，尼犍子外道主張一切法亦一亦異，若提子外道主張一切法非一非異。

〔二〕三聖：此指三藏二乘、通教人、别教人。

〔三〕「玻瓈」：大本作「頗梨」。

〔四〕妙法蓮華經卷二譬喻品：「我昔從佛聞如是法，見諸菩薩授記作佛，而我等不豫斯事，甚自感傷，失於如來無量知見。我等同入法性，云何如來以小乘法而見濟度？是我等咎，非世尊也。所以者何？若我等待説所因成就阿耨多羅三藐三菩提者，必以大乘而得度脱。然我等不解方便隨宜所説，初聞佛法，遇便信受、思惟、取證。」

〔五〕大般涅槃經卷二五獅子吼菩薩品之一：「佛性者，名第一義空，第一義空名爲智慧。所言空者，不見空與不空。智者見空及與不空、常與無常、苦之與樂、我與無我。空者，一切生死；不空者，謂大涅槃；乃至無我者即是生死，我者謂大涅槃。見一切空，不見不空，不名中道；乃至見一切無我，不見我者，不名中道。」法華玄義中所引用的大般涅槃經是經過劉宋慧嚴等改治的三十六卷本。本書引大般涅槃經原文也引慧嚴本。

〔六〕法華玄義釋籤卷一：「次别教人，雖不但名同，但中異故，故云迥出。是故三教並爲圓教所破。然破别者，但破教道。邊本是中，今棄邊中之中而别求於中，故以雲外之月譬教道中，以捨空求空譬方便智。若知邊中不異，即破此意。彼理有中，此邊無中，則實相正法不遍一切，故不名不盡。故以不盡，破於不遍。前金剛藏四句破中，別教得二句，即此意也。」

〔七〕法華玄義釋籤卷一：「初文者，金剛藏四句雖異，皆云是佛甚微智故，故前釋云皆被空有等破故也。本有常住，權實不二，前之三教體皆不融，是故不與方便品中妙權實同。壽量實相，遍於三界，前之三教體皆不遍，是故不與壽量品中雙非義同。」

〔八〕法華玄義釋籤卷一：「但空於化他中是實，於自行中是權，三藏唯有一但真故。但不但等者，若自他相對，但是他實，不但是自實，通教真中有二實故。是故二教並非經體。出二邊中等者，説中道故，名爲自行；云出二邊，故名爲權，此是判權實意也。」

〔九〕出自妙法蓮華經卷二信解品窮子喻。

〔一〇〕出自妙法蓮華經卷四五百弟子受記品寶珠喻。

〔一一〕一色一香：指一切事物，從現有文獻看，這種表述基本始於智顗、灌頂，本書多次使用這一表述，此後天台宗、禪宗文獻中也多使用。

宗者爲三：一示，二簡，三結。

宗者，要也。所謂佛自行因果以爲宗也。云何爲要？無量衆善，言因則攝。無量證得，言果則攝。如提綱維，無目而不動；牽衣一角，無縷而不來，故言宗要。

然諸因果，善須明識，尚不取别教因果，況餘因果？餘因果者，昔三因大異，而三果小同。又三因大同，而三果小異。又一因迴出，一果不融。因不攝善，果不收德，則非佛自行之因，非佛道場證得之果[一]。

又簡者，諸經明佛往昔所行因果，悉皆被拂，咸是方便，非今經之宗要。取意爲言，因窮久遠之實修，果窮久遠之實證。如此之因，豎高七種方便[二]，横包十法界法。初修此實相之行，名爲佛因；道場所得，名爲佛果。但可以智知，不可以言具。

略舉如此因果，以爲宗要耳。

【校注】

[一] 三因、三果：分别指藏教、通教、别教三教修行之因果。法華玄義釋籤卷一：「初三藏中，諦緣度殊，故因大異；俱斷見思，三乘微異，故果小同。次通教中，俱學般若，故因大同；同坐解脱，習盡不等，故果小異。次别教中，在因説理，不在二邊，名爲迴出；復説果理，諸位差别，故云不融。因不下，重釋所以。以迴出因不攝地前衆善，登地諸位互不相收，乃至果地萬德互不相關。則非下，正明卻意。以非迹中自行之因，又非寂場證得之果，是故不名迹門因果。」

[二] 七種方便：在佛經中一般指小乘見道前（即凡夫）的七個修行階位，即五停心、别相念

住、總相念住、暖法、頂法、忍法、世第一法。智顗或天台宗文獻中的「七種方便」與此不同，據湛然止觀輔行傳弘決卷一：「若準九師相承所用，第一諱明（明法師），多用七方便，恐是小乘七方便耳。自智者已前，未曾有人立於圓家七方便故。」據此處上下文意，七方便指三藏教聲聞、緣覺，通教聲聞、緣覺、菩薩，別教、圓教菩薩。在天台文獻中，七方便還可以有另外一種意思，如摩訶止觀卷二：「設未出分段，所獲華報，亦異七種方便，況真果報邪？」湛然在止觀輔行傳弘決卷二中解釋道：「七方便者，謂人、天、二乘、三教菩薩，別取教道地前位也。」

用者爲三：一示，二簡，三益。

用者，力用也。三種權實二智〔一〕皆是力用。於力用中更分別：自行二智，照理理周，名爲力。二種化他二智，鑒機機徧，名爲用。秖自行二智，即是化他二智。化他二智，即是自行二智。照理即鑒機，鑒機即照理。如薩婆悉達彎祖王弓滿，名爲力；中七鐵鼓，貫一鐵圍山，洞地徹水輪，名爲用〔二〕。諸方便教，力用微弱，如凡人弓箭。何者？昔緣禀化他二智，照理不徧，生信不深，除疑不盡。今緣禀自行二智，極佛境界，起法界信，增圓妙道，斷根本惑，損變易生。

非但生身及生身得忍兩種菩薩俱益，法身、法身後心〔三〕兩種菩薩亦俱益。化功廣大，利潤弘深，蓋兹經之力用也。

【校注】

〔一〕權實二智：即權智與實智。權智，指了知三乘權化之法，又作方便智；實智，謂了知一乘真實之法，又作真實智、如實智。法華玄義卷三上：「佛法不出權實。是法甚深妙，難見難可了，一切衆生類，無能知佛者，即實智妙也。及佛諸餘法，亦無能測者，即佛權智妙也。如是二法，唯佛與佛乃能究盡諸法實相。」又據本書卷三下，權實二智可區分爲七類：析法權實、體法權實、體法含中權實、體法顯中權實、別權實、別含圓權實、圓權實，而此七類權實，各開自行權實、化他權實、自行化他權實等三種，總合有二十一種權實。

〔二〕薩婆悉達事，出自佛本行集經卷一三捔術爭婚品。

〔三〕「生身菩薩」「法身菩薩」在佛經中多有論述，如大智度論卷三八釋往生品第四之上：「菩薩有二種：一者、生身菩薩，二者、法身菩薩。一者、斷結使，二者、不斷結使。法身菩薩斷結使，得六神通；生身菩薩不斷結使，或離欲得五神通。」「得忍菩薩」「後心菩薩」比較少見，其在修行中的位置也不確定，如大方廣佛華嚴經卷三四寶王如來性起品：「如來如是以正法雲、大慈悲雲、不可思議雲，令一切衆生身心柔軟，然後乃雨不可思議大法雲雨。所謂：爲坐道場一切菩薩雨不可壞法界大法雲雨，爲最後身菩薩雨如來密教菩薩娛樂自在大法雲雨，爲一生補處菩薩雨清淨普照大法雲雨，爲得記菩薩雨如來莊嚴大法雲雨，爲得忍菩薩雨功德寶智華不斷菩薩行大法雲雨，爲向行菩薩雨不退行入化門甚深門無有疲厭大法雲雨，爲初發心菩薩雨如來定行大慈大悲救護衆生大法雲雨，爲樂緣覺者雨深知緣起離斷常見無壞解脱果法雲雨，爲求聲聞者雨降伏煩惱怨敵智藏法雲雨，爲修習長養善根衆生及決定不決定衆生雨種種歡喜法門雲雨。佛子！雨如是等十種無量無邊大法雲雨，充滿法界。」這裏的順序是：一切菩薩、最後身菩薩、一生補處菩薩、得記菩薩、得忍菩薩、向行菩薩、初發心菩薩、樂緣覺者、求聲聞者、修行長養善根衆生及決定不決定衆生。除了一切菩薩，其他都是從高到低的修行次序。又如大方等大集經卷二八無盡意菩薩品：「云何菩薩助智無盡？菩薩所修助智無量無邊，菩薩於中不應限數。若三千大千世界所有衆生，如一信行所成就智，如是信行，比一法行所成就智，百分千分百千分百千萬分，乃至算數譬喻所不能及。若三千大千世界衆生悉爲法行，比一八人所成就智，（中略）比一須陀洹所成就智，（中略）比一斯陀含所成就智，（中略）比一阿那含所成就智，（中略）比一阿羅漢所成就智，（中略）比一緣覺所成就智，（中略）比一百劫菩薩所成就智，（中略）比一得忍菩薩所成就智，（中略）比一不退菩薩所成就智，（中略）比一補處菩薩所成就智，（中略）比一如來是處非處智，百分千分百千分百千萬分，乃至算數譬喻所不能及。」這裏的排列順序是：信行、法行、八人、須陀洹、斯陀含、阿那含、阿羅漢、緣覺、百劫菩薩、得忍菩薩、不退菩薩、補處菩薩、如來。這是從低到高的次序。法華玄義釋籤卷一：「次益中云生身、生身得忍等者，地前住前爲生身；登地登住爲生身得忍，謂生身中能破無明得無生忍也。言法身等者，謂登地登住破無明，捨生身，居實報土，名爲法身；位居等覺，名爲後心。若跡門唯益生身及生身得忍，本門進至法身及法身後心。所益通兼，故云非但。自垂跡已來，受化者漸廣，得久近益者，功在法華。」

教相爲三：一、根性融不融相，二、化道始終不始終相，三、師弟遠近不遠近相。

教者，聖人被下之言也。相者，分別同異也。

云何分別？如日初出，前照高山[一]，厚殖善根，感斯頓說。頓說本不爲小，小雖在座，如聾如瘂，良由小不堪大，亦是大隔於小。此如華嚴。約法被緣，緣得大益，名頓教相。約說次第，名從牛出乳味相[二]。

次照幽谷，淺行偏明，當分漸解，此如三藏。三藏本不爲大，大雖在座，多跢婆和[三]，小所不識。此乃小隔於大，大隱於小。約法被緣，名漸教相。約說次第，名酪味相。

次照平地，影臨萬水，逐器方圓，隨波動靜。示一佛土，令淨穢不同，示現一身，巨細各異，一音說法，隨類各解，恐畏歡喜，厭離斷疑，神力不共[四]，故見有淨穢[五]，聞有褒貶，嗅有薝蔔不薝蔔[六]，華有著身不著身[七]，慧有若干不若干[八]。此如淨名方等。約法被緣，猶是漸教。約説次第，生酥味相。

復有義，大人蒙其光用，嬰兒喪其睛明，夜遊者伏匿，作務者興成。故文云：「但爲菩薩説其實事，而不爲我説斯真要。」[九]雖三人俱學，二乘取證，具如大品。若約法被緣，猶是漸教。約説次第，名熟酥味相。

復有義，日光普照，高下悉均平。土圭測影，不縮不盈。若低頭，若小音，若散亂，若微善，皆成佛道[一〇]。不令有人獨得滅度，皆以如來滅度而滅度之。具如今經。若約法被緣，名漸圓教。若説次第，醍醐味相。當知華嚴之譬，與涅槃義同。三子、三田、三馬等譬[一一]，皆先菩薩，次及二乘，後則平等凡聖云云。

【校注】

[一]大方廣佛華嚴經卷三四寶王如來性起品：「復次，佛子！譬如日出，先照一切諸大山王，次照一切大山，次照金剛寶山，然後普照一切大地。日光不作是念：『我當先照諸大山王，次第乃至普照大地。』但彼山地有高下故，照有先後；如來、應供、等正覺亦復如是，成就無量無邊法界智慧日輪，常放無量無礙智慧光明，先照菩薩摩訶薩等諸大山王，次照緣覺，次照聲聞，次照決定善根衆生，隨應受化，然後悉照一切衆生，乃至邪定，爲作未來饒益因緣。如來智慧日光不作是念：『我當先照菩薩，乃至邪定。』但放大智光，普照

一切。佛子！譬如日月出現世間，乃至深山幽谷，無不普照；如來智慧日月亦復如是，普照一切無不明了。但衆生希望、善根不同故，如來智光種種差别。」這一譬喻是智顗建立五時教説的主要依據之一。

〔二〕大般涅槃經卷一三聖行品：「譬如從牛出乳，從乳出酪，從酪出生酥，從生酥出熟酥，從熟酥出醍醐。醍醐最上，若有服者，衆病皆除，所有諸藥悉入其中。（中略）從佛出十二部經，從十二部經出修多羅，從修多羅出方等經，從方等經出般若波羅蜜，從般若波羅蜜出大涅槃，猶如醍醐。」牛乳五味的譬喻也是智顗建立五味教判教體系的主要依據。

〔三〕多跢：小孩行走的樣子。婆和：小孩學説話的聲音。

〔四〕神力不共：維摩詰所説經卷一佛國品：「大聖法王衆所歸，淨心觀佛靡不欣，各見世尊在其前，斯則神力不共法。佛以一音演説法，衆生隨類各得解，皆謂世尊同其語，斯則神力不共法。佛以一音演説法，衆生各各隨所解，普得受行獲其利，斯則神力不共法。佛以一音演説法，或有恐畏或歡喜，或生厭離或斷疑，斯則神力不共法。」

〔五〕見有淨穢：維摩詰所説經卷一佛國品：「爾時，舍利弗作是念：『若菩薩心淨則佛土淨者，我世尊本爲菩薩時意豈不淨，而是佛土不淨若此？』（中略）爾時螺髻梵王語舍利弗：『勿作是意，謂此佛土以爲不淨。所以者何？我見釋迦牟尼佛土清淨，譬如自在天宫。』（中略）於是佛以足指按地，即時三千大千世界若干百千珍寶嚴飾，譬如寶莊嚴佛無量功德寶莊嚴土。」

〔六〕嗅有薝蔔不薝蔔：薝蔔，亦作瞻蔔、瞻匐，此云黄華樹。維摩詰所説經卷二觀衆生品：「舍利弗，如人入瞻蔔林，唯嗅瞻蔔，不嗅餘香。如是若入此室，但聞佛功德之香，不樂聞聲聞、辟支佛功德香也。」智顗維摩經文疏卷二四：「先以瞻匐林譬者，瞻匐香氣芬薰，雖有餘香，其氣微弱，故但用瞻匐當其林名。亦以入林唯聞瞻匐香氣。（中略）法身菩薩但禀大乘進道，不貴聲聞、辟支佛所行功德，故合譬云入此室者，但聞佛功德之香，不樂二乘功德香也。」

〔七〕華有著身不著身：維摩詰所説經卷二觀衆生品：「時維摩詰室有一天女，即以天華散諸菩薩大弟子上，華至諸菩薩即皆墮落，至大弟子便著不墮，一切弟子神力去華不能令去。爾時天女問舍利弗：『何故去華？』答曰：『此華不如法，是以去之。』天曰：『勿謂此華爲不如法。所以者何？是華無所分別，仁者自生分別想耳。（中略）結習未盡華著身耳，結習盡者華不著也。』」

〔八〕慧有若干不若干：維摩詰所説經卷三菩薩行品：「佛言：諸佛如來功德平等，爲化衆生故，而現佛土不同。阿難，汝見諸佛國土，地有若干，而虚空無若干也。如是見諸佛色身有若干耳，其無礙慧無若干也。」維摩經文疏卷二七：「如釋迦丈六，彌勒千尺至萬延量，此即是應身差別，化物大小而有短長。若是釋迦三藏之佛所得智斷，獲五分法身無礙之慧，與彌勒所得無礙之慧，正習俱除，復有何異？十方諸佛，一身一智慧，力、無畏，復有何異？常寂法性，此處無殊。或但爲應身，隨現長短之像，隨緣優劣差降不同，故有丈六千尺垢淨之異耳。」

〔九〕參見妙法蓮華經卷二信解品。

〔一〇〕參見妙法蓮華經卷一方便品。

〔一一〕大般涅槃經卷三一迦葉菩薩品之一：「佛言：『善男子！譬如父母，唯有三子。其一子者有信順心，恭敬父母，利根智慧，於世間事能速了知。其第二子不敬父母，無信順心，利根智慧，於世間事能速了知。其第三子不敬父母，無信順心，鈍根無智。父母若欲教告之時，應先教誰？先親愛誰？當先教誰知世間事？』迦葉菩薩白佛言：『世尊！應先教授有信順心，恭敬父母，利根智慧知世事者；其次第二，乃及第三，而彼二子，雖無信心、恭敬之心，爲愍念故，次復教之。』『善男子！如來亦爾。其三子者，初喻菩薩、中喻聲聞、後喻一闡提。如十二部經修多羅中微細之義，我先已爲諸菩薩說；淺近之義爲聲聞說；世間之義爲一闡提、五逆罪說，現在世中雖無利益，以憐愍故，爲生後世諸善種子。善男子！如三種田，一者渠流便易，無諸沙鹵、瓦石棘刺，種一得百。二者雖無沙鹵、瓦石棘刺，渠流險難，收實減半。三者渠流險難，多諸沙鹵、瓦石棘刺，種一得一，爲稾草故。善男子！農夫春月，先種何田？』『世尊！先種初田，次第二田，後及第三。』『初喻菩薩，次喻聲聞，後喻一闡提。善男子！譬如三甖，一者完、二者漏、三者破，若欲盛置乳酪、水、蘇，先用何者？』『世尊！應用完者，次用漏者，後及破者。』『其完淨者，喻菩薩僧，漏喻聲聞，破喻一闡提。善男子！如三病人俱至醫所，一者易治、二者難治、三者不可治。善男子！醫若治者，當先治誰？』『世尊！應先治易，次及第二，後及第三。何以故？爲親屬故。』『其易治者喻菩薩僧；其難治者喻聲聞僧；不可治者喻一闡提，現在世中雖無善果，以憐愍故，爲種後世諸善種子故。善男子！譬如大王，有三種馬。一者調壯大力，二者不調齒壯大力，三者不調羸老無力。王若乘者當先乘誰？』『世尊！應當先乘調壯大力，次用第二，後用第三。』『善男子！調壯大力喻菩薩僧；其第二者喻聲聞僧；其第三者喻一闡提，現在世中雖無利益，以憐愍故，爲種後世諸善種子。善男子！如大施時有三人來，一者貴族聰明持戒，二者中姓鈍根持戒，三者下姓鈍根毁戒。善男子！是大施主，應先施誰？』『世尊！應先施於貴姓之子利根持戒，次及第二，後及第三。』『其第一者喻菩薩僧，其第二者喻聲聞僧，其第三者喻一闡提。善男子！如大師子殺香象時，皆盡其力，殺兔亦爾，不生輕想。諸佛如來亦復如是，爲諸菩薩及一闡提，演説法時，功用無二。』」

問：既以五味分别，那同稱漸？答：約漸得明五味耳。又若小不聞大，大一向是頓。

若大不用小，小一向是漸。若以大破小，是漸頓並陳。若帶小明大，是漸頓相資。若會小歸大，是漸頓泯合。故無量義云：「漸頓二法、三道、四果不合。」〔一〕今時則合。即此義也。

問：云何相資？答：小聞於大，恥小而慕大，是爲頓資小。佛命善吉轉教，大益菩薩，是爲漸資頓。

如前分別，但約顯露明漸頓五味之相。若論不定，義則不然。雖高山頓説，不動寂場〔二〕而遊化鹿苑。雖説四諦生滅，而不妨不生不滅。雖爲菩薩説佛境界，而有二乘智斷〔三〕。雖五人證果，不妨八萬諸天獲無生忍〔四〕。當知即頓而漸，即漸而頓。大經云：「或時説深，或時説淺。」〔五〕應問即遮，應遮即問，一時一説一念之中，備有不定，不同舊義，專判一部味味中悉如此。此乃顯露不定。

祕密、不定，其義不然。如來於法得最自在，若智若機，若時若處，三密〔六〕四門〔七〕，無妨無礙。

此座説頓，十方説漸，説不定，頓座不聞十方，十方不聞頓座；或十方説頓，説不定，此座説漸。各各不相知聞，於此是顯，於彼是密。或爲一人説頓，或爲多人説漸，説不定；或爲一人説漸，爲多人説頓。各各不相知，互爲顯密。或一座默，十方説；十方默，一座説；或俱默，俱説。各各不相知，互爲顯密。雖復如此，未盡如來於法自在之力，但可智知，不可言辨。雖復甚多，亦不出漸、頓、不定、祕密。

今法華是顯露，非祕密；是漸頓，非漸漸；是合，非不合；是醍醐，非四味；是定，非不定。

【校注】

〔一〕無量義經卷一：「善男子！水性是一，江、河、井、池、溪、渠、大海各各別異。其法性者，亦復如是，洗除塵勞，等無差別，三法、四果、二道不一。善男子！水雖俱洗，而井非池，池非江、河，溪、渠非海，而如來世雄於法自在，所説諸法亦復如是。初、中、後説，皆能洗除衆生煩惱，而初非中，而中非後，初中後説，文辭雖一，而義各異。」妙法蓮華經文句卷二：「三道即三乘，四果即羅漢、支佛、菩薩、佛，此等諸法名爲無量。」

〔二〕寂場：即寂滅道場，一般認爲是華嚴經總會處。大方廣佛華嚴經卷一世間淨眼品：「一時，佛在摩竭提國寂滅道場始成正覺。」。

〔三〕智斷：即智德與斷德。曇鸞無量壽經優婆提舍願生偈註卷上：「論智則義無不達，語斷則習氣無餘。智、斷具足，能利世間。」

〔四〕無生忍：指觀諸法無生無滅之理而諦認之，安住且不動心。又作無生法忍、無生忍法、修習無生忍。大智度論卷五〇釋發趣品第二十之餘：「無生法忍者，於無生滅諸法實相中，信受通達，無礙不退，是名無生忍。」大乘義章卷一二：「無生忍者，從境爲名。理寂不起，稱曰無生；慧安此理，名無生忍。」

〔五〕參見大般涅槃經卷四四相品之一。

〔六〕三密：指身、語、意。

〔七〕四門：指頓、漸、不定、秘密四種教法。

如此分別，此經與衆經相異也。又異者，餘教當機益物，不說如來施化之意。此經明佛設教元始，巧爲衆生作頓、漸、不定、顯密種子。中間以頓漸五味調伏長養而成熟之，又以頓漸五味而度脱之，並脱、並熟、並種，番番不息，大勢威猛，三世益物〔一〕。具如信解品中説，與餘經異也。

又衆經咸云道樹〔二〕師實智始滿，起道樹始施權智。今經明師之權實在道樹前久久已滿。諸經明二乘弟子不得入實智，亦不能施權智。今經明弟子入實甚久，亦先解行權。又衆經尚不論道樹之前師之與弟近近權實，況復遠遠。今經明道樹之前權實長遠〔三〕，補處數世界不知，況其塵數。經云：「昔所未曾説，今皆當得聞。」〔四〕殷勤稱讚，良有以也。當知此經異諸教也。

【校注】

〔一〕妙法蓮華經卷五從地踊出品："「爾時，釋迦牟尼佛告彌勒菩薩：『善哉，善哉！阿逸多！乃能問佛如是大事。汝等當共一心，被精進鎧，發堅固意，如來今欲顯發宣示諸佛智慧、諸佛自在神通之力、諸佛師子奮迅之力、諸佛威猛大勢之力。』」法華玄義釋籤卷二："「故更引湧出，助顯跡文，故云大勢威猛等也。此湧出品中三世益物之文，大勢威猛即未來，師子奮迅即現在，自在神通即過去。此中略舉未來一文而總通三世，故世世、時時、念念皆有種等三相故也。」

〔二〕道樹：即菩提樹。本名畢鉢羅樹。佛於此樹下成道，故亦曰道樹。

〔三〕道樹之前權實長遠：指妙法蓮華經卷五如來壽量品所明佛壽長遠。

〔四〕參見妙法蓮華經卷五從地踊出品。

二、引證者，如文殊答問偈云："「我見燈明佛，本光瑞如此，以是知今佛，欲說法華經」〔一〕。何但二萬億〔二〕，大通智勝〔三〕及五佛〔四〕章中三世佛說，皆名法華也。文云："「今佛放光明，助發實相義。」又云："「諸法實相義，已爲汝等說。」〔五〕又云：

「無量衆所尊，爲説實相印。」〔六〕此亦今古同以實相爲體也。

文云：「佛當雨法雨，充足求道者。」即是會三歸一之法雨，令求佛道因者充足，乃至一切皆會令充足。若開近顯遠之法雨，令求佛道果者充足。文云：「諸求三乘人，若有疑悔者，佛當爲除斷，令盡無有餘。」〔七〕又云：「諸佛法久後，要當説真實。」〔八〕即是斷三乘、五乘〔九〕、七方便、九法界〔一〇〕等疑，皆令生信。此證經用也。

又如來神力品云：「以要言之，如來一切所有之法，如來一切自在神力，如來一切祕要之藏，如來一切甚深之事，皆於此經宣示顯説。」〔一一〕一切法者，權實一切法皆攝也，此證經名。一切自在神力者，内用名自在，外用名神力，即證用也。一切祕要之藏者，非器莫授爲祕，正體爲要，多所含容而無積聚名藏，此證體也。一切甚深之事者，實相名甚深，爲實相修因名深因，究竟實相名深果。又法師品云：「若聞此經，乃是善行菩薩之道。深因也。求佛道者，咸於我前聞妙法華經一句，乃至一念隨喜，我皆與授記。乃至須臾聞之，即得究竟三菩提深果。」〔一二〕此證宗也。

所以引二文者，古佛事定，舉要略以釋疑。今佛説竟，舉要略以付囑。中間正當機廣説，故不引證耳。若引者，開示悟入〔一三〕即其文也。爲大事因緣故，證名；佛之知見，證體；開示悟入，證宗；爲令衆生，證用；此異餘經，證教也。

【校注】

〔一〕見於妙法蓮華經卷一序品。

〔二〕妙法蓮華經卷六常不輕菩薩品：「是菩薩復化千萬億衆，令住阿耨多羅三藐三菩提。命終之後，得值二千億佛，皆號日月燈明，於其法中，説是法華經。」

〔三〕妙法蓮華經卷三化城喻品：「爾時，彼佛（大通智勝佛）受沙彌請，過二萬劫已，乃於四衆之中説是大乘經，名妙法蓮華，教菩薩法，佛所護念。」

〔四〕五佛：指妙法蓮華經卷一方便品中所説諸佛、過去諸佛、未來諸佛、現在十方無量百千萬億佛土中諸佛、釋迦牟尼佛。法華玄義釋籤卷二：「次引同中言『何但』者，何但如文殊引二萬燈明同爾，大通及五佛其名咸同。問：大通名同，在文可見，五佛章中未聞其同。答：釋迦既名法華，餘之四佛並云『亦以』，故知同也。況妙法秖權實一體，四佛皆云『爲令衆生得一切種智及開示悟入佛之知見』，故下釋云『開示悟入即其文也』，名同義同，其意在此。」

〔五〕上兩處引文見於妙法蓮華經卷一序品。

〔六〕見於妙法蓮華經卷一方便品。

〔七〕上兩處引文見於妙法蓮華經卷一序品。

〔八〕見於妙法蓮華經卷一方便品。

〔九〕五乘：指人、天、聲聞、緣覺、菩薩。

〔一〇〕九法界：指地獄、惡鬼、畜生、阿修羅、人、天、聲聞、緣覺、菩薩。

〔一一〕出自妙法蓮華經卷六如來神力品。

〔一二〕參見妙法蓮華經卷四法師品。

〔一三〕妙法蓮華經卷一方便品：「所以者何？諸佛世尊唯以一大事因緣故出現於世。舍利弗！云何名諸佛世尊唯以一大事因緣故出現於世？諸佛世尊，欲令衆生開佛知見，使得清淨故，出現於世；欲示衆生佛之知見故，出現於世；欲令衆生悟佛知見故，出現於世；欲令衆生入佛知見道故，出現於世。舍利弗！是爲諸佛以一大事因緣故出現於世。」

又藥王品舉十譬歎教，今引其六，大如海，高如山，圓如月，照如日，自在如梵王，極如佛〔一〕。海是坎德〔二〕，萬流歸故，同一鹹故。法華亦爾，佛所證得，萬善同歸，同乘佛乘。江河〔三〕川流，無此大德，餘經亦爾，故法華最大也。山王最高，四寶所成故，純諸天居故。法華亦爾，在四味教之頂，離四誹謗，開示悟入，純一根一緣，同一道味，純是菩薩，無聲聞弟子故。月能虧盈故，月漸圓故。法華亦爾，同體權實故，會漸入頓故。

燈炬星月，與闇共住，譬諸經存二乘道果，與小竝立。日能破闇故，法華破化城，除草庵故。又日暎奪星月，令不現故，法華拂迹，除方便故。輪王於四域自在，釋王於三十三天自在，大梵於三界自在。諸經或於俗諦自在，或於真諦自在，或於中道自在。但是歷别自在，非大自在。今經三諦圓融，最得自在，譬大梵王。餘經拔衆生，出生死，如五佛子於凡夫第一；或拔衆生出涅槃，如菩薩居無學上。今經拔出衆生，過方便教菩薩上，即成法王，最爲第一。引諸譬喻，明教相最大。例知用、宗、體、名，亦大如海，境智乃至利益，亦大如海。教相如山，在四味教上，用、宗、體、名、境智、利益，亦復如是。教相虧盈，圓滿如月，用、宗、體、名、境智、利益，亦復如是。教破化城，用、宗、體、名、境智、利益，亦復如是。教相自在，餘亦如是。教相王中王，餘亦如是。非但引文證教，餘義亦成。

【校注】

〔一〕妙法蓮華經卷六藥王菩薩本事品：「宿王華！譬如一切川流江河諸水之中，海爲第一；此妙法蓮華經亦復如是，於諸如來所説經中，最爲深大。又如土山、黑山、小鐵圍山、大鐵圍山及十寶山衆山之中，須彌山爲第一；此妙法蓮華經亦復如是，於諸經中最爲其上。又如衆星之中，月天子最爲第一；此妙法蓮華經亦復如是，於千萬億種諸經法中最爲照明。又如日天子能除諸闇；此經亦復如是，能破一切不善之闇。又如諸小王中，轉輪聖王最爲第一；此經亦復如是，於衆經中最爲其尊。又如帝釋，於三十三天中王；此經亦復如是，諸經中王。又如大梵天王，一切衆生之父；此經亦復如是，一切賢聖、學、無學，及發菩薩心者之父。又如一切凡夫人中，須陀洹、斯陀含、阿那含、阿羅漢、辟支佛爲第一；此經亦復如是，一切如來所説、若菩薩所説、若聲聞所説諸經法中，最爲第一；有能受持是經典者亦復如是，於一切衆生中亦爲第一。一切聲聞、辟支佛中，菩薩爲第一；此經亦復如是，於一切諸經法中最爲第一。如佛爲諸法王；此經亦復如是，諸經中王。」

〔二〕坎德：易説卦：「坎爲水。」「坎德」，指水能就下，比喻君子的謙卑。此處指萬善同歸一佛乘。

〔三〕「河」：徑本、大本作「湖」。

三、生起者，能生爲生，所生爲起，前後有次第，麤細不相違。肇云：「名無召物之功，物無應名之實。無名無物，名物安在？」〔一〕蓋第一義中無相意耳。世諦爲言，無名無以顯法，故初釋名，名名於法，法即是體，尋名識體，體非宗不會，會體自行已圓，從體起用，導利含識，利益既多，須分別教相也。

神力品中約教次第，一切法本皆佛法。大經云：「一切世諦，若於如來即是第一義諦。」〔二〕衆生顛倒，謂非佛法。今明言示之，故言一切法也。欲説此法，先以神力駭動，故言一切自在神力。既見變通，醒悟渴仰，得爲説教。教詮實相，故言祕密之藏也。稟教修行，即有因果，故言甚深之事也〔三〕。欲分別四義與餘經同異，次明教相耳。

序品約行次第，初從經卷，若善知識有所聞見，即聞名也。聞故推理，體顯。顯體須行，行即因果，宗也。行自排惑，亦利衆生，是用也。分別同異，教相也。

開示悟入，亦約行次第。法本無開閉，今呼爲方便門開，此聞名也。示真實相，體也。自迷得悟，悟因也。由因故悟果，宗也。悟故深入，亦令他入，用也。分別同異，教也。今之五義，依序品扶行次第也。

【校注】

〔一〕僧肇物不遷論：「夫以名求物，物無當名之實；以物求名，名無得物之功。物無當名之實，非物也；名無得物之功，非名也。是以名不當實，實不當名。名實無當，萬物安在？故中觀云：『物無彼此。』而人以此爲此，以彼爲彼。彼亦以此爲彼，以彼爲此。此、彼莫定乎一名，而惑者懷必然之志。然則彼此初非有，惑者初非無，既悟彼此之非有，有何物而可有哉？故知萬物非真，假號久矣。」

〔二〕大般涅槃經卷一五梵行品之二：「善男子！一切世諦，若於如來即是第一義諦。何以故？諸佛世尊爲第一義故，說於世諦，亦令衆生得第一義諦。若使衆生不得如是第一義者，諸佛終不宣說世諦。」

〔三〕妙法蓮華經卷六如來神力品：「以要言之，如來一切所有之法、如來一切自在神力、如來一切祕要之藏、如來一切甚深之事，皆於此經宣示顯說。是故汝等於如來滅後，應一心受持、讀誦、解說、書寫、如說修行。」

四、開合者，五章共釋一經，種種分別，令易解故，凡三種開合，謂五種〔一〕、十種〔二〕、譬喻。

初釋名通論事理，顯體專論理，宗、用但論事，教相分別事理。釋名通說教行，顯體非教非行，宗、用但行，教相但教。釋名通說因果，顯體非因非果，宗自因果，用教他因果，教相分別上法耳。釋名通論自行化他，體非自非他，宗是自行，用是化他，教相分別自他。釋名通論說默，體非說非默，宗默，用說，教相分別云云。

十種者，釋名總論三軌，體、宗、用開對三軌，教相分別三軌。釋名總論三道，體、宗、用開對三道，教相分別三道。乃至第十釋名總論三德，體、宗、用開對三德，教相分別三德云云。

譬喻者，譬如總名人身，開身則有識、命、煖，分别諸身貴賤賢愚種種差降。人身譬名，識以譬體，命以譬宗，煖以譬用，分别譬教相云云。

【校注】

〔一〕五種：指理事、教行、因果、自行化他、説默五個方面。

〔二〕十種：指下文「三法妙」部分所列三軌、三道、三識、三佛性、三般若、三菩提、三大乘、三身、三涅槃、三寶、三德。其實有十一種三法。

五、料簡者，若爲蓮故華，華果必俱，將不墮因中有果耶？答：因中有果，舊醫邪法，已爲初教〔一〕所破，尚非麤權實義，況是妙因妙果，新醫〔二〕真乳法耶？

問：華以喻權，權是小乘之法，則不應破於草庵。草庵既破，何得以華喻權？答：小乘是化他之權，是故須破。今明自行之權，故以華喻耳。

問：文内從火宅至醫子，凡七譬，悉不明蓮華，何以取此爲題？答：七譬是别，蓮華是總，舉總攝别，故冠篇首也。

問：一切法皆佛法，何意簡權取實爲體？答：若開權顯實，諸法皆體。若廢權顯實，如前所用。

問：何故雙用因果爲宗？答：由因致果，果爲因所辦。若從能辦，以因爲宗；若從所辦，以果爲宗。二義本是相成，不得單取。又迹本二文，俱説因果故。

問：論宗簡化他因果，明用俱取自他權實？答：宗論自行，故須簡他。用是益他，是故雙取。

又問：用是化他，亦不須自行權實。答：欲以自利利他故。

竝：宗亦應然，欲自行化他因果，是故應取他也。答：化他因果不能致佛菩提，是故不取〔三〕。

竝：用他權實，亦不能令他至極，亦不應取。答：他宜須此利，是故取也。

問：宗、用俱明智斷，云何分別？答：自行以智德爲宗，斷德爲用。若化他，自行智斷俱爲宗，化他智斷俱爲用。

問：何故五章？不四？不六？答：設作四、六，亦復生疑，墮無窮問非也。

問：經經各有異意，那得五義共釋衆經耶？答：若經經別釋，但得別，不得同。今共論五義，得同，不失別。

【校注】

〔一〕初教：指三藏教。

〔二〕舊醫、新醫：出自大般涅槃經卷二哀歎品。

〔三〕法華玄義釋籤卷二：「次並意者，宗是因果，亦可示他名化他宗，亦應俱取化他因果自利利他，何故簡他唯取於自？答意者，化他因果非一乘宗，是故不取。並意者，因果屬宗，何不亦以化他因果共爲經宗而利於他？答意者，宗屬自行，唯求佛果，尚不取自行化他，況以化他因果而自行耶？以化他邊即屬用故。」

六、明觀心者，從標章至料簡，悉明觀心。心如幻焰，但有名字，名之爲心。適言其有，不見色質；適言其無，復起慮想。不可以有無思度故，故名心爲妙。妙心可軌，稱之爲法。心法非因非果，能如理觀，即辦因果，是名蓮華。由一心成觀，亦轉教餘心，名之爲經。釋名竟。心本無名，亦無無名，心名不生，亦復不滅，心即實相。初觀爲因，觀成爲果。以觀心故，惡覺不起。心數〔一〕塵勞，若同若異，皆被化而轉。是爲觀心。標五章竟。

觀心引證者，釋論云：「一陰名色，四陰名名。」〔二〕心但是名也。大經云：「能觀心性，名爲上定。上定者，第一義定。」〔三〕證心是體。大經云：「夫有心者，皆當得三菩提。」〔四〕心是宗也。遺教云：「制心一處，無事不辦。」心是用也。釋論云：「三界無別法，唯是一心作。」〔五〕心能地獄，心能天堂，心能凡夫，心能賢聖。覺觀心是語本，以心分別於心。證心是教相也。

觀心生起者，以心觀心，由能觀心，有所觀境，以觀契境故，從心得解脱故；若一心得解脱，能令一切數皆得解脱故；分別心王、心數同起偏起等，即是教相故。

觀心開合者，心是諸法之本，心即總也。別説有三種心〔六〕，煩惱心是三支，苦果心是七支，業心是二支。苦心即法身，是心體；煩惱心即般若，是心宗；業心即解脱，是心用。即開心爲三也。分別十二因緣心生，即有六道差降；分別心滅，即有四聖高下。是爲教相兼於開合也。

觀心料簡者，問：事解已足，何煩觀心？答：大論云：「佛爲信行人，以樹爲喻〔七〕；爲法行人，以身爲喻。」今亦如是。爲文字人，約事解釋；爲坐禪人，作觀心解〔八〕。又論作四句評：「有慧無多聞，是不知實相，譬如大闇中，有目無所見。多聞無智慧，亦不知實相，譬如大明中，有燈而無照。多聞利智慧，是所説應受。無聞無智慧，是名人身牛。」〔九〕今使聞慧兼修，義觀雙舉。百論有盲跛之譬〔一〇〕，牟子有説行之義〔一一〕。華嚴云：「譬如貧窮人，日夜數他寶，自無半錢分。」〔二〕偏聞之失也。下文云：「未得謂得，未證謂證。」〔三〕偏觀之失也。

何者？視聽馳散，如風中燈，照物不了，但貴耳入口出，都不治心，自是陵人，增見長非，把刃自傷，解牽惡道，由其不習觀也。

若觀心人謂即心而是，已則均佛，都不尋經論，墮增上慢。此則抱炬自燒，行牽惡道，由不習聞也。

若欲免貧窮，當勤三觀。欲免上慢，當聞六即。世間相常住，理即也。於諸過去佛，若有聞一句，名字即也。深信隨喜，觀行即也。六根清淨，相似即也。安住實智中，分證即也。唯佛與佛究盡實相，究竟即也。修心内觀，則有法財。正信外聞，無復上慢。眼慧明聞，具足利益，何得不觀解耶？

妙法蓮華經玄義卷第一上

【校注】

〔一〕心數：即心法。

〔二〕大智度論卷六五釋無作實相品第四十三之餘：「二法攝一切法，所謂名、色。四大及造色，色所攝；受等四衆，名所攝。」

〔三〕大般涅槃經卷二五獅子吼菩薩品之一：「一切衆生具足三定，謂上中下。上者，謂佛性也，以是故言一切衆生悉有佛性。」

〔四〕大般涅槃經卷二五獅子吼菩薩品之一：「衆生亦爾，悉皆有心，凡有心者，定當得成阿耨多羅三藐三菩提。」

〔五〕大智度論卷二九初品中布施隨喜心過上釋論第四十四之餘：「佛從何所來？我身亦不去。即時便知：諸佛無所從來，我亦無所去。復作是念：三界所有，皆心所作。何以故？隨心所念，悉皆得見。以心見佛，以心作佛；心即是佛，心即我身；心不自知，亦不自見。」

〔六〕三種心：這裏指煩惱心、苦果心、業心，早期文獻未見系統説法，據元代元粹天台四教儀備釋引用偈頌，三種心是對十二因緣的一種劃分：「又古頌云：無明愛取三煩惱，行有二支屬業道，從識至受并生死，七事同名一苦道。」

〔七〕參見大智度論卷六六釋歎信行品第四十五。

〔八〕維摩經玄疏卷一：「故大智論云：佛爲學問人從聞求解，以樹爲喻，爲坐禪人從心求道，指身爲喻。若因樹生解是信行人，從身得悟是法行人。」

〔九〕參見大智度論卷五初品中菩薩功德釋論。

〔一〇〕百論卷一破神品：「内曰：若爾無去（修妬路），若神無觸，身不應到餘處。何以故？去法從思惟生，從身動生。身無思惟，非覺法故。神無動力，非身法故。如是身不應到餘處。外曰：如盲跛（修妬路）。譬如盲跛相假能去。如是神有思惟，身有動力，和合而去。內曰：異相故（修妬路）。如盲跛。二觸二思惟故，法應能去。身神無二事，故不應去。是故無去法。」

〔一一〕牟子理惑論：「牟子曰：來春當大飢，今秋不食。黃鍾應寒，蕤賓重裘，備豫雖早，不免於愚。老子所云，謂得道者耳。未得道者，何知之有乎！大道一言，而天下悅，豈非大辯乎？老子不云乎：功遂身退，天之道也。身既退矣，又何言哉？今之沙門未及得道，何得不言？老氏亦猶言也。如其無言，五千何述焉？若知而不言，可也。既不能知，又不能言，愚人也。故能言不能行，國之師也。能行不能言，國之用也。能行能言，國之寶也。三品各有所施，何德之賊乎？唯不能言，又不能行，是謂賊也。問曰：如子之言，徒當學辯達，修言論，豈復治情性，履道德乎？牟子曰：何難悟之甚乎！夫言語談論各有時也。蘧瑗曰：國有道則直，國無道則卷而懷之。寧武子曰：國有道則智，國無道則愚。孔子曰：可與言而不與言，失人。不可與言而與言，失言。故智愚自有時，談論各有意，何爲當言論而不行哉？」

〔一二〕見於大方廣佛華嚴經卷五菩薩明難品。

〔一三〕見於妙法蓮華經卷一方便品。

妙法蓮華經玄義卷第一下

隋天台智者大師說
門人灌頂記

七、會異者。

問：佛有所說，依四悉檀〔一〕。今解五義，與彼會不？

答：此義今當說，先對五章，次解四悉檀。世界悉檀對釋名，名該一部，世界亦冠於三。第一義對體，最分明。爲人對宗，宗論因果，爲人生善義同。對治對用，用破疑滯，與治病事齊。分別悉檀對教相，教相如後說。

問：何不次第？

答：悉檀是佛智慧，對利鈍緣則成四種。利人聞世界，解第一義，此對釋名，辨體即足。若鈍人未悟，更須爲人生善、對治破惡，乃入第一義，則具用四也。五重玄義，意兼利鈍，四悉檀法，專爲鈍者，對義是同，次第則異。

問：論〔二〕專釋大品，不涉法華，何得指彼悉檀通此五義？中論通申諸經，何意不用？

答：釋論云：「四悉檀攝八萬法藏、十二部經」〔三〕，法華何得不預耶？中論通申，理宜須用，若具引論，博而未巧。今取論題，申於五章，「中」字申體，「觀」字申宗，「論」字申用。瓔珞云破法方便、立法方便、利益衆生方便〔四〕。論有研覈、破執，立三寶、四諦，得四沙門果，故知「論」字申用。「中觀」理不可思議，申「妙」。觀境是權實，申「法」。觀智是因果，申「蓮華」。觀詮，申「經」。論之三字，合四悉檀，以對五義，通申意顯。若更以論申餘經者，取偈初句申三藏，次句申通，次句申別，次句申圓，法華又爲第四句所申也。豈止兩論申此五章，五章通申諸經論也。

【校注】

〔一〕四悉檀：悉檀，梵語 siddhānta，意譯爲宗、理、成就等。四悉檀，就是佛度衆生的四種方法，即世界悉檀、各各爲人悉檀、對治悉檀、第一義悉檀。據大智度論卷一初序品中緣起義釋論第一：世界悉檀，「有法從因緣和合故有，無別性。譬如車，轅、軸、輻、輞等和合故有，無別車。人亦如是，五衆和合故有，無別人。」各各爲人悉檀，「觀人心行而爲説法，於一事中，或聽或不聽。」對治悉檀，「有法，對治則有，實性則無。」第一義悉檀，「一切法性，一切論議語言，一切是法非法，一一可分別破散；諸佛、辟支佛、阿羅漢所行真實法，不可破，不可散。上於三悉檀中所不通者，此中皆通。」天台宗對四悉檀有很多獨特的發揮闡釋。

〔二〕論：指大智度論。

〔三〕大智度論卷一初序品中緣起義釋論第一：「四悉檀中，一切十二部經，八萬四千法藏，皆是實，無相違背。」「八萬法藏」，即佛教常説的「八萬四千法藏」「八萬四千法門」「八萬四千法聚」等，是一切佛法的總稱。「十二部經」，指佛陀所説一切法，依據形式和內容分成十二種。又作十二分教、十二分聖教、十二分經。即：契經、應頌、記別、諷頌、自説、因緣、譬喻、本事、本生、方廣、希法、論議。

〔四〕查菩薩瓔珞經及菩薩瓔珞本業經，皆無此種説法。智顗維摩經文疏卷九云：「是以中論品品破義，即是破法方便；後四諦品明三寶、四諦、沙門果，即是立法方便。又偈結云『因緣所生法，我説即是空』，破法折伏義也；『亦名爲假名』，立法攝受義也；『亦名中道義』，教化衆生方便，令正法久住也。」

次解四悉檀爲十重：

一、釋名

二、辨相

三、釋成

四、對諦

五、起教觀

六、説默

七、用不用

八、權實

九、開顯

十、通經

釋名者，悉檀，天竺語。一云：此無翻，例如修多羅多含；一云：翻爲宗、成、墨、印、實、成就、究竟等。莫知孰是〔一〕。地持菩提分品説：「一切行無常，一切行苦，一切法無我，涅槃寂滅，是名四優檀那。」此翻爲印，亦翻爲宗。印是楷定，不可改易。「佛菩薩具此法，復以傳教」，此就教釋印。如經「世智所説有無無二」，此法楷定，以此傳授。經「過去寂默諸牟尼尊展轉相傳」，此就行釋印也。經「增上、踊出，乃至出第一有，最上，衆共歸仰，世間所無」，此釋宗義〔二〕。彼明文了義釋優檀那，諸師何得用宗、印翻四悉檀？如此既謬，餘翻亦叵信。南岳師〔三〕例「大〔四〕涅槃」，梵〔五〕、漢兼稱。「悉」是此言，「檀」是梵語。「悉」之言徧，「檀」翻爲施。佛以四法徧施衆生，故言悉檀也。

【校注】

〔一〕維摩經玄疏卷一：「第一翻釋者，悉檀是外國之語，諸師解釋不同，或言有翻，或言無翻。言無翻者，外國有多含之言，此土無有多含之語以翻悉檀。例如修多羅名含五義，此土不的翻也。言有翻者，或翻宗成，或翻爲墨，或翻爲印，或翻爲實，或翻爲成就究竟。如是異翻非一，難可定存。」

〔二〕本段内引文參見菩薩地持經卷八菩薩地持菩提分品之餘：「有四憂檀那法，諸佛菩薩爲令衆生清淨故説。云何爲四？一切行無常是憂檀那法，一切行苦是憂檀那法，一切法無我是憂檀那法，涅槃寂滅是憂檀那法。諸佛菩薩具足此法，復以此法傳授衆生，是名憂檀那。過去寂默諸牟尼尊展轉相傳，是名憂檀那。增上勇出，乃至具足出第一有，是名憂檀那。」文中「世智所説有無無二」未見出處，大般涅槃經卷三三迦葉菩薩品之三有類似表述：「迦葉菩薩白佛言：『世尊！如佛所説，世智説有，我亦説有，世智説無，我亦説無。何等名爲世智有無？』佛言：『善男子！世智若説色是無常、苦、空、無我，乃至識亦如是。善男子！是名世間智者説有，我亦説有。善男子！世間智者説色無有常、樂、我、淨，受、想、行、識亦復如是。善男子！是名世間智者説無，我亦説無。』」

〔三〕南岳師：即慧思（五一五—五七七）。現存慧思著作中未見此句。維摩經玄疏卷一：「南岳禪師云：此例如「大涅槃」，是胡、漢兼攝也。今言悉檀者，悉是隋音，檀是胡語，悉之言遍，檀翻言施，佛以此四法遍施衆生，故言悉檀也。」

〔四〕「大」：底本作「天」，據南本、徑本、大本改。

〔五〕「梵」：南本作「胡」。

二、辨相者，世界如車，輪、輻、軸、輞和合故有車，無別車也。五衆和合故有人，無別人也。若無人者，佛是實語人，云何言「我見六道衆生」？當知有人。人者，世界故有，非第一義。第一義可是實，餘不應實？答：各各實。如如法性等，世界故無，第一義故有。人等，第一義故無，世界故有。有於五陰、十二入、十八界，一切名相隔別，名爲世界。外人迷此世界，不達法相，或計無因緣有世界，或計邪因緣有世界。大聖隨順衆生所欲樂聞，分別爲説正因緣世界法，令得世間正見，是名世界悉檀相。

二、各各爲人悉檀者，大聖觀人心而爲説法，人心各各不同，於一事中或聽或不聽。如雜業故，雜生世間，得雜觸雜受。更有破羣那經説無人得觸，無人得受。爲二人疑後世，不信罪福，墮斷、常中，故作此説。此意傍爲破執，正是生信，增長善根，施其善法也，故名各各爲人悉檀。

三、對治悉檀者，有法對治則有，實性則無。對治者：貪欲多，教修慈心；愚癡多，教觀因緣。對治惡病，説此法藥，徧施衆生，故名對治悉檀相也。

四、第一義悉檀者，有二種：一、不可説；二、可説。不可説者，即是諸佛、辟支佛、羅漢所得真實法。引偈云：「言論盡竟，心行亦訖，不生不滅，法如涅槃。説諸行處，名世界，説不行處，名第一義。」二、約可説者，一切實、一切不實、一切亦實亦不實、一切非實非不實，皆名諸法之實相。佛於如是等處處經中説第一義悉檀相，此亦是一家明四門入實之意。故中論云，爲向道人説四句，如快馬見鞭影，即入正路。若聞四句，心生取著，皆是戲論，豈第一義耶?〔一〕

【校注】

〔一〕本節有關「四悉檀」的内容，可參看大智度論卷一初序品中緣起義釋論第一。

私〔一〕十五番釋其相，令易解：隨説事理，聞者適悦是世界；舊善心生是爲人；新惡除遣是對治；得悟聖道是第一義。

雙説假、實，是世界。論〔二〕：「輪、輻、軸、輞故有車，五陰和合故有人。」單説假人即爲人。論：「或説有人，或説無人。」單説實法即對治。論：「對治則有，實性則無。」雙非假實即第一義。論：「言語道斷，心行亦訖。」云云。

因緣和合，有善人、惡人之異，是世界；善緣和合有善人，是爲人；惡緣和合有惡人，是對治；雙非善惡，是第一義。

五陰實法隔歷，是世界；從善五陰生善五陰，是爲人；以善五陰破惡五陰，是對治；無漏五陰，是第一義。

善法惡法異，是世界；説今善法生後善法，是爲人；以今善法破今惡法，是對治；非善非惡，是第一義。

問曰：人通善惡，何得言生善是爲人？答：善業爲人所乘，令生其善，故言爲人。問：爲人生善，秖應生善，那復斷惡？答：爲人者，生善是舊、是正，斷惡是傍、是新。治〔三〕中，治惡是舊、是正，生善是新、是傍云云。

三世隔别是世界；來世是爲人；現世是對治；非三世是第一義。

四善根〔四〕内、外凡隔别是世界；煖、頂是爲人；總、别念處是對治；世第一法近真是第一義。

見道、修道異是世界；見道是爲人；修道是對治；無學道是第一義〔五〕。

非學、非無學是世界；見學是爲人；修學是對治；無學是第一義。

世界悉檀中有爲人，爲人中有對治，對治中有第一義，第一義中無三悉檀（云云）。

一悉檀通有四悉檀，論云：「陰入界隔別，是世界；因緣和合故有人，是爲人；正世界破邪世界，是對治；聞正世界得悟入，是第一義。」

爲人有四者：雜業因緣得雜觸、雜受，是世界；於一事中或聽，是爲人；或不聽，是對治；無人得觸、無人得受，是第一義。

對治中有四者：佛三種法治人心病，藥病異故，是世界；治人是爲人；對病是對治；實性則無，是第一義。

第一義中四者：一切實，乃至四句，是世界；佛、支佛心中所得法豈非理善，是爲人；一切語論、一切見、一切著皆可破，一切不能通，第一義能通，是對治；言語道斷，法如涅槃，是第一義。

又通作者，四悉檀不同，通是世界悉檀也；四悉徧化衆生，通是爲人；四悉檀皆破邪，通是對治；隨聞一種皆能悟道，通是第一義也。

別作者，約苦集諦，明世界；約道諦能治，明爲人；約道諦所治，明對治；約滅諦，明第一義。

問：依論解相已足，何用多釋？答：論云「四悉檀攝八萬四千法藏」，私約十五法分別，何答？

【校注】

〔一〕私：灌頂自稱，此下至「何答」爲灌頂對智顗上述觀點的解釋。

〔二〕論：此部分的論，都是指大智度論。

〔三〕治：即對治悉檀。

〔四〕四善根：據俱舍論，指七方便中的後四個階位，即煖法、頂法、忍法、世第一法。

〔五〕見道、修道、無學道：合稱爲三道。即指以無漏智現觀四諦，見照其理之修行階位。俱舍論、成實論等對於具體的階段有不同的説法。大致説來，見道以前爲凡夫，入見道以後則爲聖者。見道後，對具體事相反復加以修習，即是修道，與見道合稱有學道。無學道又作無學位、無學果、無學地，就是指已經達到究極的最高悟境，達到無所學的階位。依據小乘佛教，修三賢、四善根（七方便）能生無漏智，而趨入見道。大乘則以初地爲見道，故稱菩薩之初地爲見道，第二地以上爲修道，至第十地與佛果方可稱無學道。

三、釋成者，四悉檀，是龍樹所説；四隨，禪經〔一〕佛所説。今以經成論，於義彌明。所謂隨樂欲、隨便宜、隨對治、隨第一義。樂欲從因得名，世界從果立稱。釋論云：「一切善惡，欲爲其本。」〔二〕淨名云：「先以欲鉤牽，後令入佛道。」〔三〕佛經舉修因之相，論明得果之相。舉隨樂欲，釋成世界悉檀也。隨便宜者，隨行人所宜之法。各各爲人者，是化主鑒機，照其可否。論云：「於一事中，或聽、或不聽。」〔四〕宜，聽。不宜，不聽。如金師子宜數息，浣衣子宜不淨〔五〕。經舉行者之堪宜，論明化主之鑒照，以釋成也。餘兩種，經論名義同（云云）。

四、對諦者，直對一番四諦，如前説。廣對四種四諦者，四種四諦，一一以四悉檀對之。復總對者，生滅四諦對世界，無生四諦對爲人，無量四諦對對治，無作四諦對第一義。

【校注】

〔一〕禪經：不知具體所指。摩訶止觀卷一：「禪經云：佛以四隨説法，隨樂、隨宜、隨治、隨義。將護彼意，説悦其心，附先世習，令易受行，觀病輕重，設藥多少，道機時熟，聞即悟道，豈非隨機感應利益？智度論四悉檀，世法間隔名世界，隨其堪能名爲人，兩悉檀與四隨同，亦是感應意也。（中略）四隨是大悲應益，悉檀是憐愍遍施，蓋左右之異耳。（中略）隨樂欲偏語修因所尚，世界偏語受報間隔，蓋因果之異耳。便宜者，選法以擬人；爲人者，觀人以逗法，此乃欣赴不同耳。」

〔二〕大智度論卷一釋初品中檀波羅蜜義第十七：「一切諸法，欲爲其本。」

〔三〕見於維摩詰所説經卷二佛道品。

〔四〕見於大智度論卷一初序品中緣起義釋論第一。

〔五〕出自大莊嚴論經卷七：「我昔曾聞，尊者目連教二弟子，精專學禪而無所證。時尊者舍利弗問目連言：『彼二弟子得勝法不？』目連答言：『未得。』舍利弗又問言：『汝教何法？』目連答言：『一教不淨，二教數息。然其心意，滯而不悟。』時舍利弗問目連言：『彼二弟子從何種姓而來出家？』答言：『一是浣衣，二是鍛金師。』時舍利弗語目連言：『金師子者應授安般，浣衣人者宜教不淨。』目連如法以教弟子，弟子尋即精勤修習，得羅漢果。」出曜經卷五無放逸品也記載這一故事。

五、起觀教。幽微之理，非觀不明；契理之觀，非悉檀不起。修從假入空觀時，先觀正因緣法。此法内外親踈隔別，若〔一〕不殷勤樂欲，則所習不成，必須曉夜精勤，欣悦無斁，此即世界悉檀起初觀也。若欲觀假入空，須識爲人便宜。若宜修觀，即用擇、精進、喜三覺分起之。若宜修止，則用除、捨、定三覺分起之。念通兩處，是爲隨宜，善心則發。若有沈、浮之病，須用對治悉檀。若心沈時，念、擇、進、喜治之。若心浮時，念、捨、除、定治之。若善用爲人，善根則厚。若善用對治，煩惱則薄。於七覺〔二〕中隨依一覺，怳然如失，即依此覺分研修，能發真明，見第一義。是爲用四悉檀起從假入空觀，成一切智，發慧眼也。若從空入假觀，巧用四悉檀，取道種智、法眼，亦如是。若修中道第一義觀，巧用四悉檀，取一切種智、佛眼，亦如是〔三〕。若一心三觀，巧用亦如是。

起教者，大論云：「佛常樂默然，不樂説法。」〔四〕淨名亦論杜口〔五〕。此經云：「不可以言宣。」〔六〕大經云：「生生不可説，乃至不生不生不可説。」又云：「亦可得説十因緣法爲生作因。」〔七〕亦可得説十因緣者，從無明至有，此十成於衆生，具四根性，能感如來説四種法〔八〕。若十因緣所成衆生有下品樂欲，能生界内事善，拙度破惑，析法入空；具此因緣者，如來則轉生滅四諦法輪，起三藏教也。若十因緣法所成衆生有中品樂欲，能生界内理善，巧度破惑，體法入空；具此因緣者，如來則轉無生四諦法輪，起通教也。若十因緣所成衆生有上品樂欲，能生界外事善，歷別破惑，次第入中；具此因緣者，如來則轉無量四諦法輪，起別教也。若十因緣所成衆生有上上品樂欲，能生界外理善，一破惑一切破惑，圓頓入中；具此因緣者，如來則轉無作四諦法輪，起圓教也。

【校注】

〔一〕「若」：底本作「苦」，據南本、徑本、大本改。

〔二〕七覺：即七覺支（saptabodhyaṅgāni，亦譯七菩提分等），具體名目在不同經典中翻譯不同、次序也不完全一致。雜阿含經卷二六：「若有七覺支，能作大明，能爲目，增長智慧，爲明、爲正覺，轉趣涅槃。何等爲七？謂念覺支、擇法覺支、精進覺支、猗覺支、喜覺支、定覺支、捨覺支。爲明、爲目，增長智慧，爲明、爲正覺，轉趣涅槃。」

〔三〕「從假入空觀」「從空入假觀」「中道第一義觀」就是智顗特别强調的三觀，這是天台宗最有特色的觀法。三觀的説法來自於菩薩瓔珞本業經卷上賢聖學觀品：「三觀者，從假名入空二諦觀，從空入假名平等觀。是二觀方便道。因是二空觀，得入中道第一義諦觀，雙照二諦心心寂滅，進入初地法流水中，名摩訶薩聖種性。」

「一切智」「道種智」「一切種智」是三智。大智度論卷八四釋三慧品第七十之餘：「須菩提言：『佛説一切智，説道種智，説一切種智，是三種智有何差别？』佛告須菩提：『薩婆若是一切聲聞、辟支佛智，道種智是菩薩摩訶薩智，一切種智是諸佛智。』」

「慧眼」「法眼」「佛眼」，是五眼（肉眼、天眼、慧眼、法眼、佛眼）中三眼。大智度論卷三三釋初品中到彼岸義第五十：「何等五？肉眼、天眼、慧眼、法眼、佛眼。肉眼，見近不見遠，見前不見後，見外不見内，見晝不見夜，見上不見下；以此礙故，求天眼。得是天眼，遠近皆見，前後、内外、晝夜、上下，悉皆無礙。是天眼見和合因緣生假名之物，不見實相，所謂空、無相、無作、無生、無滅，如前，中、後亦爾；爲實相故，求慧眼。得慧眼，不見衆生，盡滅一異相，捨離諸著，不受一切法，智慧自内滅，是名慧眼。但慧眼不能度衆生。所以者何？無所分别故，以是故求法眼。法眼令是人行是法，得是道，知一切衆生各各方便門，令得道證。法眼不能遍知度衆生方便道，以是故求佛眼。佛眼無事不知，覆障雖密，無不見知；於餘人極遠，於佛至近；於餘幽闇，於佛顯明；於餘爲疑，於佛決定；於餘微細，於佛爲粗；於餘甚深，於佛甚淺。是佛眼，無事不聞，無事不見，無事不知，無事爲難，無所思惟；一切法中，佛眼常照。」

〔四〕大智度論卷七二釋大如品第五十四：「諸天子！以是義故，佛初成道時，心樂嘿然，不樂説法。何以故？是諸佛阿耨多羅三藐三菩提法甚深、難見、難解，不可思惟知，微妙寂滅，智者能知，一切世間所不能信。」

〔五〕維摩詰所説經卷二入不二法門品：「於是文殊師利問維摩詰：『我等各自説已，仁者當説何等是菩薩入不二法門？』時維摩詰默然無言。文殊師利歎曰：『善哉！善哉！乃至無有文字、語言，是真入不二法門。』」

〔六〕妙法蓮華經卷一方便品：「諸法寂滅相，不可以言宣，以方便力故，爲五比丘説。」

〔七〕大般涅槃經卷二一光明遍照高貴德王菩薩品：佛言：「善哉，善哉！善男子！不生生不可説，生生亦不可説，生不生亦不可説，不生不生亦不可説，生亦不可説，不生亦不可説。有因緣故，亦可得説。云何不生生不可説？不生名爲生，云何可説？何以故？以其生故。云何生生不可説？生生故生，生生故不生，亦不可説。云何生不生不可説？生即名爲生，生不自生，故不可説。云何不生不生不可説？不生者名爲涅槃，涅槃不生，故不可説。何以故？以修道得故。云何生亦不可説？以生無故。云何不生不可説？以有得故。云何有因緣故亦可得説？十因緣法爲生作因，以是義故，亦可得説。」

〔八〕摩訶止觀卷五：「十因緣者，從無明支，乃至有支，立諸法也。」摩訶止觀輔行傳弘決卷五之五：「十二因緣中不云生死者，此屬未來。今明從過至現，以成機根，故不取也。故大經中續前不可説文後，即云十因緣法爲生作因。所言十因爲生作因者，以宿種子在無明行中，來至今世；復依本習，起愛取有；復由現在，聞法發習。此中因緣，且語衆生十因緣邊，亦應義兼感應因緣，謂感佛四説，即因緣義。」

復次，一一教中，各各有十二部經，亦用悉檀起之。若十因緣法所成衆生樂聞正因緣世界事，如來則爲直説陰、界、入等假實之法，是名修多羅。或四、五、六、七、八、九言偈，重頌世界陰、入等事，是名祇夜。或直記衆生未來事，乃至記鴿、雀成佛等，是名和伽羅那。或孤起偈，説世界陰、入等事，是名伽陀。或無人問，自説世界事，是名優陀那。或約世界不善事而結禁戒，是名尼陀那。或以譬喻説世界事，是名阿波陀那。或説本昔世界事，是名伊帝目多伽。或説本昔受生事，是名闍陀伽。或説世界廣大事，是名毗佛略。或説世界未曾有事，是名阿浮陀達磨。或問難世界事，是名優波提舍。此是世界悉檀，爲悦衆生故起十二部經，或作十二種説生衆生善，或作十二種説破衆生惡，或作十二種説令衆生悟，是名四悉檀起三藏十二部經。

若十因緣法所成衆生樂聞空者，直爲説五陰、十二入、十八界無不即空。或四、五、六、七、八、九言偈重頌陰、界、入即空。或説能達陰、入、界即空者，便與授記。或孤然説陰、界、入即空。或無問自説陰、界、入即空。或説知陰、界、入即空，名爲禁戒。或舉如幻、如化等喻陰、界、入即空。或説本昔世間國土即空。或説本生陰、界、入即空。或説即空廣大。或説陰、入、界即空希有。或難問陰、界、入即空。是爲隨樂欲世界悉檀起通教十二部經，或作十二種説即空生善，或作十二種説即空破惡，或作十二種説即空令悟理，是爲四悉檀起通教十二部經也。

若有十因緣法所成衆生樂聞一切世界，一切陰、界、入，及不可説世界，不可説陰、界、入等事者，如來即直説一切正世界及陰、入等，一切翻覆世界及陰、入等，一切仰世界及陰、入等，一切倒住世界及陰、入等，一切穢國、一切淨國、一切凡國、一切聖國，如是等種種世界，不可説世界，種種陰、入、界，不可説陰、入、界(云云)(二)。或作四言，乃至九言偈重頌，或孤起偈，或能知國土陰、入、界者，即與記成佛。或能知者，即具禁戒。或譬喻説，或説昔國土事，或説昔受生事，或説廣大事，或説希有事，或説論議事。如是等十二種説悦其樂欲，或生其善，或破其惡，或令悟入，是名四悉檀起別教十二部經。

若十因緣所成衆生樂聞不可説國土、不可説陰、界、入皆是真如實相，即直説一切國土依正即是常寂光〔二〕；一切陰、入即是菩提，離是無菩提；一色一香無非中道，離是無別中道；眼、耳、鼻、舌皆是寂静門，離此無別寂静門。或作偈重頌，或作孤起偈，或作無問自説，或知者與記，或知者具戒，或作譬説，或指昔世界，或指本生，或説廣大，或説希有，或作論議。是爲赴樂欲世界悉檀起圓教十二部經，或作十二種説生妙善，或作十二種説頓破惡，或作十二種説頓會理，是爲四悉檀起圓教十二部經。

復次，用別、圓兩種四悉檀説十二部經者，是起華嚴教也。但用一番四悉檀説十二部經者，是起三藏教也。若用四番四悉檀説十二部經者，是起方等教也。若用三番四悉檀説十二部經者，是起般若教也。若但用一番四悉檀説十二部經者，是起法華教也。大論云：「四悉檀攝十二部經。」其義如是。地持云：「菩薩入摩得勒伽，造不顛倒論，爲令正法得久住禪而作論也。」〔三〕菩薩住是禪，觀衆生於佛去世後，根、緣不同，作論通經。天親用兩番四悉檀造地論〔四〕，通華嚴。舍利弗用初番四悉檀造毗曇〔五〕，五百羅漢造毗婆沙〔六〕，通三藏見有得道意也。訶黎跋摩亦用初番四悉檀造成實論〔七〕，通三藏見空得道意也。迦旃延亦用初番四悉檀造昆勒論〔八〕，通三藏見空有得道意也。龍樹用四番四悉檀造中論，三番正通大乘，一番傍通三藏。彌勒用二番四悉檀造地持〔九〕，通華嚴。無著亦用二番四悉檀造攝大乘〔一〇〕，龍樹用三番四悉檀造大智度，通大品。天親用一番四悉檀，通法華〔一一〕。世人傳天親、龍樹各作涅槃論，未來此土，準例可知。又，五通神仙種種諸論，釋天善論，大梵出欲論，皆用初番悉檀，方便利益意也。書云：「文行誠信，定禮删詩，垂裕後昆。」〔一二〕即世界也。「官人以德，賞延于世。」〔一三〕即爲人也。「叛而伐之，刑故無小。」〔一四〕即對治也。「政在清静，道合天心，人王無上。」〔一五〕即是世間第一義悉檀也。

【校注】

〔一〕各種世界，參見大方廣佛華嚴經卷三七離世間品：「佛子，菩薩摩訶薩有十種入世界。何等爲十？所謂入不淨世界，入清淨世界，入小世界，入中世界，入微塵世界，入微細世界，入伏世界，入仰世界，入有佛世界，入無佛世界。」又卷六〇入法界品：「爾時，善財於寶鏡中見諸如來及其眷屬，淨世界，不淨世界，雜世界，或上中下世界，或有世界如因陀羅網，或有黲覆仰伏世界，又復覩見平正世界，悉分別知五道別異。」

〔二〕常寂光：佛説觀普賢菩薩行法經：「釋迦牟尼名毗盧遮那，遍一切處，其佛住處名常寂光，常波羅蜜所攝成處，我波羅蜜所安立處，淨波羅蜜滅有相處，樂波羅蜜不住身心相處，不見有無諸法相處，如寂解脱，乃至般若波羅蜜，是色常住法故。」

〔三〕菩薩地持經卷六方便處禪品：「云何菩薩此世他世樂禪？略説九種：一者神足變現調

伏衆生禪。二者隨説示現調伏衆生禪。三者教誡變現調伏衆生禪。四者爲惡衆生示惡趣禪。五者失辯衆生以辯饒益禪。六者失念衆生以念饒益禪。七者造不顛倒論微妙讚頌摩得勒伽，爲令正法久住世禪。八者世間技術義饒益攝取衆生，所謂書數算計、資生方法，如是等種種衆具禪。九者暫息惡趣放光明禪。」

〔四〕地論：即十地經輪，十二卷，天親作，北魏菩提流支譯，收於大正藏第二六册，是注釋十地經（華嚴經十地品之别譯）的作品。

〔五〕毗曇：即舍利弗阿毗曇論，共三十卷，姚秦曇摩耶舍、曇摩崛多等譯，收於大正藏第二八册。大智度論卷二初品總説如是我聞釋論第三：「佛在時，舍利弗解佛語故作阿毗曇；後犢子道人等讀誦，乃至今名爲舍利弗阿毗曇。」

〔六〕毗婆沙：即阿毗曇毗婆沙論，共六十卷，迦旃延子造，五百羅漢釋，北涼天竺沙門浮陀跋摩、道泰等譯，收於大正藏第二八册。道挺法師毗婆沙序：「毗婆沙者，蓋是三藏之指歸，九部之司南。（中略）自釋迦遷暉，六百餘載，時北天竺有五百應真，（中略）搜簡法相，造毗婆沙。」

〔七〕成實論：十六卷，訶梨跋摩造，姚秦鳩摩羅什譯，收於大正藏第三二册。

〔八〕昆勒論：迦旃延造。大智度論卷二初品總説如是我聞釋論第三：「摩訶迦旃延，佛在時解佛語，作蜫勒，乃至今行於南天竺。」大智度論卷一八釋般若相義第三十：「智者入三種法門，觀一切佛語皆是實法，不相違背。何等是三門？一者、蜫勒門，二者、阿毗曇門，三者、空門。問曰：云何名蜫勒？云何名阿毗曇？云何名空門？答曰：蜫勒有三百二十萬言，佛在世時，大迦栴延之所造；佛滅度後人壽轉減，憶識力少，不能廣誦，諸得道人撰爲三十八萬四千言。若人入蜫勒門，論議則無窮；其中有隨相門、對治門等種種諸門。」

〔九〕地持：即菩薩地持經，是瑜伽師地論本地分中菩薩地之異譯。共十卷（或八卷），北涼曇無讖譯，收於大正藏第三〇册。

〔一〇〕攝大乘：即攝大乘論，無著造。智顗之前的漢譯本有二：（一）北魏佛陀扇多譯，凡二卷。（二）陳代真諦譯，凡三卷。又稱梁譯攝大乘論。

〔一一〕天親用一番四悉檀，通法華：指天親作法華經論解釋法華經。法華經論，又稱妙法蓮華經論、妙法蓮華經優波提舍、法華論。北魏菩提留支與曇林等合譯，收在大正藏第二十六册。

〔一二〕按文意，從此至本段末引文應該都出自於尚書，但實際情況並非如此。「文行誠信」，即孔子四德，出自論語述而：「子以四教：文、行、忠、信。」「定禮删詩」，出自史記孔子世家：「孔子之時，周室微而禮樂廢，詩書缺。追迹三代之禮，序書傳，上紀唐虞之際，下至秦繆，編次其事。（中略）故書、傳、禮記自孔氏。（中略）古者詩三千餘篇，及至孔子，去其重，取可施於禮義。」「垂裕後昆」，尚書仲虺之誥：「王懋昭大德，建中於民，以義制事，以禮制心，垂裕後昆。」

〔一三〕「官人以德」：按照德行給予官位。宋劉敞與吴九書曰：「昔三代之王，建辟雍、成均，以教教化者，危冠縫掖之人，居則有序，其術詩書禮樂，其志文行忠信，是以無鄙倍之色、鬪爭之聲。猶懼其未也，故賤詐謀，爵人以德，褒人以義，軌度其信，壹以待人。「賞延于世」：賞賜延續到後代。書大禹謨：「臨下以簡，御衆以寬，罰弗及嗣，賞延於世。」

〔一四〕「叛而伐之」：左氏春秋傳宣公：「叛而伐之，服而舍之，德刑成矣。伐叛，刑也。柔服，德也。二者立矣。」「刑故無小」：尚書大禹謨：「宥過無大，刑故無小。」

〔一五〕「政在清静，道合天心，人王無上」：未見於尚書，這應該是智顗自己的一種總結。尚書中有「天心」的表述：「惟尹躬暨湯，咸有一德，克享天心，受天明命。以有九有之師，爰革夏正。非天私我有商，惟天佑於一德。非商求於下民，惟民歸於一德。」

六、起聖説、聖默者。思益云：「佛告諸比丘：汝等當行二事，若聖説法、若聖默然。」〔一〕聖説，如上辨。聖默然者，夫四種四諦並是三乘聖人所證之法，非下凡所知，故不可説；假令説之，如爲盲人設燭，何益無目者乎？故不可説，名聖默然。華嚴中，數世界不可説不可説〔二〕，明理極不可説不可説，約無量、無作兩番四諦，不生生、不生不生法，明不可說。不可說，名聖默然。若三藏中，憍陳如比丘最初獲得真實之知見，寂然無聲字〔三〕，身子云「吾聞解脱之中，無有言説者」〔四〕，是約生滅四諦，生生之法，明不可説。不可説，名聖默然。淨名杜口，大集無言菩薩〔五〕，不可智知，不可識識，言語道斷，心行亦訖，不生不滅，法如涅槃〔六〕，此約四番四諦不可説。不可説，名聖默然。若大品，句句悉不可得。不可得者，不可以身得，不可以心得，不可以口得。此約三番四諦，生不生、不生生、不生不生法，明不可得。不可得故，不可説。不可説，名聖默然。此經明「止止不須説，我法妙難思」，「是法不可示，言辭相寂滅」，「不可以言宣」〔七〕，非思量分別之所能解，此約無作四諦，不生不生法，明不可説。不可説故，名聖默然。

問：爲樂他故，有聖説法；爲自樂故，名聖默然。默然則不益他？

答：正爲自樂，傍亦益他。若人厭文，不好言語，爲悦是人，故聖默然。如律中爲福他故受供，聖則默然〔八〕。如脇比丘，對破馬鳴，是故默然〔九〕。如佛結跏正念，身心不動，令無量人得悟道跡，是故默然。皆是四悉檀起此默然，利益一切，何謂無益？

問：論云：「四悉檀攝八萬四千法藏。」其相云何？

答：賢劫經云：「從佛初發心去，乃至分舍利，凡三百五十法門，一一門各有六度，合二千一百度。用是度，對破四分煩惱，合成八千四百。約一變爲十，合八萬四千也。」〔一〇〕

若作八萬四千法藏名，是世界悉檀攝。若作八萬四千塵勞門名，爲人悉檀攝；八萬四千三昧、八萬四千陀羅尼門亦如是。若作八萬四千對治、八萬四千空門，對治悉檀攝。若作八萬四千諸波羅蜜、八萬四千度無極，第一義悉檀攝。

又一説：佛地三百五十法門，一一門有十善，合三千五百善。治四分，則一萬四千。又治六根，即八萬四千也。

【校注】

〔一〕參見思益梵天所問經卷三論寂品。

〔二〕此指大方廣佛華嚴經中多處提到的「無量無數不可説不可説佛刹微塵數世界」。

〔三〕大方等大集經卷二陀羅尼自在王菩薩品：「爾時，世尊既受請已，往波羅奈鹿野林中仙人住處，轉正法輪。如是法輪，諸天魔梵及餘沙門、婆羅門等所不能轉。爾時，世尊説四諦時，憍陳如比丘得法眼淨，其聲遍聞三千大千世界。爾時，世尊説優陀那：『甚深之義不可説，第一實義無聲字，憍陳比丘於諸法，獲得真實之知見，即是我往無量世，所得菩提今已得。』」

〔四〕維摩詰所説經卷二觀衆生品：「舍利弗言：『天止此室，其已久如？』答曰：『我止此室，如耆年解脱。』舍利弗言：『止此久耶？』天曰：『耆年解脱，亦何如久？』舍利弗默然不答。天曰：『如何耆舊大智而默？』答曰：『解脱者無所言説，故吾於是不知所云。』天曰：『言説文字，皆解脱相。所以者何？解脱者，不內、不外，不在兩間，文字亦不內不外，不在兩間。是故，舍利弗！無離文字説解脱也。所以者何？一切諸法是解脱相。』」

〔五〕無言菩薩事，見大方等大集經卷一二無言菩薩品。

〔六〕大智度論卷一初序品中緣起義釋論：「語言盡竟，心行亦訖；不生不滅，法如涅槃。説諸行處，名世界法；説不行處，名第一義。」

〔七〕這幾處偈語都出自妙法蓮華經卷一方便品。

〔八〕湛然止觀輔行傳弘決卷二一：「諸律論文，乞食之法，不一處足，爲福他故，令至七家，順少欲法，不損施主。」

〔九〕注維摩詰經卷八：「什曰：如佛泥洹後六百年，有一人，年六十出家，未幾時，頌三藏都盡。次作三藏論議。作論已，思惟言：佛法中復有何事？唯有禪法我當行之。於是受禪法，自作要誓，若不得道，不具一切禪定功德，終不寢息，脇不著地，因名脇比丘。少時，得成阿羅漢，具三明六通，有大辯才，善能論議。有外道師，名曰馬鳴，利根智慧，一切經書皆悉明練，亦有大辯才，能破一切論議。聞脇比丘名，將諸弟子往到其所，唱言：『一切論議悉皆可破，若我不能破汝言論，當斬首謝屈。』脇比丘聞是論，默然不言。馬鳴即生憍慢：此人徒有空名，實無所知。與其弟子捨之而去，中路思惟已，語弟子言：『此人有甚深智慧，我墮負處。』弟子怪而問曰：『云何爾？』答曰：『我言一切語言可破，即是自破。彼不言，則無所破。』即還到其所，語脇比丘言：『我墮負處，則是愚癡。愚癡之頭，非我所須，汝便斬之。若不斬我，我當自斬。』脇比丘言：『不斬汝頭，當斬汝結髮。比於世間，與死無異。』即下髮，爲脇比丘作弟子。智慧辯才，世無及者，廣造經論，大弘佛法。時人謂之爲第二佛。夫默語雖殊，明宗一也。所會雖一，而迹有精粗。有言於無言，未若無言於無言，故默然之論，論之妙也。」

〔一〇〕參見賢劫經卷二諸度無極品。

七、明得用、不得用者。夫四悉檀獨有如來究竟具得，微妙能用。下地已去，得用不同，凡有四句：不得不用、得而不用、不得而用、亦得亦用。凡夫外道苦集流轉，尚不能知四悉檀名字，誰論其得？既其不得，云何能用也？若三藏教二乘殷勤自行者，知苦、斷集、修道、證滅入真，亦名爲得。不度衆生，故不能用。假令用者，差機不當，故淨名訶滿願云：「不知人根，不應説法，無以穢食置於寶器。」〔一〕如富樓那九旬化外道，反被蚩笑；文殊暫往，師徒皆伏〔二〕。此是不知樂欲，不能用世界悉檀也。如身子教二弟子，善根不發，更生邪疑〔三〕。此不能用爲人悉檀也。如五百羅漢爲迦絺那説四諦，都無利益；佛爲説不淨觀，即得破惡〔四〕。此不能用對治悉檀也。如身子不度福增，大醫不治，小醫拱手，五百皆不度；佛度即得羅漢〔五〕。此不能用第一義悉檀也。支佛〔六〕亦然，是名得而不用也。次明三藏教菩薩者，雖知苦、集，修道，止伏結惑，未有滅證，但得三悉檀。雖未得一，而能用四。所以者何？如病導師，具足船栰，身在此岸，而度人彼岸，常以化人爲事，自未得度先度人，是爲不得而用。

通教二乘，體門雖巧，得而不用，與三藏同也。通教菩薩，初心至六地，亦得亦用，用而未巧；七地入假，其用則勝也。

若别教，十住但得析法、體法兩種四悉檀，而未能用；十行方能用；十迴向進得相似四悉檀，亦能相似用；登地分真得，亦分真用。

圓教五品弟子，未能得用；六根清淨，相似得用；初住分真，得用也；唯佛究竟得、究竟用。

【校注】

〔一〕滿願：即富樓那。參見維摩詰所説經卷一弟子品。

〔二〕出自大方廣寶篋經卷中、卷下。

〔三〕見五〇頁注〔五〕。此處似有錯誤，原經中是目揵連教導弟子不得法，舍利弗改正。

〔四〕出自禪祕要法經卷上。

〔五〕福增：即尸利苾提。出自賢愚經卷四出家功德尸利苾提品。

〔六〕支佛：即辟支佛，梵語 pratyeka-buddha 之音譯，指無師而能自覺自悟的聖者。

八、明四悉檀權實者，四諦各辨四悉檀者，此通途説耳。釋論云「諸經多説三悉檀，不説第一義」〔一〕者，此指三藏。三藏多説因緣生生事相，滅色取空，少説第一義。就三藏菩薩，但約三悉檀明四；若就佛，即具四。雖爾，終是拙度，權逗小機也。若通教四諦明四悉檀，體法即真，其門則巧。故釋論云：「今欲説第一義悉檀故，説摩訶般若波羅蜜經。」〔二〕就佛、菩薩，皆得有四，而約方便真諦以明悉檀，猶屬權也。若別教四諦明四悉檀，約於中道，此意則深，而猶是歷別，別相未融，教道是權，此則非妙。今圓教四諦明四悉檀，其相圓融，最實之説。故四悉檀，是實，是妙。

若用此權、實約五味教者：乳教則有四權、四實；酪教但有四權；生酥則有十二權、四實；熟酥則有八權、四實；涅槃十二權、四實，法華四種俱實（云云）。

問：三藏菩薩雖得四悉檀，望通教但成三悉檀，今通教望別教云何？

答：有二義，當通是得四，望別但得三。

問：別教望圓亦爾不？

答：不例，圓、別證道同故。

竝曰：三藏、通教俱證真諦，亦應俱得四？

答：三藏真諦雖同，菩薩不斷惑，故闕一。圓、別俱斷惑，是故俱四。

又竝：三藏、通等雖四，而三可是權。別教四而不三，應非是權？

答：三藏、通教，教、證俱是權故，但三無四。別教教道權，證道實，從證則四，從教則權。

又竝：證道有四，教道應三？

答：若取地前爲教道，應如所問〔三〕（云云）。

【校注】

〔一〕此句未見於大智度論，應是智顗對大智度論卷一初序品中緣起義釋論中有關四悉檀部分的理解。

〔二〕大智度論卷一初序品中緣起義釋論：「佛欲説第一義悉檀相故，説是般若波羅蜜經。（中略）如是等處處經中説第一義悉檀。是義甚深，難見難解，佛欲説是義故，説摩訶般若波羅蜜經。」

〔三〕關於別教證道、教道的關係，參見湛然止觀輔行傳弘決卷三：「至圓教中，言教證俱實者，前之兩教教證俱權，圓教教證俱皆是實，此並易明。但別教中，教權證實，意稍難曉，人多迷之，使此別教，其義壅隔。是故今家借用地論教證二道，以消別門。於中應須先知二意：一者約行，則地前爲教，登地爲證。何者？地前仰信，登地現前。豈有親證，復存隔歷？二者約説，爲地前説，始終屬教。何者？如云真如爲惑所覆。或將十度以對十地，互不相收。或云：須離二邊，修真如觀。或云：等覺入重玄門。或云：五地習學世法。或云：八地入無功用；等覺一位，或有或無，斷十二品，稱爲妙覺。如是等例，不可具載，悉是權施。爲引凡下，爲入地方便。入地自證，權門自開。故云初地即是初住入證道也。又云：初地不知二地菩薩舉足下足。若約理説，名字觀行尚自知圓，豈有初地不知二地？若云下位不測於上，圓亦展轉迭不相知，何但別人教門方便？今文非專判教優劣，但存次第及不次第，迷之尚寬。若讀玄文，善須曉此教證二道，則別門可消。若依教修行，彌須善識。是故今文時時略用。若不曉者，初心明理兩説不同，若不識之，措心無地。如云：初心知理即是。或云：理具萬德待行。或云：解圓行須漸次。或云：理有不用諸法。如此説者，非別非圓非通非藏。教相不説，推與何耶？」

九、開權顯實者，一切諸法莫不皆妙，一色一香無非中道，衆生情隔於妙耳。大悲順物，不與世諍，是故明諸權、實不同。故無量義云：「四十餘年，三法、四果、二道不合。」〔一一〕今開方便門，示真實相，唯以一大事因緣，但説無上道，開佛知見，悉使得入究竟實相〔二〕。除滅化城，即是決麤；皆至寳所，即是入妙。若乳教四妙，與今妙不殊，唯決其四權，入今之妙，是故文云：「菩薩聞是法，疑網皆已除。」〔三〕即此意也。決酪教四權、生酥十二權、熟酥八權，皆得入妙。故文云：「千二百羅漢，悉亦當作佛。」〔四〕又云：「決了聲聞法，是衆經之王，聞已諦思惟，得近無上道。」〔五〕方等、般若所論妙者，亦與今妙不殊。開權顯實，其意在此〔六〕。

問曰：決諸權悉檀同成妙第一義，爲當爾不？

答：決權入妙，自在無礙。假令妙第一義不隔於三，三不隔一，一三自在。今且作一種解釋也。若決諸權世界悉檀爲妙世界悉檀者，即是對於釋名妙也。亦是九法界、十如是性相之名，同成佛法界性相，攝一切名也。亦是會天性、定父子，更與作字，名之爲兒，我實汝父，汝實我子也〔七〕。若決諸權第一義悉檀爲妙第一義悉檀者，即對經體妙也。即是開佛知見，示真實相，引至寳所也〔八〕。若決諸權爲人悉檀爲妙爲人悉檀者，即是對宗妙也。如此經云「各賜諸子等一大車」〔九〕也。若決諸權對治悉檀入妙對治悉檀者，即是對用妙也。文云：「以此寳珠用貿所須。」〔一〇〕又云：「如此良藥，今留在此，可用服之，勿憂不差。」〔一一〕經云：「正直捨方便，但説無上道。」〔一二〕「動執生疑，佛當爲除斷，令盡無有餘。」〔一三〕又云「我已得漏盡，聞亦除憂惱」〔一四〕也。若是分別諸權四悉檀同異，決入此經妙悉檀中，不復見同異，昔所未曾説，今皆當得聞，即是妙不同異，即對教相妙也。即如文云：「雖示種種道，其實爲一乘。」〔一五〕雖分別諸同異，爲顯不同異，説無分別法也。

【校注】

〔一〕無量義經卷一説法品：「善男子！自我道場菩提樹下，端坐六年，得成阿耨多羅三藐三菩提，以佛眼觀一切諸法，不可宣説。所以者何？以諸衆生性欲不同。性欲不同，種種説法；種種説法，以方便力，四十餘年未曾顯實。是故衆生得道差別，不得疾成無上菩提。善男子！法譬如水，能洗垢穢，若井、若池、若江、若河、溪、渠、大海，皆悉能洗諸有垢穢。其法水者，亦復如是，能洗衆生諸煩惱垢。善男子！水性是一，江、河、井、池、溪、渠、大海各各別異。其法性者，亦復如是，洗除塵勞等無差別，三法、四果、二道不一。善男子！水雖俱洗，而井非池，池非江、河，溪、渠非海，而如來世雄於法自在，所説諸法亦復如是。初、中、後説，皆能洗除衆生煩惱，而初非中，而中非後。初中後説，文辭雖一，而義各異。」

〔二〕出自妙法蓮華經卷一方便品。

〔三〕見於妙法蓮華經卷一方便品。

〔四〕見於妙法蓮華經卷一方便品。

〔五〕見於妙法蓮華經卷四法師品。

〔六〕法華玄義釋籤卷三：「『方等、般若』至『在此』者，開分齊中亦應云華嚴，文無者略。驗彼三部圓教，無殊法華之圓，判頓獨在華嚴，信是妄生疣贅。況法本妙，隔在物情，法華已開，翻降爲漸；十如實境，妙卻爲粗；佛之知見，貶歸菩薩。藥王十譬歎教，聖説成虚；法師三世校量，通爲不實。分身佛集，寶塔涌空，徒屈來儀，證斯漸教。同異之相，不可具論。一家教門，足堪搜撿，如何獨異，黜兹妙經？」

〔七〕出自妙法蓮華經卷二信解品窮子喻。

〔八〕出自妙法蓮華經卷三化城喻品。

〔九〕出自妙法蓮華經卷二譬喻品。

〔一〇〕見於妙法蓮華經卷四五百弟子授記品。

〔一一〕見於妙法蓮華經卷五如來壽量品。

〔一二〕見於妙法蓮華經卷一方便品。

〔一三〕參見妙法蓮華經卷一序品。

〔一四〕見於妙法蓮華經卷二譬喻品。

〔一五〕見於妙法蓮華經卷一方便品。

十、通經者，問：今以四悉檀通此經，此經何文明四悉檀耶？答：文中處處皆有此意，不能具引。今略引迹、本兩文。方便品云：「知衆生諸行，深心之所念，過去所習業，欲性精進力，及諸根利鈍，以種種因緣，譬喻亦言辭，隨應方便説。」〔一〕此豈非是四悉檀之語耶？欲者即是樂欲，世界悉檀也；性者是智慧性，爲人悉檀也；精進力即是破惡，對治悉檀也；諸根利鈍即是兩人得悟不同，即是第一義悉檀也。又壽量品云：「如來明見，無有錯謬。以諸衆生，有種種性、種種欲、種種行、種種憶想分別故，欲令生諸善根，以若干因緣、譬喻、言辭種種説法，所作佛事，未曾暫廢。」〔二〕種種性者，即是爲人；種種欲者，即是世界；種種行者，即是對治；種種憶想分別，即是推理，轉邪憶想，得見第一義。兩處明文，四義具足，而皆言爲衆生説法，豈非四悉檀設教之明證也？

【校注】

〔一〕見於妙法蓮華經卷一方便品。

〔二〕見於妙法蓮華經卷五如來壽量品。

第二、别解五章。

初釋名，爲四：一、判通别；二、定前後；三、出舊；四、正解。

「妙法蓮華」名異衆典，别也；俱稱爲經，通也。立此二名，凡約三意，謂教、行、理。從緣故教别，從説故教通；從能契故行别，從所契故行通；理從名故别，名從理故通。略説竟。

夫教本應機，機宜不同，故部部别異。金口梵聲，通是佛説。故通、别二名也。約行者，泥洹真法寶，衆生以種種門入。如五百比丘各説身因，佛言：「無非正説。」〔一〕三十二菩薩各入不二法門，文殊稱善〔二〕。大論明阿那波那皆是摩訶衍，以不可得故〔三〕。當知，從行則别，所契則同。求那跋摩云：「諸論各異端，修行理無二（云云）。」〔四〕約理者，理則不二，名字非一。智度云：「般若是一法，佛説種種名。」〔五〕大經云：「解脱亦爾，多諸名字，如天帝釋有千種名。」〔六〕名異故别，理一故通。

今稱妙法之經，即是教之通别。各賜諸子等一大車，乘是寶乘，直至道場，即行之通别。或言實相，或言佛知見、大乘家業、一地、實事、寶所、繫珠、平等大慧等，即是理之通别。約此三義，故立兩名也。

問：教主不同，設教亦異。云何而言金口梵聲，名爲教通？

答：此有兩義：一、當分，二、跨節。當分者，如三藏佛赴種種緣，説種種教，緣異故教别，主一故教通。依此教行，有能契、所契，種種名理，理無種種。經言：「即脱瓔珞，著弊垢衣。語言勤作，勿復餘去，并加汝價，及塗足油。」〔七〕此則身口行理齊分而説，不得作餘解也。通、别、圓等教、行、理，當分亦爾。斯義易解，而理難融(云云)。二、跨節者，何處别有四教主，各各身、各各口、各各説？秖隱其無量功德莊嚴之身，現爲丈六紫金輝；不説甘恬、常樂之味，説於鹹酢、無常、辛辣；棄王者服飾，執持糞器，名爲方便。若開方便門，示真實相，即向身是圓常之身，向法是圓法，向行、向理，皆即真實。如此通是一音之教，而小大差别。能契有長短，所契唯一極。種種名名一究竟，唯一究竟應於衆名。作如此論教、行、理通别者，相則難解，理則易明(云云)。

【校注】

〔一〕參見大般涅槃經卷三二迦葉菩薩品之二。

〔二〕出自維摩詰所説經卷二入不二法門品。三十二菩薩各自説入不二法門，維摩詰默然無言。文殊師利歎曰：「善哉！善哉！乃至無有文字、語言，是真入不二法門。」

〔三〕出自大智度論卷二一、二二釋初品中八念義。「阿那波那」即安那般那，「安那」指入息，「般那」指出息。大智度論卷二二：「佛是中亦説，告舍利弗：『菩薩摩訶薩以不住法住般若波羅蜜中，應具足檀波羅蜜，乃至應具足八念，不可得故。』」

〔四〕見於高僧傳卷三求那跋摩傳。求那跋摩（三六七—四三一），意譯作功德鎧。北印度罽賓國（迦濕彌羅或犍陀羅）人。劉宋文帝元嘉元年（四二四），經由海路至廣州，在虎市山建立禪室習禪。元嘉八年至建康，文帝敕住祇洹寺，於寺中宣講法華經及十地經。譯有菩薩善戒經、四分比丘尼羯磨法、優婆塞五戒相經、沙彌威儀等，共計十部十八卷。此外，求那跋摩還繼伊葉波羅之後，翻譯雜阿毗曇心論，補足伊葉波羅未譯完的部分。

〔五〕見於大智度論卷一八釋初品中般若波羅蜜。

〔六〕出自大般涅槃經卷五如來性品，其中提到關於解脱的一百種含義。止觀輔行傳弘決卷三：「解脱亦爾，多諸名字者，即大經第五百句解脱文也。近七八紙，古今講者長唱而已。真諦三藏有一卷記，釋此百句。天台大師曾於靈石寺，一夏講此百句解脱。每一一句以百句釋，百句乃成一萬法門，一萬名字。章安云：先學自飽，而不記録，今無所傳，惜哉！惜哉！後代無聞。」

〔七〕妙法蓮華經卷二信解品：「其父見子，愍而怪之。又以他日，於窗牖中遥見子身，羸瘦憔悴，糞土塵坌，污穢不淨。即脱瓔珞、細軟上服、嚴飾之具，更著粗弊垢膩之衣，塵土坌身，右手執持除糞之器，狀有所畏。語諸作人：『汝等勤作，勿得懈息。』以方便故，得近其子。（中略）於是長者，著弊垢衣，執除糞器，往到子所，方便附近，語令勤作：『既益汝價，并塗足油，飲食充足，薦席厚煖。』」

二、定妙法前後者，若從義便，應先明法，却論其妙。下文云：「我法妙難思。」若從名便，應先妙次法。如欲美彼，稱爲好人，篤論無人，何所稱好？必應先人後好。今題從名便，故先妙後法；解釋義便，故先法後妙。雖復前後，亦不相乖（云云）。

三、出舊解，舊解甚多，略出四家：道場觀〔一〕云：「應物説三，三非真實，終歸其一，謂之無上，無上故妙也。」〔二〕引經云：「是乘微妙，清淨第一。於諸世間，爲無有上。」〔三〕又云：「寄言譚於象外，而其體絶精麤，所以稱妙。」〔四〕又引經：「是法不可示，言辭相寂滅。」〔五〕會稽基〔六〕云：「妙者，表同之稱也。昔三因異趣，三果殊别，不得稱妙。」北地師云：「理則非三，三教爲麤，非三之旨爲妙。」此意同而辭弱。光宅雲〔七〕云：「妙者，一乘因果法也。待昔因果各有三麤，今教因果各有三妙。昔因果麤者，因體狹，因位下，因用短。聲聞修四諦，支佛修十二因緣，菩薩修六度，三因差别，不得相收〔八〕，因體是狹；昔第九無礙道中行，名菩薩伏道不斷，未出三界，故名因位下；第九無礙止伏四住，不伏無明，故言用短。是爲昔因三義故麤也。昔果麤者，體狹、位下、用短。有餘、無餘，衆德不備，故言體狹；位在化城，不出變易，故言位下；第九解脱止除四住，不破無明，又八十年壽，前不過恒沙，後不倍上數，是故用短。是爲昔果三義故麤。今因體廣、位高、用長者，會三爲一，收束萬善，故言體廣；不止界内無礙道中行，出於界外，行菩薩道，故言位高；

無礙伏惑，不止四住，進伏無明，故用長。今因三義妙也。今果三義妙者，體廣、位高、用長。體備萬德，衆善普會，故言體廣；位至寶所，故言位高；斷五住惑，神通延壽，利益衆生，故言用長。今果三義故妙。即是一乘因果之法妙也。」〔九〕

【校注】

〔一〕道場觀：即慧觀，高僧傳卷七有傳。慧觀，生卒年不詳，俗姓崔，清河（今山東清平）人，曾到廬山師從慧遠。鳩摩羅什到長安後，慧觀與道生、慧嚴等前往受學，成爲羅什門下著名弟子，「通情則生（道生）、融（道融）上首，精難則觀（慧觀）、肇（僧肇）第一」。印度禪師佛陀跋陀羅到達長安後，慧觀跟隨他學習禪法。佛陀跋陀羅離開長安後，慧觀等四十位弟子陪同。晉義熙八年（四一二），慧觀隨從佛陀跋陀羅往荆州高悝寺，一年後，在劉裕邀請下，與佛陀跋陀羅一起到達建康（今江蘇南京），住道場寺，曾參與宋文帝時期的踞食論爭。慧觀的求學經歷與道生、慧嚴等非常相似，都曾受慧遠系和羅什系思想的影響，只是後來他更爲推崇佛陀跋陀羅傳承的上座部禪法，成爲此系禪法的重要弘揚者。慧觀和道生開創了研究涅槃學的兩大系。他反對道生提倡的頓悟義，提倡漸次修行的漸悟義。慧觀提出二教五時的教判方法，成爲後世判教思想的淵源之一。慧觀與僧叡同爲研習妙法蓮華經的創始人，著有法華宗要序。慧觀還精通十誦律。慧觀是佛陀跋陀羅譯經的主要助手之一，參與了華嚴經、大般泥洹經等的翻譯；並與慧嚴、謝靈運等改治四十卷本大般涅槃經；還與慧聰等人面啓文帝迎請罽賓僧人求那跋摩前來翻譯，譯出菩薩戒地，雜阿毗曇心論後品，四分羯磨、優婆塞五戒略論、優婆塞二十四戒等；又請僧伽跋摩再次譯出雜阿毗曇心論，親自擔任筆受；又繼承曇無讖遺志，請高昌沙門道普尋求涅槃經後分。慧觀著作保存下來的有法華宗要序、修行地不淨觀序、勝鬘經序等，其餘辯宗論、頓悟漸悟義等已經佚失。他的觀點還散見於名僧傳鈔和吉藏、慧達的著作之中。

〔二〕慧觀法華宗要序：「是以從初得佛，暨於此經，始應物開津，故三乘別流。別流非真，則終期有會。會必同源，故其乘唯一。唯一無上，故謂之妙法。」

〔三〕見於妙法蓮華經卷二譬喻品。

〔四〕慧觀法華宗要序：「雖寄華宣微，而道玄像表，稱之曰妙，而體絶精粗。」

〔五〕見於妙法蓮華經卷一方便品。

〔六〕會稽基：即慧基，高僧傳卷八有傳。慧基（四一二—四九六），俗姓偶（又作吕），錢塘（今浙江杭州）人。幼年時依止楊都祇洹寺慧義，十五歲出家，研習群經，精苦勵行，後跟隨西域僧人僧伽跋摩探究禪律。受具足戒後，四方游歷，遍訪名師，擅長法華經、思益經、維摩經、金剛經、勝鬘經等。東歸錢塘後，在三吴地區（浙江一帶）宣講經教。劉宋太宗曾遣使迎請，慧基稱疾不行。齊竟陵王蕭子良向慧基請教法華經宗旨，慧基因此撰寫法華義疏三卷。齊明帝敕爲僧主，爲東土僧正之始。慧基還著有門訓義序三十三科、註遺教經等，今已不存。

〔七〕光宅雲：即法雲，續高僧傳卷五有傳。法雲（四六七—五二九），俗姓周，義興陽羨（今江蘇宜興）人，七歲出家，爲僧成、玄趣、寶亮弟子；十三歲開始研習佛學；三十歲時，開始在妙音寺講法華、淨名二經，與齊中書周顒、琅玡王融、彭城劉繪、東莞徐孝嗣等結爲莫逆之交。梁武帝對法雲極爲重視，天監二年（五〇三），敕法雲出入諸殿，又敕爲光宅寺主。梁武帝禁斷酒肉，撰寫菩薩戒法，發動「神滅論」大論戰，都得到法雲的大力支持。天監末年，法雲創建法雲寺，並受命翻譯扶南國所獻的三部佛經。普通六年（五二五），敕爲大僧正。法雲與智藏、僧旻並稱爲梁朝三大法師。法雲擅長成實學，著有成實義疏，又精通涅槃經、法華經等。現存著作只有法華經義記八卷。

〔八〕「收」：底本作「牧」，據南本、大本改。

〔九〕法雲具體論述見法華經義記卷一。

今古諸釋，世以光宅爲長。觀南方釋大乘，多承肇〔一〕、什〔二〕。肇、什多附通意〔三〕。光宅釋妙，寧得遠乎？今先難光宅，餘者望風（云云）。

因體廣狹四難者：若謂昔因體狹爲麤，指何爲昔？若指三藏等，可然。若指法華已前皆稱爲昔，此不應爾。何者？般若説一切法皆摩訶衍，靡不運載。思益明解諸法相，是菩薩偏行〔四〕。華嚴入法界，不動祇洹〔五〕。淨名：「一念知一切法，是爲坐道場。」〔六〕昔因如此，無所不收，若爲是狹？若言今因體廣，那忽言法華明一乘是了，不明佛性是不了？那復言法華明緣因是滿，不明了因是不滿？那復言前過恒沙，後倍上數，猶是無常因？既以無常因，那得常果？因果俱無常，此無常人，那見佛性？非了義故，體不收行一。非滿字故，體不收教一。非常住故，體不收人一。不見佛性故，體不收理一。當知今因狹中之狹，狹則是麤；昔體既廣，昔還是妙。此一難已知麤妙，蓬復具作後難耳。

因位高下四難者：般若是無上明呪，無等等明呪，上人應求上法，因教則不下。大論云：「菩薩出三界外，受法性身，行菩薩行。」因位則不下。淨名歎菩薩德，近無等等佛自在慧〔七〕；十方作魔王者，皆是住不可思議解脱〔八〕。則因人不下。淨名云：「雖成佛道，轉法輪，而行菩薩道。」又云：「諸佛祕藏，無不得入。」〔九〕則見理不下。如是因位，四一皆高，云何言麤？若言今因位高者，教那忽是第四時〔一〇〕？位那忽住無礙道伏無明？人那忽是生死身，非法性身？理那忽無常，不見佛性？當知，今因皆無四一，其位下而麤；昔因具四一，高而妙。

因用長短四難者，釋論云「處處説破無明三昧」〔一一〕，是教用長。是事不知，名爲無明。

佛一切種智，知一切法，明、無明無二。若知無明不可得，亦無無明，是爲入不二法門〔一二〕。是則行長。又一日行般若，如日照世，勝螢火蟲〔一三〕。若人入薝蔔林，不嗅餘香，誰復樂二乘功德〔一四〕？座不須禮，華不著身，皆是阿惟越〔一五〕類。則人用長。色無邊故，般若亦無邊；受、想、行、識無邊故，般若亦無邊〔一六〕。是則理長。當知昔教、行、人、理俱長，長故是妙。若謂今因用長，那復言法華是覆相教，教則短；行覆相，行則短；覆相不明佛性，理則短。四一既闕，今短而麤；昔用既長，長則是妙。

【校注】

〔一〕肇：即僧肇，高僧傳卷六有傳。僧肇（三八四—四一四），京兆（今陝西西安）人，俗姓張。早年家貧，受人雇傭，以抄書爲業，由此閱讀了大量經史典籍。在閱讀道德經過程中，感到不足，後讀舊譯維摩經，産生佛教信仰而出家。出家之後，僧肇以學習大乘佛教典籍爲主，兼通三藏。僧肇不僅思想深刻，而且口才很好，善於談説，二十歲時就知名於長安。僧肇聞聽鳩摩羅什到姑臧，不遠千里投其門下學習，羅什對他十分欣賞。羅什被迎請到長安，僧肇也隨之返鄉，與僧叡等人一起入住逍遥園，參與羅什的譯經工作。大品般若經翻譯出來以後，僧肇撰寫般若無知論，羅什讀後大加稱讚，廬山隱士劉遺民讀了該文後，把僧肇比作玄學家何晏，並把該文推薦給慧遠。此後，僧肇又撰寫了不真空論、物不遷論，在羅什逝世後，僧肇著涅槃無名論。這四篇合在一起，就是中國思想史上影響深遠的肇論。除此之外，僧肇的著作還有注維摩經、長阿含經序、百論序、鳩摩羅什法師誄等。藏經中另有梵網經序、寶藏論，署名爲僧肇撰，一般認爲是託名僞作。

〔三〕什：即鳩摩羅什，高僧傳卷二有傳。鳩摩羅什（三四四—四一三），又作鳩摩羅耆婆，簡稱羅什，意譯名作童壽，祖籍天竺，家世國相。羅什七歲出家，九歲隨母到罽賓（今喀什米爾），師從罽賓王之從弟盤頭達多學習雜藏、中阿含、長阿含，凡四百萬言。十二歲時，羅什隨母返回龜兹。途經月支（今巴基斯坦西北的白沙瓦一帶）北山，進入沙勒（即今新疆疏勒），停留一年，誦阿毗曇、六足諸論，及增一阿含。二十歲時，羅什在龜兹王宫受具足戒，後來自學了中論、百論、放光經等多部大乘經典，完成從小乘到大乘的改變。前秦建元二十年（三八四），吕光奉苻堅之命攻佔龜兹，俘獲鳩摩羅什。羅什在涼州十六年，主要參與軍政事務，在弘揚佛教方面並没有大的建樹。後秦弘始三年（四〇一），姚興迎請羅什入長安，待以國師之禮，全力支持羅什的譯經事業。此後十一年間，羅什共翻譯經典三十五部二百九十四卷。其中，重要的有大品般若經、小品般若經、妙法蓮華經、金剛般若經、維摩詰所説經、阿彌陀經、首楞嚴三昧經、十住毗婆沙論、中論、百論、十二門論、成實論、十誦律、坐禪三昧經等。鳩摩羅什被稱爲中國佛經翻譯史上的四大譯經師之一，開啓了佛經翻譯的新時代，他的譯籍中，許多譯本成爲以後最流行的版本，有的成爲隋唐時期諸多佛教宗派的宗經。直到今天，在社會上流行的各類佛教譯籍中，以羅什所譯的版本數量最多。在中國譯經史上，他翻譯經典的數量不是最多，但流行的數量最多。

〔三〕肇、什多附通意：法華玄義認爲僧肇、鳩摩羅什的學説主要屬於通教。參見灌頂大般涅槃經玄義卷一：「問：古來傳譯，什師命世。升堂入室，一肇而已。肇作涅槃無名論，其詞虚豁，洋洋滿耳。世人翫味，卷不釋手，意復云何？答：高僧盛德，日月在懷，既不親承，其門難見，鑽仰遺文，管窺而已。觀其旨趣，不出四句。其論云：『有餘無餘涅槃者，良是出處之異號，應物之假名。若無聖人，知無者誰？若無聖人，誰與道遊？』即其有句也。『寂寥虚豁，不可以形名得，微妙無相，不可以有心知，豈有名於其間哉？』即其無句也。『果有其所以不有，故不可得而有；有其所以不無，故不可得而無耳。恍忽窈冥，其中有精。本之有境，則五陰永滅；推之無鄉，則幽靈不竭。』即其亦有亦無句也。『然則有無絶於内，稱謂淪於外，視聽之所不暨，四空之所昏昧，而欲以有無題牓，標其方域者，不亦邈哉。』即其非有非無句也。然其作論談大，意不在小，不可謂是三藏四句也。文云『超度有流』，言不涉界外之流；『大患永滅』，不滅涅槃之患。故不可謂是別圓四句也。辨差中云：『三車出於火宅，俱出生死，無爲一也。此以三三於無，非無有三。如來結習都盡，聲聞結盡習不盡。盡者去尺無尺，去寸無寸。修短在於尺寸，不在無也。智鑒有淺深，德行有厚薄，雖俱至彼岸，而升降不同。彼岸豈異？異自我耳。』以此推之，歸宗指極，在於三人同以無言説道斷煩惱，入涅槃。文義孱然，何可隱諱？故知是通教四句也。」

〔四〕參見思益梵天所問經卷一分别品。

〔五〕參見大方廣佛華嚴經卷四四入法界品。

〔六〕維摩詰所説經卷一菩薩品：「一念知一切法是道場，成就一切智故。」

〔七〕參見維摩詰所説經卷一佛國品。

〔八〕參見維摩詰所説經卷二不思議品。

〔九〕參見維摩詰所説經卷二文殊師利問疾品。

〔一〇〕教那忽是第四時：關於法雲的判教思想，不見於其僅存的著作法華經義記，在智顗法華玄義和吉藏法華玄論中提到，其將法華經判爲五時教中的第四時同歸教。法華玄義卷一〇：「三者、定林柔、次二師，及道場觀法師，明頓與不定同前，更判漸爲五時教，即開善、光宅所用也。四時不異前，更約無相之後、同歸之前，指淨名、思益諸方等經，爲褒貶抑揚教。」法華玄論卷三：「宋道場寺惠觀法師著涅槃序明教有二種，一頓教，即華嚴之流。二漸教，謂五時之説。後人更加其一，復有無方教也。三大法師（即法雲、智藏、僧旻）並皆用之。爰至北土，還影五教，製於四宗。」

〔一一〕大智度論卷九七釋薩陀波崙品：「破諸法無明三昧者，諸法於凡夫人心中，以無明因緣故，邪曲不正，所謂常、樂、我、淨；得是三昧故，常等顛倒相應無明破，但觀一切法無常、空、無我。問曰：若是菩薩破一切法中無明，此人尚不須見佛，何用至曇無竭菩薩所？答曰：破無明不唯一種，有遮令不起亦名爲破，有得諸法實相故破無明。又無明種數甚多：有菩薩所破分，有佛所破分，有小菩薩所破分、大菩薩所破分；如先説燈譬喻。又須陀洹亦名破無明，乃至阿羅漢方是實破；大乘法中亦如是，新發意菩薩得諸法實相故，亦名破無明，乃至佛無明盡破無餘。是故薩陀波崙於佛法中邪見、無明及我見皆盡故，得名破無明三昧，無咎。」

〔二〕維摩詰所説經卷二入不二法門品：「明、無明爲二。無明實性即是明，明亦不可取，離一切數，於其中平等無二者，是爲入不二法門。」

〔三〕摩訶般若波羅蜜經卷一習應品：「復次，舍利弗！菩薩摩訶薩行般若波羅蜜一日修智慧，出過一切聲聞、辟支佛上。（中略）佛告舍利弗：菩薩摩訶薩能作是念：『我當行六波羅蜜乃至十八不共法，成阿耨多羅三藐三菩提，度脱無量阿僧祇衆生令得涅槃。』譬如螢火蟲不作是念：『我力能照閻浮提普令大明。』諸阿羅漢、辟支佛亦如是，不作是念：『我等行六波羅蜜乃至十八不共法，得阿耨多羅三藐三菩提，度脱無量阿僧祇衆生令得涅槃。』舍利弗！譬如日出時，光明遍照，閻浮提無不蒙明者。菩薩摩訶薩亦如是，行六波羅蜜乃至十八不共法，得阿耨多羅三藐三菩提，度脱無量阿僧祇衆生令得涅槃。」

〔一四〕維摩詰所説經卷二觀衆生品：「舍利弗！如人入瞻蔔林，唯嗅瞻蔔，不嗅餘香。如是，若入此室，但聞佛功德之香，不樂聞聲聞、辟支佛功德香也。」

〔一五〕阿惟越：即阿惟越致，又作阿毗跋致，意譯爲不退轉。小乘有部以預流果爲不退，大乘則以初住、初地、八地等爲不退。

〔一六〕摩訶般若波羅蜜經卷七十無品：「慧命須菩提白佛言：『世尊！菩薩摩訶薩前際不可得，後際不可得，中際不可得，色無邊故，當知菩薩摩訶薩亦無邊。受想行識無邊故，當知菩薩摩訶薩亦無邊。』」

果體廣狹四難者，若昔果體是有餘、無餘，不備衆德，爲狹、爲麤者，此豈然乎？般若是佛母，十方佛皆護〔一〕。淨名云：「未曾聞此實相深經。」〔二〕當知昔果體備衆德也。若謂今果體廣，應備滿、了，何故復言亦滿、不滿，亦了、不了？何故復言佛果無常，亦無我、樂、淨等？衆德缺然，廣義安在？若體廣者，法身應徧一切處，何故復言壽止八十，或七百阿僧祇灰斷入滅，去此不至彼耶？若言體廣，應備五眼見佛性。當知今果闕於四一，狹而是麤；將今望昔，昔還是妙。

果位高下四難者，今果位若高，設教何得在第五教下？行那不出無常？人那不出變易？理那不窮祕藏？當知今果之位闕四一，皆下、皆麤；昔果位具四一，皆高、皆妙。

果用長短四難者，若今果用長，教何不明常住？行何不頓破無明？人何不即是毗盧遮那？理何不即是祕藏？當知今果無有妙法，豈非麤耶（云云）？

而復言神通延壽，是何神通？若作意神通，同彼外道；若無漏神通，同彼小乘；若實相神通，則非延、非不延，能延、能不延。能延，何止延壽，而不延眼令見佛性？何不延舌說於常住？眼不見性，則知非實相神通，非麤何謂？前一難已知麤，後難重來耳。

彼作因果六種以判麤妙，又以四一專判妙。今難其麤皆備四一，則昔麤非麤；難其妙全無四一，則今妙非妙。於其一句，設四句難，四六二十四耳。用彼矛盾自相擊故，不盈不縮，應爾許耳。

【校注】

〔一〕摩訶般若波羅蜜經卷二七法尚品：「般若波羅蜜是過去未來現在十方諸佛母，十方諸佛所尊重故。」

〔二〕維摩詰所說經卷三法供養品：「爾時，釋提桓因於大衆中白佛言：『世尊！我雖從佛及文殊師利聞百千經，未曾聞此不可思議、自在神通、決定實相經典。』」

妙法蓮華經玄義卷第一下

妙法蓮華經玄義卷第二上

隋天台智者大師説
門人灌頂記

四、正論今意，爲二。先略用彼名顯於妙義。因具三義者，一法界具九法界，名體廣；九法界即佛法界，名位高；十法界即空、即假、即中，名用長。即一而論三，即三而論一〔一〕，非各異，亦非横，亦非一，故稱妙也。果體具三義者，體徧一切處，名體廣；久已成佛，久遠久遠，名位高；從本垂迹，過、現、未來三世益物，名用長。是爲因果六義，異於餘經，是故稱妙。

又乳經一種因果廣、高、長，一種因果狹、下、短，則一麤一妙（云云）。酪經唯一種因果狹、下、短，但麤無妙。生酥經三種因果狹、下、短，一種因果廣、高、長，則三麤一妙。熟酥經二種因果狹、下、短，一種因果廣、高、長，則二麤一妙。醍醐經一種因果廣、高、長，但妙無麤。又醍醐經妙因、妙果，與諸經妙因、妙果不異，故稱爲妙也。

復次，觀心釋。若觀己心不具衆生心、佛心者，是體狹；具者，是體廣。若己心不等佛心，是位下；若等佛心，是位高。若己心、衆生心、佛心，不即空、即假、即中者，是用短；即空、即假、即中者，是用長。復次，於一法界通達十法界六即〔二〕位者，亦是體廣，亦是位高，亦是用長。初約十法界，是顯理一；次約五味，是約教一；次約觀心，是約行一；次約六即，是約人一。略示妙義竟。

廣說者：先法，次妙。南岳師舉三種，謂衆生法、佛法、心法〔三〕。如經：「爲令衆生開示悟入佛之知見。」若衆生無佛知見，何所論開？當知佛之知見蘊在衆生也。又經「但以父母所生眼」，即肉眼；「徹見内外彌樓山」〔四〕，即天眼。洞見諸色而無染著，即慧眼。見色無錯謬，即法眼。雖未得無漏，而其眼根清淨。若此一眼具諸眼用，即佛眼。此是今經明衆生法妙之文也。大經云：「學大乘者，雖有肉眼，名爲佛眼。」〔五〕耳、鼻五根，例亦如是。殃掘云：「所謂彼眼根，於諸如來常，具足無減修，了了分明見。」〔六〕乃至意根亦如是。大品云：「六自在王，性清淨故。」〔七〕又云：「一切法趣眼，是趣不過。」〔八〕眼尚不可得，何況有趣、有非趣？乃至一切法趣意亦如是。此即諸經明衆生法妙也。

佛法妙者，如經：「止止不須説，我法妙難思。」佛法不出權、實。「是法甚深妙，難見難可了。一切衆生類，無能知佛者」，即實智妙也。「及佛諸餘法，亦無能測者」，即佛權智妙也。如是二法，「唯佛與佛，乃能究盡諸法實相」〔九〕，是名佛法妙。

心法妙者，如安樂行中「修攝其心，觀一切法，不動不退」，又「一念隨喜」〔一〇〕等。普賢觀云，「我心自空，罪福無主，觀心無心，法不住法」〔一一〕，又「心純是法」〔一二〕。淨名云：「觀身實相，觀佛亦然。諸佛解脱當於衆生心行中求。」〔一三〕華嚴云，「心、佛及衆生，是三無差別」〔一四〕，「破心微塵，出大千經卷」〔一五〕，是名心法妙也。

【校注】

〔一〕即一而論三，即三而論一：三，指三義，即體廣、位高、用長。此句指三個方面是統一的整體，不可分割。

〔二〕六即：智顗提出的六種行位，即理即、名字即、觀行即、相似即、分真即、究竟即。系統闡釋見摩訶止觀卷一。

〔三〕南岳師舉三種，謂衆生法、佛法、心法：「衆生法」「佛法」「心法」三種法應該來自於大方廣佛華嚴經卷一〇夜摩天宮菩薩説偈品：「心如工畫師，畫種種五陰，一切世界中，無法而不造。如心佛亦爾，如佛衆生然，心佛及衆生，是三無差別。」現存慧思資料中未見有關此三法的説明，僅在其法華經安樂行義中解釋妙法蓮華經經題時解釋了衆生法、如來義。法華玄義此處應是對慧思思想的一種發揮。

〔四〕妙法蓮華經卷六法師功德品：「『是善男子、善女人，父母所生清淨肉眼，見於三千大千世界内外所有山林河海，下至阿鼻地獄，上至有頂，亦見其中一切衆生，及業因緣、果報生處，悉見悉知。』爾時，世尊欲重宣此義，而説偈言：『（中略）父母所生眼，悉見三千界，内外彌樓山，須彌及鐵圍，并諸餘山林，大海江河水，下至阿鼻獄，上至有頂處，其中諸衆生，一切皆悉見。雖未得天眼，肉眼力如是。』」

〔五〕見於大般涅槃經卷六如來性品。

〔六〕央掘魔羅經卷三：「所謂彼眼根，於諸如來常，決定分別見，具足無減損。」

〔七〕見於摩訶般若波羅蜜經卷五莊嚴品。

〔八〕摩訶般若波羅蜜經卷一五知識品：「須菩提！一切法趣色，是趣不過。何以故？色畢竟不可得，云何當有趣不趣？須菩提！一切法趣受、想、行、識，是趣不過。何以故？受、想、行、識畢竟不可得，云何當有趣不趣？十二入、十八界亦如是。」

〔九〕本段内引文參見妙法蓮華經卷一方便品。

〔一〇〕妙法蓮華經卷四法師品：「又如來滅度之後，若有人聞妙法華經，乃至一偈一句，一念隨喜者，我亦與授阿耨多羅三藐三菩提記。」

〔一一〕佛説觀普賢菩薩行法經：「何者是罪？何者是福？我心自空，罪福無主。一切法如是，無住、無壞。如是懺悔，觀心無心、法不住法中，諸法解脱，滅諦寂静。如是想者，名大懺悔，名莊嚴懺悔，名無罪相懺悔，名破壞心識。行此懺悔者，身心清淨，不住法中，猶如流水，念念之中得見普賢菩薩及十方佛。」

〔一二〕佛説觀普賢菩薩行法經：「廣説如妙法華經得是六根清淨已，身心歡喜，無諸惡相，心純是法，與法相應。」

〔一三〕維摩詰所説經卷三見阿閦佛品：「如自觀身實相，觀佛亦然。」維摩詰所説經卷二文殊師利問疾品：「又問：諸佛解脱當於何求？答曰：當於一切衆生心行中求。」

〔一四〕見九一頁注〔三〕。

〔一五〕大方廣佛華嚴經卷三五寶王如來性起品：「佛子！譬如有一經卷如一三千大千世界，大千世界一切所有無不記録。若二千世界等，悉記二千世界中事。小千世界等，悉記小千世界中事。四天下等，悉記四天下事。須彌山王等，悉記須彌山王事。地天宫等，悉記地天宫殿中事。欲天宫等，悉記欲界天宫殿中事。色天宫等，悉記色界天宫殿中事。若無色天宫等，悉記無色界天宫殿中事。彼三千大千世界等經卷在一微塵内，一切微塵亦復如是。時，有一人出興於世，智慧聰達，具足成就清淨天眼，見此經卷在微塵内，作如是念：『云何如此廣大經卷在微塵内而不饒益衆生耶？我當勤作方便，破彼微塵，出此經卷，饒益衆生。』爾時，彼人即作方便，破壞微塵，出此經卷，饒益衆生。佛子！如來智慧無相，智慧無礙，智慧具足，在於衆生身中，但愚癡衆生顛倒想覆，不知、不見、不生信心。爾時，如來以無障礙清淨天眼觀察一切衆生。觀已，作如是言：『奇哉！奇哉！云何如來具足智慧在於身中而不知見？我當教彼衆生覺悟聖道，悉令永離妄想顛倒垢縛，具見如來智慧在其身内，與佛無異。』如來即時教彼衆生修八聖道，捨離虚妄顛倒；離顛倒已，具如來智，與如來等，饒益衆生。」

今依三法，更廣分別。若廣衆生法，一往通論諸因果及一切法。若廣佛法，此則據果。若廣心法，此則據因〔一〕。

衆生法爲二：先列法數，次解法相。數者，經論或明一法攝一切法，謂心是，三界無別法，唯是一心作。或明二法攝一切法，所謂名、色，一切世間中，但有名與色〔二〕。或明三法攝一切法，謂命、識、煖。如是等增數，乃至百千。今經用十法攝一切法：「所謂諸法如是相、如是性、如是體、如是力、如是作、如是因、如是緣、如是果、如是報、如是本末究竟等。」南岳師讀此文皆云如，故呼爲十如也。

天台師云：依義讀文，凡有三轉。一云：是相如、是性如，乃至是報如。二云：如是相、如是性，乃至如是報。三云：相如是、性如是，乃至報如是。若皆稱如者，如名不異，即空義也。若作如是相、如是性者，點空相性，名字施設，邐迤不同，即假義也。若作相如是者，如於中道實相之是，即中義也。分別令易解故，明空、假、中，得意爲言，空即假、中。約如明空，一空一切空。點如明相，一假一切假。就是論中，一中一切中，非一二三，而一二三，不縱不橫〔三〕，名爲實相。唯佛與佛，究竟此法。是十法，攝一切法。若依義便，作三意分別。若依讀便，當依偈文云：「如是大果報，種種性相義（云云）。」〔四〕

【校注】

〔一〕此下法華玄義詳細解釋衆生法、佛法、心法，認爲衆生法包括因和果，包括一切法；佛法，是從果的方面講；心法，是從因的方面講。廣義的衆生也包括佛，所以玄義以衆生法爲重點。

〔二〕大智度論卷一八釋般若相義：「一切法攝入二法中，所謂名、色，色、無色，可見、不可見，有對、無對，有漏、無漏，有爲、無爲等二。」大智度論卷二七釋初品大慈大悲義：「復有一切法，所謂名、色。如佛説利衆經中偈：若欲求真觀，但有名與色，若欲審實知，亦當知名色。雖癡心多想，分別於諸法，更無有異事，出於名色者。」大智度論卷六五釋諸波羅蜜品：「二法攝一切法，所謂名、色。四大及造色，色所攝；受等四衆，名所攝。」

〔三〕不縱不橫：空、假、中三義互攝，没有前後，故不縱；三義互融，没有空間的區别，故不橫。

〔四〕見於妙法蓮華經卷一方便品。

次判權實者，光宅以前五如是爲權，屬凡夫；次四如是爲實，屬聖人；後一如是，總結權實〔一〕。引偈證云：「如是大果報」，大故知是實；「種種性相」，故知是權。今恐不爾，大義有三：大、多、勝。若取大爲實者，亦應取多取勝。種種之名，豈非多義？若言權屬凡夫，凡夫何意無實？若實屬聖人，聖人何意無權〔二〕？如此抑沒，義不可依。又北地師以前五爲權，後五爲實。此皆人情耳〔三〕。

今明權實者，以十如是約十法界，謂六道、四聖也。皆稱法界者，其意有三：一〔四〕、十數皆依法界，法界外更無復法。能、所合稱，故言十法界也〔五〕。二、此十種法，分齊不同，因果隔別〔六〕，凡聖有異，故加之以界也。三、此十皆即法界，攝一切法。一切法趣地獄，是趣不過，當體即理，更無所依，故名法界。乃至佛法界，亦復如是。

若十數依法界者，能依從所依，即入空界也。十界界隔者，即假界也。十數皆法界者，即中界也。欲令易解，如此分別。得意爲言，空即假、中，無一二三，如前（云云）。

此一法界具十如是，十法界具百如是。又一法界具九法界，則有百法界，千如是。束爲五差：一、惡，二、善，三、二乘，四、菩薩，五、佛。判爲二法：前四是權法，後一是實法。細論各具權實，且依兩義。

然此權實不可思議，乃是三世諸佛二智之境。以此爲境，何法不收？此境發智，何智不發？故文云「諸法」。「諸法」者，是所照境廣也。「唯佛與佛乃能究盡」者，明能照智深，窮邊盡底也。「其智慧門難解難入」者，歎境妙也。「我所得智慧，微妙最第一」者，歎智與境相稱也。方便品長行，略説此法。後開示悟入，廣説此法。火宅，譬喻此法。信解，領解此法。長者，付子此法。藥草，述成此法。化城，引入此法。如是等種種，秖名十如權實法耳。如來洞達，究十法底、盡十法邊，明識衆生種、非種，芽、未芽，熟、不熟，可度脱、不可度脱，如實知之，無有錯謬。殃掘摩羅〔七〕雖是惡人，實相性熟，即時得度。四禪比丘〔八〕雖是善人，惡性相熟，即不堪度。當知衆生之法不可思議，雖實而權，雖權而實，實、權相即，不相妨礙。不可以牛、羊眼觀視衆生，不可以凡夫心評量衆生。智如如來，乃能評量〔九〕。何以故？衆生法妙故。

【校注】

〔一〕「光宅」至「權實」：法雲法華經義記卷二：「『所謂諸法』，此下是第二雙釋上兩章門，凡有九句，初有五句釋上諸法章門，次『如是因、如是緣』下有四句，釋上實相章門。『如是相』者，表異爲義，覽觀三乘教皆有異相，聲聞乘教異、緣覺乘教異、菩薩乘教異，故言如是相也。『如是性』，性是不改爲義也。但昔日聲聞教不可改作緣覺教，緣覺教不可改作菩薩教，故言如是性。『如是體』，體體别爲義，聲聞行自以四諦聲教爲體，即是遭苦生厭老病死義，緣覺之人即是十二因緣教爲體，菩薩即以六度經教爲體，故言如是體。『如是力』，聲聞教作緣斷正使力，緣覺教作緣侵斷習氣之力，菩薩教作緣斷習氣盡成佛之力，故言如是力也。『如是作』者，論主言起作是行相，故知作只是行義也。明此三乘教有行義，聲聞之行有所爲作，乃至菩薩行行有所爲作。此五句都是釋上諸法章門，詺爲權智境也。『如是因』此下有四句，釋上實相章門，詺爲實智所照之境。所以知是實智所照之境者，下偈頌言『如是大果報』故也。『如是因』者，以感果爲義。『如是緣』，緣者由義。萬善能感果，即因義，此果由萬善得，即是緣義。『如是果』，果以對因爲義，報以酬答爲義。只是一果宜對因詺爲果。此果有酬因力義，即成報義。此四句正是釋上實相章門也。『如是本末』，此下是第三雙結兩章門。今言『如是本末』，此結權智境章門，本則舉最初如是相，末則舉最後如是作也。『究竟等』者，一因一果究竟等者，此結實智境章門。」法雲認爲前五如是解釋諸法章門，作爲權智境。後四如是解釋實相章門，作爲實智境；最後一如是雙結兩章。法雲並没有討論十如是與凡夫和聖人的對應關係。玄義這裏加入了自己的理解。

〔三〕「若言」至「無權」：湛然妙法蓮華經玄義釋籤卷五：「經云：一切衆生皆有佛性。則衆生有實。而生五道以現其身，則聖人有權。觀音、妙音三十三身，並是聖人有權之文也。」

〔三〕此皆人情耳：指法雲和北地師的説法都是人情（人的感情、認識），不符合聖理（佛教的真理）。

〔四〕「二」：底本、金本、南本、徑本、大本俱無，據文意加。

〔五〕能、所合稱，故言十法界也：十數是能（認識主體），法界是所（認識對象），十法界的説法是認識主體與認識對象的統一。

〔六〕因果隔别：隔别，隔歷有差别。指十法界的因和果各不相同。

〔七〕殃掘摩羅：參見劉宋求那跋陀羅譯央掘魔羅經。

〔八〕四禪比丘：大智度論卷一七釋初品中禪波羅蜜：「一比丘得四禪，生增上慢，謂得四道。得初禪時，謂是須陀洹；第二禪時，謂是斯陀含；第三禪時，謂是阿那含；第四禪時，謂得阿羅漢。恃是而止，不復求進。命欲盡時，見有四禪中陰相來，便生邪見，謂：『無涅槃，佛爲欺我。』惡邪生故，失四禪中陰，便見阿鼻泥犁中陰相，命終即生阿鼻地獄。諸比丘問佛：『某甲比丘阿蘭若，命終生何處？』佛言：『是人生阿鼻泥犁中。』諸比丘皆大驚怪：『此人坐禪、持戒，所由爾耶？』佛言：『此人增上慢，得四禪時，謂得四道故。臨命終時，見四禪中陰相，便生邪見，謂無涅槃；我是阿羅漢，今還復生，佛爲虚誑。是時即見阿鼻泥犁中陰相，命終即生阿鼻地獄中。』」

〔九〕文殊師利普超三昧經卷三心本淨品：「『是故，舍利弗，人人相見，莫相平相，所以不當相平相者，人根難見，獨有如來能平相人，行如佛者可平相人也。』賢者舍利弗及大衆會，驚喜踊躍，而説斯言：『從今日始盡其形壽，不觀他人，不敢説人某趣地獄、某當滅度。所以者何？群生之行不可思議。』」湛然法華玄義釋籤卷四以此解釋此句。

次解十如是法。初通解，後别解。

通解者，相以據外，覽而可别，名爲相。性以據内，自分不改，名爲性。主質名爲體。功能爲力。構造爲作。習因爲因。助因爲緣。習果爲果。報果爲報。初相爲本，後報爲末，所歸趣處爲究竟等（云云）。若作如義，初後皆空爲等。若作性相義，初後相在爲等。若作中義，初後皆實相爲等。今不依此等三法具足爲究竟等。夫究竟者，中乃究竟，即是實相爲等也。

次别解者，取氣類相似，合爲四番：初四趣、次人天、次二乘、次菩薩、佛也。

初明四趣十法。如是相者，即是惡相，表墮不如意處。譬人未禍，否色已彰，相師覽别，能記凶衰。惡相若起，遠表泥黎〔一〕，凡夫不知，二乘髣髴知，菩薩知不深，佛知盡邊。如善相師，洞見始終，故言如是相也。

如是性者，黑自分性也。純習黑惡，難可改變，如木有火，遇緣即發。大經云：「有漏之法，以有生性，故生能生之。」〔二〕此惡有四趣生性，故緣能發之。若泥木像，雖有外相，内無生性，生不能生。惡性不爾，故言如是性。

如是體者，攬彼摧折麤惡色、心以爲體質也。復次，此世先已摧心，來世摧色。又此世華報亦摧色、心，來世果報亦摧色、心。故以被摧色、心爲體也。

如是力者，惡功用也。譬如片物，雖未被用，指擬所任，言其有用。大經云：「作舍取木，不取縷綫，作布取縷，不取泥木。」〔三〕地獄有登刀上劒之用，餓鬼吞銅、噉鐵之用，畜生强者伏弱，魚鱗相咀，牽車挽重，皆是惡力用也。

如是作者，構造經營，運動三業，建創諸惡，名之爲作。大經第八云：「譬如世間爲惡行者，名爲半人。」〔四〕既行惡行，名地獄作也。

如是因者，惡習因也。自種相生，習續不斷，以習發故，爲惡易成，故名如是因。

如是緣者，緣助也。所謂諸惡我、我所所有具度，皆能助成習業，如水能潤種，故用報因爲緣也。

如是果者，習果也。如多欲人受地獄身，見苦具，謂爲欲境，便起染愛，謂此爲習果也。

如是報者，報果也。如多欲人，在地獄中，趣欲境時，即受銅柱鐵床之苦，故名如是報也。

本末究竟等者，即有三義：本空，末亦空，故言等；又惡果報在本相性中，此末與本等；本相性在惡果報中，此本與末等。若先無後事，相師不應預記；若後無先事，相師不應追記。當知，初後相在，此假事論等。中實理心，與佛果不異，一色一香無非中道，此約理論等。以是義故，故言本末究竟等。三義具足，故言等也。

【校注】

〔一〕泥黎：即地獄，又作泥梨。

〔二〕大般涅槃經卷一九光明遍照高貴德王菩薩品之一：「有漏之法，未生之時，已有生性，故生能生。」

〔三〕大般涅槃經卷二三光明遍照高貴德王菩薩品之五：「作衣取縷，不取泥木。作舍取泥，不取縷線。」

〔四〕出自大般涅槃經卷八文字品。

次辨人天界十法者，但就善樂爲語，異於四趣。相表清升〔一〕。性是白法。體是安樂色、心。力是堪任善器。作是造止、行二善〔二〕。因是白業。緣是善我、我所所有具度。

果是任運酬善心生。報是自然受樂。等者，如前説（云云）。

次辨二乘法界十法者，約真無漏。相表涅槃。性是非白、非黑法。體是五分法身〔三〕。力能動、能出，堪任道器。作是精進勤策。因是無漏正智。緣是行行助道。果是四果。二乘既不生，是故無報。何故發真〔四〕是果而不論報？無漏法起，酬於習因，得是習果。無漏損生，非牽生法，故無後報。三果〔五〕有報者，殘思未斷，或七生，或一往來，或色界生，非無漏報也。是故唯九不十。若依大乘，此無漏猶名有漏。大經云：「福德莊嚴者，有爲有漏。」〔六〕是聲聞僧既非無漏，不損別惑〔七〕，猶受變易之生〔八〕，則無漏爲因，無明爲緣，生變易土，即有報也。

【校注】

〔二〕相表清升：儒家認爲，我們生活的世界最初是一片混沌，後來分離，清氣上升爲天，濁氣下降爲地。王充論衡：「儒書又言：溟涬濛澒，氣未分之類也。及其分離，清者爲天，濁者爲地。」「清升」應該來源於這樣的説法。此詞最早見於東晉宗炳的明佛論：「悲夫，中國君子明於禮義，而闇於知人之心，寧知佛之心乎？今世業近事謀之不臧，猶興喪反之，況精神我也。得焉則清升無窮，失矣則永墜無極，可不臨深而求履薄而慮乎？」梁簡文帝六根懺文中有：「長離穢濁，永保清升。」清升特指人天善趣。法華玄義中清升特指人天善趣所具有的清明上升的相狀。

〔二〕止、行二善：百論卷一捨罪福品：「佛略説善法二種：止相、行相。息一切惡，是名止相。修一切善，是名行相。」

〔三〕五分法身：指大小乘無學位，即佛及阿羅漢自體所具備的五種功德，即戒身、定身、慧身、解脱身、解脱知見身。雜阿含經卷四二：「何等爲成就五支？謂無學戒身成就，無學定身、慧身、解脱身、解脱知見身，是名成就五支。」慧遠大乘義章卷二〇：「五分法身，諸經多説。名字是何？謂戒、定、慧、解脱、解脱知見，是其五也。此之五種，義通因果。經中多就無學説之。無學之中，統通大小。今論佛德。所言戒者，據行方便，防禁名戒。防禁諸過，永令不起。就實以論，法身體淨，無過可起，故名爲戒。所言定者，據行方便，息亂住緣，目之爲定。就實而辨，真心體寂，自性不動，故名爲定。所言慧者，據行方便，觀達名慧。就實以論，真心體明，自性無闇，目之爲慧。言解脱者，據行方便，免縛名脱。就實而辨，自體無累，故曰解脱。解脱知見者，據行方便，知己出累，名解脱知見。就實以論，證窮自實，知本無染，名解脱知見。」

〔四〕發真：發起自己本有的真性。智顗注疏中經常使用這一詞語，具體所指内容並不相同。這裏指阿羅漢果位。

〔五〕三果：即須陀洹（初果，於人界、天界往返七次，就可以涅槃）、斯陀含（二果，從天界往來人界一次，就可以涅槃）、阿那含（三果，不再生於欲界，在色界涅槃）。

〔六〕見於大般涅槃經卷二五師子吼菩薩品之一。

〔七〕別惑：智顗將界内、界外之惑分爲三種：見思惑、塵沙惑、無明惑。其中，見思惑爲通惑，塵沙惑、無明惑爲別惑。法華玄義釋籤卷七：「今家依大品、大論開爲三惑，是故智障兼於事理，障事智者，是塵沙惑，障理智者，是無明惑。」

〔八〕變易之生：即變易生死，又作無爲生死、不思議變易生死。二種生死之一。爲「分段生死」之對稱。勝鬘師子吼一乘大方便方廣經：「有二種死。何等爲二？謂：分段死、不思議變易死。分段死者，謂虛僞衆生。不思議變易死者，謂阿羅漢、辟支佛、大力菩薩意生身，乃至究竟無上菩提。二種死中，以分段死故，說阿羅漢、辟支佛智，我生已盡；得有餘果證故，說梵行已立；凡夫、人天所不能辨，七種學人先所未作，虛僞煩惱斷故，說所作已辦；阿羅漢、辟支佛所斷煩惱，更不能受後有故，說不受後有，非盡一切煩惱，亦非盡一切受生，故說不受後有。」大乘義章卷八：「二種生死，出勝鬘經。名字是何？一分段生死，二變易生死。言分段者，六道果報，三世分異，名爲分段。分段之法，始起名生，終謝稱死。言變易者，汎釋有三：一者，微細生滅無常，念念遷異，前變後易，名爲變易。變易是死，名變易死。故地持中，生滅壞苦，名變易苦。此通凡聖。二者，緣照無漏所得法身，神化無礙，能變能易，故名變易。變易是死，名變易死。此該大小。三者，真證法身，隱顯自在，能變能易，故言變易。變易非死，但此法身未出生滅，猶爲無常死法所隨，變易身上有其生死，名變易死。此唯在天。雖有三義，勝鬘所説第二，爲宗下諸門中聽此言耳。分段生死，勝鬘亦名有爲生死。變易生死，勝鬘亦名無爲生死。蓋乃從人以別名矣。凡夫多起有漏諸業，建集有果，名曰有爲。有爲衆生所受生死，名有爲生死。無爲生死，翻前立稱，聖人不起有漏諸業，受分段報，名曰無爲。無爲聖人所有生死，名無爲生死。」

次明菩薩、佛界十法者，此更細開，有三種菩薩（云云）。若六度菩薩，約福德論相、性、體、力〔一〕，善業爲因，煩惱爲緣，三十四心〔二〕斷結爲果，佛則無報，菩薩即具十也。若通教菩薩，約無漏論相、性，六地之前，殘思受報；六地思盡，不受後身，誓扶習生，非實業報，故唯九無十〔三〕。若別教菩薩，約修中道行次第觀而論十法，此人雖斷通惑，自知有生，則具十法〔四〕（云云）。

夫生變易，則三種不同：一、全未斷別惑生變易者，即是三藏、二乘及通教三乘是也。類如分段博地凡夫，不伏見、思〔五〕者（云云）。二、伏別惑生變易者，即是別教三十心人，習於中道，伏而未斷。類如分段小乘方便道也（云云）。三者、斷別惑生變易者，如初地、初住斷惑是也。類如初果，雖斷見諦，猶有七生，彼亦如是。若未斷伏生者，用方便行，真無漏爲因，無明爲緣。若伏斷者，順道法愛爲因〔六〕，無明爲緣，生變易土（云云）。

佛界十法者，皆約中道分别也。淨名云：「一切衆生皆菩提相，不可復得。」〔七〕此即緣因爲佛相。性以據内者，智願猶在不失，智即了因爲佛性。自性清淨心，即是正因爲佛體。此即三軌也〔八〕（云云）。力者，初發菩提心，超二乘上，名爲力。作者，四弘誓願要期也。因即智慧莊嚴也。緣即福德莊嚴也。果即一念相應，大覺朗然，無上菩提爲習果也。報即大般涅槃果，果斷德、禪定三昧，一切具足，是報果也〔九〕。本末等者，即相性三諦與究竟三諦不異〔一〇〕，故言等也。空諦等者，元初衆生如，乃至佛如皆等也。俗諦等者，衆生未發心，佛記當作佛，佛既已成佛，説佛本生事，即是初後相在〔一一〕假等也。中等者，凡聖皆實相也。就佛界，亦九亦十。

【校注】

〔一〕「若六度」至「體力」：大乘佛教中菩薩行的内容就是六度，但「六度菩薩」的專門稱謂應該出現在中國佛教中，現存資料中，法雲法華經義記提到了「偏行六度菩薩乘」。卷三：「言『尚無二乘』者，言尚無偏行六度菩薩乘、辟支佛乘，何況有聲聞乘？故知唯是一佛乘，即是明因一義也。」卷六：「『求世尊處』下一行，明外凡夫偏行六度菩薩爲上草也。」「六度菩薩」的説法大量出現在智顗注疏中，按照文意，智顗所説「六度菩薩」就是指藏教菩薩。根據法華玄義釋籤卷四的解釋：「初三藏約福德論性相等者，以事六度爲相，以人天善爲性，以三十二相爲體，生滅四弘爲力，事六度行爲作。餘如文。」

〔二〕三十四心：阿毗曇毗婆沙論卷四四使犍度十門品：「問曰：云何名三十四無漏心？答曰：菩薩先滅無所有處欲，依第四禪，入正決定，見道中有十五心道比智。第十六心道比智，即是離非想非非想處欲。方便道無礙道有九，解脱道有九，是名三十四心。」

〔三〕「若通教」至「無十」：法華玄義釋籤卷四：「次通教，以有餘、無餘爲相，無漏慧爲性，勝應色心爲體，無生四弘爲力，無生六度爲作，無漏習因爲因，生滅助道爲緣，斷餘殘習爲果。佛亦無報，雖觀少勝，同皆未得法身故也。是故滅後，亦歸灰斷。六地已下，斷疑與前二乘義同，唯不斷習，不同支佛，以留此習潤餘生故。既生三界，非漏所牽，故不名報。」

〔四〕「若別教」至「十法」：法華玄義釋籤卷四：「『別菩薩十法』者，行既次第，從假入空，同前二教，但不得無報爲異耳。故云此人雖斷通惑，自知有生。若從空出假，以恒沙佛法爲相，定入生死爲性，變易色心爲體，無量四弘爲力，無量六度爲作，真無漏慧爲因，助假觀爲緣，假觀成爲果，變易爲報。若入中道，即以三因爲相、性、體，無作四弘爲力，無作六度爲作，因、緣如止觀第五文，無上菩提爲果，大涅槃爲報。」

〔五〕見、思：即見惑、思惑。思惑，也稱爲修惑。慧遠大乘義章卷六：「次分見、修。如毗曇中，苦忍已去十五心來，名爲見道。須陀已上，終至無學，名爲修道。若依成實，總相觀諦，不得説言苦忍已去，但得説言無想位中，名爲見道。修道如前。大乘法中，初地見道，二地已上，名爲修道。見、修如是。就十使中，五見及疑，唯障見諦，名爲見惑。貪、瞋、慢、癡，通障見、修。障見諦者，判爲見惑。障修道者，判爲修惑。毗曇法中，依見所起貪、瞋、癡、慢，能障見諦。緣事生者，能障修道。成實法中，貪、瞋、癡、慢，皆帶取性。取性重者，能障見諦。取性微者，能障修道。大乘所説一切煩惱，無不迷理。於中粗者，判爲見惑，細爲修惑。」

〔六〕若伏斷者，順道法愛爲因：法華玄義釋籤卷四：「言『若斷伏者，用順道法愛爲因』者，從斷説故，初地、初住證一分中道法性，以無明未盡，有中道法愛，以之爲因。」

〔七〕維摩詰所説經卷一菩薩品：「一切衆生即菩提相。若彌勒得滅度者，一切衆生亦應滅度。所以者何？諸佛知一切衆生畢竟寂滅，即涅槃相，不復更滅。是故，彌勒！無以此法誘諸天子，實無發阿耨多羅三藐三菩提心者，亦無退者。彌勒！當令此諸天子，捨於分別菩提之見。所以者何？菩提者不可以身得，不可以心得；寂滅是菩提，滅諸相故；不觀是菩提，離諸緣故；不行是菩提，無憶念故；斷是菩提，捨諸見故；離是菩提，離諸妄想故；障是菩提，障諸願故；不入是菩提，無貪著故；順是菩提，順於如故；住是菩提，住法性故；至是菩提，至實際故；不二是菩提，離意法故；等是菩提，等虛空故；無爲是菩提，無生住滅故；知是菩提，了衆生心行故；不會是菩提，諸入不會故；不合是菩提，離煩惱習故；無處是菩提，無形色故；假名是菩提，名字空故；如化是菩提，無取捨故；無亂是菩提，常自静故；善寂是菩提，性清淨故；無取是菩提，離攀緣故；無異是菩提，諸法等故；無比是菩提，無可喻故；微妙是菩提，諸法難知故。」

〔八〕三軌：即妙法蓮華經玄義卷五下所説的真性軌、觀照軌、資成軌。詳見下文。

〔九〕「習果」「報果」：摩訶止觀卷八：「云何名習因、習果？阿毗曇人云：習因是自分因，習果是依果。又，習名習續。自分種子相生，後念心起，習續於前，前念爲因，後念爲果。此義通三性。論家但在善、惡、無記，無習續也。報因、報果者，此就異世。前習因、習果，皆名報因。此因牽來果，故以報目之，名爲報因。後受五道身，即是報果也。就今果報身上，復起善惡習續。習因、習果總望前世，此習續是果；若望後世，此習續是因。數家明報，得鴿雀身是報果，多婬是習果。論家鴿身及多婬俱是報果。婬由貪起，貪是習果。又今生煩惱起名習因，成業即報因。後生起煩惱名習果，苦痛名報果。」

〔一〇〕相性三諦與究竟三諦不異：相性三諦指從空、假、中三諦來看十界諸法的十如。究竟三諦指一心三觀，即空、即假、即中。此句指性相三諦就是究竟三諦，没有差别。

〔一一〕初後相在：法華玄義釋籤卷四：「佛記衆生當作佛，此是生與佛等；佛説本生事，此是佛與生等。生與佛等，此是初在於後；佛與生等，此是後在於初，故云相在。」

通途爲語，從地地皆有萬行，福德爲因，無明爲緣，習果報果，分得十法，無不具足。此經云：「得無量無漏，清淨之果報〔一〕。法王法中，久修梵行，始於今日，得其果報〔二〕。」又云：「久修業所得。」〔三〕大經云：「我今所獻食，願得無上報。」〔四〕仁王云：「三賢、十聖住果報。」〔五〕攝大乘云：「因緣生死、有後生死。」〔六〕皆是分論果報，果報〔七〕即是生滅。何者？無明分盡，是故論滅，真明轉盛，是故言生。又殘無明在，是故言生。一分惑除，是故言滅。大論云：「一人能耘，一人能種。」〔八〕萬行資成如種，智慧破惑如耘。增道損生，意在於此。四十一地，皆有十法也。

若就妙覺，亦九亦十。何者？中道智慧，乃是損生，生既未盡，故有諸地生滅不同。妙覺損生義足，最後那得論報？故云：「唯佛一人居淨土，三十生盡等大覺。」無後有生死，煩惱盡故。智德已圓，無復習果，不受後身，故無報果。又約現生後論九論十〔云云〕。若按涅槃經文，願得無上報者，即明佛界報無上也。佛報既言無上，佛相性等九法悉皆無上。何者？六道相性，全表五住〔九〕；二乘相性，表破四住，全表無明；菩薩相性，表次第破五住；佛相性，表一切種智淨若虛空，不爲五住所染，故佛十法，最爲無上

（云云）。復次，六趣相表生死苦；二乘相表涅槃樂；佛界相表非生死、非涅槃，中道常樂我淨，故言佛界最是無上。復次，四道表惡，人天表善，二乘表無漏善，菩薩、佛表非漏非無漏善，故佛界最爲無上。復次，六道表諸有因緣生法，二乘表即空，菩薩表即假，佛表即空即假即中，故佛界最爲無上。復次，四趣但表惡，不能表善；人天相但表善，亦不能表惡；二乘但表無漏，不兼善惡；佛相兼表一切相，若解佛相，即徧解一切相，是故佛界最爲無上。故賢聖集云：「地獄中陰，但見地獄，不能知上趣。若天中陰，能知天及下。」〔一〇〕其相表之，不名正徧知，佛相表正徧知也。佛智既徧知諸相，而經教應徧說之。

【校注】

〔一〕見於妙法蓮華經卷五分別功德品。

〔二〕見於妙法蓮華經卷二信解品。

〔三〕見於妙法蓮華經卷五如來壽量品。

〔四〕大般涅槃經卷二純陀品：「我今所奉食，願得無上報。」

〔五〕仁王般若波羅蜜護國經卷上菩薩教化品：「三賢、十聖住果報，唯佛一人居淨土，一切衆生暫住報，登金剛原居淨土。」大乘義章卷一七：「見道已前調心離惡，名之爲賢。見諦已上，會正名聖。故仁王中地前并名爲三賢，地上菩薩説爲十聖。」

〔六〕「因緣生死、有後生死」：佛性論卷二辯相分第四中顯果品：「復次，十地由四障故，未得極果四德。金剛後心方乃得之，應知。何以故？以出三界外有三種聖人，謂聲聞、獨覺、大力菩薩，住無流界，有四種怨障。由此四怨障故，不得如來法身四種功德波羅蜜。四怨障者，一方便生死，二因緣生死，三有有生死，四無有生死。一方便生死者，是無明住地，能生新無漏業。譬如無明生行，或因煩惱方便，生同類果，名爲因緣，如無明生不善行。若生不同類果，但名方便，如無明生善行、不動行故。今無明住地生新無漏業亦爾，或生同類，或不同類。生福行，名爲同類，以同緣俗故。生智慧行，名不同類，以智是真慧故。是名方便生死。二因緣生死者，是無明住地所生無漏業，是業名爲因緣生死。譬如無明所生行是業，但感同類，不生不同類果。善行但生樂果，不善但招苦報，故名因緣生死。方便生死，譬凡夫位。因緣生死，譬須陀洹以上，但用故業，不生新業。三有有生死者，是無明住地爲方便，無漏業爲因，三種聖人是意所生身。譬如四取爲緣，有漏業爲因，三界内生身。有有者，未來生有，更有一生，名爲有有。如上流阿那含人於第二生中般涅槃者，餘有一生故，故名有有。四無有生死者，是三聖意生最後身爲緣，是不可思惟退墮。譬如生爲緣，老死等爲過失，是故無明住地爲一切煩惱所依止處。而一切煩惱通名無明者，以無明爲衆惑根本，根本既未滅盡，由爲一切煩惱垢臭穢熏習故。阿羅漢、辟支佛，及自在菩薩，不能至得無所染污大淨波羅蜜。」吉藏大乘玄論卷三：「攝論師云：有七種生死，三界分段爲三種，變易有四種。初、二、三地爲方便生死，四、五、六地爲因緣生死，七、八、九地爲有有生死，第十地名無有生死。」

〔七〕「報」：南本作「分」。

〔八〕大智度論卷二九初品中迴向釋論：「復次，五波羅蜜殖諸功德，般若波羅蜜除其著心、邪見；如一人種穀，一人芸除衆穢，令得增長，果實成就。」

〔九〕五住：勝鬘師子吼一乘大方便方廣經：「煩惱有二種。何等爲二？謂：住地煩惱及起煩惱。住地有四種。何等爲四？謂：見一處住地、欲愛住地、色愛住地、有愛住地。此四種住地，生一切起煩惱。起者刹那心刹那相應。世尊！心不相應無始無明住地。世尊！此四住地力，一切上煩惱依種，比無明住地，算數譬喻所不能及。世尊！如是無明住地力，於有愛數四住地，無明住地其力最大。譬如惡魔波旬於他化自在天，色、力、壽命、眷屬、衆具，自在殊勝。如是無明住地力，於有愛數四住地，其力最勝，恒沙等數上煩惱依，亦令四種煩惱久住。阿羅漢、辟支佛智所不能斷，唯如來菩提智之所能斷。如是世尊！無明住地最爲大力。」大乘義章卷五五住地義八門分別：「第一釋名。五住之義，如勝鬘説。一見一處住地，二欲愛住地，三色愛住地，四有愛住地，五無明住地。見者，所謂五利煩惱，推求名見，入見道時，一處并斷，名見一處；本爲末依，名之爲住；本能生末，稱之爲地。言欲愛者，欲界煩惱，除無明見，著外五欲，名爲欲愛。欲界非不愛己色身，著欲情多，故言欲愛。又爲別上，故云欲愛。住、地同前。言色愛者，色界煩惱，除無明見，捨外五欲，著己色身，名爲色愛。色界非不可，亦愛己心，著色情多，故言色愛。又爲別上，故云色愛。住、地同前。言有愛者，無色界中所有煩惱，除無明見，捨離色貪，愛著己心，説爲有愛。然此有愛，若當從彼所愛爲名，應名心愛。若就背下以立其名，名無色愛。今就破患，故名有愛。破何等患？外道多取四無色定，以爲涅槃。滅離心愛，對破彼見，故説有愛。住、地同前。言無明者，癡闇之心，體無慧明，故曰無明。住、地如上。此五皆能勞亂行人，故曰煩惱。名義如是。」

〔一〇〕賢聖集不知何書，淨影慧遠大乘義章卷八四有義六門分別中與此處有相似説法：「有人宣説，一切中陰，皆得相見。復有人言，上得見下，下不見上。如此説者，地獄中陰，唯得見於地獄中陰，不見餘者；畜生中陰，能見畜生、地獄中陰，不見餘者；乃至天陰，能見一切五趣中陰。」

若用此法歷五味教者，乳教説菩薩界、佛界兩性相，或入即假等，或入即中等。入中乃是無上，而帶一方便，未全無上〔一一〕。酪教但明二乘相性，得入析空等，尚不明入即空等，況復餘耶？故非無上。生酥明四種相性，或入析空等，或入即空等，或入即假等，或入即中等。唯佛相性得入即空、即假、即中，而帶三方便，故非無上。熟酥明三種相性，或入即空，或入即假，或入即中。唯佛性相得入即空、即假、即中，而帶二方便，故非無上。

此法華經明九種性相，皆入即空、即假、即中。汝實我子，我實汝父，一色一味，純是佛法，更無餘法，故知佛界最爲無上。復次，餘經所明九性相，不得入佛性相即空、即假、即中者，此經皆開方便，普令得入。又按其相性，即是即空、即假、即中，不論引入，是故如來殷勤稱歎此法華經最爲無上，意在此也〔二〕。

復次，百界千法〔三〕，縱横甚多，以經論偈結之，令其易解。中論偈云：「因緣所生法，我説即是空，亦名爲假名，亦名中道義。」六道相性，即是「因緣所生法」也。二乘及通教菩薩等相性，是「我説即是空」。六度別教菩薩相性，是「亦名爲假名」。佛界相性，是「亦名中道義」。結要雖少，攝得前多，義則可見（云云）。又涅槃偈云：「諸行無常，是生滅法；生滅滅已，寂滅爲樂。」〔四〕六道相性，即是諸行。二乘通教相性，即是無常。別教菩薩相性，即是生滅滅已。佛界相性，即是寂滅爲樂。又生滅滅已，寂滅爲樂，即是別教相性。即於生滅，仍是寂滅，不待滅已，方稱爲樂，是爲圓教佛界相性（云云）。又七佛通戒偈云：「諸惡莫作，衆善奉行，自淨其意，是諸佛教。」〔五〕四趣相性，即是諸惡。人天相性，即是衆善。自淨其意，即有析體淨意，是二乘相性。入假淨意，是菩薩相性。入中淨意，是佛界相性（云云）。若能解十相性，與衆經論律合者，即通達三藏、通、别，識一切法，無有障礙。廣明衆生法相竟。

【校注】

〔一〕入中乃是無上，而帶一方便，未全無上：乳教（即别教）菩薩是即假，佛是即中。入中指佛，帶方便指菩薩。

〔二〕法華玄義釋籤卷四：「『復次』下開權者，至法華經復有二種入妙不同，引入及按位入故也。言『又按其性相不論引入』者，如從伏位來入伏位，名爲按位。從伏惑位入斷惑位，名爲引入。今不論引入，當位即妙，妙體稱本，無隔異故。」

〔三〕百界千法：地獄、畜生、餓鬼、人、天、阿修羅、聲聞、辟支佛、菩薩、佛共稱十法界。十法界互爲因緣，互相具有，即百法界。百法界各具十如是諸法，即千法。

〔四〕見於法顯譯大般涅槃經卷下。

〔五〕七佛通戒偈見於多部佛經，如增一阿含經卷一，法句經卷下，出曜經卷二五，大般涅槃經卷一五，摩訶僧祇律卷三〇，四分律卷一一，大智度論卷一八等。

二、廣明佛法者，佛豈有别法？秖百界千如是佛境界，唯佛與佛究竟斯理。如函大，蓋亦隨大。以無邊佛智照廣大佛境，到其源底，名隨自意法也。若照九法界性相本末，纖芥不遺，名隨他意法。從二法本，垂十界迹，或示己身，或示他身，或説自意語，或説他意語，自意他意不可思議，己身他身微妙寂絶，皆非權非實而能應於九界之權、一界之實，而於佛法無所損減。諸佛之法，豈不妙耶？是事可知，無勞廣説。至方便品中當更明之。

三、廣釋心法者，前所明法，豈得異心？但衆生法太廣，佛法太高，於初學爲難。然心、佛及衆生是三無差別者，但自觀己心則爲易。涅槃云：「一切衆生具足三定。上定者，謂佛性也。」〔一〕能觀心性，名爲上定。上能兼下，即攝得衆生法也。華嚴云：「遊心法界如虚空，則知諸佛之境界。」〔二〕法界即中也，虚空即空也，心、佛即假也。三種具即佛境界也。是爲觀心，仍具佛法。又遊心法界者，觀根、塵相對，一念心起，於十界中必屬一界。若屬一界，即具百界千法，於一念中，悉皆備足。此心幻師，於一日夜，常造種種衆生、種種五陰、種種國土，所謂地獄假實國土，乃至佛界假實國土〔三〕。行人當自選擇何道可從。又如虚空者，觀心自生，心不須藉緣，藉緣有心，心無生力。心無生力，緣亦無生。心、緣各無，合云何有？合尚叵得，離則不生。尚無一生，況有百界千法耶？以心空故，從心所生一切皆空，此空亦空；若空非空，點空設假，假亦非假；無假無空，畢竟清淨。又復佛境界者，上等佛法，下等衆生法。又心法者，心、佛及衆生，是三無差別，是名心法也。

問：一念心云何含受百界千法耶？

答：借三種爲譬，如止觀中説〔四〕（云云）。

【校注】

〔一〕大般涅槃經卷二五師子吼菩薩品之一：「善男子！一切衆生具足三定，謂上、中、下。上者，謂佛性也，以是故言，一切衆生悉有佛性。中者，一切衆生具足初禪，有因緣時則能修習，若無因緣則不能修。因緣二種：一謂火災，二謂破欲界結，以是故言一切衆生悉具中定。下定者，十大地中心數定也，以是故言，一切衆生悉具下定。一切衆生悉有佛性，煩惱覆故不能得見，十住菩薩雖見一乘，不知如來是常住法，以是故言，十地菩薩雖見佛性而不明了。」

〔二〕大方廣佛華嚴經卷三盧舍那佛品：「普賢菩薩諸地願，安諦善住能順行，遊心法界如虛空，是人乃知佛境界。」

〔三〕「又遊心法界者」至「至佛界假實國土」：此段可參考摩訶止觀卷五：「夫一心具十法界，一法界又具十法界，百法界。一界具三十種世間，百法界即具三千種世間。此三千在一念心，若無心而已，介爾有心，即具三千。亦不言一心在前，一切法在後。亦不言一切法在前，一心在後。例如八相遷物，物在相前，物不被遷；相在物前，亦不被遷。前亦不可，後亦不可，秖物論相遷，秖相遷論物。今心亦如是。若從一心生一切法者，此則是縱。若心一時含一切法者，此即是橫。縱亦不可，橫亦不可。秖心是一切法，一切法是心，故非縱非橫，非一非異，玄妙深絶，非識所識，非言所言。所以稱爲不可思議境，意在於此（云云）。」「假實國土」，法華經玄籤證釋卷二：「假實國土，假即衆生假名，實即五陰實法。此二是正，國土是依。」

〔四〕摩訶止觀卷五：「如如意珠，天上勝寶，狀如芥粟，有大功能，淨妙五欲，七寶琳琅，非内畜，非外入，不謀前後，不擇多少，不作粗妙，稱意豐儉，降雨穰穰，不添不盡。蓋是色法尚能如此，況心神靈妙，寧不具一切法耶？又三毒惑心一念心起，尚復身邊利鈍八十八使，乃至八萬四千煩惱。若言先有，那忽待緣？若言本無，緣對即應。不有不無，定有即邪，定無即妄。當知有而不有，不有而有。惑心尚爾，況不思議一心耶？又如眠夢，見百千萬事，豁寤無一，況復百千。未眠不夢不覺，不多不一。眠力故謂多，覺力故謂少。莊周夢爲蝴蝶，翾翔百年，寤知非蝶，亦非積歲。無明法法性，一心一切心，如彼昏眠。達無明即法性，一切心一心，如彼醒寤（云云）。又行安樂行人一眠夢，初發心，乃至作佛，坐道場，轉法輪，度衆生，入涅槃，豁寤，秖是一夢事。若信三喻，則信一心，非口所宣，非情所測。此不思議境，何法不收？此境發智，何智不發？依此境發誓，乃至無法愛，何誓不具？何行不滿足耶？說時如上次第，行時一心中具一切心（云云）。」

二、明妙者：一、通釋，二、别釋。

通又爲二：一、相待，二、絶待。

此經唯論二妙，更無非絶非待之文。若更作者，絶何惑？顯何理？故不更論也。光宅用法華之妙，待前諸教皆麤。叵有所妨，已如前難（云云）。今待麤妙者，待半字爲麤，明滿字爲妙，亦是常無常、大小相待爲麤妙也。淨名云：「説法不有亦不無，以因緣故諸法生。」[一]即是明滿字也。「始坐佛樹力降魔，得甘露滅覺道成」[一]，即提昔之半，待出於滿也。般若云：「於閻浮提見第二法輪轉。」[二]亦是對鹿苑爲第一，待般若爲第二也。涅槃云：「昔於波羅柰初轉法輪，今於尸城復轉法輪。」[三]衆經皆共以鹿苑爲半、爲小、爲麤，待此明滿、大、妙，其義是同。今法華明昔於波羅柰，轉四諦法輪，五衆之生滅，今復轉最妙、無上之法輪[四]。此亦待鹿苑爲麤，法華爲妙。妙義皆同，待麤亦等，文義在此也。

問：齊方等來，滿理無殊者，悉應稱妙？

答：今亦不尅教定時，那忽云齊方等耶？縱令爾者，别有所以。何者？利根菩薩於彼入妙，與法華不異。鈍根菩薩及二乘人猶帶方便，諸味調伏。方等帶生酥，論妙以待麤；般若帶熟酥，論妙以待麤；今經無二味方便，純真醍醐，論妙以待麤。此妙、彼妙，妙義無殊；但以帶方便、不帶方便爲異耳。

復次，三藏但半字生滅門，不能通滿理，故名爲麤。滿字是不生不滅門，能通滿理，故名妙。能通滿理，復有二種：一、帶方便通滿理，二、直顯滿理。方等、般若帶方便通滿理，今經直顯滿理。故中論云：「爲鈍根弟子説因緣生滅相；爲利根弟子説因緣不生不滅相（云云）。」[五]中論偈（云云）。若不即空，爲通真方便，是故言麤；若能即空，是通中方便。通中方便，若帶即空即假通中者麤；不帶空假直通中者妙（云云）。

問：乳至醍醐，同稱爲滿，是譬云何？

答：今以譬解譬。如官有三航及以私船，從於此岸，度人彼岸。乳教如大中兩航，共度人彼岸。酪教如私船，度人中洲。生酥如四種：小航與私船，度人於中洲；兩航度人於彼岸。熟酥如三航：一航中洲，二航彼岸。醍醐如大航，度人彼岸。三航同是官物，故俱稱爲滿。私船非官物，是故言半。官物之中，二航小，所容蓋寡；大航壯麗，容載倍多，獨稱爲妙。智者以譬喻得解，其譬義如是（云云）。

【校注】

〔一〕見於維摩詰所説經卷一佛國品。

〔二〕摩訶般若波羅蜜經卷一二無作品：「爾時，諸天子虚空中立，發大音聲，踊躍歡喜，以漚鉢羅華、波頭摩華、拘物頭華、分陀利華而散佛上，作如是言：『我等於閻浮提見第二法輪轉。』是中無量百千天子得無生法忍。」

〔三〕大般涅槃經卷一三聖行品之下：「我昔於彼波羅㮈城初轉法輪，八萬天人得須陀洹果；今於此間拘尸那城，八十萬億人不退轉於阿耨多羅三藐三菩提。」

〔四〕妙法蓮華經卷二譬喻品：「昔於波羅㮈，轉四諦法輪，分別説諸法，五衆之生滅。今復轉最妙，無上大法輪，是法甚深奧，少有能信者。」

〔五〕中論卷一觀因緣品：「佛欲斷如是等諸邪見，令知佛法故，先於聲聞法中説十二因緣。又爲已習行，有大心，堪受深法者，以大乘法説因緣相，所謂一切法不生不滅，不一不異等，畢竟空無所有。」

二、絶待明妙者，爲四。一、隨情三假法起，若入真諦，待對即絶。故身子云：「吾聞解脱之中，無有言説。」〔一〕此三藏經中絶待意也。二、若隨理三假〔二〕，一切世間皆如幻化，即事而真，無有一事而非真者，更待何物爲不真耶？望彼三藏，絶還不絶。即事而真，乃是絶待，此通教絶待也。三、別教若起，望即真之絶，還是世諦。何者？非大涅槃，猶是生死世諦，絶還有待。若入別教中道，待則絶矣。四、圓教若起，説無分別法，即邊而中，無非佛法，亡泯清淨，豈更佛法待於佛法？如來法界故，出法界外，無復有法可相形比。待誰爲麤？形誰得妙？無所可待，亦無所絶，不知何名，强言爲絶。大經云：「大名不可稱量，不可思議，故名爲大。譬如虛空，不因小空，名爲大也。涅槃亦爾，不因小相，名大涅槃。」〔三〕妙亦如是，妙名不可思議，不因於麤而名爲妙。若謂定有法界廣大獨絶者，此則大有所有，何謂爲絶？今法界清淨，非見聞覺知，不可説示。文云：「止止不須説，我法妙難思。」「止止不須説」，即是絶言；「我法妙難思」，即是絶思。又云：「是法不可示，言辭相寂滅。」亦是絶歎之文。不可以待示，不可以絶示，滅待滅絶，故言寂滅。又云：「一切諸法，常寂滅相，終歸於空。」〔四〕此空亦空，則無復待絶。中論云：「若法爲待成，是法還成待。今則無因待，亦無所成法。」〔五〕華首云：「既得無生忍，亦不生無生，無生即無生。」〔六〕是名絶待。

降此已外，若更作者，絶何物？顯何理？流浪無窮，則墮戲論。乃是迷情分別，絶待不絶，非絶非待待於亦待亦絶，言語相逐，永無絶矣。何者？言語從覺觀〔七〕生，心慮不息，語何由絶？如癡犬逐塊〔八〕，徒自疲勞，塊終不絶。若能妙悟寰中〔九〕，息覺觀風，心水澄清，言思皆絶。如黠師子放塊逐人，塊本既除，塊則絶矣。

妙悟之時，洞知法界外無法而論絶者，約有門明絶也。是絶亦絶，約空門明絶也。如快馬見鞭影，無不得入，是名絶待妙也。用是兩妙，妙上三法。衆生之法，亦具二妙，稱之爲妙。佛法、心法，亦具二妙，稱之爲妙。

若將上四種絶待約五味經者，乳教兩絶，酪教一絶，生酥四絶，熟酥三絶，此經但有一絶。若開權絶者，無不入一妙絶也。

問：何意以絶釋妙？

答：秖喚妙爲絶，絶是妙之異名，如世人稱絶能耳。又妙是能絶，麤是所絶，此妙有絶麤之功，故舉絶以名妙。如迹中先施方便之教，大教不得起。今大教若起，方便教絶，將所絶以名於妙耳。又迹中大教既起，本地大教不得興。今本地教興，迹中大教即絶。絶於迹大，功由本大，將絶迹之大，名於本大，故言絶也。又本大教若興，觀心之妙不得起。今入觀緣[一〇]寂，言語道斷，本教即絶。絶由於觀，將此絶名，名於觀妙，爲顯此義，故以絶爲妙。

今將迹之絶妙，妙上衆生法；將本地之絶妙，妙上佛法；將觀心之絶妙，妙上心法。前四絶横約四教，今三絶豎約圓教[一一]（云云）。

【校注】

〔一〕維摩詰所説經卷中觀衆生品：「舍利弗言：『天止此室，其已久如？』答曰：『我止此室，如耆年解脱。』舍利弗言：『止此久耶？』天曰：『耆年解脱，亦何如久？』舍利弗默然不答。天曰：『如何耆舊大智而默？』答曰：『解脱者無所言説，故吾於是不知所云。』天曰：『言説文字，皆解脱相。所以者何？解脱者，不内、不外，不在兩間，文字亦不内不外，不在兩間。是故，舍利弗！無離文字説解脱也。所以者何？一切諸法是解脱相。』」

〔二〕「隨情三假」「隨理三假」：法華玄義釋籤卷四：「言『隨情』等者，三藏生滅，生滅是事，事附物情，故云『隨情』。通教即空，空即附理，故云『隨理』」。摩訶止觀卷五：「復有三假，謂因成假、相續假、相待假。法塵對意根生，一念心起，即因成假。前念後念次第不斷，即相續假。待餘無心知有此心，即相待假。上因成約外塵内根，相續但約内根，相待豎待滅無之無，又横待三無爲之無心也。開善云：因兼二假，或亦過之。明第三假起時，因上兩假，故言因兼。上假未除，後假復起，故言過之。此就心明三假也。又約色明三假，先世行業託生父母得有此身，即因成假；從胎相續，迄乎皓首，即相續假；以身待不身，即相待假。又約依報，亦具三假，如四微成柱，時節改變，相續不斷，此柱待不柱，長短大小等也。此是三藏經中隨事三假。委釋如論師。但此名通用，不獨在小乘，大乘亦名三假。附無明起，如幻如化，但有名字，實不可得。鏡中能成之四微尚不可得，況所成之幻柱？柱尚不可得，況歷時節相續以幻化長短相待，寧復可得？舉易況難，而明十喻。即色是空，非色滅空，即此義也。是名大乘隨理三假。」

〔三〕參見大般涅槃經卷二一光明遍照高貴德王菩薩品之三。

〔四〕妙法蓮華經卷三藥草喻品：「如來知是一相一味之法，所謂：解脱相、離相、滅相，究竟涅槃常寂滅相，終歸於空。」

〔五〕中論卷二觀本住品：「若法因待成，是法還成待，今則無因待，亦無所成法。」

〔六〕佛説華手經卷八衆雜品：「是故此菩薩，疾得無生忍。亦不生無生，無生即無生，以是深忍故，常不失正念。」

〔七〕覺觀：新譯作「尋伺」。覺，尋求推度，即對事理的粗略思考；觀，即細心思惟諸法名義。早期佛教認爲滅除覺、觀，纔能獲得第二禪。覺與觀還被認爲是發出言語的原因，離開覺觀之心，就没有言語。維摩詰所説經卷一弟子品：「法無名字，言語斷故；法無有説，離覺觀故。」

〔八〕癡犬逐塊：這個典故在多部佛經中出現，如佛説遺日摩尼寶經：「佛語迦葉言：自求身事，莫憂外事，後當來世比丘輩，譬如持塊擲狗，狗但逐塊，不逐人。當來比丘亦爾，欲於山中空閑之處，常欲得安隱快樂，不肯内自觀身也。如是爲不曉色、耳、鼻、舌、身，從是何緣得脱乎？從是入城乞匃，若至聚邑，見色、聲、香、味細軟欲得者，便爲墮衰於山中，若多少持戒，不内觀，死則天上生，從天上來，下生世間，從是以後不離三惡道。」勝天王般若波羅蜜經卷三法性品：「大王！邪見外道爲求解脱，但欲斷死，不知斷生。若法不生，則無有滅。譬如有人塊擲師子，師子逐人，而塊自息；菩薩亦爾，但斷其生，而死自滅。犬唯逐塊，不知逐人，塊終不息；外道亦爾，不知斷生，終不離死。大王！菩薩摩訶薩如是行般若波羅蜜，善知因緣諸法生滅。」

〔九〕寰中：域内，天下。孫綽喻道論：「纏束世教之内，肆觀周、孔之跡，謂至德窮於堯、舜，微言盡乎老、易，焉復覩夫方外之妙趣，寰中之玄照乎？」

〔一〇〕「緣」：南本作「妙」。

〔一一〕法華玄義釋籤卷四：「『今將』下意者，迹中意者，九界衆生皆開顯故。本中意者，雖開權竟，事須顯本，權迹望本，迹猶名粗。觀心意者，若不觀心，安知己他因果心妙？」

別釋妙者，爲三：若鹿苑三麤，鷲頭〔一〕一妙，皆迹中之説，約迹開十重論妙。此妙有迹、有本，本據元初，元初本妙，十重論妙。迹、本俱是教，依教作觀，觀復有十重論妙。迹中有衆生法妙、佛法妙、心法妙，各十重，合三十重。此與衆經論妙有同有異。本中三十妙，與衆經一向異。此六十重一一復有待妙、絶妙，則有一百二十重。若破麤顯妙，即用上相待妙。若開麤顯妙，即用上絶待妙(云云)。

迹中十妙者：一、境妙；二、智妙；三、行妙；四、位妙；五、三法妙；六、感應妙；七、神通妙；八、説法妙；九、眷屬妙；十、功德利益妙。

釋十妙爲五番：一、標章；二、引證；三、生起；四、廣解；五、結權實。

標章〔二〕者，云何境妙？謂十如、因緣、四諦、三諦、二諦、一諦等。是諸佛所師，故稱境妙。

智妙者，所謂二十智，四菩提智，下、中、上、上上，七權實，五三智，一如實智，以境妙故，智亦隨妙。以法常故，諸佛亦常。函蓋相稱，境智不可思議，故稱智妙。

行妙者，謂增數行、次第五行、不次第五行，智導行故，故言行妙。

位妙者，謂三草位、二木位、一實位，妙行所契，故言位妙。

三法妙者，謂總三法、縱三法、横三法、不縱不横三法、類通三法，皆祕密藏，故稱爲妙。

感應妙者，謂四句感應、三十六句感應、二十五感應、别圓感應。水不上升、月不下降，一月一時普現衆水；諸佛不來、衆生不往，慈善根力見如此事，故名感應妙。

神通妙者，謂報通、修通、作意通、體法通、無記化化通，無謀之權，稱緣轉變，若遠、若近、若種、若熟、若脱，皆爲一乘，故言神通妙。

説法妙者，謂説十二部法、小部法、大部法、逗緣法、所詮法、圓妙法，如理圓説，咸令衆生開、示、悟、入佛之知見，故言説法妙。

眷屬妙者，謂業眷屬、神通眷屬、願眷屬、應眷屬、法門眷屬，如陰雲籠月，羣臣豪族，前後圍遶，故言眷屬妙。

利益妙者，謂果益、因益、空益、假益、中益、變易益，猶如大海能受龍雨，故名利益妙。

【校注】

〔一〕鷲頭：即耆闍崛山、靈鷲山。大智度論卷三初品中住王舍城釋論：「耆闍名鷲，崛名頭。問曰：何以名鷲頭山？答曰：是山頂似鷲，王舍城人見其似鷲故，共傳言鷲頭山，因名之爲鷲頭山。復次，王舍城南屍陀林中，多諸死人，諸鷲常來噉之，還在山頭，時人遂名鷲頭山。是山於五山中最高大，多好林水，聖人住處。」

〔二〕標章：此下提及的名詞概念在「廣解」部分都有詳細解釋。

二、引證者，但引迹文，尚不引本文，況引餘經耶？文云：「諸法如是相等，唯佛與佛乃能究盡諸法實相。」實相是佛智慧門，門即境也。又云：「甚深微妙法，難見難可了。我及十方佛，乃能知是相。」即境妙也。「我所得智慧，微妙最第一。」又「以此妙慧，求無上道。無漏不思議，甚深微妙法，唯我知是相」（云云），即智妙也。「本從無數佛，具足行諸道，行此諸道已，道場得成果。」又云：「合掌以敬心，欲聞具足道。」又「諸法從本來，常自寂滅相，佛子行道已，來世得作佛」〔一〕，即行妙。「天雨四華」〔二〕表住、行、向、地；「開、示、悟、入」，亦是位義。「乘是寶乘」，遊於四方，四方是因位；「直至道場」〔三〕是果位。

是名位妙。「佛自住大乘，如其所得法，定慧力莊嚴。」大乘即真性，定即資成，慧即觀照，是爲三法妙。我「於三七日中，思惟如是事」，又「我以佛眼觀，見六道衆生」〔四〕，又「一切衆生，皆是吾子」〔五〕，又「遥見其父，踞師子牀」〔六〕，即感應妙也。「今佛世尊入于三昧，是不可思議，現希有事」〔七〕，神通妙也。「如來能種種分別，巧説諸法，言辭柔輭，悦可衆心。」〔八〕身子云：「聞佛柔輭音，深遠甚微妙。」〔九〕又「其所説法，皆悉到於一切智地」〔一〇〕，又「但説無上道」〔一一〕，又「已今當説，最爲難信難解」〔一二〕，即説法妙。「但教化菩薩」〔一三〕，無聲聞弟子，即眷屬妙。「現在、未來，若聞一句一偈，皆與三菩提記。」〔一四〕又「須臾聞者，即得究竟三菩提」〔一五〕，又「若以小乘化，我即墮慳貪，此事爲不可」〔一六〕，又終「不令一人獨得滅度，皆以如來滅度而滅度之」〔一七〕，即利益妙也。

三、生起者，實相之境，非佛、天、人所作，本自有之，非適今也，故最居初。迷理故起惑，解理故生智。智爲行本，因於智目，起於行足。目、足及境，三法爲乘，乘於是乘，入清涼池，登於諸位。位何所住？住於三法祕密藏中。住是法已，寂而常照，照十法界機，機來必應。若赴機垂應，先用身輪，神通駭發。見變通已，堪任受道，即以口輪，宣示開導。既霑法雨，禀教受道，成法眷屬。眷屬行行，拔生死本，開佛知見，得大利益。前五約自，因果具足；後五約他，能所具足。法雖無量，十義意圓。自他始終，皆悉究竟也。

妙法蓮華經玄義卷第二上

【校注】

〔一〕以上引文見於妙法蓮華經卷一方便品。

〔二〕妙法蓮華經卷一序品：「是時，天雨曼陀羅華、摩訶曼陀羅華、曼殊沙華、摩訶曼殊沙華而散佛上，及諸大衆。普佛世界，六種震動。」

〔三〕妙法蓮華經卷二譬喻品：「乘此寶乘，直至道場。」

〔四〕上三處引文見於妙法蓮華經卷一方便品。

〔五〕見於妙法蓮華經卷二譬喻品。

〔六〕見於妙法蓮華經卷二信解品。

〔七〕見於妙法蓮華經卷一序品。

〔八〕見於妙法蓮華經卷一方便品。

〔九〕見於妙法蓮華經卷二譬喻品。

〔一〇〕見於妙法蓮華經卷三藥草喻品。

〔一一〕見於妙法蓮華經卷一方便品。

〔一二〕妙法蓮華經卷四法師品：「爾時，佛復告藥王菩薩摩訶薩：『我所説經典無量千萬億，已説、今説、當説，而於其中，此法華經最爲難信難解。』」

〔一三〕見於妙法蓮華經卷一方便品。

〔一四〕妙法蓮華經卷四法師品：「佛告藥王：又如來滅度之後，若有人聞妙法華經，乃至一偈一句，一念隨喜者，我亦與授阿耨多羅三藐三菩提記。」

〔一五〕妙法蓮華經卷四法師品：「是人歡喜説法，須臾聞之，即得究竟阿耨多羅三藐三菩提故。」

〔一六〕妙法蓮華經卷一方便品：「若以小乘化，乃至於一人，我則墮慳貪，此事爲不可。」

〔一七〕妙法蓮華經卷二譬喻品：「如來爾時便作是念：『我有無量無邊智慧、力、無畏等諸佛法藏，是諸衆生皆是我子，等與大乘，不令有人獨得滅度，皆以如來滅度而滅度之。』」

妙法蓮華經玄義卷第二下

隋天台智者大師説
門人灌頂記

四、廣釋境，又爲二：一、釋諸境，二、論諸境同異。

釋境爲六：一、十如境；二、因緣境；三、四諦境；四、二諦境；五、三諦境；六、一諦境。然衆經赴緣，明境甚衆，豈可具載？略舉六種。六種次第者，十如是，此經所説，故在初，次十二因緣。三世輪迴，本來具有，如來出世，分別巧示，四諦名興，從廣至略，次辨二諦。二諦語通，別顯中道，次明三諦。三諦猶帶方便，直顯真實，次明一諦。一諦猶有名相，次明無諦。始從無明，終至實際，略用六種足。

一、明十如境，已如前説(云云)。

二、釋因緣境。又爲四：一、正釋；二、判麤妙；三、開麤顯妙；四、觀心。

正釋，又爲四：一、明思議生滅十二因緣；二、明思議不生不滅十二因緣；三、明不思議生滅十二因緣；四、明不思議不生不滅十二因緣。

思議兩種因緣，爲利、鈍兩緣，辨界内法〔一〕也。中論云：「爲鈍根弟子説十二因緣生滅相。」〔二〕此簡異外道；外道邪謂諸法從自在天生，或言世性，或言微塵，或言父母，或言無因，種種邪推，不當道理。此正因緣不同邪計，唯是過去無明顛倒心中造作諸行，能出今世六道苦果，好惡不同。正法念云：「畫人分布五彩，圖一切形，端正醜陋，不可稱計。原其根本，從畫手出，六道差别，非自在等作，悉從一念無明心出。」〔三〕無明與上品惡行業合，即起地獄因緣，如畫出黑色。無明與中品惡行業合，起畜生道因緣，如畫出赤色。無明與下品惡行合，起鬼道因緣，如畫青色。無明與下品善行合，即起脩羅因緣，如畫黄色。無明與中品善行合，即起人因緣，如畫白色。無明與上品善行合，即起天因緣，如畫上上白色。當知無明與諸行合故，即有六道名色、六入、觸、受、愛、取、有、生、老病死等。隨上中下，差别不同。人天諸趣，苦樂萬品，以生歸死，死已還生，三世盤迴，車輪旋火〔四〕。故經言：「有河洄澓没衆生，無明所盲不能出。」〔五〕經又稱爲十二牽連〔六〕更相拘帶，亦名十二重城，亦名十二棘園〔七〕。此十二因緣，新新生滅，念念不住，故名生滅十二因緣也。

【校注】

〔一〕「法」：南本、徑本、大本作「法論」。

〔二〕「中論」：南本、大本作「中」。中論卷一觀因緣品：「問曰：何故造此論？答曰：有人言萬物從大自在天生，有言從韋紐天生，有言從和合生，有言從時生，有言從世性生，有言從變生，有言從自然生，有言從微塵生，有如是等謬故，墮於無因、邪因、斷常等邪見，種種説我我所，不知正法。佛欲斷如是等諸邪見，令知佛法故，先於聲聞法中説十二因緣。又爲已習行、有大心、堪受深法者，以大乘法説因緣相，所謂一切法不生不滅、不一不異等，畢竟空無所有。如般若波羅蜜中説。」

〔三〕正法念處經卷二三觀天品：「諸業之所作，過於巧畫師，業畫師天中，作種種樂報。種種衆彩色，現觀則可數，心業布衆彩，其數不可知。毁壁畫則亡，二俱同時滅，若身喪滅時，業畫不可失。譬如一畫師，造作衆文飾，一心亦如是，造作種種業。五彩光色現，見之生愛樂，五根畫亦爾，如業有生死。如世巧畫師，現前則可見，心畫師微細，一切不能見。圖畫好醜形，令壁衆像現，心業亦如是，能作善惡報。是心於晝夜，思念恒不住，如是業隨心，展轉常不離。風塵煙雲熱，畫色則毁滅，捨善不善時，諸業爾乃失。」

〔四〕車輪旋火：將生死輪迴比喻爲旋火輪，在佛經中經常出現，如佛説觀佛三昧海經卷六觀四無量心品：「三界衆生輪迴六趣，如旋火輪，或爲父母、兄弟、宗親，三界一切無不是汝所親之者，云何起意生殺嫉心？」

〔五〕參見大般涅槃經卷三〇師子吼菩薩品之六。

〔六〕「十二牽連」：十二因緣又被稱爲「十二牽連」，在增一阿含經、生經、菩薩瓔珞經中都提到。

〔七〕「十二重城」「十二棘園」：「十二重城」明確見於五苦章句經：「一切衆生，常在長獄，有十二重城圍之，以三重棘籬籬之，常有六拔刀賊伺之，能於其中得脱出者，甚難，甚難！何謂長獄？謂三界也。何謂十二重城？謂十二因緣也。何謂三重棘籬？謂三毒也。何謂六拔刀賊？謂六情也。已發道心，當具禁戒、四等大慈、六波羅蜜、安般守意、三十七品、諸禪三昧總持之門。等一切法，意無高無下，無想無願，出三脱門，得三治法，分别三向，曉三達智，無縛無解，不求諸天，人中之尊，轉輪王位不動其心，不畏罪苦，不計有勞，志在一切，無所榮冀，解三界空，不習三有，是謂得出十二長獄。知十二因緣，所起所滅，能斷癡本，是謂得出十二重城。知婬、怒、癡三垢無原，意不復著，是謂得拔三重棘籬。曉了六情，皆無本末，譬如芭蕉，意不縛愛，是謂得離六拔刀賊。」「十二棘園」可能來自上文中的「三重棘籬」。

料簡者，瓔珞第四云：「無明緣行，生十二，乃至生緣老死，亦生十二，是則一百二十因緣。初是癡，乃至老死亦是癡。不覺故癡，初亦不覺，至老死亦不覺；癡故生，癡故死。若能覺因緣，因緣即不行，癡不行故，則將來生死盡，名爲黠，黠即隨道。」〔一〕又十二緣起、十二緣生，爲同爲異？此同是一切有爲法，故無異。亦有差別，因是緣起，果是緣生，則二緣起，五緣生；三緣起，二緣生。又無明是緣起，行是緣生，乃至生是緣起，老死是緣生。又四句：緣起非緣生，未來二支法是也；緣生非緣起，過去二支，現在阿羅漢最後死陰是也；緣起緣生者，除過去、現在羅漢死五陰，諸餘過去、現在法是也；非緣起非緣生者，無爲法是也。法身經說：「諸無明決定生行，不相離、常相隨逐，是名緣起，非緣生。若無明不決定生行，或時相離不相隨，是名緣生，非緣起。乃至老死亦如是。」尊者和須蜜說：「因是緣起，從因生法是緣生；和合是緣起，從和合生是緣生。」〔二〕十二因緣支，二是過去則止常，二是未來則止斷，現在則顯中道。推現三因，則說未來二果；推現在五果，則說過去二因。三世皆有十二支，爲推因果，故作如是說。

十二時者，無明，是過去諸結時。行，是過去諸行時〔三〕。識者，相續心及眷屬時。名色者，已受〔四〕生相續，未生四種色根，六入未具。一、歌邏羅，二、阿浮陀，三、卑尸，四、伽那，五、波羅奢訶。如是等時，名名色。六入，已生四種色根，具足六入。此諸根未能爲觸作所依，是時名六入。此諸根已能爲觸作所依，未別苦、樂，不能避危害，捉火觸毒，把刃不淨，是時名觸。能分別苦、樂，避危害等，能生貪愛，不起婬欲，於一切物不生染著，是時名受。具上三受，是時名愛。以貪境故，四方追求，是時名取。追求之時，起身、口、意，是時名有。如現在識在於未來，是時名生。如現在名色、六入、觸、受於未來，是時名老死。

一剎那十二緣者，若以貪心殺生，彼相應愚是無明；相應思是行；相應心是識；起有作業，必有名色；起有作業，必有六入；彼相應觸是觸；彼相應受是受；貪即是愛；彼相應纏是取；彼身口作業是有；如此諸法生是生；此諸法變是老，此諸法壞是死。

問：何不説病爲支？

答：一切時、一切處盡有者，立支。自有人從生無病，如薄拘羅，生來不識頭痛〔五一〕，況餘病。是故不立。

問：憂悲是支不？

答：非也，以終顯始耳，如老死必憂悲。

問：無明有因不？老死有果不？若有，應是支；若無，則墮無因無果法。

答：有而非支。無明有因，謂不正思惟；老死有果，謂憂悲。又無明有因，謂老死；老死有果，謂無明。現在愛、取，是過去無明；現在名色、六入、觸、受，此四若在未來，名老死。如説受緣愛，當知説老死緣無明也。猶如車輪，更互相因也。

欲界胎生者，具十二支。色界者十一，無名色也。無色界有十，除名色、六入。又言具有。色界初生，諸根未猛利時，是名名色。無色界雖無色而有名，當知悉具十二支也。

問：無明、行與取、有何異？

答：過、現，新、故，已與果、未與果等異。

【校注】

〔一〕參見菩薩瓔珞經卷四因緣品。

〔二〕參見阿毗曇毗婆沙論卷一三雜揵度人品。

〔三〕「時」：底本作「將」，據金本、南本、大本改。

〔四〕「受」：底本作「定」，據金本、南本、大本改。

〔五〕中阿含經卷八未曾有法品薄拘羅經：「尊者薄拘羅作是說：諸賢！我於此正法律中學道已來八十年，未曾有病，乃至彈指頃頭痛者，未曾憶服藥，乃至一片訶梨勒。若尊者薄拘羅作此說，是謂尊者薄拘羅未曾有法。」

二、思議不生不滅十二者，此以巧破拙。中論云：「爲利根弟子説十二不生不滅。」〔一〕癡如虚空，乃至老死如虚空：無明如幻化，不可得故，乃至老死如幻化，不可得。金光明云：「無明體相本自不有，妄想因緣和合而有。」〔二〕不善思惟心行所造，如幻師在四衢道，幻作種種象、馬、纓珞、人物等，癡謂真實，智知非真。無明幻出六道依正，當知本自不有，無明所爲。如知藤本非虵，則怖心不生，不生故不滅。是名思議不生不滅十二因緣相也。

三、不思議生滅因緣者，破小明大，爲利鈍兩緣説界外法也。華嚴云：「心如工畫師，作種種五陰。一切世間中，莫不從心造。」〔三〕畫師，即無明心也。一切世間，即是十法界假實國土〔四〕等也。諸論明心出一切法不同。或言：阿黎耶是真識，出一切法。或言：阿黎耶是無没識，無記無明出一切法〔五〕。若定執性實，墮冥初生覺、從覺生〔六〕我心過〔七〕。尚不成界内思議因緣，豈得成界外不思議因緣？惑既非不思議境，翻惑之解，豈得成不思議智？破此，如止觀中説。今明無明之心，不自、不他、不共、不無因，四句皆不可思議。若有四悉檀因緣，亦可得説：如四句求夢不可得，而説夢中見一切事；四句求無明不可得，而從無明出界内外一切法〔八〕。

出界内十二因緣，如前説。

出界外十二因緣者，如寳性論云：「羅漢、支佛空智，於如來身本所不見。」〔九〕二乘雖有無常等四對治，依如來法身，復是顛倒，顛倒故即是無明。住無漏界中有四種障，謂緣、相、生、壞。緣者，謂無明住地，與行作緣也。相者，無明共行爲因也。生者，謂無明住地共無漏業因生三種意生身也。壞者，三種意生身緣不可思議變易死也。還如界内十二因緣從無明至老死也。緣者，即無明支也。相者，行支也。生者，即名色等五支也。愛、取、有三支，例前可知也。壞即生死支也。此十二支，數同界内，義意大異。彼論云：三種意生身，未得離無明垢，未得究竟無爲淨；無明細戲論未永滅，未得究竟無爲我；無明細戲論集，因無漏業生意陰未永滅，未得無爲樂；煩惱染、業染、生染未究竟滅，未證甘露究竟常〔一〇〕。以緣煩惱道故，不得大淨；以相業道故，不得八自在我；以生苦道故，不得大樂；以壞老死故，不得不變易常者，由不思議生滅十二因緣也。是爲界外不思議生滅十二因緣相（云云）。

不思議不生不滅十二因緣者，爲利根人即事顯理也。大經云「十二因緣名爲佛性」〔一一〕者，無明、愛、取既是煩惱，煩惱道即是菩提。菩提通達，無復煩惱，煩惱既無，即究竟淨，了因佛性也。行、有是業道，即是解脱，解脱自在，緣因佛性也。名色、老死是苦道，苦即法身，法身無苦無樂，是名大樂，不生不死是常，正因佛性。故言無明與愛，是二中間即是中道。無明是過去，愛是現在，若邊若中無非佛性，並是常、樂、我、淨，無明不生，亦復不滅，是名不思議不生不滅十二因緣也。

【校注】

〔一〕見一一三頁注〔五〕。

〔二〕見於金光明經卷一空品。

〔三〕大方廣佛華嚴經卷一〇夜摩天宫菩薩説偈品：「心如工畫師，畫種種五陰，一切世界中，無法而不造。」

〔四〕「假實國土」：法華經玄籤證釋卷二：「假即衆生假名，實即五陰實法。此二是正，國土是依。」

〔五〕十地義記卷第三：「阿梨耶者，此翻名爲無没識也，此是第八如來藏心隨緣流轉體，不失滅故曰無没。斯乃生死之本性也，妄不孤集，起必由真，故説名色共梨耶生。」法華玄義釋籤卷五：「言無没等者，無始時有，未曾斷絶，故云無没；非善惡性，故云無記；含藏種子，出生一切。」

〔六〕「生」：金本作「出」。

〔七〕法華玄義釋籤卷五：「初言若定執性實者，計黎耶爲真是自性，計爲無明是他性，定計自他能生諸法，法則有始，有始故同於冥初，則不出二十五諦。當知此計不出三藏所破，豈得成於别教因緣耶？」百論卷一破神品：「迦毗羅言：從冥初生覺，從覺生我心，從我心生五微塵，從五微塵生五大，從五大生十一根。神爲主常，覺相，處中，常住不壞不敗，攝受諸法。能知此二十五諦，即得解脱。不知此者，不離生死。」法華經玄籤證釋卷二：「冥初二十五諦，數論外道立二十五冥諦，從冥初生覺等。藏教所明正因緣，破此計，故云不出（云云）。」

〔八〕摩訶止觀卷五：「地人云：一切解惑真妄依持法性，法性持真妄，真妄依法性也。攝大乘云：法性不爲惑所染，不爲真所淨，故法性非依持。言依持者，阿黎耶是也。無没無明，盛持一切種子。若從地師，則心具一切法。若從攝師，則緣具一切法。此兩師各據一邊。若法性生一切法者，法性非心非緣，非心故而心生一切法者，非緣故亦應緣生一切法，何得獨言法性是真妄依持耶？若言法性非依持，黎耶是依持，離法性外别有黎耶依持，則不關法性。若法性不離黎耶，黎耶依持即是法性依持，何得獨言黎耶是依持？又違經。經言：非内，非外，亦非中間，亦不常自有。又違龍樹。龍樹云：諸法不自生，亦不從他生，不共不無因。更就譬檢。爲當依心故有夢？依眠故有夢？眠法合心故有夢？離心離眠故有夢？若依心有夢者，不眠應有夢。若依眠有夢者，死人如眠應有夢。若眠心兩合而有夢者，眠人那有不夢時。又眠心各有夢，合可有夢。各既無夢，合不應有。若離心離眠而有夢者，虚空離二，應常有夢。四句求夢尚不得，云何於眠夢見一切事？心喻法性，夢喻黎耶，云何偏據法性、黎耶生一切法？當知四句求心不可得，求三千法亦不可得。」

〔九〕究竟一乘寶性論卷四無量煩惱所纏品：「如來藏空智者，一切聲聞、辟支佛等本所不見，本所不得，本所不證，本所不會。」

〔一〇〕究竟一乘寶性論卷四一切衆生有如來藏品：「又此四種波羅蜜等住無漏界中，聲聞、辟支佛得大力自在。菩薩爲證如來功德法身第一彼岸有四種障。何等爲四？一者緣相，二者因相，三者生相，四者壞相。緣相者，謂無明住地，即此無明住地與行作緣，如無明緣行，無明住地緣亦如是故。因相者，謂無明住地緣行，即此無明住地緣行爲因，如行緣識，無漏業緣亦如是故。生相者，謂無明住地緣依無漏業因生三種意生身，如四種取緣依有漏業因而生三界，三種意生身生亦如是故。壞相者，謂三種意生身緣不可思議變易死，如依生緣故有老死，三種意生身緣不可思議變易死亦如是故。又一切煩惱染皆依無明住地根本，以不離無明住地，聲聞、辟支佛、大力菩薩，未得遠離無明住地垢，是故未得究竟無爲淨波羅蜜。又即依彼無明住地緣，以細相戲論習未得永滅，是故未得究竟無爲我波羅蜜。又即緣彼無明住地，有細相戲論集，因無漏業生於意陰未得永滅，是故未得究竟無爲樂波羅蜜。以諸煩惱染、業染、生染未得永滅，是故未證究竟甘露如來法身。以未遠離不可思議變易生死常未究竟，是故未得不變異體，是故未得究竟無爲常波羅蜜。又如煩惱染，無明住地亦如是。如業染，無漏業行亦如是。如生染，三種意生身及不可思議變易死亦如是。」

「三種意生身」：勝鬘師子吼一乘大方便方廣經：「又如取緣有漏業因，而生三有。如是無明住地，緣無漏業因，生阿羅漢、辟支佛、大力菩薩三種意生身。此三地，彼三種意生身生及無漏業生，依無明住地，有緣非無緣。是故三種意生及無漏業，緣無明住地。」楞伽阿跋多羅寶經卷三一切佛語心品：「有三種意生身。云何爲三？所謂：三昧樂正受意生身、覺法自性性意生身、種類俱生無行作意生身。修行者了知初地上增進相，得三種身。大慧！云何三昧樂正受意生身？謂：第三、第四、第五地，三昧樂正受故，種種自心寂静，安住心海，起浪識相不生，知自心現境界性非性，是名三昧樂正受意生身。大慧！云何覺法自性性意生身？謂第八地，觀察覺了如幻等法悉無所有，身心轉變，得如幻三昧及餘三昧門，無量相力自在明，如妙華莊嚴，迅疾如意，猶如幻夢水月鏡像，非造非所造，如造所造，一切色種種支分具足莊嚴，隨入一切佛刹大衆，通達自性法故，是名覺法自性性意生身。大慧！云何種類俱生無行作意生身？所謂：覺一切佛法，緣自得樂相，是名種類俱生無行作意生身。」摩訶止觀卷三：「故寶性論云：二乘之人雖有無常、苦、空、無我等對治，於佛法身猶是顛倒。顛倒即是無明獨頭。無漏智業爲行三種意生身，亦是五種意生身。意即是識；身即名色、六入、觸、受；無明細惑、戲論未究竟滅，即是愛、取；煩惱染、業染、生染未究竟，即是有；三種意因移即是生；其果變易即是老死。束此十二是無漏界中四種障，謂緣、相、生、壞。緣即煩惱道，相即業道，生、壞即苦道。故知界外有十二因緣。所以者何？降佛已下，皆有無明。無明潤業，業既被潤，那得無苦？此十二輪雖不退界墮下，不妨從無明輪至老死，從老死輪至無明，障於實理，良由此惑。此惑爲入假、入中兩觀所治。」

〔二〕大般涅槃經卷二七師子吼菩薩品：「復次，善男子！衆生起見，凡有二種：一者常見，二者斷見。如是二見不名中道，無常無斷乃名中道。無常無斷，即是觀照十二因緣智，如是觀智是名佛性。二乘之人雖觀因緣，猶亦不得名爲佛性。佛性雖常，以諸衆生無明覆故，不能得見。又未能渡十二因緣河，猶如兔馬。何以故？不見佛性故。善男子！是觀十二因緣智慧，即是阿耨多羅三藐三菩提種子，以是義故，十二因緣名爲佛性。」

二、判麤妙者，因緣之境不當麤妙，取之淺深，致有差降耳。若從無明生諸行乃至老死，從三生二，從二生七，從七生三〔一〕，更互因緣，煩惱業因緣、業苦因緣，無常生滅。中論判此教鈍根法〔二〕。涅槃稱殷勤半字〔三〕。此經：「但離虚妄，名爲解脱。」〔四〕故知此境則麤。若無明體相本自不有，妄想因緣和合而有，境既如幻，智亦叵得。經言：「若有一法過於涅槃，我亦説如幻如化。」〔五〕中論明教利根。涅槃稱長者教毗伽羅論〔六〕。大品名爲「如實巧度」〔七〕。此經名小樹。斯境則巧。若無明是緣，從緣生相，從相有生，從生故壞。滅緣故淨，除相故我，盡生則樂，無壞故常。中論云：「因緣生法，亦名爲假名。」大品稱「十二緣，獨菩薩法。」〔八〕涅槃稱因滅無明，則得熾燃〔九〕。此經則是大樹，而得增長。比前爲妙，方後爲麤。若言無明三道即是三德，不須斷三德更求三德。中論云：「因緣所生法，亦名中道義。」大品説十二因緣，是爲坐道場[一〇]。涅槃云：「無明與愛，是二中間，即是中道。」[一一]此經：「佛種從緣起，是故説一乘。」[一二]亦名最實事。豈非妙耶？前三是權，故爲麤；後一是實，故爲妙。用此麤妙歷五味教者，乳教具二種因緣，一麤一妙。酪教一麤。生酥三麤一妙。熟酥二麤一妙。法華但説一妙。是名待麤因緣明妙因緣也。

三、開麤顯妙者，如經「我法妙難思」，前三皆是佛法，豈有思議之麤異不思議之妙？無離文字説解脱義，秖體思議即不思議。譬如長者引瓫器米麪給與窮子，成窮子物。若定天性，窮子非復客作人，瓫器還家，安是他物？如來於不思議方便説麤，何得保麤異妙？今「決了聲聞法，是諸經之王」，即是開兩因緣，即論於妙。又大經云「爲諸聲聞開發慧眼」[一三]者，昔慧眼但見於空，不見不空。今開慧眼，即見不空，不空即見佛性。故云：「慧眼見故，而不了了；佛以佛眼，見則了了。」[一四]此即決菩薩慧眼，開第三因緣，即絶待論於妙。

四、觀心者，觀一念無明即是明。大經云：「無明明者，即畢竟空。」[一五]空慧照無明，無明即淨。譬如有人，覺知有賊，賊無能爲。既不爲無明所染，即是煩惱道淨。煩惱淨故則無業，無業故無縛，無縛故是自在我。我既自在，不爲業縛，誰受是名色、觸、受？無受則無苦。既無苦陰，誰復還滅？即是常德。一念之心既具十二因緣，觀此因緣，恒作常、樂、我、淨之觀。其心念念住祕密藏中。恒作此觀，名託聖胎。觀行純熟，胎分成就。若破無明，名出聖胎（云云）。

【校注】

〔一〕法華玄義釋籤卷五：「初三藏中者，從三生二謂煩惱生業，從二生七謂業生苦，從七生三謂苦生煩惱，三世合説故也。」法華經玄籤備撿卷一：「煩惱生業，煩惱有三，謂無明、愛、取，以生行、有，此乃三生二也。行生名色五，并生、老死等，此乃二生七也。七生三可見。」

〔二〕中論判此教鈍根法：「此教」，指三藏教，中論並没有判教，玄義此處當依據中論卷四觀四諦品：「世尊知是法，甚深微妙相，非鈍根所及，是故不欲説。」

〔三〕大般涅槃經卷五四相品之餘：「善男子！譬如長者，唯有一子，心常憶念，憐愛無已，將詣師所，欲令受學，懼不速成，尋便將還。以愛念故，晝夜慇懃，教其半字，而不教誨毗伽羅論。何以故？以其幼稚，力未堪故。善男子！假使長者教半字已，是兒即時能得了知毗伽羅論不？」「不也。世尊！」「如是長者，於是子所，有祕藏不？」「不也。世尊！何以故？以子年幼，故不爲説；不以祕故，恪而不説。所以者何？若有嫉妬祕恪之心，乃名爲藏。如來不爾，云何當言如來祕藏？」佛言：「善哉，善哉！善男子！如汝所言。若有瞋心、嫉妬慳恪，乃名爲藏；如來無有瞋心、嫉妬，云何名藏？善男子！彼大長者謂如來也，所言一子者，謂一切衆生。如來視於一切衆生猶如一子，教一子者謂聲聞弟子，半字者謂九部經，毗伽羅論者所謂方等大乘經典。以諸聲聞無有慧力，是故如來爲説半字九部經典，而不爲説毗伽羅論方等大乘。善男子！如彼長者，子既長大，堪任讀學，若不爲説毗伽羅論，可名爲藏。若諸聲聞有堪任力，能受大乘毗伽羅論，如來祕惜不爲説者，可言如來有祕密藏。如來不爾，是故如來無有祕藏。如彼長者教半字已，次爲演説毗伽羅論。我今亦爾，爲諸弟子説於半字九部經已，次爲演説毗伽羅論，所謂如來常存不變。」

〔四〕見於妙法蓮華經卷二譬喻品。

〔五〕摩訶般若波羅蜜卷一釋提桓因品：「須菩提言：諸天子！設復有法過於涅槃，我亦説如幻如夢。諸天子！幻夢、涅槃，無二無別。」

〔六〕「毗伽羅論」，印度古代文法書。

〔七〕摩訶般若波羅蜜經卷一序品：「復有菩薩摩訶薩皆得陀羅尼及諸三昧行，空、無相、無作，已得等忍，得無閡陀羅尼，悉是五通，言必信受，無復懈怠，已捨利養名聞，説法無所悕望，度深法忍，得無畏力，過諸魔事，一切業障悉得解脱。巧説因緣法，從阿僧祇劫以來發大誓願，顔色和悦，常先問訊，所語不粗，於大衆中而無所畏。無數億劫説法巧出，解了諸法如幻、如焰、如水中月、如虚空、如響、如揵闥婆城、如夢、如影、如鏡中像、如化，得無閡無所畏。悉知衆生心行所趣，以微妙慧而度脱之。意無罣閡，大忍成就，如實巧度。願受無量諸佛國土，念無量國土諸佛三昧常現在前，能請無量諸佛，能斷種種見纏及諸煩惱，遊戲出生百千三昧。諸菩薩如是等種種無量功德成就。」

〔八〕摩訶般若波羅蜜經卷二〇無盡品：「須菩提！是十二因緣是獨菩薩法，能除諸邊顛倒，坐道場時應如是觀，當得一切種智。」

〔九〕大般涅槃經卷一九光明遍照高貴德王菩薩品之一：「世尊！亦有因緣，因滅無明，則得熾然阿耨多羅三藐三菩提燈。」

〔一〇〕參見本節注〔八〕。

〔一一〕大般涅槃經卷二五師子吼菩薩品之一：「生死本際，凡有二種：一者無明，二者有愛。是二中間，則有生老病死之苦，是名中道，如是中道能破生死，故名爲中。以是義故，中道之法名爲佛性，是故佛性常樂我淨。」

〔一二〕見於妙法蓮華經卷一方便品。

〔一三〕大般涅槃經卷四如來性品：「因緣義者，聲聞、緣覺不解如是甚深之義，不聞伊字三點而成解脱涅槃、摩訶般若成祕密藏。我今於此闡揚分別，爲諸聲聞，開發慧眼。」

〔一四〕大般涅槃經卷二五師子吼菩薩品之一：「善男子！如汝所言，十住菩薩以何眼故，雖見佛性而不了了？諸佛世尊以何眼故，見於佛性而得了了？善男子！慧眼見故，不得明了；佛眼見故，故得明了。爲菩提行故，則不了了；若無行故，則得了了。住十住故雖見不了；住不住故則得了了。菩薩摩訶薩智慧因故，見不了了；諸佛世尊斷因果故，見則了了。一切覺者名爲佛性，十住菩薩不得名爲一切覺故，是故雖見而不明了。善男子！見有二種：一者眼見，二者聞見。諸佛世尊眼見佛性，如於掌中觀阿摩勒果。十住菩薩聞見佛性故不了了，十住菩薩唯能自知定得阿耨多羅三藐三菩提，而不能知一切衆生悉有佛性。」

〔一五〕見於大般涅槃經卷一八梵行品。

三、明四諦境，爲四：一、明四諦，二、判麤妙，三、開麤顯妙，四、觀心。初又二：一、出他解，二、四番四諦。有師解，勝鬘無邊聖諦〔一〕，對二乘有餘，彰佛究竟。二乘是有作四聖諦，作者，有量四聖諦也。無作四聖諦者，無量四聖諦也。作、無作就行；量、無量就法。二乘觀諦，得法不盡，更有所作，故名有作。得法不盡，則有限量。經言因他知，知是有作行也。因他知，非一切知，不知無量法也，故言有作、有量。無作、無量者，佛知無窮盡，更無所作，故名無作。自力知一切知者，無作行也。一切者，是無量法也〔二〕。如此釋者，雖唱四名，但成二義，非今所用。

四種四諦者：一、生滅，二、無生滅，三、無量，四、無作。其義出涅槃聖行品〔三〕，約偏、圓、事、理分四種之殊〔四〕。所言生滅者，迷真重故，從事受名。然苦、集是一法，分因、果成兩；道、滅亦然。雜心偈云：「諸行果性，是説苦諦；因性説集諦；一切有漏法究竟滅，説滅諦；一切無漏行，説道諦。」〔五〕大經云：「陰入重擔，逼迫繫縛，是苦諦。見愛煩惱，能招來果，是集諦。戒、定、慧、無常、苦、空，能除苦本，是道諦。二十五有子、果縛斷，是滅諦。」〔六〕遺教云：「集真是因，更無别因。滅苦之道，即是真道。」〔七〕此皆明生滅四聖諦相也。

次第者，從麤至細，苦相麤故先説。滅雖非真，因滅會真，滅相麤亦先説。又舉世苦果，令厭世集。滅能會出世果，令其欣道。作如此次第也。

聖者對破邪法，故言正聖也。諦者有三解（云云）：謂自性不虚，故稱爲諦。又見此四，得不顛倒覺，故稱爲諦。又能以此法顯示於他，故名爲諦。大經：「凡夫有苦，無諦。聲聞、緣覺有苦，有苦諦。」〔八〕當知凡夫不見聖理，不得智，不能説，但苦無諦。聲聞具三義，故稱爲諦。此釋與經合也。

無生者，迷真輕故，從理得名。苦，無逼迫相；集，無和合相；道，不二相；滅，無生相。又，習應苦空〔九〕，三亦如是。又，無生者，生名集、道，集、道即空，空故不生集、道。集、道不生，則無苦、滅，即事而真，非滅後真。大經云：「諸菩薩等解苦無苦，是故無苦而有真諦。」〔一〇〕三亦如是。是故名爲無生四聖諦。聖諦義，如前説。

無量者，迷中重故，從事得名。苦有無量相，十法界果不同故。集有無量相，五住煩惱不同故。道有無量相，恒沙佛法不同故。滅有無量相，諸波羅蜜不同故。大經云：「知諸陰苦，名爲中智。分別諸陰，有無量相，非諸聲聞、緣覺所知。我於彼經，竟不説之。」〔一一〕三亦如是。是名無量四聖諦。

無作者，迷中輕故，從理得名。以迷理故，菩提是煩惱，名集諦。涅槃是生死，名苦諦。以能解故，煩惱即菩提，名道諦。生死即涅槃，名滅諦。即事而中，無思無念，無誰造作，故名無作。大經云：「世諦即是第一義諦。有善方便，隨順衆生，説有二諦。出世人知即第一義諦。」〔一二〕一實諦〔一三〕者，無虚妄、無顛倒、常、樂、我、淨等，是故名爲無作四聖諦。

然勝鬘説無作四諦中，别取一滅諦，是佛所究竟，是常、是諦、是依，三是無常，非諦，非依。何者？三入有爲相中，故無常。無常則虚妄，故非諦。無常則不安，故非依。滅諦離有爲，故是常。非虚妄，故是諦。第一安隱，故是依。故名第一義諦，亦名不思議也。

達摩鬱多羅〔一四〕難此義：然經説佛菩提道，三義故常。一、惑盡故常；二、不從煩惱生故常；三、解滿故常，如衆流歸海。那云道諦無常？

答：勝鬘作此説者，前苦滅諦，非壞法滅，無始、無作，等過恒沙，佛法成就。説如來法身，不離煩惱藏。説苦諦，隱名如來藏，顯名爲法身。二乘空智，於四不顛倒境界，不見不知。今欲顯説，説一是常、是實、是依。有對治、除障、身顯，故明三非常、非實，一是常、是實耳。

今難：若爾，一諦顯，是無作諦，三諦未顯，非無作諦。一是了義，三非了義。當知勝鬘所説，説於次第，從淺至深，歷別未融，乃是無量四諦中之無作，非是發心畢竟二不別之無作。涅槃云「有諦有實」〔一五〕，當知四種，皆稱諦、稱實、稱常也。

【校注】

〔一〕勝鬘師子吼一乘大方便方廣經無邊聖諦章第六：「世尊！聲聞、緣覺初觀聖諦，以一智斷諸住地；以一智四斷、知、功德、作證，亦善知此四法義。世尊！無有出世間上上智，四智漸至及四緣漸至，無漸至法是出世間上上智。世尊！金剛喻者是第一義智。世尊！非聲聞、緣覺不斷無明住地，初聖諦智是第一義智。世尊！以無二聖諦智斷諸住地。世尊！如來、應、等正覺，非一切聲聞、緣覺境界。不思議空智，斷一切煩惱藏。世尊！若壞一切煩惱藏究竟智，是名第一義智。初聖諦智非究竟智，向阿耨多羅三藐三菩提智。世尊！聖義者，非一切聲聞、緣覺，聲聞、緣覺成就有量功德，聲聞、緣覺成就少分功德，故名之爲聖。聖諦者，非聲聞、緣覺諦；亦非聲聞、緣覺功德。世尊！此諦如來、應、等正覺初始覺知，然後爲無明𦢊藏世間開現演説，是故名聖諦。」

〔二〕勝鬘師子吼一乘大方便方廣經法身章第八：「何等爲説二聖諦義？謂説作聖諦義，説無作聖諦義。説作聖諦義者，是説有量四聖諦。何以故？非因他能知一切苦、斷一切集、證一切滅、修一切道。是故世尊！有有爲生死、無爲生死。涅槃亦如是，有餘及無餘。説無作聖諦義者，説無量四聖諦義。何以故？能以自力知一切受苦、斷一切受集、證一切受滅、修一切受滅道。如是八聖諦，如來説四聖諦。如是四無作聖諦義，唯如來應等正覺事究竟，非阿羅漢、辟支佛事究竟。何以故？非下、中、上法得涅槃。何以故如來應等正覺於無作四聖諦義事究竟？以一切如來應等正覺知一切未來苦、斷一切煩惱上煩惱所攝受一切集、滅一切意生身、除一切苦滅作證。」法華玄義釋籤卷五：「『經言』者，亦勝鬘經也。依經重釋作、無作等，彼經云：『有二種聖諦義，謂有作、無作。有作者有量四聖諦也。何以故？非因他知，能知一切苦，斷一切集，證一切滅，修一切道。』今文除上『非』字，改下『能』字爲『非』字者，意顯小乘從教得故。經云『非因他知』者，意顯所證非從他得，自知己法，亦可分名能知一切。今初先釋有作。言『因他知』者，二乘既未堪聞法界理，但從佛聞四諦聲教，依此教行，知是有作行也。次釋有量者，上來但聞小乘之法，攝法不遍，故云非一切知，當知行法兩種相顯，共成小乘人也。次釋無作無量者，對小明大，故言無作無量。經云：『無作聖諦者，無量四聖諦也。何以故？自知一切受苦，一切受集，修一切道，證一切滅，如是四聖諦義，唯有正覺事究竟也，非二乘事究竟。』古人不了，見經『唯有正覺』之言，便推極果，此是别教教道之説，非初發心畢竟不别。於中先釋無作。佛所知滿，不復更作，故名無作。『自力知』去，重釋也。有二義故名無作：一者自力知，異從他聞；二者一切知，異有量法。從『知者』去，釋能知者，以屬於行，即是無作，所知一切即屬於法，是無量也。此即大乘行法相成，成大乘人也。」

〔三〕關於四種四諦的説法，法華玄義説來自大般涅槃經聖行品，但聖行品中並没有明確的説法，應是智顗根據聖行品經文，爲了配合自己的判教體系進行的創造。大般涅槃經卷一二聖行品之二：「善男子！以是義故，諸凡夫人有苦無諦，聲聞、緣覺有苦有苦諦而無真實，諸菩薩等解苦無苦，是故無苦而有真實。諸凡夫人有集無諦，聲聞、緣覺有集有集諦，諸菩薩等解集無集，是故無集而有真諦。聲聞、緣覺有滅非真，菩薩摩訶薩有滅有真諦。聲聞、緣覺有道非真，菩薩摩訶薩有道有真諦。」

〔四〕法華玄義釋籤卷五：「諦本無四，諦秖是理，理尚無一，云何有四？故知依如來藏同體權實，依大悲力無緣誓願，物機所扣，不獲而用，機宜不同，致法差降，從一實理開於權理，權實二理能詮教殊，故有四種差别教起。涅槃實後暫用助圓，故須具用偏圓事理，故今引之以顯誠證。三偏一圓，界内界外，各一事理，故成四種。」

〔五〕雜阿毗曇心論卷八修多羅品：「謂性果諸行，有漏是説苦，因性則爲集，滅諦衆苦盡。謂性果諸行有漏是説苦者，一切有漏行有因及縛性，故説苦；因性則爲集者，此有漏行是因性者，説集諦。是故苦集是一物，因果故立二諦。滅諦衆苦盡者，一切有漏法究竟寂滅，是説滅諦。」

〔六〕大般涅槃經卷一二聖行品：「復次，迦葉！又有聖行，所謂四聖諦。苦、集、滅、道，是名四聖諦。迦葉！苦者逼迫相，集者能生長相，滅者寂滅相，道者大乘相。復次，善男子！苦者現相，集者轉相，滅者除相，道者能除相。復次，善男子！苦者有三相：苦苦相、行苦相、壞苦相；集者二十五有；滅者滅二十五有；道者修戒、定、慧。復次，善男子！有漏法者有二種：有因、有果；無漏法者亦有二種：有因、有果。有漏果者是則名苦，有漏因者則名爲集；無漏果者則名爲滅，無漏因者則名爲道。」

〔七〕佛垂般涅槃略説教誡經：「世尊！月可令熱，日可令冷，佛説四諦不可令異。佛説苦諦真實是苦，不可令樂；集真是因，更無異因；苦若滅者，即是因滅，因滅故果滅；滅苦之道，實是真道，更無餘道。」

〔八〕見本節注〔三〕。

〔九〕大智度論卷三六釋習相應品：「有二種空：一者、説名字空，但破著有而不破空；二者、以空破有，亦無有空。如小劫盡時，刀兵、疾疫、飢餓，猶有人物、鳥獸、山河；大劫燒時，山河樹木乃至金剛地下大水亦盡，劫火既滅，持水之風亦滅，一切廓然，無有遺餘。空亦如是，破諸法皆空，唯有空在，而取相著之；大空者，破一切法，空亦復空。以是故，汝不應作是難。若滅諸戲論，云何不空？如是等種種因緣，處處説空，當知一切法空。習者，隨般若波羅蜜修習行觀，不息不休，是名爲習。譬如弟子隨順師教、不違師意，是名相應。如般若波羅蜜相，菩薩亦隨是相，以智慧觀，能得、能成就，不增不減，是名相應。譬如函、蓋，大小相稱。雖般若波羅蜜滅諸觀法，而智慧力故，名爲無所不能、無所不觀。能如是知，不墮二邊，是爲與般若相應。」

〔一〇〕見本節注〔三〕。

〔一一〕大般涅槃經卷一二聖行品之二：「善男子！知諸陰苦，名爲中智；分别諸陰有無量相，悉是諸苦，非諸聲聞、緣覺所知，是名上智。善男子！如是等義，我於彼經竟不説之。」

〔一二〕大般涅槃經卷一二聖行品之二：「善男子！有善方便，隨順衆生，説有二諦。善男子！若隨言説則有二種：一者世法，二者出世法。善男子！如出世人之所知者，名第一義諦；世人知者，名爲世諦。」

〔一三〕一實諦：大智度論卷八六釋遍學品：「聲聞人以四諦得道，菩薩以一諦入道。佛説是四諦皆是一諦，分别故有四；是四諦、二乘智斷，皆在一諦中。菩薩先住柔順忍中，學無生無滅，亦非無生非無滅，離有見、無見、有無見、非有非無見等，滅諸戲論，得無生忍。」

〔一四〕達摩鬱多羅：即達摩多羅，又稱法救，雜阿毗曇心論的作者。

〔一五〕大般涅槃經卷一二聖行品之二：「有苦有諦有實，有集有諦有實，有滅有諦有實，有道有諦有實。」

二、判麤妙者，大小乘論諦，不出此四。或教、行、證不融者爲麤；教融，行、證未融，亦麤；俱融者則妙〔一〕。若約五味者，乳教兩種，二乘並不聞，以大隔小，則一麤一妙。酪教一種，大乘所不用，以小隔大，根敗聾瘂，是故爲麤。生酥教四種：一破三，二不入二。一雖入一，教不融，故三麤一妙。熟蘇教三種：一破二，一入一，一不入一。一雖入一，教不融，故二麤一妙。醍醐教，但一種四諦，唯妙無麤。是爲待麤明妙（云云）。

三、開麤顯妙者，先叙諸經意。大品止明三種四諦。文云「色即是空，非色滅空」〔二〕，無生意也。「一切法趣色，是趣不過」，無量意也。「色尚不可得，何況有趣、有不趣」〔三〕，無作意也。中論偈亦有三意，後兩品明小乘觀法，即生滅意也。無量義明一中出無量〔四〕，是從無作開出三種四諦也。法華明無量入一，是會三種四諦，歸無作一種四諦也。涅槃聖行追分別衆經，故具説四種四諦也。德王品追泯衆經，俱寂四種四諦〔五〕。文云：「生生不可説；生不生不可説；不生生不可説；不生不生不可説。」經釋初句云：「云何生生不可説？生生故生，生生故不生，故不可説。」〔六〕若依文，但舉生不生釋生生，此之生生即生不生，那可偏作生生而説？佛爲利根人舉一而例諸。若取意者，生生即生不生，亦即不生生，亦即不生不生，那可偏作生生一句而説？若得此意，下三句例皆如此。

問：佛何故作偏釋耶？

答：爲利根故，亦是有因緣故，宜須如此。時衆如快馬見鞭影，不俟徹骨耳。如此追泯，何説而不寂耶？

或三種可説爲麤，一可説爲妙。或三不可説爲麤，一不可説爲妙。或四皆可説爲麤，四皆不可説爲妙。或四可説有麤有妙。或四不可説有麤有妙。或四可説皆非麤非妙。或四不可説皆非麤非妙。如是等種種，皆決了入妙，開權顯實。四皆不可説，是位高。四皆可説，是體廣。四亦可説亦不可説，是用長。四非可説非不可説，是非高非廣、非長非短、非一非異，同稱爲妙也。

觀心可知，不復記也。

【校注】

〔一〕法華玄義釋籤卷五：「四教並以外凡爲教，内凡爲行，聖位爲證。前之兩教但證真諦，是故俱粗，别教若準上下諸文，應云證融教行不融，以從初地證道同故。此之玄文凡判别義，未開顯邊多順教道；今此亦然，教譚中理，是故名融；行證次第，故名不融。若作證同，應如前說，俱融是圓，是故稱妙。」

〔二〕出於維摩詰所説經卷二入不二法門品，大品經中只提到「色即是空」。

〔三〕摩訶般若波羅蜜經卷一五知識品：「一切法趣色，是趣不過。何以故？色畢竟不可得，云何當有趣不趣？」

〔四〕無量義經卷一十功德品：「善男子！第二，是經不可思議功德力者，若有衆生得是經者，若一轉，若一偈，乃至一句，則能通達百千億義無量數劫不能演説所受持法。所以者何？以其是法義無量故。善男子！是經譬如從一種子生百千萬，百千萬中一一復生百千萬數，如是展轉乃至無量。是經典者，亦復如是，從於一法生百千義，百千義中一一復生百千萬數，如是展轉，乃至無量無邊之義。是故此經名無量義。」

〔五〕法華玄義釋籤卷五：「涅槃言『追』者，退也，卻更分別前諸味也。『泯』者，合會也。自法華已前諸經皆泯，此意則順法華部也。」

〔六〕大般涅槃經卷一九光明遍照高貴德王菩薩品之一：「善哉，善哉！善男子！不生生不可説，生生亦不可説，生不生亦不可説，不生不生亦不可説，生亦不可説，不生亦不可説，有因緣故，亦可得説。云何不生生不可説？不生名爲生，云何可説？何以故？以其生故。云何生生不可説？生生故生，生生故不生，亦不可説。云何生不生不可説？生即名爲生，生不自生，故不可說。云何不生不生不可說？不生者名爲涅槃，涅槃不生故不可說。何以故？以修道得故。云何生亦不可說？以生無故。云何不生不可說？以有得故。云何有因緣故亦可得說？十因緣法爲生作因，以是義故，亦可得說。」

四、明二諦，又爲四：一、略述諸意，二、明二諦，三、判麤妙，四、開麤顯妙。

夫二諦者，名出衆經，而其理難曉，世間紛紜，由來碩諍。妙勝定經云：「佛昔與文殊，共諍二諦，俱墮地獄。至迦葉佛時，共質所疑。」〔一〕二聖因地尚不能了，況即人情强生去取？

問：釋迦值迦葉〔二〕，即是二生菩薩〔三〕，云何始解二諦？爾前復不應墮惡道。

答：爾前語寬，何必齊二生之前始惡道出？又，二生菩薩將隣補處，補處位多别、圓，永無此理。通教見地已免惡道，亦無墮落。應是三藏菩薩，至二生時，猶未斷惑，始解二諦，此義無咎。爾前墮惡道，亦有其義。

問：三藏菩薩有墮落，餘三教無者，金光明經那云「十地猶有虎、狼、師子等怖」〔四〕耶？

答：爲惡友殺則墮地獄，爲惡象殺不墮地獄。然圓教肉身於一生中有超登十地之義，此則煩惱已破，無地獄業，猶有肉身，未免惡獸。餘教肉身，一生之中，不登十地，唯作行解，以煩惱爲虎狼。作行解者，於理則通，於事不去（云云）。

然執者不同，莊嚴旻〔五〕據佛果出二諦外，爲中論師所覈：如此佛智照何理？破何惑？若無別理可照，不應出外；若出外而無別照者，藉何得出？進不成三，退不成二（云云）〔六〕。梁世成論〔七〕執世諦不同。或言世諦名、用、體皆有；或但名、用而無於體；或但有名而無體、用（云云）。陳世中論〔八〕，破立不同。或破古來二十三家明二諦義〔九〕，自立二諦義；或破他竟，約四假〔一〇〕明二諦。古今異執，各引證據，自保一文，不信餘説。今謂不爾。夫經論異説，悉是如來善權方便，知根知欲〔一一〕，種種不同，略有三異，謂隨情、情智、智等。

隨情説者，情性不同，説隨情異。如毗婆沙明世第一法有無量種〔一二〕。際真尚爾，況復餘耶〔一三〕？如順盲情，種種示乳。盲聞異説而諍，白色豈即乳耶？衆師不達此意，各執一文，自起見諍，互相是非，信一不信一，浩浩亂哉，莫知孰是。若二十三説及能破者，有經文證，皆判是隨情二諦意耳。無文證者，悉是邪謂，同彼外道，非二諦攝也〔一四〕。

隨情智者，情謂二諦，二皆是俗。若悟諦理，乃可爲真，真則唯一。如五百比丘各説身因〔一五〕，身因乃多，正理唯一。經云：「世人心所見，名爲世諦。出世人心所見，名第一義諦。」〔一六〕如此説者，即隨情智二諦也〔一七〕。

隨智者，聖人悟理，非但見真，亦能了俗。如眼除膜，見色見空。又如入禪者出觀之時，身心虛豁，似輕雲靄空，已不同散心，何況悟真而不了俗。毗曇云：「小雲發障，大雲發障，無漏逾深，世智轉淨。」〔一八〕故經言：「凡人行世間，不知世間相；如來行世間，明了世間相。」〔一九〕此是隨智二諦也〔二〇〕。若解此三意，將尋經論，雖說種種，於一一諦皆備三意也。

【校注】

〔一〕最妙勝定經：「我自憶往昔作多聞士，共文殊諍利，諍有無二諦。文殊言有，我言無也。由是諍論而不能定二諦有無。死墮三惡道，服熱鐵丸。經無量劫，從地獄出。值迦葉佛爲我解說有無二諦。迦葉佛言：『一切諸法，皆無定性。汝言有無，是義不然。何以故？一切萬法，皆悉空寂。此二諦者，亦有亦無。汝今解者，但解文義，不解深義。汝於此義，如盲如聾，云何解此甚深之義？』我聞是，即於林中而自思惟，入於禪定。經七日已，於四禪中三昧、三定、三智、三空、大空、第一義空。解此空已，一切萬法，悉亦是空寂。」

〔二〕四教義卷七：「住一生補處者，即是釋迦菩薩，生在迦葉佛所，爲補處弟子，淨持禁戒，行諸功德。迦葉授記，次當作佛。」

〔三〕二生菩薩：大智度論卷三八釋往生品：「復次，小乘法中，佛爲小心衆生故，説二生菩薩猶惡口毁佛。二生菩薩，尚不駡小兒，云何實毁佛？皆是方便爲衆生故。」吉藏大品經義疏卷三：「問：釋迦是迦葉佛弟，名羅鬱多羅，言是二生菩薩。言何二生？答：不數現生，但數生天及下生也。」

〔四〕合部金光明經卷三陀羅尼最淨地品：「善男子！是陀羅尼灌頂吉祥句名，過十恒河沙諸佛爲救護十地菩薩，誦持陀羅尼呪，得度一切怖畏、一切惡獸虎狼師子、一切惡鬼、人非人等怨賊、毒害、災横，解脱五障，不忘念十地。」

〔五〕莊嚴旻：即僧旻（四六七—五二七），吴郡富春（浙江富陽）人，俗姓孫。與法雲、智藏並稱爲梁代三大師。僧旻博通諸經，擅長成實論，爲南北朝成實學派論師之一。天監六年（五〇七）梁武帝撰注般若經，敕京邑五大法師講經，以僧旻居首，並請爲家僧；後又敕僧旻於惠輪殿講説勝鬘經，帝親臨其座。不久，僧旻又奉敕與僧亮、僧晃、劉勰等三十人集於上定林寺，撰衆經要鈔八十八卷。僧旻弟子有智學、慧慶等，主要著作有成實論義疏、論疏雜集、四聲指歸、詩譜決疑等。續高僧傳卷五有傳。

〔六〕摩訶止觀卷三：「昔莊嚴家云：佛果出二諦外。得此片意，而作義不成。不知佛智別照何境？別斷何惑？若得今意，出外義則成。開善家云：佛果不出二諦外，不能動異二乘，作義復不成。若得此意，不出義亦成。古來名此爲風流二諦，意在此。」玄義此處的

「中論師」就是指開善智藏。

〔七〕梁世成論：指梁代的成實論師。

〔八〕陳世中論：指陳代弘揚中論的論師，包括三論師。

〔九〕古來二十三家明二諦義：法華玄義釋籤卷五：「破古來二十三家明二諦義，如止觀第三記，文在梁昭明集。」廣弘明集卷二一昭明太子解二諦義章，有昭明太子關於二諦義的闡述和二十二位高僧、王公貴族的問答。

〔一〇〕四假：大智度論卷四一三假品提到「三假」：「如是，須菩提！菩薩摩訶薩行般若波羅蜜，名假施設、受假施設、法假施設，如是應當學。」「四假」的説法不知何出。法華玄籤證釋卷二：「四句破假等，謂自性，他性，共性，無因性，衍門四性推檢法也。（中略）四假恐即是四句破假。」

〔一一〕知根知欲：根，指佛十力中的根力，欲，指佛十力中的欲力。法華玄籤備撿卷一：「十力中有根力、欲力。根力者，佛知他衆生諸根上下相，如實遍知。欲力者，佛知他衆生種種欲，如實遍知，無能壞，無能勝也。」

〔一二〕具體内容見阿毗曇毗婆沙卷一雜犍度世第一法品。

〔一三〕法華玄義釋籤卷五：「際真尚爾者，舉世第一，況前三位。自世第一已前皆屬隨情，如世第一隣近於真，尚有多品，況復忍位乃至停心，故隨情多。」

〔一四〕摩訶止觀卷三：「云何隨情説三諦？如盲不識乳，便問他言：乳色何似？他人答言：色白如貝、粖、雪、鶴等。雖聞此説，亦不能了乳之真色。是諸盲人各各作解，競執貝粖而起四諍。凡情愚翳亦復如是，不識三諦大悲方便而爲分別，或約有門明三諦，如盲聞貝；或約空門明三諦，如盲聞粖；或作空有門明三諦，如盲聞雪；或作非空非有門明三諦，如盲聞鶴。雖聞此説，未即諦理，是諸凡夫終不能見常樂我淨真實之相。雖未得見，各執空有，互相是非。所以常途解二諦者，二十三家，家家不同，各各異見，皆引經論，莫知孰是。若言併是，理則無量。若言併非，悉有所據。爲此義故，執自非他。雖飲甘露，傷命早夭。經稱文殊、彌勒未悟之時，共諍二諦，兩墮地獄。今世凡情，偏執一文，鏗然固著。雖謂爲能，恐乖佛旨。如是等人皆未識隨情三諦。若識此意，聞種種説，即知如來俯逐根情。根情既多，説不一種，此即是隨他意而説三諦也。」

〔一五〕大般涅槃經卷三二迦葉菩薩品之二：「善男子，如我所説十二部經，或隨自意説，或隨他意説，或隨自他意説。云何名爲隨自意説？如五百比丘問舍利弗：『大德！佛説身因，何者是耶？』舍利弗言：『諸大德！汝等亦各得正解脱，自應識之，何緣方作如是問耶？』有比丘言：『大德！我未獲得正解脱時，意謂無明即是身因，作是觀時得阿羅漢果。』復有説言：『大德！我未獲得正解脱時，謂愛無明即是身因，作是觀時得阿羅漢果。』或有説言：『行、識、名色、六入、觸、受、愛、取、有、生，飲食五欲，即是身因。』爾時五百比丘，各各自説己所解已，共往佛所，稽首佛足，右遶三匝，禮拜畢已，卻坐一面，各以如上己所解義，向佛説之。舍利弗白佛言：『世尊！如是諸人，誰是正説？誰不正説？』佛告舍利弗：『善哉，善哉！一一比丘無非正説。』舍利弗言：『世尊！佛意云何？』佛言：『舍利弗！我爲欲界衆生説言，父母即是身因。』如是等經，名隨自意説。」

〔一六〕大般涅槃經卷一二聖行品之二：「善男子！有善方便，隨順衆生，説有二諦。善男子！若隨言説則有二種：一者世法，二者出世法。善男子！如出世人之所知者，名第一義諦；世人知者，名爲世諦。」

〔一七〕摩訶止觀卷三：「隨情智説三諦者，就情説二，就智説一。若爾，不得一所論三。此就凡情。凡情悉是方便，雖即一而三，但束爲二。若就聖智，聖智皆是實得，雖即一而三，但束爲一。情智相望，故言三諦。如相似位人，六根淨時，猶未發真見於中道，雖觀三諦，約位往明，但破四住及塵沙惑。既證方便道，但束爲二諦。若入初住，破無明，見佛性，雙照二諦，方稱爲智。亦具三諦，但束爲中道第一義諦。情智合論，即是隨自他意語也。」

〔一八〕未見於現存毗曇類文獻，法華玄義釋籤卷六對此句有解釋：「譬顯中，見惑如小雲，思惑如大雲，無漏謂見真，世智謂了俗。」

〔一九〕思益梵天所問經卷一分別品：「世間行世間，不知是世間，菩薩行世間，明了世間相。世間虛空相，虛空亦無相，菩薩知如是，不染於世間。如所知世間，隨知而演説，知世間性故，亦不壞世間。」

〔二〇〕摩訶止觀卷三：「隨智説三諦者，從初住去，非但説中，絶於視聽。真俗亦然。三諦玄微，唯智所照，不可示，不可思，聞者驚怪，非内非外，非難非易，非相非非相，非是世法，無有相貌。百非洞遣，四句皆亡。唯佛與佛，乃能究盡。言語道斷，心行處滅，不可以凡情圖想。若一若三，皆絶情望。尚非二乘所測，何況凡夫？如乳真色，眼開乃見，徒費言語，盲終不識。如是説者，名爲隨智説三諦相也。」

二、正明二諦者，取意存略，但點法性爲真諦，無明十二因緣爲俗諦，於義即足。但人心麤淺，不覺其深妙，更須開拓，則論七種二諦。一一二諦更開三種，合二十一二諦也。若用初番二諦破一切邪謂執著皆盡，如劫火燒，不留遺芥。況鋪後諸諦，迥出文外，非復世情圖度。

所言七種二諦者，一者，實有爲俗；實有滅爲真。二者，幻有爲俗；即幻有空爲真。三者，幻有爲俗；即幻有空不空共爲真。四者，幻有爲俗；幻有即空不空，一切法趣空不空爲真。五者，幻有、幻有即空，皆名爲俗；不有不空爲真。六者，幻有、幻有即空，皆名爲俗；不有不空、一切法趣不有不空爲真。七者，幻有、幻有即空，皆爲俗；一切法趣有、趣空、趣不有不空爲真〔一〕。

實有二諦者，陰、入、界等皆是實法。實法所成，森羅萬品，故名爲俗。方便修道，滅此俗已，乃得會真。大品云「空色、色空」〔二〕，以滅俗故謂爲「空色」；不滅色故謂爲「色空」。病中無藥，文字中無菩提，皆是此意。是爲實有二諦相也。約此，亦有隨情、情智、智等三義，推之可知。

幻有空二諦者，斥前意也。何者？實有時無真，滅有時無俗，二諦義不成。若明幻有者，幻有是俗，幻有不可得，即俗而真。大品云：「即色是空，即空是色。」空色相即，二諦義成。是名幻有無二諦也。約此，亦有隨情、情智、智等三義（云云）。隨智小當分別。何者？實有隨智照真，與此不異，隨智照俗不同。何者？通人入觀巧，復局照俗亦巧。如百川會海，其味不別；復局還源，江河則異。俗是事法，照異非疑。真是理法，不可不同。秖就通人出假，亦人人不同，可以意得。例三藏出假，亦應如是（云云）。

幻有空、不空二諦者，俗不異前，真則三種不同。一俗隨三真〔三〕，即成三種二諦。其相云何？如大品明非漏非無漏。初人謂「非漏」是非俗，「非無漏」是遣著。何者？行人緣無漏生著，如緣滅生使；破其著心，還入無漏，此是一番二諦也。次人聞非漏非無漏，謂非二邊，別顯中理，中理爲真，又是一番二諦。又人聞非有漏非無漏，即知雙非，正顯中道，中道法界，力用廣大，與虛空等，一切法趣非有漏非無漏，又是一番二諦也。大經云：「聲聞之人但見於空，不見不空。」「智者見空及與不空。」〔四〕即是此意。二乘謂著此空，破著空故，故言不空；空著若破，但是見空，不見不空也。利人謂不空是妙有，故言不空。利利人聞不空，謂是如來藏；一切法趣如來藏，還約空、不空，即有三種二諦也。

復次，約一切法趣非漏非無漏顯三種異者：初人聞一切法趣非漏非無漏者，謂諸法不離空，周行十方界，還是瓶處如。又人聞趣，知此中理須一切行來趣發之。又人聞一切趣即非漏非無漏，具一切法也〔五〕。是故説此一俗隨三真轉：或對單真，或對複真，或對不思議真。無量形勢，婉轉赴機，出没利物，一一皆有隨情、情智、智等三義。若隨智證，俗隨智轉。智證偏真，即成通二諦；智證不空真，即成別入通二諦；智證一切趣不空真，即成圓入通二諦。三人入智不同，復局照俗亦異（云云）。何故？三人同聞二諦而取解各異者，此是不共般若〔六〕與二乘共説，則淺深之殊耳。大品云：「有菩薩初發心與薩婆若相應。」〔七〕「有菩薩初發心如遊戲神通，淨佛國土。」〔八〕「有菩薩初發心即坐道場，爲佛〔九〕。」即此意也。

幻有、無爲俗，不有不無爲真者，有、無二故爲俗；中道不有、不無，不二爲真。二乘聞此真、俗，俱皆不解，故如瘂、如聾。大經云：「我與彌勒共論世諦，五百聲聞謂説真諦。」〔一〇〕即此意也。約此，亦有隨情、情智、智等（云云）。

圓入別二諦者，俗與別同，真諦則異。別人謂不空但理而已，欲顯此理，須緣修方便，故言「一切法趣不空」。圓人聞不空理，即知具一切佛法無有缺減，故言「一切趣不空」也。約此，亦有隨情等（云云）。

圓教二諦者，直說不思議二諦也。真即是俗，俗即是真〔一一〕。如如意珠，珠以譬真，用以譬俗。即珠是用，即用是珠，不二而二，分真俗耳。約此，亦有隨情智等（云云）。身子云：「佛以種種緣，譬喻巧言說。其心安如海，我聞疑網斷。」〔一二〕即其義焉。

問：真俗應相對，云何不同耶？

答：此應四句，俗異真同，真異俗同，真俗異相對，真俗同相對。三藏與通，真同而俗異；二入通，真異而俗同；別，真、俗皆異而相對；圓入別，俗同真異；圓，真、俗不異而相對，不同而同。若不相入，當分真、俗，即相對（云云）。

七種二諦廣說如前。略說者，界內相即、不相即，界外相即、不相即，四種二諦也。別接通，五也。圓接通，六也。圓接別，七也。

問：何不接三藏？

答：三藏是界內不相即，小乘取證，根敗之士，故不論接。餘六是摩訶衍門，若欲前進，亦可得去，是故被接。

問：若不接亦不會？

答：接義非會義，未會之前，不論被接。

【校注】

〔一〕法華玄義釋籤卷六：「初意者，一藏，二通，三別接通，四圓接通，五別，六圓接別，七圓。若止觀中爲成理觀，但以界外理以接界内理，故藏、通兩教明界内理，別、圓二教明界外理，通、別兩教是明兩理之交際，是故但明別接通耳。今前六重仍存教道，於法華前逗彼權機，故有圓接通、別二義，實道秖應圓理接權，故釋今文，應順教道，復以圓中接於但中。又此七名雖立二諦，後之五意義已含三，幻有即俗，空即是真，不空是中，但觀名中空，合在何諦？若合在俗諦，即如別教，名含真入俗二諦；若合入真諦，如別、圓入通，名含中入真二諦；藏、通即名單俗單真；圓教即名不思議真俗。細得此意，尋名釋義，不失毫微。」

〔二〕「空色、色空」：大品經中没有這樣的説法，應是對「色即是空、空即是色」的簡稱。

〔三〕一俗隨三真：法華玄義釋籤卷六：「又通教菩薩由根利鈍發習不同，故鈍同二乘，直至法華方乃被會；利者爾前接入中道，故使同觀幻有之俗而契真各異。所以別圓機發，對鈍住空，致成三別。」

〔四〕大般涅槃經卷二五師子吼菩薩品之一：「佛性者名第一義空，第一義空名爲智慧。所言空者，不見空與不空。智者見空及與不空、常與無常、苦之與樂、我與無我。空者一切生死，不空者謂大涅槃；乃至無我者即是生死，我者謂大涅槃。見一切空，不見不空，不名中道；乃至見一切無我，不見我者，不名中道。中道者名爲佛性。以是義故，佛性常恒，無有變易，無明覆故，令諸衆生不能得見。聲聞、緣覺見一切空，不見不空；乃至見一切無我，不見於我。以是義故，不得第一義空，不得第一義空故，不行中道，無中道故，不見佛性。」

〔五〕法華玄義釋籤卷六：「次言三人聞趣者，初人云『諸法不離空』，義當一切法趣空，故引例云『如瓶如』等，如即空也。如瓶是空，十方界空不異瓶空，故十方空皆趣瓶空，即通人也。次人聞趣，知此但中須脩地前一切諸行，來趣向後以發初地中道之理，即別人也。第三人聞即具一切，名之爲趣。」

〔六〕大智度論卷七二釋大如品：「般若有二種：一者、唯與大菩薩説，二者、三乘共説。」

〔七〕摩訶般若波羅蜜經卷一六大如品：「有菩薩摩訶薩從初發意以來，不遠離薩婆若心，行布施、持戒、忍辱、精進、禪定。」

〔八〕摩訶般若波羅蜜經卷四乘乘品：「若菩薩摩訶薩從初發意以來，具足菩薩神通，成就衆生，從一佛國至一佛國，恭敬供養尊重讚歎諸佛，從諸佛聽受法教，所謂菩薩大乘。是菩薩乘是大乘，從一佛國至一佛國，淨佛國土，成就衆生，初無佛國想，亦無衆生想。」

〔九〕「佛」：南本、大本作「如佛」。此句大品經中未見。

〔一○〕大般涅槃經卷三二迦葉菩薩品之二：「善男子！我雖説言一切衆生悉有佛性，衆生不解佛如是等隨自意語。善男子！如是語者，後身菩薩尚不能解，況於二乘、其餘菩薩？善男子！我往一時在耆闍崛山，與彌勒菩薩共論世諦。舍利弗等五百聲聞，於是事中都不識知，何況出世第一義諦？」

〔一一〕法華玄義釋籤卷六：「但云相即，言濫於通，應從意説，意以一切趣中爲真，與百界千如及千如本空爲俗而相即，故知今即即彼別教次第三諦，次第即已，方成今即。何者？彼若未即，猶同小空及隨事假對中論即，今若即已，三俱圓極，不即而即，即而不即，故有理即乃至究竟，良由於此。」

〔一二〕見於妙法蓮華經卷二譬喻品。

三、判麤妙者，實有二諦半字法門，引鈍根人蠲除戲論之糞，二諦義不成，此法爲麤。如幻二諦滿字法門，爲教利根諸法實相，三人共得，比前爲妙；同見但空，方後則麤。以別入通，能見不空，是則爲妙；教譚理不融，是故爲麤。以圓入通爲妙，妙不異後；帶通方便，是故爲麤。別二諦不帶通方便，是故爲妙；教譚理不融，是故爲麤。圓入別理融爲妙；帶別方便爲麤。唯圓二諦，正直無上道，是故爲妙。

次約隨情、智判麤、妙者，且約三藏，初聞隨情二諦，執實語爲虚語，起語見[一]故，生死浩然，無佛法氣分。若能勤修念處[二]，發四善根，是時隨情二諦皆名爲俗；發得無漏，所照二諦皆名爲真。從四果人以無漏智所照真、俗，皆名隨智二諦。

隨情則麤，隨智則妙，譬如轉乳，始得成酪。既成酪已，心相體信，入出無難。即得隨情、情智、智等，説通、別入通、圓入通，令其恥小慕大，自悲敗種，渴仰上乘。是時如轉酪爲生酥。心漸通泰，即爲隨情、情智、智等，説別、圓入別，明不共般若，命領家業，金銀珍寶，出入取與，皆使令知。既知是已，即如轉生酥爲熟酥。「諸佛法久後，要當説真實」，即隨情、情智、智等，説圓二諦，如轉熟酥爲醍醐。是則六種二諦調熟衆生，雖成四味，是故爲麤；醍醐一味，是則爲妙。

又束判麤妙：前二教雖有隨智等，一向是隨情説他意語故，故名爲麤。別入通去，雖有隨情等，一向束爲情、智説自、他意語故，亦麤亦妙。圓二諦雖有隨情等，一向是隨智説佛自意語故，故稱爲妙。

問：前二三諦，一向是隨情，應非見諦，亦不得道？

答：不得中道，故稱隨情。諸佛如來不空説法，雖非中道第一義悉檀，不失三悉檀益。大槩判之，皆屬隨情爲麤耳。

若以七種二諦歷五味教者：乳教有別、圓入別、圓，三種二諦，二麤一妙。酪教但實有二諦，純麤。生酥具七種二諦，六麤一妙。熟酥六種，五麤一妙。法華但有一圓二諦，無六方便，唯妙不麤。題標爲妙，意在於此，是爲相待判麤妙也。

【校注】

〔一〕語見：思益梵天所問經卷二解諸法品：「實語是虚妄，生語見故；虚妄是實語，爲增上慢人故。」

〔二〕念處：即四念處。雜阿含經卷二〇：「何等爲四念處？内身身觀念處，精勤方便，正念正知，調伏世間貪憂。如是外身、内外身，内受、外受、内外受，内心、外心、内外心，内法、外法、内外法觀念處，精勤方便，正念正知，如是調伏世間貪憂。」大智度論卷一九釋初品：「問曰：何等是四念處？答曰：身念處，受、心、法念處，是爲四念處。觀四法四種：觀身不淨，觀受是苦，觀心無常，觀法無我。是四法雖各有四種，身應多觀不淨，受多觀苦，心多觀無常，法多觀無我。何以故？凡夫人未入道時，是四法中，邪行起四顛倒：諸不淨法中淨顛倒，苦中樂顛倒，無常中常顛倒，無我中我顛倒。破是四顛倒故，説是四念處：破淨倒故説身念處，破樂倒故説受念處，破常倒故説心念處，破我倒故説法念處。」

四、開麤顯妙者，三世如來本令衆生開佛知見，得無生忍，大事因緣出現於世。法華論云「蓮華出水義：不可盡出離小乘泥濁水故，入如來大衆中坐，如諸菩薩坐蓮華上，聞説無上清淨智慧」〔一〕者，必非坐華葉也。乃是諸菩薩聞説一圓道，證一圓果，處華王界，同舍那佛坐蓮華臺耳。佛意如此，始見我身，初聞一實，已入華臺，爲未入者，從頓開漸，更以異方便，助顯第一義，説諸二諦，或單、或複、或不可思議，種種不同，皆爲華臺而作方便。但如來常寂，而化周法界，實不分別，先謀後動，施此汲引慈善根力，令諸衆生從此得入〔二〕。

有人言：始自鹿苑，皆是法華弄引。今言不爾〔三〕。且近説寂滅道場已來，悉爲法華弄引，所以光照他土現佛，悉爲頓開漸。文殊引先佛，亦爲頓開漸。如此弄引，猶恨其近。從大通智勝已來，而爲衆生作法華方便，當知不止近在寂場。又此猶近，從本成佛已來，而爲衆生作華臺方便。又復猶近，從本行菩薩道時，而爲衆生作華臺方便。文云：「我本立誓願，普令一切衆，亦同得此道。」〔四〕當知弄引豈止今耶？本來所化入華臺者，自是一邊，其未入者，如上方便不息，中間亦如是。若從華嚴、方等、般若等經，或別入通、圓入通、圓入别等入華臺者，與本入者無異，復自是一邊。其未入者，四味調熟，皆於此經得入華臺。諸教之中或住三味、二味、一味，或全生者，皆決麤令妙，悉入華臺〔五〕。

三藏保果〔六〕，難破已破，難開已開，況易破易開，悉隨情仍本，當門顯實，即入華臺。文云：「七寶大車，其數無量，各賜諸子（云云）。」〔七〕此即開權顯實，諸麤皆妙，絶待妙也。

若如上説，法華總括衆經，而事極於此，佛出世之本意，諸教法之指歸。人不見此理，謂是因緣事相，輕慢不止，舌爛口中。若得其旨，深見七種、二十一種無量教門，意氣博遠，更相間入，繡淡精微，横周竪窮，悉歸會法華〔八〕。二萬燈明、迦葉等古佛設教，妙極於此。有經云：彌勒當來，亦妙極於此。釋迦仰同三世，亦妙極於此。涅槃贖命重寶，重抵掌耳〔九〕。觀此妙旨，宏壯包籠，尋者須曠其意，莫以人情局彼太虛也。

攝大乘明十勝相義，咸謂深極，使地論翻宗〔一〇〕。今試以十妙比之，彼有所漏。且用理妙，比依止勝相，明不思議因緣四句破執，豈留黎耶、庵摩羅〔一一〕爲依止耶？四悉檀施設，不止立無明他生一句，彼直是一道明義，不見開合衆經頓漸爲物，約教、約行，隨情、隨智，大包佛化，深括始終。因緣一境，已廣於依止，更用四四諦、七二諦、五三諦、一諦等比者，彼無準擬。迹中十妙，已有所漏，本中十妙，群經所無，何況彼論？又觀心十妙即得行用，不如貧人數果頭寶。當知十妙法門，鱗沓重積〔一二〕，可勝言哉？天竺大論〔一三〕尚非其類，真丹〔一四〕人師何勞及語？此非誇耀法相然耳。思自見之，無俟辭費也。

【校注】

〔一〕妙法蓮華經憂波提舍卷一：「名妙法蓮華經者，有二種義。何等二種？一者出水義，以不可盡出離小乘泥濁水故。又復有義，如彼蓮華出於泥水，喻諸聲聞得入如來大衆中坐，如諸菩薩坐蓮華上，聞説如來無上智慧清淨境界，得證如來深密藏故。二華開義，以諸衆生於大乘中其心怯弱不能生信，是故開示諸佛如來淨妙法身令生信心故。」

〔二〕法華玄義釋籤卷六：「初文又二：初正明入實開權，次明機感之相。初文又二：初明入實，次『爲未入』下明施權。初謂華嚴利根菩薩已入實竟，其別菩薩且置不論，以此菩薩猶易開故，其難開者更以小起，故次爲施鹿苑等教，故名爲諸前三藏單。次五重中，如前七重中文意亦可見。次感應可見。」

〔三〕法華玄義釋籤卷六：「初出舊，次『今言』下正解也。『弄引』，秖是方便耳，如止觀記。」

〔四〕妙法蓮華經卷一方便品：「舍利弗當知，我本立誓願，欲令一切衆，如我等無異。」

〔五〕法華玄義釋籤卷六：「次『諸教』下約諸味中諸教横開，（中略）次文中云『諸教之中或五三二一味及全生者』者，通指四味，名爲諸教。且如方等、般若，初證二乘名爲一味；若鹿苑已證得彈斥益，名爲二味；得洮汰益，名爲三味。若諸菩薩於前諸教能斷見思，名住二味；能斷無知，名住三味；能伏無明，名住四味。若住四味，已成妙行，故此不論。全未伏通惑，名爲『全生』。」

〔六〕三藏保果：指三藏教中人固執於小乘果位，不想成佛。佛祖統紀卷第三：「彈訶小乘保果之癖，譏刺三藏斷滅之非。」天台四教儀集註卷二：「須彈斥者，蓋爲小機執真保果，取證入滅，故纔證小果，便堪彈斥。」教觀綱宗：「若藏教未入聖位，容有轉入通別圓義。已入聖後，保果不前，永無接義。直俟法華，方得會入圓耳。」

〔七〕妙法蓮華經卷二譬喻品：「爾時，長者各賜諸子等一大車，其車高廣，衆寶莊校，周匝欄楯，四面懸鈴；又於其上張設幰蓋，亦以珍奇雜寶而嚴飾之，寶繩絞絡，垂諸華纓，重敷綩綖，安置丹枕。駕以白牛，膚色充潔，形體姝好，有大筋力，行步平正，其疾如風；又多僕從而侍衛之。所以者何？是大長者財富無量，種種諸藏悉皆充溢，而作是念：『我財物無極，不應以下劣小車與諸子等。今此幼童，皆是吾子，愛無偏黨。我有如是七寶大車，其數無量，應當等心各各與之，不宜差別。所以者何？以我此物，周給一國猶尚不匱，何況諸子！』」

〔八〕法華玄義釋籤卷六：「有一毫之善咸至菩提，穿鑿權實，牢籠本迹，故云『意氣博遠』。大小互入，故云『更相』。越教相接，故云『間入』。從淺至深，故云『纁淡』。取機顯祕，故云『精微』。味味益遍，故云『橫周』。俱至法華，故云『豎窮』。」

〔九〕大般涅槃經卷一六梵行品之三：「善男子！汝向所問迦葉如來有是經不者，善男子！大涅槃經悉是一切諸佛祕藏。何以故？諸佛雖有十一部經，不說佛性，不說如來常樂我淨、諸佛世尊永不畢竟入於涅槃，是故此經名爲如來祕密之藏。十一部經所不説故，故名爲藏。如人七寶不出外用，名之爲藏。善男子！是人所以藏積此物，爲未來事故。何等未來事？所謂穀貴、賊來侵國、值遇惡王爲用贖命、道路澀難、財難得時乃當出用。善男子！諸佛如來祕密之藏亦復如是，爲未來世諸惡比丘畜不淨物，爲四衆説如來畢竟入於涅槃，讀誦世典不敬佛經，如是等惡現於世時，如來爲欲滅是諸惡，令得遠離邪命利養，如來則爲演説是經。若是經典祕密之藏滅不現時，當知爾時佛法則滅。」法華玄義釋籤卷六：「釋言『贖命重寶』者，涅槃十四云：『如人七寶不出外用，名之爲藏，是人所以藏積此寶，爲未來故，所謂穀貴、賊來侵國、值遇惡王爲用贖命、財難得時乃當出用。諸佛祕藏亦復如是，爲未來世諸惡比丘畜不淨物、爲四衆説如來畢竟入於涅槃、讀誦外典、不教佛經，如是等惡出現世時，爲滅諸惡爲説是經。是經若滅，佛法則滅。』今家引意指大經部以爲重寶，若消此文，應有單複兩義。所言複者，謂乘及戒。若言不許畜八不淨，此是戒門事門。若説如來畢竟涅槃及遮外典，此是乘門理門。以彼經部前後諸文皆扶事説常，若末代中諸惡比丘破戒説於如來無常，及讀誦外典，則並無乘戒，失常住命，賴由此經扶律説常，則乘戒具足，故號此經爲贖常住命之重寶也。所言單者，唯約戒門。彼經扶律，律是贖常住命之重寶也。所以法華明常已足，更説贖命者，爲護圓常，鄭重殷勤，如人抵掌，重叮嚀耳。説文云：『抵掌者，側手擊也。』」

〔一〇〕法華玄義釋籤卷六：「初云『攝大乘十勝相』者，彼論始終秖明十種勝相之義，分爲十品。論初云：『菩薩欲顯大乘功德，依大乘教説如是言。諸佛世尊有勝相義，所説無等，過於餘教。言勝相者有十：一依止，二應知，三入應知，四因果，五入因果脩差别，六於差别依於戒學，七於中依心學，八於中依慧學，九學果寂滅，十智差别。』論文先列，次生起。釋初勝相，明第八識生十二因緣義。言依止者，謂所依也。真諦所譯則依菴摩羅，後代諸譯並依黎耶，如其各計成自他性，一論二譯尚生二計，況諸部耶？論師以黎耶依持，破於地論，故云『翻宗』。『翻』者，改也。令地論宗破，歸我攝宗。」

〔一一〕黎耶、庵摩羅：决定藏論卷上：「阿羅耶識對治故，證阿摩羅識。阿羅耶識是無常，是有漏法。阿摩羅識是常，是無漏法。得真如境道，故證阿摩羅識。阿羅耶識爲粗惡苦果之所追逐。阿摩羅識無有一切粗惡苦果。阿羅耶識而是一切煩惱根本，不爲聖道而作根本。阿摩羅識亦復不爲煩惱根本，但爲聖道得道得作根本。阿摩羅識作聖道依因，不作生因。阿羅耶識於善無記不得自在。阿羅耶識滅時有異相貌，謂來世煩惱不善因滅，以因滅故，則於來世五盛陰苦不復得生。現在世中一切煩惱惡因滅故，則凡夫陰滅，此身自在即便如化，捨離一切粗惡果報。得阿摩羅識之因緣故，此身壽命便得自在。壽命因緣能滅於身，亦能斷命，盡滅無餘，一切諸受皆得清淨。乃至如經廣説。一切煩惱相故，入通達分故，修善思惟故，證阿摩羅識。」

〔二〕法華玄義釋籤卷六：「鱗沓重積等者，十妙生起如鱗，皆具諸法如沓，於一一妙，若鱗若沓，亦復如是。」

〔三〕大論：此指攝大乘論。

〔四〕真旦：歷代三寶紀卷四：「有中天竺，即佛生處天竺地也。有東有西有南有北，故云五天。而彼五天目此東國總言脂那，或云真丹，或作震旦。此蓋取聲有楚夏耳。」止觀輔行傳弘決卷四：「云振丹者，約佛在世。若教流此土，則知而不見。振丹兩字並恐書誤。下第十所引即云震旦。琳法師釋云：東方屬震，是日出之方，故云震旦。新婆沙云脂那，西域記云至那，此聲並與震旦、真丹相近故。故知並屬梵音。」

五、明三諦者，衆經備有其義，而名出瓔珞、仁王〔一〕，謂有諦、無諦、中道第一義諦。今經亦有其義，壽量云「非如非異」，即中道。如即真，異即俗。

問：若此經無四種因緣等名，那用其義？

答：五住、二死，名出勝鬘〔二〕、涅槃，不應用其義。若不用五住，則不破無明。若不用二死，則非常住。又，三佛名出楞伽〔三〕，餘經應無三佛義。衆經皆是佛説，名乃不同，義不可壅（云云）。

今明三諦爲三：一、明三諦，二、判麤妙，三、開麤顯妙。却前兩種二諦，以不明中道故，就五種二諦得論中道，即有五種三諦。約別入通，點非有漏非無漏，三諦義成：有漏是俗；無漏是真；非有漏非無漏是中。當教論中但異空而已；中無功用，不備諸法。圓入通三諦者，二諦不異前，點非漏非無漏，具一切法，與前中異也。別三諦者，開彼俗爲兩諦，對真爲中。中，理而已（云云）。圓入別三諦者，二諦不異前，點真中道具足佛法也。圓三諦者，非但中道具足佛法，真、俗亦然，三諦圓融，一三、三一，如止觀〔四〕中説（云云）。

二、判麤妙者，別、圓入通，帶通方便，故爲麤；別不帶通爲妙。圓入別帶別方便爲麤；圓不帶方便，最妙。

約五味教者，乳教説三種三諦，二麤一妙。酪教但麤無妙。生酥、熟酥，皆具五種三諦，四麤一妙。此經唯一種三諦，即相待妙也。

三、開麤顯妙，決前諸麤入一妙三諦，無所可待，是爲絶待妙也。

【校注】

〔一〕菩薩瓔珞本業經卷二佛母品：「佛子！所謂有諦、無諦、中道第一義諦，是一切諸佛菩薩智母，乃至一切法亦是諸佛菩薩智母。」仁王般若波羅蜜經卷下受持品：「十千菩薩念來世衆生，即證妙覺三昧、圓明三昧、金剛三昧，世諦三昧、真諦三昧、第一義諦三昧，此三諦三昧是一切三昧王三昧，亦得無量三昧、七財三昧、二十五有三昧、一切行三昧。」

〔二〕參見一〇五頁注〔八〕及一一四頁注〔九〕。

〔三〕楞伽阿跋多羅寶經卷一一切佛語心品：「云何爲化佛？云何爲報佛？云何爲如如，平等智慧佛？」入楞伽經卷一問答品：「何等爲化佛？何等爲報佛？何等如智佛？」大乘入楞伽經卷一集一切法品：「云何變化佛？云何爲報佛？真如智慧佛？」

〔四〕摩訶止觀卷三：「圓頓止觀相者，以止緣於諦，則一諦而三諦。以諦繫於止，則一止而三止。譬如三相在一念心，雖一念心而有三相。止諦亦如是。所止之法雖一而三，能止之心雖三而一也。以觀觀於境，則一境而三境。以境發於觀，則一觀而三觀。如摩醯首羅面上三目，雖是三目，而是一面。觀境亦如是。觀三即一，發一即三，不可思議，不權不實，不優不劣，不前不後，不並不別，不大不小。故中論云：因緣所生法，即空，即假，即中。又如金剛般若云：如人有目，日光明照，見種種色。若眼獨見，不應須日。若無色者，雖有日，眼亦無所見。如是三法不異，時不相離。眼喻於止，日喻於觀，色喻於境，如是三法不前不後。一時論三，三中論一，亦復如是。若見此意，即解圓頓教止觀相也。」

六、明一諦者，大經云：「所言二諦，其實是一，方便説二。如醉未吐，見日月轉，謂有轉日及不轉日。」〔一〕醒人但見不轉，不見於轉。轉二爲麤，不轉爲妙。三藏全是轉二，同彼醉人。諸大乘經帶轉二，説不轉一。今經正直捨方便，但説無上道，不轉一實，是故爲妙。地持明地相明義，説相似法；地實明義，説真實法〔二〕。又教門方便即教道明義，説所證法即證道明義。今借用之。「諸佛法久後，要當説真實」，即地實義。「道場所得法」，即是證道明義，是故妙也。執著此實，實語是虚語，生語見故，故名爲麤。融通無著，是故言妙。開麤顯妙可解（云云）。

諸諦不可説者，「諸法從本來，常自寂滅相」，那得諸諦紛紜相礙？一諦尚無，諸諦安有？一一皆不可説，可説爲麤，不可説爲妙。不可説亦不可説是妙，是妙亦妙，言語道斷故。若通作不可説者，生生不可説，乃至不生不生不可説。前不可説爲麤，不生不生不可説爲妙。若麤異妙，相待不融；麤妙不二，即絶待妙也（云云）。

約五味教者，乳教一麤無諦，一妙無諦。酪教一麤無諦。生酥三麤無諦，一妙無諦。熟酥二麤無諦，一妙無諦。此經但一妙無諦。開麤如前（云云）。

問：何故大小通論無諦？

答：釋論云，不破聖人心中所得涅槃，爲未得者執涅槃生戲論，如緣無生使，故破言無諦也〔三〕。

問：若爾，小乘得與不得俱皆被破，大乘得與不得亦俱應破。

答：不例。小乘猶有别惑可除、别理可顯故，雖得須破；中道不爾，得云何破？

問：若爾，中道唯應有一實諦，不應言無諦也？

答：爲未得者執中生惑，故須無諦。實得者有，戲論者無(云云)。

妙法蓮華經玄義卷第二下

【校注】

〔一〕大般涅槃經卷二純陀品：「時諸比丘即白佛言：『世尊！我等不但修無我想，亦更修習其餘諸想，所謂苦想、無常想、無我想。世尊！譬如人醉，其心惽眩，見諸山河、石壁、草木、宫殿、屋舍、日月星辰，皆悉迴轉。世尊！若有不修苦、無常想、無我等想，如是之人不名爲聖，多諸放逸，流轉生死。世尊！以是因緣，我等善修如是諸想。』爾時，佛告諸比丘：『諦聽，諦聽。汝向所引醉人喻者，但知文字，未達其義。何等爲義？如彼醉人，見上日月，實非迴轉，生迴轉想。衆生亦爾，爲諸煩惱無明所覆，生顛倒心，我計無我、常計無常、淨計不淨、樂計爲苦，以爲煩惱之所覆故。雖生此想，不達其義，如彼醉人，於非轉處而生轉想。我者即是佛義，常者是法身義，樂者是涅槃義，淨者是法義。汝等比丘！云何而言有我想者，憍慢貢高，流轉生死？汝等若言，我亦修習無常、苦、無我等想，是三種修，無有實義。我今當説勝三修法。苦者計樂、樂者計苦，是顛倒法；無常計常、常計無常，是顛倒法；無我計我、我計無我，是顛倒法；不淨計淨、淨計不淨，是顛倒法。有如是等四顛倒法，是人不知正修諸法。」

〔二〕地持經中不見這種説法，據法華玄義釋籤卷六：「初言『地持明地相』等者，地相謂地前迴向位中，道觀雙流，地相現前；登地已去，明真實法，稱爲地實。初地即是初住故也。」

〔三〕大智度論卷三一釋初品中十八空義：「有涅槃，是第一寶、無上法。是有二種：一者、有餘涅槃，二、無餘涅槃。愛等諸煩惱斷，是名有餘涅槃；聖人今世所受五衆盡，更不復受，是名無餘涅槃。不得言涅槃無。以衆生聞涅槃名，生邪見，著涅槃音聲而作戲論，若有若無。以破著故，説涅槃空。若人著有，是著世間；若著無，則著涅槃。破是凡人所著涅槃，不破聖人所得。何以故？聖人於一切法中不取相故。」

妙法蓮華經玄義卷第三上

隋天台智者大師說
門人灌頂記

二、諸境開合者，先用十如爲首。何者？此經命章絶言稱歎十如〔一〕。今更説五境，云何同異耶？十二因緣與十如開合者，名異故言開，義同故言合。無明支合如是性。行支合如是相。識、名色、六入、觸、受合如是體。愛合如是緣。取合如是力、作。有合如是因。生、老死合如是果、報等（云云）。

又總合者，如是相合行、有兩支。如是性合無明、愛、取三支。如是體合識、名色乃至老死七支。如是力還是煩惱道三支，無明、愛、取能生業力。如是作，還是行、有二支，能爲苦作業也。如是因還是行、有二支，爲七苦作因也。如是緣還是無明、愛、取三支，能潤業取苦也。如是果還是行、有之習果也。如是報還是行、有之業，招名色等報。此兩番通用思議十二因緣，合六道十如是。

次用不思議十二因緣合四聖十如者，無明支轉即變爲明，明即了因，成聖人如是性。惡行支轉即變爲善行，善行即緣因，成聖人如是相。識、名色等苦道轉，即法身，成聖人如是體。愛、取二支轉成聖人菩提心，即是如是力。有支舍〔二〕果，變成六度行，即成聖人如是作，亦轉成聖人如是因。此有支轉，有二種：正道轉成如是因，助道轉成聖人如是緣。老死支轉成法性常住，成聖人如是果、報（云云）。又，總作者，體、力、作三法秖是煩惱、業、苦，變成法身、菩提心、六度行等。勤習三法，在内成性，在外成相，正意成體，誓願深遠成力，立行成作，牽果成因，相助成緣，剋發成果、報（云云）。若細分四聖，節節有異，今取大槩，故通釋耳。經云：「一切智願，猶在不失。」〔三〕二乘亦得作通釋也。

四種四諦合十如者，生滅、無生兩種苦、集，是六道十如。如是相、如是性是集。如是體是苦。如是作、力、因、緣又是集。如是果、報又是苦（云云）。生滅、無生兩種道、滅，是析、體二乘及通菩薩十如。如是相、性即是道。如是體即是滅。如是力、作、因、緣皆是道。如是果、報又是滅。無量、無作兩種苦、集，即是四聖界外果報十如。集諦即是界外如是相、性、力、作、因、緣也。苦諦即是界外如是體、果、報等（云云）。無量、無作兩種道、滅，即是四聖界外涅槃十如。道諦即是涅槃性、相、力、作、因、緣等，亦是般若、解脱也。滅諦即是涅槃體、果、報等，亦成常住法身也（云云）。

四種四諦合四種十二因緣者，生滅、無生兩苦集，即是兩種思議十二因緣。生滅、無生兩種道滅，即是兩種思議十二因緣，無明滅乃至老死滅也。無量、無作兩苦集，即是兩不思議十二因緣也。無量、無作兩道滅，即是兩不思議十二因緣，無明滅乃至老死滅，此可解。

【校注】

〔一〕法華玄義釋籤卷六：「初文言『命』者，召也、起也，故以初章名爲『命章』。『絶言稱歎』者，文云『止，舍利弗不須復説』，絶言歎已，次歎絶言之境，即十如也。故云『諸法實相，所謂諸法如是性、相、體、力』等。」

〔二〕「舍」：南本、徑本、大本作「含」。

〔三〕見於妙法蓮華經卷四五百弟子受記品。

七種二諦合十如者，藏、通、別、圓入通凡四俗，皆是六道十如也。藏、通兩真是二乘十如也。別、圓入別兩俗：有邊是六道十如；無邊是二乘十如。圓俗此通九法界十如。別入通、圓入通、別、圓入別、圓，凡五種真，皆是佛法界十如也。

七種二諦合四種十二因緣者，藏、通、別、圓入通凡四俗，即是思議兩種十二因緣。

藏、通兩真即是思議十二因緣，無明滅乃至老死滅也。别、圓入别兩俗：有邊是思議十二因緣；無邊是思議無明滅乃至老死滅。圓俗即通界内、外四種十二因緣也。别入通、圓入通、别、圓入别、圓，凡五種真，即是界外不思議十二因緣，無明滅乃至老死滅也。

七種二諦合四種四諦者，實有二諦，即生滅四諦也。幻有二諦，即無生四諦也。别入通、圓入通兩俗，還是無生苦集也。别入通真，是無量道滅也。圓入通真，是無作道滅也。别俗、圓入别俗，此是無量苦集。圓俗是無作苦集。别真是無量道滅。圓入别真、圓真，是無作道滅也。

五種三諦合十如者，别入通、圓入通兩俗，是六道十如。别俗、圓入别俗，有邊是六道十如；無邊是二乘十如。圓俗，意通九界(云云)。五種真諦皆是二乘、菩薩等十如；五種中諦皆是佛界十如也。

五種三諦合四種十二因緣者，别入通、圓入通兩俗，是六道思議十二因緣。别、圓入别兩俗：有邊是思議六道十二因緣生；無邊是思議十二因緣滅。圓俗，義通(云云)。今且用是四種十二因緣，五種真諦即是思議十二因緣滅，亦即是不思議十二因緣生。五種中諦即是不思議十二因緣滅。

五種三諦合四種四諦者，别入通、圓入通兩俗，即無生苦集也。别俗、圓入别俗、圓俗，通是無生之苦集，亦是無生之道滅，亦是無量之苦集也。別入通、圓入通兩真，本取但空邊，是無生道滅也。別真、圓入別真，即是無生之道滅，於無量是苦集。圓真，於無生是道滅，於無量、無作是苦集。別入通中，是無量道滅。圓入通中，是無作道滅。別中，是無量道滅。圓入別中，是無作道滅。圓中，正是無作道滅。

五種三諦合七種二諦者，簡前兩二諦不被合也。次二種二諦，二俗，即是五種三諦家五種俗。二真，空邊即是五種三諦家真；不空邊即是五種三諦家中。後三種二諦，三俗，空邊即是五種三諦家真；有邊即是五種三諦家俗。三真，即是五種三諦家中。又作一種說，如後簡前二諦不被合，後五俗，有真、有俗；後五真，有真、有中。

一實諦合十如者，一一法界皆具十界，簡却九界，但與佛法界同也。簡三種十二因緣，但與一種十二因緣滅同。簡三種四諦，但與一實四諦同。簡七種二諦，但與五真諦有同、不同〔一〕。簡五種三諦，但與五中諦同（云云）。言無諦不可說者，合十如〔二〕，如名不異，即是空寂。言辭相寂滅，不可說示，即是十種皆如義也。諸無明滅乃至老死滅，其義甚深，甚深即無諦同也。生生不可說，乃至不生不生不可說，即與無諦同也。七種真諦皆不可說。最初真諦不可說者，如身子云：「吾聞解脱之中，無有言說。」〔三〕況後六耶？非生死、非涅槃，既非二邊，亦無中道，即五種中諦與無諦同也。一實名虛空，虛空無一，云何有實？即無諦同也。無諦自無所存，平等大慧無若干也。雖無若干，若干無量，舒之充滿法界，不知從何而來。無量無若干，收之莫知所有，不知從何而去。不來不去，即是法佛(云云)。

復次，七種二諦，赴緣開合，轉轉相入，一一又各有隨情、隨情智、隨智等。餘五義例亦應有，今不具載。何者？佛以一音演説法，衆生隨類各得解。自思之。

問：諸境理既融會，何意紛葩，更相拘入耶？

答：如來觀知十界性相，有成熟者、未成熟者。大機未熟，不令起謗；小機若熟，不令失時。隨其所宜，應單應複，偏圓相入而成熟之，聞即得益。華嚴雖具鑒十界，兩界熟故，別、圓二種而成熟之。三藏亦鑒十界，二乘性相熟故，用生滅而成熟之。方等亦鑒十界，四界熟故，用四種相入而成熟之。般若亦鑒十界，亦四界熟故，用三種相入而成熟之。法華亦鑒十界，一性相熟，但一圓諦而成熟之。若無善巧方便，出没調熟，云何境智而得融妙耶？譬如畫師，尚能淡入五彩作種種像，況佛法王，於法自在，而不能種種間入調伏衆生耶？

問：上明六境等，此經聽可無名，有其義不？

答：十如名義已備於前。四種十二因緣者，化城品明生滅十二緣〔四〕。譬喻品但離虚妄，是不生十二緣。方便品云「佛種從緣起」，是界外無量、無作兩種十二緣〔五〕。四四諦者，譬喻品諸苦所因，貪欲爲本，是生滅四諦。藥草喻品了達空法，是無生四諦。又云無上道，及方便品但説無上道，如來滅度等，是界外無量、無作兩種四諦也。十如差別是世諦。唯佛與佛乃能究盡諸法實相，即真諦也。安樂行云：「亦不分別有爲、無爲，實、不實法。」有是俗諦；無是真諦；「亦不分別」是遮二邊、顯中道。壽量云：「非如、非異。」「非異」非俗，「非如」非真，三諦義也。方便品云：「更以異方便，助顯第一義。」是一實諦也。又云「唯此一事實」也。若言「説無分別法」，又「諸法寂滅相，不可以言宣」，是無諦義也。

【校注】

〔一〕法華玄義釋籤卷六：「言有同不同者，與圓中同，不與別中同也，不與但空真同也。」

〔二〕法華玄義釋籤卷六：「言與十如同者，約究竟等邊得作此説，若相、性等非無別異，如六道相、性未名無諦，四聖但得通名無諦。若別指一實，唯一無諦，然諸界中莫不皆如，故且通取。」

〔三〕維摩詰所説經卷二觀衆生品：「舍利弗默然不答。天曰：『如何耆舊大智而默？』答曰：『解脱者無所言説，故吾於是不知所云。』天曰：『言説文字，皆解脱相。所以者何？

解脱者，不内、不外，不在兩間，文字亦不内不外，不在兩間。是故，舍利弗！無離文字説解脱也。所以者何？一切諸法是解脱相。』」

〔四〕妙法蓮華經卷三化城喻品：「爾時大通智勝如來，受十方諸梵天王及十六王子請，即時三轉十二行法輪，若沙門、婆羅門，若天、魔、梵及餘世間所不能轉。謂是苦，是苦集，是苦滅，是苦滅道，及廣説十二因緣法：無明緣行，行緣識，識緣名色，名色緣六入，六入緣觸，觸緣受，受緣愛，愛緣取，取緣有，有緣生，生緣老死憂悲苦惱；無明滅則行滅，行滅則識滅，識滅則名色滅，名色滅則六入滅，六入滅則觸滅，觸滅則受滅，受滅則愛滅，愛滅則取滅，取滅則有滅，有滅則生滅，生滅則老死憂悲苦惱滅。」

〔五〕法華玄義釋籤卷六：「十二緣中引譬喻品者，虚妄即是無明故也。若已有無明，必有十一。方便品者，既不通昔教，且約爲佛種緣，故通該二義。」

第二、智妙者，至理玄微，非智莫顯；智能知所，非境不融。境既融妙，智亦稱之，其猶影響矣，故次境説智。

智即爲二：初、總論諸智，二、對境論智。總智爲六：一、數；二、類；三、相；四、照；五、判；六、開。

數者：一、世智；二、五停心〔一〕、四念處智；三、四善根智；四、四果智；五、支佛智；六、六度智；七、體法聲聞智；八、體法支佛智；九、體法菩薩入真方便智；十、體法菩薩出假智；十一、別教十信智；十二、三十心智；十三、十地智；十四、三藏佛智；十五、通教佛智；十六、別教佛智；十七、圓教五品弟子智；十八、六根清淨智；十九、初住至等覺智；二十、妙覺智〔二〕。

二、類者，世智無道，邪計妄執，心行理外，不信不入，故爲一。五停心、四念處，已入初賢佛法氣分，俱是外凡，故爲一。四善根同是内凡，故爲一〔三〕。四果同見真，故爲一。支佛別相觀能侵習，故爲一。六度緣理智弱、緣事智强，故爲一。通教方便聲聞體法智勝，故爲一。支佛又小勝，故爲一。通教菩薩入真方便智，四門偏學，故爲一。通教出假菩薩智，正緣俗，故爲一。別教十信智，先知中道，勝前劣後，故爲一。別教三十心俱是内凡，故爲一。十地同是聖智，故爲一。三藏佛是師位名，勝三乘弟子，故爲一。通教佛智，斷惑照機勝，故爲一。別教佛智又勝，故爲一。圓教五品弟子同具煩惱性，能知如來祕密之藏，故爲一。六根清淨智隣真，故爲一。初住至等覺同破無明，故爲一。妙覺佛智無上最尊，故爲一。如是等隨其類分相似者，或離、或合，判爲二十（云云）。

【校注】

〔一〕五停心：菩薩地持經卷三方便處力種性品：「五者，隨其所應種種度門而度脱之。所謂不淨、慈心、緣起、界分別、安那般那念，是名隨應度門而度脱之。」五門禪經要用法：「坐禪之法要有五門：一者安般，二、不淨，三、慈心，四、觀緣，五、念佛。安般、不淨二門、觀緣，此三門有内外境界；念佛、慈心緣外境界。所以五門者，隨衆生病：若亂心多者，教以安般；若貪愛多者，教以不淨；若瞋恚多者，教以慈心；若著我多者，教以因緣；若心没者，教以念佛。」大乘義章卷一二五停心義四門分別：「就初門中，先釋其名，後辨其相。名字是何？一不淨觀，二慈悲觀，三因緣觀，四界分別觀，五安那般那觀。此五經中名五度門，亦曰停心。言度門者，度是出離至到之義。修此五觀，能出貪等五種煩惱，到涅槃處，故名爲度。又斷煩惱，度離生死，亦名爲度。通人趣入，因之爲門。言停心者，停是息止安住之義。息離貪等，制意住於不淨等法，故曰停心。名字如是。」

〔二〕法華玄義釋籤卷七：「初數中，初六藏，次四通，次三别，次三三佛，次四圓，三佛在果，彼三果無人，故别於此列。圓果有人，故自居因後。」

〔三〕外凡、内凡：成實論卷一五道諦聚智論中智相品：「又經中佛説，若無信等五根，是人名住外凡夫中。是義説有内外凡夫。若不得達分善根，名外凡夫，得名爲内。是内凡夫，亦名聖人，亦名凡夫。因外凡夫，故名聖人；因見諦道，故名凡夫。」

三、辨相者，天竺世智，極至非想。此間所宗，要在忠孝、五行、六藝、天文、地理、醫方、卜相、兵法、貨法，草木千種皆識，禽獸萬品知名。又塗左割右〔一〕，等無憎愛，獲根本定，發五神通，停河在耳，變釋爲羊，納吐風雲，捫摸日月〔二〕。法是世間法，定是不動定，慧是不動出〔三〕。邀名利、增見愛，世心所知，故名世智也。

五停、四念者，有定故言停，有慧故言觀。觀能翻邪，定能制亂。數息治散，不淨治貪，慈治瞋，因緣治癡，念佛治障道。念處是觀苦諦上四智，治於四倒；四倒不起，由此四觀。初翻四倒，未入聖理，故言外凡智也。

煗法緣四諦境生智，伏煩惱，智更增，成十六觀智。如火鑽，上下相依，生火燒薪。以有智知有境，能生煗智，令有萎悴。如夏時聚華爲積，華生煗氣，還自萎悴。又依陰觀陰，發智火，還燒陰，如兩竹相摩生火，還燒竹林。尊者瞿沙說：求解脱智火，煗最在初。如火，以煙在初爲相。無漏智火亦以煗法在先爲相。如日，明相在初爲相，是故名煗。於正法毗尼中生信，愛敬正法者，緣道諦信；毗尼者，緣滅諦信。問〔四〕：煗能緣四諦，云何言二？答：此二最勝，應先説。又，正法是三諦，毗尼是滅諦。如佛爲滿宿：「我有四句法，當爲汝説，欲知不？當恣汝意。」〔五〕四句即四諦也。所有布施、持戒，盡向解脱，是其意趣。色界定起，是其依。於自地前生善根，是相似因緣。於四真諦，頂是其功用果。自地相似，後生善根，是依果。色界五陰是其報。涅槃決定因及不斷善根，是其利。十六行是其行，是緣生，是修慧。色界繫三三昧，三根隨所説相應衆多心，是退。

煗有三種，謂下下、下中、下上；頂有三，中下、中中、中上；忍有二種，上下、上中；世第一有一種，謂上上。此四善根以三言之，煗是下，頂是中，忍、世第一是上。復有説者：煗有二，謂下下、下中；頂有三，謂下上、中下、中中；忍有三，謂中上、上下、上中；世第一法有一，謂上上。亦以三言之，煗是下下，頂是下中，忍是中上，世第一是上上。瞿沙云：「煗有下三；頂有六，下下乃至中上；忍有八，下下乃至上中；世第一但上上。以三言之，煗法一種，謂下；頂法二種，謂下、中；忍有三種，謂下、中、上；世第一有一種，謂上。」煗有二捨：一、離界地，二、退時。退時捨，墮地獄，作五無間而不斷善根。頂亦如是。忍唯一捨，不墮地獄（云云）。

頂法者，色界善根，有動、不動，住、不住，有難、不難，斷、不斷，退、不退。就動乃至退者，有二：下者是煗，上是頂。彼不動乃至不退者爲二：下者是忍，上者是世第一法。復有説者，應言下頂。所以者何？在煗法頂，故名頂。在忍法下，故名下。復有説者，如山頂之道，人不久住。若無難，必過此到彼；若遇難，即便退還。行者住頂不久，若無難，必到忍；有難，退還煗。猶如山頂，故名頂。云何爲觀於佛、法、僧生下小信？小信者，此法不久停，故言下小。此信緣佛生小信，是緣道諦。緣法生下小信，是緣滅諦。問：應能緣四諦，云何言緣二諦？答：道、滅勝故，清淨無過，是妙、是離，能生信處，爲是〔六〕受化者信樂心故。若世尊説苦、集是可信敬者，即是〔七〕受化者。此煩惱惡行，邪見顛倒，云何可敬信？我常爲此逼迫。受化者於道、滅生欣樂，是故説二也。復有説者，信佛、僧是緣道，信法是緣三諦，則盡信四諦也。問：住頂亦信陰，亦信寶，亦信諦，何故但説信三寶？答：三寶是生信敬處，但隨行者意，於陰生悦適，是名爲煖；於寶生悦適，是名爲頂；於諦生悦適，是名爲忍。

問：何故頂退，不説煖退？答：頂既退，亦應説煖退。行者在頂時，多煩惱業留難。煩惱等作是念：若行者到忍，我復於誰身中當作果報？若離欲界時，亦念：行者出欲界，我復於誰身中生果報？離非想非非想處時，亦念：行者離彼欲已，更不受身，我復於誰身中生於果報？於此三時，多諸留難。留難退故，大憂惱。如人見寶藏大喜，欲取即失。住頂法者自念不久當得於忍，永斷惡道，獲大重利，猶如聖人，而忽退失，故大憂惱，是故言頂退也。若能親近善友，從其聞隨順方便法，内心正觀，信佛菩提，信善説法，信僧清淨功德，是説信寶；説色無常，乃至説識無常，是説信陰；知有苦、集、滅、道，是説信諦。若如是即住頂，若不如是即頂退。

忍法觀者，正觀欲界苦，色、無色界苦；欲界行集，色、無色界行集；欲界行滅，色、無色界行滅；斷欲界行道，斷色、無色界行道。如是三十二心，是名下忍。行者後時，漸漸減損行及緣，復更正觀欲界苦，色、無色界苦，乃至觀斷欲界行道，除觀斷色、無色界行道，從是中名中忍。復更正觀欲界苦，觀色、無色界苦，乃至觀色、無色界行滅，除滅一切道。復正觀欲界苦，色、無色界苦，乃至觀欲界行滅，除色、無色界行滅。復正觀欲界苦，乃至觀色、無色界行集，除滅一切滅。復正觀欲界苦，乃至觀欲界行集，除色、無色界行集。復正觀欲界、色、無色苦，除一切集。復正觀欲界苦，除色、無色界苦。復正觀欲界常，相續不斷，不遠離。如是觀時，深生厭患，復更減損，但作二心觀於一行，如似苦法忍、忍法智。如是正觀，是名中忍。復以一心觀欲界苦，是名上忍。

復次，生世第一法，世第一法後，次生苦法忍。譬如人欲從己國適他國，多財産，不能持去，以物易錢；猶嫌錢，易金；嫌金，易多價寶，往適他國。行者乃至漸捨，相續不離，生於上忍。上忍後，生第一法。第一法後，生苦忍。

問：世第一法有三品不？

答：一人無，多人有。身子上，目連中，餘皆下。就佛、支佛、聲聞爲三品。

世第一法者，此心心數法，於餘法爲最、爲勝、爲長、爲尊、爲上、爲妙。亦分、亦都。分者，勝世間法，不勝見諦。見諦眷屬不相離，慧力偏多故，熏禪不與凡夫同生一處故。

盡智時，一切善根永離一切諸垢障故，三三昧乃至惡賤無漏，何況有漏，不應都勝？分勝彼煗、頂、忍法，亦應言第一，應言分勝，勝煗、頂、忍、一切凡夫所得禪，無量解脱除入也。或言都勝，非謂一切事業中勝，但以能開聖道門故。彼見諦等，不能開聖道門，以世第一法開聖道門，彼見諦等法得修。見諦等法得修者，皆是世第一法功用。是世第一法名義者，最勝義是第一義；得妙果是第一義；如高幢頂，更無有上，是第一義。

問：前諸義有差別耶？

答：此皆歎説上妙之義，亦有差别。於不淨安般名最，於聞慧名勝，於思慧名長，於煗爲尊，於頂爲上，於忍爲妙。又，依未至爲最，依初禪爲勝，中間爲長，二禪爲尊，三禪爲上，四禪爲妙。如是種種説，此依毗婆沙釋，欲委知，向彼尋。

初果八忍、八智。三果重慮緣真，九無礙、九解脱智。支佛用總相、别相，如約三世明苦、集，分别十二因緣，即别相相也。六度緣理智弱，伏而未斷；事智强，能捨身命財，無所遺顧。聲聞能發真成聖，猶論我衣、我鉢，互論强弱（云云）（八）。

通教聲聞，總相一門，達俗即真。通教緣覺，能於一門總相、别相，達俗即真。通教菩薩，能於四門總相、别相，達俗即真。又能徧四門出假，教化衆生。十信信果頭真如實相，爲求此理，起十信心。十住正習入空，傍習假中。十行正習假，傍習中。十迴向正習中。

初地證中；二地已上，重慮於中。三藏佛一時用三十四心：八忍、八智、九無礙、九解脱，斷正習盡。通佛坐道場，一念相應慧，斷餘殘習氣。別教佛用金剛後心，斷一品無明究竟盡成佛。或言：斷時是等覺，佛無所斷，但證得圓滿菩提具足耳。圓五品不斷五欲而淨諸根，具煩惱性，能知如來祕密之藏。六根淨位獲相似中道智。初住獲如來一身無量身，入法流海中行，任運流注。後位可解，不復記〔九〕。

【校注】

〔一〕大智度論卷二初品中婆伽婆釋論：「如諸佛世尊，若人以刀割一臂，若人以栴檀香泥一臂，如左右眼，心無憎愛，是以永無殘氣。」

〔二〕大般涅槃經卷三五憍陳如品之一：「大王！瞿曇沙門所作幻術到汝邊耶？乃令大王心疑，不信是等聖人。大王！不應輕蔑如是大士。大王！是月增減、大海鹹味、摩羅延山，如是等事誰之所作？豈非我等婆羅門耶？大王！不聞阿竭多仙十二年中，恒河之水停耳中耶？大王！聞瞿曇仙人大現神通，十二年中變作釋身，并令釋身作羝羊形，作千女根在釋身耶？大王！不聞耆兔仙人，一日之中飲四海水，令大地乾耶？大王！不聞婆藪仙人爲自在天作三眼耶？大王！不聞阿羅邏仙人變迦富羅城作鹵土耶？大王！婆羅門中有如是等大力諸仙，現可撿校。大王云何見輕蔑耶？」

〔三〕法華玄義釋籤卷七："『法是世間法』等者，定非無漏，不能斷惑，故云『不動』。常在三有，故曰『不出』。邪慧不能動惑，出界故也。"

〔四〕"問"，諸本俱無，據文意加。

〔五〕阿毗曇毗婆沙論卷三雜犍度世第一法品之三："云何煗法？乃至廣説，以何等故名煖？答曰：或有説者，智緣境界，能生於煖，燒煩惱薪，猶如火攢，上下相依，生火燒薪。復有説者，以有智知有能生煖智，令有萎悴。猶如夏時聚花爲積，花生煖氣，還自萎悴。復有説者，智生依陰，在陰智火，還燒於陰。猶如兩竹相摩生火，還燒竹林。尊者瞿沙説曰：求解脱智火，彼最在初。如火以烟在初爲相。無漏智火，亦以煗法在先爲相。如日，明相在初爲相。無漏智日，亦以煖在初爲相，是故名煖。云何爲煖？於正法毗尼中生信愛敬，乃至廣説。問曰：若然者，説於正法毗尼中生信愛敬，盡得煖耶？答曰：不然。何以故？煖者乃是色界修地定地，能行聖行所攝，於正法毗尼中生信愛敬者也。彼正法者，説緣道諦信。毗尼者，説緣滅諦信。問曰：煖能緣四諦，何以但説緣滅道諦信？答曰：或有説者，滅道於諦中最勝故。應如先頂中廣答。復有説者，滅道是可歸依處，是以故説。復有説者，正法説緣三諦信，毗尼説緣滅諦信。是亦名煖能緣四諦。彼作經者，引經爲證。如説佛告馬師、滿宿比丘：『我有四句法，當爲汝説。爲欲知不？當恣汝意。』"以下對四善根的論述均可參看阿毗曇毗婆沙論相關内容。

〔六〕「是」：南本、徑本、大本作「生」。

〔七〕「即是」：南本、徑本、大本作「則無」。

〔八〕法華玄義釋籤卷七：「次明『初果八忍八智』者，每一諦下各一法忍、一法智、一比忍、一比智，故四諦下八忍八智，此是無漏一十六心斷四諦下見盡也。次明三果者，慮謂思慮，重思惟前所得真諦無漏之理，或四諦中隨思一諦，或唯思滅諦，斷三界諸品不同，得後三果，六品九品三界都盡等。九地中一一皆有九品思惑，一一品皆用一無礙一解脱，從一地説，餘地例然，故但云九。次支佛以苦集爲總，十二因緣爲別，若逆若順，具如止觀第二記。及前四果，廣如俱舍賢聖品。次三祇菩薩，具如止觀第三記。」

〔九〕法華玄義釋籤卷七：「次『通教聲聞緣覺於一門總相』等者，總謂但作苦集觀耳，別謂觀苦七支、觀集五支，以自行故但依一門，菩薩爲他故於四門。然七地前約自行邊亦但一門，入假方便亦須遍習。『三藏佛言一時用八忍八智』等者，具如止觀第三記料簡同異。通佛但言『斷習』者，以菩薩時留習潤生故，至菩提樹下但斷殘習。別佛又二：先正釋，次『或言』下釋疑。或有疑云：等覺已斷一品。此義不然，依文釋定，始從初地，終至妙覺，皆惑斷入位，故斷一品入初地，斷最後品入妙覺。圓位具如止觀第七文中及位妙中，並加修五悔等，爲入品之前智。」

四、明智照境者，若由智照境，由境發智，四句皆墮性中〔一〕，如别記（云云）。若四悉檀因緣立境、智，但有名字（云云）。

問：智能照境，境亦能照智不？

答：若作不思議釋，更互相照，義亦無妨。仁王般若云：「説智及智處，皆名爲般若。」譬鏡面互相照，亦如大地一，能生種種芽，芽亦生地一。且置斯義。世智照六道十如。五停心智去至體法，凡七智，照二乘十如。六度及通教出假菩薩智兩屬，上求照菩薩十如，下化照六道十如。四十心智亦兩屬，上求照菩薩十如，下化照六道十如。十地智兩屬，次第照，照菩薩十如；不次第照，照佛十如。五品去，凡四智，皆照佛界十如〔二〕。總略如此，細揀（云云）。

二十智照四種十二因緣境者，世智、五停、四念、四果乃至支佛、六度、三藏佛，凡七智，照思議生滅十二因緣境。通教三乘入真方便智、出假智、佛智，凡五智，照思議不生不滅十二因緣境。别教十信、三十心、十地、佛，凡四智，照不思議生滅十二因緣境。其中不無别意，且從大判。圓教四智，照不思議不生不滅十二因緣境。

二十智照四種四諦者，前三藏等七智，照生滅四諦境。次通教五智，照無生滅四諦境。次别教四智，照無量四諦境。次圓教四智，照無作四諦境。

次二十智照二諦者，前七智是照析空之二諦。次五智是照體空之二諦。次八智照顯中之二諦。其間别、圓相入者，可以意得（云云）。

次明二十智照三諦者，前七智照無中之二諦，是因緣所生法，皆屬俗攝。次五智照舍〔三〕中之二諦，即空一句，皆屬真諦攝也。次别、圓八智照顯中之二諦，即是假名，亦名中道，二句皆屬中道諦攝也。

次二十智照一實諦者，此須引釋論明四悉檀，皆名爲實。世界故實，乃至第一義故實。當知實語亦通四諦，生滅故實，無生滅故實，無量故實，無作故實。前三藏七智照生滅之實，次通教五智照無生滅之實，次别教四智照無量之實，次圓教四智照無作之實。前後諸實（云云）。

次二十智無諦、無照者，無諦無别理，若於四種四諦得悟，不復見諦與不諦，故無諦亦通也。前七智照生滅之無諦，生生不可説故。次五智照無生滅之無諦，生不生不可説故。次四智照無量之無諦，不生生不可説故。次四智照無作之無諦，不生不生不可説故。前無諦是權，後無諦是實，此就言教。若就妙悟同於聖人心中所照者，則不見有權實，故非權非實。空拳誑小兒，誘度於一切，方便説權，方便説實；會理之時，無復權實，故稱非權非實爲妙也。

【校注】

〔一〕法華玄義釋籤卷七：「初文『四句墮性』者，如止觀第三及淨名玄等説。若離性過皆不可説，故云『如別記』。」摩訶止觀卷三：「若止息止，從所破得名者，照境爲正，除惑爲傍。既從所離得名，名從傍立，即墮他性。若停止止，從能破得名，照境爲正，除惑爲傍。既言能照，名從智生，即墮自性。若非妄想息故止，非住理故止，智斷因緣故止，名從合生，即墮共性。若非所破、非能破而言止者，此墮無因性。故龍樹曰：諸法不自生，亦不從他生，不共不無因，是故説無生。無生止觀豈從四句立名？四句立名是因待生，可思可説；是結惑生，可破可壞。起滅流動之生，何謂停止？迷惑顛倒之生，何謂觀達耶？」

〔二〕此句指圓教五品弟子智、六根清淨智、初住至等覺智、妙覺智四智照佛界十如。

〔三〕「舍」：大本作「含」。

五、明麤妙者，前十二番智是麤，後八番智爲妙。何者？藏、通等佛，自是無常，亦不説常，彼二乘菩薩何得聞常、信常、修常？是故爲麤。別教十信初已聞常，信、修於常，尚勝彼佛，何況餘耶？是故爲妙。常途云法華不明常者，秖是三藏意耳。今明十信知中已過牟尼，則八番爲妙也。

又别教四智，三麤一妙；圓教四智，悉皆稱妙。何者？地人〔一〕云：「中道乃是果頭能顯，初心學者仰信此理，如藕絲懸山〔二〕。」故説信、行皆非圓意也。故十信智爲麤；十住正修空，傍修假、中；十行正修假，傍修中；十迴向始正修中。此中但理，不具諸法，是故皆麤。登地智破無明，見中道，證則爲妙。類如通、藏兩種俱得道，而三藏門拙。今别教亦爾，教門皆權，而證是妙（云云）。

圓教四智皆妙者，如法相説，如説而信，如理而行，始論五品，終竟妙覺，實而非權，是故皆妙。是名待麤智説妙智也。

又約知見明麤妙者，知與見云何？然分别有四：不知不見、知非見、見非知、亦知亦見。先約三藏釋，後約圓釋，中間例可解。凡夫不聞故不知，不證故不見。五停、四念至世第一法，聞故名知，未證故非見。辟支佛不聞故非知，自然證故是見。四果聞故亦是知，證故亦是見。傳傳判麤妙，可解。

約圓教釋者，七方便不聞故不知，未證故不見。五品、六根，聞故知，未證故不見。發宿習者名見，不從聞故不知。禀教證入者，亦知、亦見。此節節傳爲麤妙。

究竟而論，前來二十種智，略而言之，不出權、實二智。如經：「如來方便知見波羅蜜皆悉具足」〔三〕，即總束得前來諸權智也。「如來知見廣大深遠」〔四〕，即是總束前來實智也。方便既其具足，何所不該？知見既其廣大深遠，何所不攝？境淵無邊，智水莫測，唯佛與佛乃能究盡。如此知見，即是眼智。眼即五眼具足，智即三智一心〔五〕。一切種智知於實，兩智知於權。佛眼見於實，四眼見於權。此知即是見，此見即是知。對前諸智，諸智是麤，此之知見，名之爲妙也。

若得知見中意，不復論五眼。迷者未了，更約眼明麤妙。如肉眼盲閉，何由見色？徒聞人説，起種種想，終非真見。欲令眼開，應須治膜，那得閉眼執諍，何益耶？閉眼想則麤，眼開見則妙。天眼未開，不見障外爲麤，修禪定願智之力〔六〕，能發得淨色，徹障内外，明闇無隔。慧眼未開，常行死逕，假令情想，亦復非實，故爲麤。無漏豁發，故稱爲妙。諦理明了，故稱妙。法眼未開，差機説法，如身子僻教，滿願穢器，名爲麤。破障通無知，分別藥病，名之爲妙〔七〕。

佛眼不開，不見實相。故文云「二乘之人及新發心者、不退菩薩所不能知」〔八〕，故四眼皆麤。除諸菩薩衆信力堅固者，以信得入，相似佛眼，能開真佛知見，乃名爲妙。諸教多説四眼，或帶四眼説佛眼，是故爲麤。今經獨説佛眼，是故爲妙。是爲待麤爲妙也。

【校注】

〔一〕地人，指地論師，主要研究、提倡十地經論的學僧。

〔二〕大般涅槃經卷一六梵行品之三：「『善男子！凡夫之人，實不能渡大海水也。如是菩薩，實能渡於生死大海，是故復名不可思議。』『善男子！若有人能以藕根絲懸須彌山，可思議不？』『不也。世尊！』『善男子！菩薩摩訶薩於一念頃，悉能稱量一切生死，是故復名不可思議。』」

〔三〕妙法蓮華經卷一方便品：「如來方便知見波羅蜜皆已具足。」

〔四〕妙法蓮華經卷一方便品：「舍利弗！如來知見，廣大深遠，無量無礙，力、無所畏、禪定、解脱三昧，深入無際，成就一切未曾有法。」

〔五〕三智一心：三智即一切智、道種智、一切種智。大智度論卷二七釋初品大慈大悲義：「一切智、一切種智，有何差別？答曰：有人言：無差別，或時言一切智，或時言一切種智。有人言：總相是一切智，別相是一切種智。因是一切智，果是一切種智。略説一切智，廣説一切種智。一切智者，總破一切法中無明闇；一切種智者，觀種種法門破諸無明。一切智，譬如説四諦；一切種智，譬如説四諦義。一切智者，如説苦諦；一切種智者，如説八苦相。一切智者，如説生苦；一切種智者，如説種種衆生處處受生。復次，一切法名眼色乃至意法，是諸阿羅漢、辟支佛亦能總相知無常、苦、空、無我等，知是十二入故，名爲一切智。聲聞、辟支佛尚不能盡別相知一衆生生處好醜、事業多少，未來、現在世亦如是，何況一切衆生。如一閻浮提中金名字，尚不能知，何況三千大千世界，於一物中種種名字。若天語、若龍語，如是等種種語言名金，尚不能知，何況能知金因緣，生處、好惡、貴賤，因而得福、因而得罪、因而得道。如是現事尚不能知，何況心心數法，所謂禪定、智慧等諸法。佛盡知諸法總相、別相故，名爲一切種智。復次，後品中佛自説：一切智是聲聞、辟支佛事，道智是諸菩薩事，一切種智是佛事。聲聞、辟支佛但有總一切智，無有一切種智。復次，聲聞、辟支佛雖於別相有分而不能盡知，故總相受名；佛一切智、一切種智，皆是真實。聲聞、辟支佛但有名字一切智，譬如畫燈，但有燈名，無有燈用。如聲聞、辟支佛，若有人問難，或時不能悉答，不能斷疑，如佛三問舍利弗而不能答。若有一切智，云何不能答？以是故，但有一切智名，勝於凡夫，無有實也。是故佛是實一切智、一切種智。有如是無量名字，或時名佛爲一切智人，或時名爲一切種智人。如是等略説一切智、一切種智種種差別。」

〔六〕願智之力：妙法蓮華經玄義釋籤卷一〇：「天眼中云『願智力』者，願智謂超越三昧，超越三昧如止觀第九記。」摩訶止觀卷九並没有解釋超越三昧，只提到：「超越是修。」摩訶般若波羅蜜經卷二〇攝五品有對超越三昧的解釋：「云何爲超越三昧？須菩提！菩薩離欲，離諸惡不善法，有覺有觀，離生喜樂，入初禪。從初禪起乃至入非有想非無想處，非有想非無想處起入滅受想定。滅受想定起還入初禪，從初禪起入滅受想定。滅受想定起入二禪，二禪起入滅受想定。滅受想定起入三禪，三禪起入滅受想定。滅受想定起入四禪，四禪起入滅受想定。滅受想定起入空處，空處起入滅受想定。滅受想定起入識處，識處起入滅受想定。滅受想定起入無所有處，無所有處起入滅受想定。滅受想定起入非有想非無想處，非有想非無想處起入滅受想定。滅受想定起入散心中，散心中起入滅受想定，滅受想定起還入散心中。散心中起入非有想非無想處，非有想非無想處起還住散心中。散心中起入無所有處，無所有處起住散心中。散心中起入識處，識處起住散心中。散心中起入空處，空處起住散心中。散心中起入第四禪中，第四禪中起住散心中。散心中起入第三禪中，第三禪中起住散心中。散心中起入第二禪中，第二禪中起住散心中。散心中起入初禪中，初禪中起住散心中。是菩薩摩訶薩住超越三昧，得諸法等相。是爲菩薩住般若波羅蜜取禪那波羅蜜。」法華經玄籤備撿卷二：「能超諸地，自在入出。一、超入三昧，離諸欲惡，入初禪，從初禪超入非非想；從非有想非無想處起，入滅受想；從滅受想起，還入初禪。入二、三、四禪亦如是。二、超出三昧，次第亦爾。」

〔七〕法華玄義釋籤卷七：「『身子僻教』如止觀第五記。『滿願穢器』者，滿願此音，富樓那彼稱，如淨名中云『無以穢食置於寶器，無以日光等彼螢火』等。『破障通無知』者，通謂神通，塵沙無知障於化道，今破此惑，故云『破障通無知』。」摩訶止觀卷五：「小乘亦有横計四禪爲四果，大乘亦有魔來與記，並是未得謂得增上慢人，故次見説慢。見慢既靜，先世小習因靜而生，身子捨眼即其事也。」維摩詰所説經卷一弟子品：「富樓那白佛言：世尊！我不堪任詣彼問疾。所以者何？憶念我昔於大林中，在一樹下爲諸新學比丘説法。時維摩詰來謂我言：『唯，富樓那！先當入定，觀此人心，然後説法。無以穢食置於寶器，當知是比丘心之所念，無以琉璃同彼水精。汝不能知衆生根源，無得發起以小乘法。彼自無瘡，勿傷之也；欲行大道，莫示小徑；無以大海，内於牛跡；無以日光，等彼螢火。』」

〔八〕妙法蓮華經卷一序品：「假使滿世間，皆如舍利弗，盡思共度量，不能測佛智。正使滿十方，皆如舍利弗，及餘諸弟子，亦滿十方刹，盡思共度量，亦復不能知。辟支佛利智，無漏最後身，亦滿十方界，其數如竹林，斯等共一心，於億無量劫，欲思佛實智，莫能知少分。新發意菩薩，供養無數佛，了達諸義趣，又能善説法，如稻麻竹葦，充滿十方刹，一心以妙智，於恒河沙劫，咸皆共思量，不能知佛智。不退諸菩薩，其數如恒沙，一心共思求，亦復不能知。」

六、明開麤顯妙者，前十六番智，若不決了，但是麤智；若得決了，悉成妙智。何者？如妙莊嚴王，先是外道世智，聞法華經便得決了，以邪相入正相，於諸見不動而修三十七品，不捨八邪而入八正，即是決於世智，得入妙智。或與五品齊，或與相似齊，或與分得齊，節節有入義細作（云云）。

若五停方便智，乃至通教佛等智，若不決了，即是麤智。今開權顯實，「汝等所行是菩薩道」〔一〕，來入妙位。須一一將十二番智來入圓妙四智，或入五品、相似、分得等智（云云）。又決了別教歷別之智，入於妙智。當體即是某位，進入是某位，細揀（云云）。十六麤智皆成妙智，無麤可待，即是絶待智妙也。

復次，開麤眼爲妙眼者，餘經雖說爲五眼，五眼不融，是故爲麤。今經決了四眼，令入佛眼。文云：「父母所生眼，遂得清淨。」〔二〕學大乘者，雖有肉眼，名爲佛眼。即是決了肉眼，名爲佛眼也。淨名云：「世孰有真天眼者？有佛世尊，不以二相見諸佛國。」〔三〕此即是決了天眼，即是佛眼也。「願得如世尊，慧眼第一淨」〔四〕，即是決了慧眼，能得入妙。決法眼入妙者，邊際智滿是也。四眼融入佛眼，寂而常照，故文云：「決了聲聞法，是諸經之王。」五眼具足成菩提，開佛知見，故稱爲妙。

問：佛眼開，乃名爲妙。六根雖淨，云何爲妙？

答：佛眼雖未開，已能圓學圓信。如迦陵頻伽鳥，雖在㲉中，音聲已勝諸鳥，即是假名、相似等妙。若開，即是分妙、究竟妙（云云）。

【校注】

〔一〕見於妙法蓮華經卷三藥草喻品。

〔二〕妙法蓮華經卷六法師功德品：「若於大衆中，以無所畏心，説是法華經，汝聽其功德。是人得八百，功德殊勝眼，以是莊嚴故，其目甚清淨。父母所生眼，悉見三千界，内外彌樓山，須彌及鐵圍，并諸餘山林，大海江河水，下至阿鼻獄，上至有頂處，其中諸衆生，一切皆悉見。雖未得天眼，肉眼力如是。」

〔三〕維摩詰所説經卷一方便品：「阿那律白佛言：世尊！我不堪任詣彼問疾。所以者何？憶念我昔於一處經行，時有梵王，名曰嚴淨，與萬梵俱，放淨光明，來詣我所，稽首作禮問我言：『幾何阿那律天眼所見？』我即答言：『仁者！吾見此釋迦牟尼佛土三千大千世界，如觀掌中菴摩勒果。』時維摩詰來謂我言：『唯，阿那律！天眼所見，爲作相耶？無作相耶？假使作相，則與外道五通等；若無作相，即是無爲，不應有見。』世尊！我時默然。彼諸梵聞其言，得未曾有，即爲作禮而問曰：『世孰有真天眼者？』維摩詰言：『有佛世尊，得真天眼，常在三昧，悉見諸佛國，不以二相。』於是嚴淨梵王及其眷屬五百梵天，皆發阿耨多羅三藐三菩提心，禮維摩詰足已，忽然不現。故我不任詣彼問疾。」

〔四〕見於妙法蓮華經卷三化城喻品。

二、對境明智，又二：一、對五境，二、展轉相照對境。初應對十如境，此既一經之意，處處説之，可解，故不復釋。

次對四種十二因緣明智者，大經云：「十二因緣有四種觀：下智觀故，得聲聞菩提；中智觀故，得緣覺菩提；上智觀故，得菩薩菩提；上上智觀故，得佛菩提。」〔一〕何者？十二因緣本是一境，緣解不同，開成四種。

今以四教意釋之：三藏具有三人，而皆以析智觀界内十二因緣事，爲初門。然析智淺弱，三人之中，聲聞最劣。以劣人標淺法，故名下智。通教亦有三人，同以體智觀界内十二因緣理，體法雖深，望藏爲巧，望别未巧。三人之中，緣覺是中。以中人名通法，故言中智。别教佛與菩薩，俱知界外十二因緣事，次第菩薩比佛，猶未是上，比於通、藏，則是上法，故以上智當名〔二〕也。圓教佛與菩薩，俱觀界外十二因緣理，初心即事而中。此法最勝，故以佛當名，故言上上智觀也。以四教釋四觀，於義允合〔云云〕。

所言下智觀者，觀受由觸，觸由入，入由名色，名色由識，識由行，行由無明。無明顛倒不善思惟，致不善行，感四趣識、名色等；若善思惟，致善行，感人天識、名色等。觀此無明，念念無常，前後不住；所生善惡，遷變速朽；所受名色，衰損代謝；煩惱、業、苦，更互因緣，都無暫停。過去二因，現在五果，現在三因，未來二果，三世迴復，猶若車輪。癡惑之本，既無常、苦、空、無我，則無明滅；無明滅故，諸行滅，乃至老死滅。若不然火，是則無煙，是名子縛斷；無子則無果，滅智灰身，離二十五有，是名果縛斷。則是下智觀十二因緣，得聲聞菩提也。

中智者，觀受由觸，乃至行由無明。無明秖是一念癡心，心無形質，但有名字，内、外、中間求字不得，是字不住，亦不不住，猶如幻化，虚誑眼目。無明體相本自不有，妄想因緣和合而生，無所有故，假名無明，不善思惟心行所造。以不達無明如幻化故，起善、不善思惟，則有善、不善行，受善、不善名色、觸、受。今達無明如幻故，則諸行亦如幻，從幻生識、名色等，皆如幻。愛、取、有、生，三世輪轉，幻化遷改，都無真實。有智之人，不應於中而生愛恚。無明既不可得，則無明不生，不生則不滅，諸行、老死亦不生不滅。不生故，則非新；不滅故，則非故。非故者，無故可畢；非新者，無新可造。無新者，子縛斷；無故者，果縛斷〔三〕。是名中智觀十二因緣，得緣覺菩提。

上智觀者，觀受由觸，乃至行由無明。無明秖是癡一念心，心癡故，派出煩惱；由煩惱派出諸業；由業派出諸苦。觀此煩惱，種别不同；不同故，業不同；業不同故，苦不同。諸行若干，名色各異，種種三道，無量無邊，分别不濫。知因此煩惱，起此業，得此苦，不關彼業及彼煩惱。如是三道，覆障三德，破障方便，亦復無量。無明若破，顯出般若；業破，顯出解脱；識、名色破，顯出法身。愛、取、有、老死，亦復如是。自既解已，復能化他。於一切種，知一切法，起道種智，導利衆生。是名上智觀十二因緣也。

上上智觀者，觀受由觸，乃至行由無明，知十二支三道即是三德，豈可斷破三德，更求三德？則壞諸法相。煩惱道即般若，當知煩惱不闇；般若即煩惱，般若不明。煩惱既不闇，何須更斷？般若不明，何所能破？闇本非闇，不須於明。如耆婆執毒成藥〔四〕，豈可捨此取彼？業道即是解脱者，當知業道非縛；解脱即業者，脱非自在。業非縛故，何所可離？脱非自在，何所可得？如神通人，豈避此就彼耶？苦道即法身者，當知苦非生死；法身即生死，法身非樂。苦非生死，何所可憂？法身非樂，何所可喜？如彼虚空，無得無失，不忻不戚。如是觀者，三道不異三德，三德不異三道，亦於三道具一切佛法。何者？三道即三德，三德是大涅槃，名祕密藏，此即具佛果；深觀十二因緣，即是坐道場，此即具佛因。佛因佛果，皆悉具足，餘例可知。是名上上智觀十二因緣，得佛菩提。

約此應判麤妙，開麤顯妙，意可解故，不委記耳。

又四智照四境，境若不轉，其智則麤。四境轉成妙境，麤智即成妙智，仍是待絶之意（云云）。

【校注】

〔一〕大般涅槃經卷三六憍陳如品下：「善男子！是相、法界、畢竟智、第一義諦、第一義空，下智觀故，得聲聞菩提；中智觀故，得緣覺菩提；上智觀故，得無上菩提。」

〔二〕「名」：底本作「若」，據南本、徑本、大本改。下二「名」字同。

〔三〕子縛、果縛：子縛指煩惱，果縛指苦果。在智顗法華玄義、法華文句、摩訶止觀、四教義、金光明經玄義中都使用這兩個概念。吉藏中觀論疏卷七縛解品：「毗曇人云有子、果二縛。果謂果報身，子縛名煩惱。煩惱有二：一者緣縛，二相應縛。今括其大格，凡有四句。一緣而不縛，謂無漏緣使及九上緣使。二縛而不緣，謂相應縛也。煩惱與心法俱起，是故縛之。既是同時，不得相緣。故雜心云：不自緣，不緣相應，不緣共有也。三亦緣亦縛，即有漏緣使。四非緣非縛，除上諸句。成實義云：無有二縛。以無同時心數，故無相應縛。煩惱緣境亦不縛境，故無緣縛。破數人云：貪心緣壁遂縛壁者，以識識壁，壁應有識。但立煩惱迷境障智，縛於衆生，稱之爲縛。大乘人云：二種生死名爲果縛，五住煩惱名爲子縛。北土諸大乘師亦立斯義。復有二障之説。四住煩惱名煩惱障，即二乘所斷。若無明住地名爲智障，菩薩除之。所言解者，毗曇之人見有得道，以有解斷惑。成實之人見空成聖，空解斷惑。大乘斷惑，亦同成論，用空解斷。」

〔四〕耆婆執毒成藥：耆婆，佛陀時代著名醫師。執毒成藥的故事參見佛説柰女耆婆經。

二、對四種四諦明智者，大經云：「知聖諦智，則有二種：中智、上智。中智者，聲聞、緣覺。上智者，諸佛、菩薩。」〔一〕若依此文，束於體、析，合稱爲中。束大乘利、鈍，合稱爲上。

今若約根緣利、鈍，内外事、理，開即成四：聲聞根鈍，緣四諦事，即生滅四諦智；緣覺根利，緣四諦理，即無生四諦智；菩薩智淺，緣不思議事，即無量四諦智；諸佛智深，緣不思議理，即無作四諦智也。此乃大經之一文。又云：「凡夫有苦無諦，聲聞有苦、有苦諦。」凡夫不見苦理，故言無諦。聲聞能見無常、苦、空，故言有諦。即是生滅四諦智也。又云：「菩薩之人解苦無苦，而有真諦。」即是體苦非苦，故言無苦；即事而真，故言有諦。乃是摩訶衍門無生四諦智也。又云：「知諸陰是苦，知諸入爲門，亦名爲苦。知諸界爲分，亦名爲性，亦名爲知，是名中智。」依前説者，即屬聲聞也。「分別諸苦、諸入、界等有無量相，我於彼經，竟不説之，是名上智。受、想、行、識，亦復如是。非諸聲聞、緣覺境界。」此則異前兩意。既稱上智，又非二乘境界，豈非別教菩薩觀恒沙佛法如來藏理耶？是爲無量四諦智。又云：「如來非苦、非集、非滅、非道、非諦，是實；虚空非苦、非諦，是實。」非苦者，非虚妄生死。非諦者，非二乘涅槃。是實者，即是實相中道佛性也。又云：「有苦、有苦因、有苦盡、有苦對，如來非苦乃至非對，是故爲實。」如此明義，既異上三番，豈非無作四諦智耶？例此一諦爲四，餘三亦應爾。謂有集、有集果，有集盡、有集對，有盡、有盡因，有盡障、有盡障相，有對、有對果，有對障、有對障相。如來非此四四十六種，但是於實（云云）。

如是等智，觀於四諦。諦既未融，智、諦皆麤。獨有非苦、非對、有實爲妙。若諦圓，智亦隨圓，皆是如來非苦、非諦、是實之妙智也。此即待絶兩意（云云）。

妙法蓮華經玄義卷第三上

【校注】

〔一〕本節内引文參見大般涅槃經卷一二聖行品之二。

妙法蓮華經玄義卷第三下

隋天台智者大師説
門人灌頂記

三、對二諦境明智者，權、實二智也。上真、俗二諦既開七種，今權、實二智亦爲七番：内外相即、不相即四也，三相接合七也。若對上數之：析法權實二智，體法二智，體法含中二智，體法顯中二智，别二智，别含圓二智，圓二智。上七番各開隨情、隨情智、隨智，合二十一種諦。今七番二智，亦各開三種：謂化他權實、自行化他權實、自行權實，合二十一權實也。

若析法權實二智者，照森羅分别爲權智，盡森羅分别爲實智。説此二智，逗種種緣，作種種説，隨種種欲、種種宜、種種治、種種悟，各隨堪任，當緣分别。雖復種種，悉爲析法權實所攝，故有化他二智。化他二智，隨緣之説，皆束爲權智；若内自證得，若權、若實，俱是實證，束爲實智。内外相望，共爲二智，故有自行化他權實二智也。就自證權實，唯獨明了，餘人不見，更判權實，故有自行二智也。

今更約三藏重分別之。此佛化二乘人，多用化他實智。二乘禀此化他之實，修成自行之實，故佛印迦葉云：「我之與汝，俱坐解脱牀。」即此義也。若化菩薩，多用化他權智。其禀化他之權，修學得成自行之權，佛亦印言：「我亦如汝（云云）。」〔一〕此三種二智，若望體法二智，悉皆是權。故龍樹破云：「豈有不淨心中修菩提道？猶如毒器，不任貯食，食則殺人。」〔二〕此正破析法意也。故皆是權（云云）。

體法權實二智者，體森羅之色即是於空。即色是權智，即空是實智。大品云：「即色是空，非色滅空。」〔三〕正是此義。爲緣説二，緣别不同，説亦種種，雖復異説，悉爲化他權實所攝，故有化他二智。化他二智既是隨情，皆束爲權；内證權實既是自證，悉名爲實。以自之實對他之權，故有自行、化他二智也。就自證得，又分權實，故有自行二智也。此三二智望含中二智，復皆名權。何者？無中道故（云云）。

體法含中權實二智者，體色即空不空。照色是權智，空不空是實智。説此二智，赴無量緣，隨情異説，雖復無量，悉是含中二智所攝，故有化他二智。化他二智本是逗機，皆名爲權；自證二智皆名爲實。於自證二智更分權實，故有自行二智。此三二智望顯中二智，悉皆是權。何者？帶於空真及教道方便故。

又，體法顯中權實二智者，體色即空不空，一切法趣空不空。了色是權智；空不空、一切法趣空不空是實智。爲緣説二，緣既無量，説亦無量；無量之説悉爲顯中二智所攝，故有化他二智。化他二智既是隨緣，悉名爲權；自證二智既是證得，悉名爲實。以自望他，故有自行、化他二智。就自證二智，更分權實。此三二智望别權實二智，悉皆是權。何者？帶即空及教道方便故。

别權實二智者，體色即空不空。色空俱是權智；不空是實智。以此二智，隨百千緣，種種分别；分别雖多，悉爲次第二智所攝，故有化他二智。化他二智悉是爲緣，皆名爲權；自證二智既是證得，悉名爲實。以自對他故，有自他二智。就自證權實自分二智故，有自行二智。此三二智望别含圓二智，悉復是權。何者？以次第故，帶教道故。

别含圓權實二智者，色空不空，一切法趣不空。色空名權智；一切法趣不空爲實智。以此二智隨百千緣，種種分别；分别雖多，悉爲别含圓二智所攝，故有化他二智。化他二智既是爲緣，悉皆是權；自證二智既是證得，悉名爲實。自他相望，共爲二智。就自證得，更分權實，故有自行二智。此三二智望圓二智，悉復是權。何者？帶次第及教道故。

圓權實二智者，即色是空不空，一切法趣色趣空、趣不空。一切法趣色趣空是權智；一切法趣不空是實智。如此實智即是權智，權智即實智，無二無别。爲化衆生，種種隨緣、隨欲、隨宜、隨治、隨悟；雖種種説，悉爲圓二智所攝，故有化他二智。化他二智既是隨情，悉復是權；自證二智，悉名爲實。就自證中，更分二智，故有三種不同也。此之二智，不帶析法等十八種二智方便，唯有真權、真實，名佛權實。如經：「如來知見廣大深遠，方便波羅蜜皆悉具足。」〔四〕獨稱爲妙，待前爲麤。

又，從析法二智至顯中二智，凡十二種二智，待前皆名爲麤，顯中爲妙。何以故？此妙不異後妙故。又從次第二智，凡九種二智，待前爲麤，不次第爲妙。又前十八種二智皆麤，唯不次第三種爲妙。又不次第二種爲麤，一種爲妙。

又歷五味教者，乳教具三種、九種二智。酪教一種、三種二智。生酥四種、十二種二智。熟酥具三種、九種二智。此經但二種、三種二智。若酪教中，權實皆麤；醍醐教中，權實皆妙。餘三味中，權實有麤有妙，可以意推。

【校注】

〔一〕參見大般涅槃經卷七邪正品：「迦葉菩薩白佛言：『世尊！有王問言，云何比丘墮過人法？』佛告迦葉：『若有比丘，爲利養故、爲飲食故，作諸諛諂、姦僞欺詐：云何當令諸世間人，定實知我是乞士也？以是因緣，令我大得利養名譽。如是比丘，多愚癡故，長夜常念：我實未得四沙門果，云何當令諸世間人謂我已得？復當云何令諸優婆塞、優婆夷等，咸共指我作如是言：是人福德，真是聖人。如是思惟，正爲求利，非爲求法。行來出入，進止安詳，執持衣鉢，不失威儀，獨坐空處如阿羅漢，令世間人咸作是言：如是比丘善好第一，精勤苦行修寂滅法。以是因緣，我當大得門徒弟子。諸人亦當大致供養、衣服飲食、卧具醫藥，令多女人敬念愛重。若有比丘及比丘尼作如是事，墮過人法。復有比丘爲欲建立無上正法，住空寂處，非阿羅漢，而欲令人謂是羅漢，是好比丘，是善比丘、寂静比丘，令無量人生於信心。以此因緣，我得無量諸比丘等以爲眷屬，因是得教破戒比丘及優婆塞悉令持戒，以是因緣建立正法，光揚如來無上大事，開顯方等大乘法化，度脱一切無量衆生，善解如來所説經律輕重之義。復言：我今亦有佛性，有經名曰如來祕藏，於是經中，我當必定得成佛道，能盡無量億煩惱結；廣爲無量諸優婆塞，説言汝等盡有佛性，我之與汝俱當安住如來道地，成阿耨多羅三藐三菩提，盡無量億諸煩惱結。作是説者，是人不名墮過人法，名爲菩薩。』」

〔二〕大智度論卷六三釋歎淨品：「離智、離緣，諸法實相，本自清淨。爲心、心數法所緣，則污染不清淨。譬如百種美食，與毒同器，則不可食。諸法實相常淨，非佛所作，非菩薩、辟支佛、聲聞、一切凡夫所作；有佛、無佛，常住不壞相。在顛倒虚誑法及果報中，則污染不淨。」

〔三〕摩訶般若波羅蜜經卷一習應品：「舍利弗！色不異空、空不異色，色即是空、空即是色，受想行識亦如是。舍利弗！是諸法空相，不生不滅、不垢不淨、不增不減。是空法非過去、非未來、非現在，是故空中無色，無受想行識，無眼耳鼻舌身意，無色聲香味觸法，無眼界乃至無意識界，亦無無明亦無無明盡，乃至亦無老死亦無老死盡，無苦集滅道，亦無智亦無得，亦無須陀洹無須陀洹果，無斯陀含無斯陀含果，無阿那含無阿那含果，無阿羅漢無阿羅漢果，無辟支佛無辟支佛道，無佛亦無佛道。」

〔四〕妙法蓮華經卷一方便品：「舍利弗！吾從成佛已來，種種因緣，種種譬喻，廣演言教無數方便，引導衆生令離諸著。所以者何？如來方便知見波羅蜜皆已具足。舍利弗！如來知見，廣大深遠，無量無礙，力、無所畏、禪定、解脱三昧，深入無際，成就一切未曾有法。」

若不作如上釋諸智者，經論異説，意則難解。何者？華嚴解初住心云：「三世諸佛不知初住智。」〔一〕世人釋云：「如實智，佛自不知佛如實智，亦不知初住如實智。」〔二〕此釋自謂於理爲通，其實不允。若藏、通等佛不論如實智，云何於自如實智不知耶？別教初住不得如實智，云何言不知？若得前來諸智意者，三世三藏佛不知圓教初住智，此則事理二釋俱無滯也。此中義兼二種：一、分別二十一種權實，二、待麤論妙。如上説。

若開麤顯妙者，諸方便諦既融成妙諦，對諦立智，悉非復麤。如賤人舍，王若過者，舍則莊嚴；如衆流入海，同一鹹味。開諸麤智，即是妙智也。

二智多有所關，須商略類通。今對七種二諦，明二十一種權實，以爲章門。若得此意，約因緣境，亦應如此。謂析因緣智、體因緣智、含中因緣智、顯中因緣智、次第因緣智、帶次第因緣智、不次第因緣智，一一各有化他、自行化他、自行等三種分別，合有二十一種；分别麤妙、判五味多少、論待絶等。四諦、三諦、一諦等，亦應如是。當自思之，何煩具記也。

問：隨情諦及化他智，何意無量？隨智諦及自行智，何意不多？

答：秖約一人，未得道時，見心横起，邪執無窮，何況多人，種種各異。爲是義故，隨情則多，智見於理，理唯一種，不得有異（云云）。夫二諦差别已如上説。

説此七權實、二十一權實，頗用世人所執義不？頗同世人所説語不？頗用諸論所立義不？既不從世人，亦不從文疏，特是推大小乘經作此釋耳。若破若立，皆是法華之意。若巧、拙相形，以通經二智，破三藏經二智；乃至次第、不次第相形，以圓經二智，破别經二智。方便諸經明智既麤，通經之論豈得爲妙？經論既爾，弘經論人何勞擊射？任其所説，自有所墮。

若作生滅解權實者，墮在初番；若作不生不滅解者，墮第二番；乃至第七番，亦可知。又縱廣引經論莊嚴己義者，亦不得出初番隨情二諦化他權實，況出初番第二、第三權實。尚不出初番三種權實，況第七番三種權實。若但以初番二智，破一切世間情執略盡，假令得入化城，秖是自行實智，尚不得化他之權，何況能得後番諸智。若尋二十一種二智，凡破幾外見，凡破幾權經論，復顯幾是，立幾權經論，然後方稱妙權妙實。世人全不識一兩種權實之意，而情中即計爲智。若是智者，破何惑？見何理？未見理、未破惑，生死浩然，非情何謂？今若待前諸麤智而明妙智者，法華破待之意也。若其會者，一切權經論所明諦理皆成妙理，無非智地。會一切權經論所明二智無非妙智，悉是大車。如此破會深廣，莫以中論相比，可熟思之（云云）。

【校注】

〔一〕大方廣佛華嚴經卷八菩薩十住品未見這種説法，該品關於初發心住的論述爲：「諸佛子！何等是菩薩摩訶薩初發心住？此菩薩見佛三十二相、八十種好，妙色具足，尊重難遇；或覩神變、或聞説法、或聽教誡、或見衆生受無量苦、或聞如來廣説佛法，發菩提心，求一切智，一向不迴。此菩薩因初發心得十力分。何等爲十？所謂：是處非處智、業報智、諸根智、欲樂智、性智、一切至處道智、一切禪定解脱三昧正受垢淨起智、宿命無礙智、天眼無礙智、三世漏盡智，是爲十。諸佛子！彼菩薩應學十法。何等爲十？所謂：學恭敬供養諸佛，讚歎諸菩薩護衆生心，親近賢明，讚不退法，修佛功德，稱揚歎美，生諸佛前，方便修習寂静三昧，讚歎遠離生死輪迴，爲苦衆生作歸依處。何以故？欲令菩提心轉勝堅固，成無上道，有所聞法，即自開解，不由他悟。」

〔二〕法華玄義釋籤卷七：「世人釋云等者，世人意言：初住如實智與佛如實智不殊，故俱不知。作此説者，非但初濫於後，亦乃顯佛愚癡，故次文斥云其實不允。」

四、對三諦明智者，上明五三諦竟，今更分别。

夫三智照十法界，束十爲三：謂有漏、無漏、非有漏非無漏。三法相入，分别有五。初謂非漏非無漏入無漏，對漏、無漏爲三法。二、謂一切法入無漏，對漏、無漏爲三法。三、謂漏、無漏、非漏非無漏爲三法。四、謂一切法趣非漏非無漏，對漏、無漏爲三法。五、謂一切法趣漏、趣無漏、趣非漏非無漏爲三法。

更説五境竟，對此五境明五三智者，謂一切智、道種智、一切種智，三智相入，五種不同。一、中智入空智，對道智爲三。次、如來藏智入空智，對道智爲三。次、中智對兩爲三智。次、如來藏智入中智，對兩智爲三智。次、圓三智。是爲五差。

中智入空智，分别爲三智者：初依無漏，發一切智；次依有漏，發道種智；後深觀無漏之空，知空亦空，發一切種智。然初心不知空空。次雖得空，亦不空空。後能深觀於空，空於前空，但二空名同、二境亦合，故言相入。今若分別，以無漏空爲一切智；有漏空爲道種智；中道空爲一切種智。世人採經論意云：六地斷惑，與羅漢齊；七地修方便道；八地道觀雙流，破無明成佛〔一〕。即此意也。

如來藏智入空智，分別三智者：依漏、無漏發一切智、道種智，不異前，而後不因別境，更修中智。但深觀空，能見不空，不空即如來藏。藏與空合，故言相入。以深觀空，見不空故，發一切種智。前中道智但顯別理，理之與智，不具諸法。藏理、藏智具一切法，故異於前。以藏智對兩智，爲三智也。大經云：「聲聞之人，但見於空，不見不空。」「智者見空，及與不空。」〔二〕大品云：「一切智是聲聞智；道種智是菩薩智；一切種智是佛智。」〔三〕即此意也。中智對兩成三智者，各緣一境，各發一智，次第深淺，不相濫入。故地持云：「種性菩薩發心欲除二障，有佛、無佛，決定能次第斷諸煩惱。」〔四〕即此意也。

如來藏智入中智爲三智者，兩智不異前，一切種智小異。何者？前明中境，直中理而已。欲顯此理，應修萬行，顯理之智，故名一切種智耳。今如來藏理含一切法，非直顯理之智，名一切種智，與前爲異，用此智對前爲三智也。故地論師云：「緣修顯真修，真修發時，不須緣修。」〔五〕前兩智即是緣修，後智發時即是真修。真修具一切法，不須餘也。即是此義（云云）。

圓三智者，有漏即是因緣生法，即空、即假、即中；無漏亦即假、即中；非漏非無漏亦即空、即假。一法即三法，三法即一法；一智即三智，三智即一智。智即是境，境即是智，融通無礙。如此三智，豈同於前？釋論云：「三智一心中得，無前無後，爲向人説，令易解故，作三智名説耳。」〔六〕即是此意（云云）。

若欲顯智，要須觀成。汎論觀、智，俱通因果；别則觀因智果。例如佛性，通於因果；别則因名佛性，果名涅槃。今就别義，以觀爲因，成於智果。如瓔珞云：「從假入空名二諦觀；從空入假名平等觀；二觀爲方便道，得入中道第一義諦觀。」〔七〕今用從假入空觀爲因，得成於果，名一切智；用從空入假觀爲因，得成道種智果；用中觀爲因，得成一切種智果也。

上明於智，略有五種。今以觀成，亦應五種。細作可知。修觀，義如止觀（云云）。

【校注】

〔一〕據智顗維摩經玄疏卷五：「四、關内舊解不思議解脱云，六地斷結與羅漢齊功，七地侵除習氣，八地習氣都盡，道觀雙流，名不思議。正習俱盡，名爲解脱也。」此處所謂關内舊解，也就是鳩摩羅什及其門徒的觀點。但道液淨名經關中釋抄卷上所引與此處不完全相同：「五、關内舊解，六地斷正使，七地侵除習氣，道觀雙流，名不思議。正習俱盡，名爲解脱。」

〔二〕參見一七六頁注〔四〕。

〔三〕摩訶般若波羅蜜經卷二一三慧品：「須菩提言：佛説一切智，説道種智，説一切種智，是三種智有何差别？佛告須菩提：「薩婆若是一切聲聞、辟支佛智；道種智是菩薩摩訶薩智；一切種智是諸佛智。」

〔四〕菩薩地持經卷三方便處成熟品：「云何成熟？略説有六種：一者自性成熟，二者人成熟，三者種分别成熟，四者方便成熟，五者人成熟，六者人相成熟。自性成熟者，有善法種子，修習善法，隨順二障清淨解脱，身心有力，真實方便具足究竟，有佛無佛，堪能次第斷煩惱障及智慧障。如癰已熟，至應破時，名之爲熟。」

〔五〕此處引用地論師觀點。地論師淨影慧遠法師著作中常見「緣修」一詞，如大乘義章卷九：「次辨真妄有滅不滅。真妄别論。妄想緣修一向盡滅，真修不滅。何故如是？妄想之法相有體無，窮之則盡，所以盡滅。故楞伽云：妄想爾涅槃智，彼滅我涅槃。真實之法相隱性實。研之則明。明顯真性説爲行德，所以不滅。隨義具論真妄皆有滅不滅義。是義云何？妄法體虚，終歸灰謝，所以盡滅。藉妄薰真，真實行德由妄薰起，故言不滅。妄盡之時，真隨妄息，不復更起，故言真滅。真體常存，故云不滅。作滅之義辨之粗爾（此三門竟）。」卷一三：「大乘法中緣修解脱真證時捨，真實解脱畢竟無捨。」吉藏大乘玄論卷四：「地論人，真修波若即本自有之，緣修波若即修習始起。」

〔六〕大智度論卷二七釋初品大慈大悲義：「問曰：一心中得一切智、一切種智，斷一切煩惱習；今云何言『以一切智具足得一切種智，以一切種智斷煩惱習』？答曰：實一切一時得。此中爲令人信般若波羅蜜故，次第差品説；欲令衆生得清淨心，是故如是説。復次，雖一心中得，亦有初、中、後次第。如一心有三相，生因緣住，住因緣滅。又如心、心數法、不相應諸行及身業、口業。以道智具足一切智，以一切智具足一切種智，以一切種智斷煩惱習亦如是。先説一切種智即是一切智，道智名金剛三昧；佛初心即是一切智、一切種智，是時煩惱習斷。」

〔七〕菩薩瓔珞本業經卷一：「三觀者，從假名入空二諦觀，從空入假名平等觀。是二觀方便道。因是二空觀，得入中道第一義諦觀，雙照二諦心心寂滅，進入初地法流水中，名摩訶薩聖種性。無相法中行於中道而無二故。」

言麤妙者，藏、通兩佛雖有一切種智之名，更無別理，不破別惑，此智不成，故不用也。中入空智者，雖説中道，因於通門而成兩智，後照中道，無廣大用，因於拙教，果又不融，是故爲麤。次如來藏入空智者，教果理雖融，因是通門，亦名爲麤。中對二智者，雖不因通，而三智別異，果教未融，是故爲麤。如來藏入中者，在果雖融，因是別門，此因亦麤。圓三智者，因圓果圓，因妙果妙，諦妙智妙，正直捨方便，但説無上道，是故爲妙智也。

若歷五味教者，乳教有三種三智；酪教一種三智；生酥具五種三智；熟酥亦具五種三智，巖妙可知。法華但一種三智，此是法華破意，即相待妙也。開巖明妙者，世智無道法，尚以邪相入正相；治生産業，皆與實相不相違背；低頭舉手，開巖顯妙，悉成佛道，何況三乘出世之智。故大經云：「聲聞、緣覺亦實亦虚。斷煩惱故，名之爲實；非常住故，名之爲虚。」〔一〕凡夫未斷煩惱，無實唯虚，尚開巖入妙即是大乘，何況二乘之智。二乘之智，根敗心死尚得還生，何況道種之智。如此開時，一切都妙，無非實相。七寶大車，其數無量，此是法華會意，即絶待妙也。

五、對一諦明智者，即是如實智也。釋論云：「諸水入海，同一鹹味。諸智入如實智，失本名字。」〔二〕故知如實智總攝一切智，純照一境，故總衆水俱成一鹹也。若待十智爲巖，如實智爲妙。若待諸實智，諸實智名巖，中道如實智名妙。若開巖顯妙者，非但諸實智爲妙，十智亦名妙（云云）。

無諦無説者，既言無諦，亦復無智。若歷諸處明無諦者，餘方便無諦無智爲巖，中道無諦無智爲妙。若以杜口絶言無諦無智者，亦無巖無妙，無待無絶，歷一切法皆無巖無妙也。

二、展轉相照者，六番之智，傳照前諸境思議因緣。下智、中智，照六道十如性相等。下、中二智觀十二因緣滅者，照二乘十如性相等。上智照菩薩性相本末等。上上智照佛法界性相本末等。

四種四諦智照十法界者，生滅、無生等苦集智，照六道十如相性。生滅、無生道滅智，即是照二乘十如相性。無量、無作苦集智，照菩薩界性相等。無量、無作道滅智，照佛法界相性本末等。

四種四諦智照四十二因緣者，生滅、無生苦集智，照思議兩十二因緣也。生滅、無生滅兩道滅智，是照兩思議十二因緣滅也。無量、無作兩苦集智，照不思議兩十二因緣也。無量、無作道滅智，照不思議兩十二因緣滅也。

【校注】

〔一〕大般涅槃經卷一二聖行品之二：「彼二乘者，亦實、不實。聲聞、緣覺斷諸煩惱，則名爲實。無常、不住，是變易法，名爲不實。」

〔二〕大智度論卷二三初品中十一智釋論：「復次，是十智入如實智中，失本名字，唯有一實智；譬如十方諸流水，皆入大海，捨本名字，但名大海。」

七種二智照十法界者，生滅、無生滅兩權智，及入通等二，合四權智，照六道性相。生滅、無生滅兩實智，照二乘性相等。別權、圓入別權，有邊是照六道性相；無邊是照二乘性相。圓權則通照九界性相。別入通實，空邊是二乘性相；不空邊是菩薩性相。圓入通實，空邊是二乘性相；不空邊是照佛界相性。別實是照菩薩性相。圓入別實、圓實，俱照佛法界相性也。

七種二智照四種因緣者，前四權是照思議兩十二緣。別權、圓入別權，有邊是照兩思議十二緣；無邊是照兩十二緣滅。圓權則通（云云）。別入通實，空邊是照思議十二緣滅；不空邊是照不思議十二緣。圓入通實，空邊同上；不空邊是照不思議十二緣滅。別實照不思議兩十二緣滅。圓實照兩不思議十二緣滅等。前四種權智是照生滅、無生滅兩苦集；又三權智照無量、無作苦集。二實智是照思議兩道滅；又五實智是照不思議兩道滅。

五種三智照十法界者，五種道種智，照六道性相本末等。五種一切智，照二乘、菩薩性相本末等。五種一切種智，照佛法界十如相性等。

又，五種三智照四種十二因緣者，五種有智，照思議兩十二緣。五種一切智，照兩思議十二緣滅；又是照不思議十二緣。五一切種智，是照兩不思議十二緣滅。

五種三智照四種四諦者，五道種智，照生滅、無生兩苦集。五種一切智，照生滅、無生兩道滅，亦是照無量、無作兩苦集。五種一切種智，是照無量、無作兩道滅。

五種三智照七種二諦者，五道種智，是照四種俗諦。五種一切智，是照兩種真諦；亦是照别、圓入别、圓三種俗諦。五種一切種智，是照五種真諦。

一如實智，是照佛界十如性相，又是照不思議十二因緣，又是照無作四諦，又是照五種真諦，又是照五種中道第一義諦。

無諦無説與十相性如合，與不思議十二緣滅合，與四種不生不生合，與真諦無言説合，與中道非生死非涅槃合。

如此等諸智，傳傳照諦，諦若融，智即融，智諦融名之爲妙。如此等皆是方便説言，稱妙、不妙。見理之時，無復權實，非權非實，亦無妙與不妙，是故稱妙也。七種二諦、五種三諦，更相間入，餘諸境亦有此意。七種二智、五種三智既相間入者，餘諸智亦有此意。例自可作（云云）。

第三行妙者，爲二：一、通途增數行，二、約教增數行。

夫行名進趣，非智不前。智解導行，非境不正。智目行足，到清涼池。而解是行本，行能成智，故行滿而智圓。智能顯理，理窮則智息。如此相須者，則非妙行。妙行者，一行一切行。如經：「本從無數佛，具足行諸道。」又云：「無量諸佛所，而行深妙道。」又云：「盡行諸佛所有道法。」〔一〕既具、復深、又盡。具即是廣，深即是高，盡即究竟。此之妙行，與前境、智，一而論三，三而論一。前境說如法相，法相亦具三，名祕密藏。前智是如法相解，解亦具三，如面上三目。今行是所行，如所說行，亦具三，名伊字三點。若三若一，皆無缺減，故稱妙行耳。前對境明智，今亦應對智明行。若直對一種智增數明行，則行若塵沙，說不可盡。況對諸智，各導衆行，則浩若虛空，得意亡言，不復可說。釋論云：「菩薩行般若時，以一法爲行，攝一切行；或無量一法爲行，攝一切行。或二法爲行，攝一切行；或無量二法爲行，攝一切行。乃至十法百法千萬億法爲行，攝一切行；或無量十法百千萬億法爲行，攝一切行。」〔二〕行雖衆多，以智爲本。智如導主，行若商人。智如利針，行如長線。智御行牛，車則安隱，能有所至。用此增數諸行，爲前十如諦智所導，乃至一實諦智所導。若得此意，以正智導衆行入正境中，此義唯可懸知，不可載記（云云）。

【校注】

〔一〕以上引文見於妙法蓮華經卷一方便品。

〔二〕參見大智度論卷一釋初品中舍利弗因緣。

二、約教增數者，若三藏增數明行，如阿含中，佛告比丘：「當修一行，我證汝等四沙門果，謂心不放逸。若能護心不放逸行，廣演廣布，則所作已辦，能得涅槃。」〔一〕又告比丘：「當修一行，謂他物莫取。」比丘白佛：「我已知已。」佛言：「汝云何知？」比丘白佛：「他物謂色、聲、香、味、觸、法。」佛言：「善哉！若能不取此六，即所作已辦，能得涅槃。」所言廣演廣布者，以不放逸心，歷一切法，謂三界、六塵皆不放逸，得至涅槃。

增二數明行者，阿含云：「阿練若比丘，當修二法爲行，謂修止、修觀。若修止時，即能休息諸惡，戒律威儀、諸行禁戒悉皆不失，成諸功德。若修觀時，即能觀苦，如實知之。觀苦集、苦盡、苦出要，如實知之，得盡漏，不受後有。怛薩阿竭亦如是修。」〔二〕

增三數明行者，謂戒、定、慧，此三是出世梯隥，佛法軌儀。戒經云：「諸惡莫作，諸善奉行，自淨其意，是諸佛教。」〔三〕諸惡即七支，過罪輕重非違，五部律〔四〕廣明其相。如是等惡，戒所防止。諸善者，善三業若散若静、前後方便支林功德，悉是清升，故稱爲善。自淨其意者，即是破諸邪倒，了知世間、出世間因果正助法門，能消除心垢，淨諸瑕穢，豈過於慧？佛法曠海，此三攝盡。

若得此意，四、五、六、七，乃至百千萬億法爲行，攝一切行亦如是，是名下智導行也。

通教增數行者，不定部帙判通教，但取三乘共學法門，指此爲通耳。今且引釋論增數，以示其相。論云：「菩薩行般若時，雖知諸法一相，亦能知一切法種種相；雖知諸法種種相，亦能知一切法一相。云何觀一切法一相？所謂觀一切法無相：如四大各各不相離，地中有水、火、風，但地多，以地爲名；水、火、風亦如是。」〔五〕今觀無此異相，若火中有三大，三大應併熱。若三大在火中，三大遂不熱，則不名火。若三大併熱，則三大捨自性，皆名爲火，無復三大。若言有三大，而細不可知，此與無何異？若麤可得，則知有細；若無麤，細亦無。如是則火中諸相不可得，一切法相亦不可得。是故一切法皆一相。此以一相破異相，復以無相破一相，無相亦自滅，如前火木然諸薪已，亦復自燒。是爲觀一切法一相，一相無相。如是無量一切法悉皆一相，一相無相。或二法爲行，攝一切行。乃至百法千萬億法爲行，攝一切行。可以意推，不復繁記。

別教增數行者。如善財入法界中說，於一善知識所，各聞一法爲行，或如幻三昧，或投巖赴火，筭砂相屬，發菩提心等，種種一行，皆云：「佛法如海，我唯知此一法門，餘非所知。」〔六〕乃至一百一十善知識，一一法門皆如是。是一一行皆破無明，入深境界。若二法、三法、百千萬億等法，亦應如是（云云）。

圓教增數行者，如文殊問經明菩薩修一行三昧，當於静室，結跏趺坐，繫緣法界，一念法界，一切無明顛倒永寂如空〔七〕。此〔八〕之一行，即是一切無礙人，一道出生死，一切諸法中，皆以等觀入，解慧心寂然，三界無倫匹。此乃一行攝一切行。

增二法爲行，攝一切行，所謂止、觀。增三法爲行，攝一切行，謂聞、思、修，戒、定、慧。增四法爲行，攝一切行，謂四念處。增五法爲行，攝一切行，謂五門禪。增六法爲行，攝一切行，謂六波羅蜜。增七法爲行，攝一切行，謂七善法。增八法爲行，攝一切行，謂八正道。增九法爲行，攝一切行，謂九種大禪。增十數爲行，攝一切行，謂十境界，或十觀成乘等。增百數、千萬億數、阿僧祇不可説法門爲行，豈可具載？若得其意，例可解。

然增數明行，爲行不同，須判麤妙。若三藏增數諸行，以生滅智導，但期出苦，止息化城，是故爲麤。通教增數諸行，體智雖巧，但導出苦，灰斷是同。別教增數諸行，智導則遠，自淺階深，而諸行隔別，事理不融，是故爲麤。圓教增數諸行，行融智圓，是故爲妙。

今經屬圓增數，如觀經云：「於三七日，一心精進。」〔九〕此就一法論行妙。「若行、若坐，思惟此經。」〔一〇〕此就二法論行妙。「若聞是經，思惟修習，善行菩薩道。」〔一一〕此就三法論行妙。「四安樂行」，此就四法論行妙。「五品弟子」，此就五法論行妙。「六根清淨」，此就六法論行妙。如是等待麤論妙也。

開麤論妙者，低頭舉手，積土弄砂，皆成佛道。雖説種種法，其實爲一乘。諸行皆妙，無麤可待，待即絶矣。

【校注】

〔一〕增一阿含經卷四：「一時，佛在舍衛國祇樹給孤獨園。爾時，世尊告諸比丘：當修行一法，當廣布一法；修行一法，廣布一法已，便得神通，諸行寂静，得沙門果，至泥洹界。云何爲一法？所謂無放逸行。云何爲無放逸行？所謂護心也。云何護心？於是，比丘！常守護心有漏、有漏法，當彼守護心有漏、有漏法，於有漏法便得悦豫，亦有信樂，住不移易，恒專其意，自力勸勉。如是，比丘！彼無放逸行，恒自謹慎。未生欲漏便不生；已生欲漏便能使滅；未生有漏便不生；已生有漏便能使滅；未生無明漏便不生；已生無明漏便能使滅。比丘於彼無放逸行，閑静一處，恒自覺知而自遊戲，欲漏心便得解脱，有漏心、無明漏心便得解脱。已得解脱，便得解脱智，生死已盡，梵行已立，所作已辦，更不復受有，如實知之。」

〔二〕增一阿含經卷一一：「阿練比丘當修行二法。云何二法？所謂止與觀也。若阿練比丘得休息止，則戒律成就，不失威儀，不犯禁行，作諸功德。若復阿練比丘得觀已，便觀此苦，如實知之。觀苦習、觀苦盡、觀苦出要，如實知之。彼如是觀已，欲漏心解脱，有漏心、無明漏心得解脱，便得解脱智：生死已盡，梵行已立，所作已辦，更亦不復受有，如實知之。」

〔三〕即七佛通戒偈。見一一七頁注〔五〕。

〔四〕指五部戒律：彌沙塞（五分律）、曇無德（四分律）、迦葉遺（漢地未傳）、摩訶僧祇（摩訶僧祇律）、薩婆多（十誦律）。

〔五〕參見大智度論卷一八釋般若相義。

〔六〕參見大方廣佛華嚴經卷四六入法界品。

〔七〕文殊師利所説摩訶般若波羅蜜經卷下：「法界一相，繫緣法界，是名一行三昧。若善男子、善女人，欲入一行三昧，當先聞般若波羅蜜，如説修學，然後能入一行三昧。如法界緣，不退不壞，不思議，無礙無相。善男子、善女人，欲入一行三昧，應處空閑，捨諸亂意，不取相貌，繫心一佛，專稱名字。隨佛方所，端身正向，能於一佛念念相續，即是念中，能見過去、未來、現在諸佛。何以故？念一佛功德無量無邊，亦與無量諸佛功德無二，不思議佛法等無分别，皆乘一如，成最正覺，悉具無量功德、無量辯才。如是入一行三昧者，盡知恒沙諸佛法界無差别相。」

〔八〕「此」：底本作「比」，據南本、徑本、大本改。

〔九〕妙法蓮華經卷七妙莊嚴王本事品：「欲修習是法華經，於三七日中，應一心精進。」

〔一〇〕妙法蓮華經卷七陀羅尼品：「是人若行、若立、讀誦此經，我爾時乘六牙白象王，與大菩薩衆俱詣其所，而自現身，供養守護，安慰其心，亦爲供養法華經故。是人若坐、思惟此經，爾時我復乘白象王現其人前，其人若於法華經有所忘失一句一偈，我當教之，與共讀誦，還令通利。」

〔一〕妙法蓮華經卷四法師品：「若得聞解、思惟、修習，必知得近阿耨多羅三藐三菩提。」

復次，約五數明行妙者，又爲二：先明別五行，次明圓五行。

別者，如涅槃云：「五種之行，謂聖行、梵行、天行、嬰兒行、病行。」〔二〕聖行有三：戒、定、慧。如經：「菩薩若聞大涅槃，聞已生信，作是思惟：諸佛世尊，有無上道，有大正法、大衆正行。」〔三〕從此立行。「若聞大涅槃」，即是信果，亦是信滅。「有無上道」已去，是信顯果之行。「無上道」是信慧；「有大正法」是信定；「大衆正行」是信戒。是名信因、信道。自傷己身及諸衆生，破戒造罪，失人天樂及涅槃樂，即是知集；往〔三〕來生死，受惡道報，即是知苦；苦、集與戒、定、慧相違，即無道；無道故，不得涅槃，則無滅。

菩薩欲拔苦、集，而起大悲，興兩誓願；欲與道、滅而起大慈，興兩誓願。發誓願已，次則修行。思惟在家逼迫，猶如牢獄，不得盡壽淨修梵行；出家閑曠，猶若虛空。即棄家捨欲，白四羯磨，持性重戒、息世譏嫌等無差別，不爲愛見羅刹毁戒浮囊，如止觀中說。因是持戒，具足根本業清淨戒、前後眷屬餘清淨戒、非諸惡覺覺清淨戒、護持正念念清淨戒、迴向具足無上道戒〔四〕。

根本者，十善性戒，衆戒根本，爲無漏心持，故言清淨。前後眷屬餘清淨戒者，偷蘭遮等，是前眷屬；十三等是後眷屬；餘者非律藏所出，結諸經所制者，如方等二十四戒之流，名爲餘戒也。此兩支屬律儀，作法受得之戒也。後三支非作法，是得法，得法時乃發斯戒也。

非諸惡覺覺清淨戒者，即定共也。尸羅不清淨，三昧不現前。以戒淨故，事障除，發得未來；性障除，發得根本，滅惡覺觀，名定共戒也。

護持正念念清淨戒者，即四念處。觀理正念，雖未發真，由相似念，能發真道，成道共戒，故名正念念清淨戒。復次，定共戒依定心發，屬止善義。道共戒依分別心發，屬行善義。動、不動俱是毗尼。何者？戒論防止，得定共心，不復起惡；得道共發真，永無過罪，故俱是戒也。

回向具足無上道戒者，即是菩薩於諸戒中，具四弘、六度，發願要心，回向菩提，故名大乘戒。弘誓如前説。六度者，厭惡出家，捨於所愛，即是檀；纖毫不犯，拒逆羅刹，即是尸；能檢節身心，安忍打駡，名生忍；耐八風寒熱貪恚等，名法忍；愛見不能損，即是羼提；守護於戒，犯心不起，即是精進；決志持戒，不爲狐疑所誑，專心不動，名爲禪；明識因果，知戒是正順解脱之本，出生一切三乘聖人，非六十二見雞狗等戒，名爲般若。

又別發願，要制己心。寧以此身卧於熱鐵，不以破戒受他牀席。十二誓願自制其心。又更發願，願一切衆生得護持禁戒，得清淨戒、善戒、不缺戒、不析戒、大乘戒、不退戒、隨順戒、畢竟戒、具足諸波羅蜜戒。以此十願，防護衆生。菩薩一持戒心，若干願行以莊嚴戒，諸餘行心亦應如是。

然護他十戒，從自行五支中出：從根本、眷屬兩支出禁戒、清淨戒、善戒。何者？篇聚作法即是禁戒。禁戒若發無作，乃名清淨，清淨即止善，而言善戒，即是行善也。從非惡覺覺清淨戒，開出不缺戒。何者？雖防護七支，妄念數起，致有缺漏。若發未來禪，事行不缺；得根本禪，性行不缺。

從護持正念，念清淨戒，開出不析戒，即道共戒也。滅色入空是析法道共；今體法入空，故名不析。又内有道共，則戒品牢固，不可破析也。

從回向具足無上道戒，開出大乘、不退、隨順、畢竟、具足波羅蜜戒。言大乘者，菩薩持性重、譏嫌等無差別。自求佛道，性重則急；爲化衆生，譏嫌則急；小乘自調，性重則急；不度他故，譏嫌則寬。菩薩具持兩種，故名大乘戒。不退者，行於非道，善巧方便，婬舍、酒家非法之處，輒以度人，而於禁戒無有退失。如醫療病，不爲病所汙，故名不退。隨順者，隨物機宜，隨順道理，故名隨順戒。畢竟者，竪究竟無上之法也。具足波羅蜜者，横一切圓滿，無法不備也。

【校注】

〔一〕大般涅槃經卷一一聖行品之一：「爾時，佛告迦葉菩薩：善男子！菩薩摩訶薩應當於是般涅槃經專心思惟五種之行。何等爲五？一者、聖行，二者、梵行，三者、天行，四者、嬰兒行，五者、病行。善男子！菩薩摩訶薩常當修習是五種行。復有一行是如來行，所謂大乘大涅槃經。」

〔二〕大般涅槃經卷一一聖行品之一：「迦葉！云何菩薩摩訶薩所修聖行？菩薩摩訶薩，若從聲聞，若從如來得聞如是大涅槃經，聞已生信。信已應作如是思惟：『諸佛世尊有無上道，有大正法、大衆正行，復有方等大乘經典。

〔三〕「往」：底本作「住」，據南本、徑本、大本改。

〔四〕參見大般涅槃經卷一一聖行品之一。

大論亦明十種戒〔一〕：不破、不缺、不穿、不雜四種，即是大經根本支中禁戒、清淨戒、善戒、不缺戒。論隨道戒，即是大經護持正念支中不析戒也。論無著戒，即是大經回向支中不退戒。論智所讚戒，即是大經大乘戒。論自在戒，即是大經自在戒。論隨定戒，即是大經隨順戒。論具足戒，即是大經波羅蜜戒。大經明畢竟，論言隨定，此大同小異，於義無失。

涅槃欲辨菩薩次第聖行，故具列諸戒淺深，始終具足。善能護持，即入初不動地，不動、不退、不墮、不散，是名戒聖行。戒聖行既從始淺以至於深，今仍判其麤妙。禁、淨、善三戒屬律儀，律儀通攝衆，故定尊卑位次緒。雖有菩薩、佛等，不別立衆，故戒法是同，但以佛菩提心爲異耳。故知律儀等三戒，三藏攝。不缺是定共，根本禪是事，亦屬三藏攝，是故爲麤。不析戒是體法道共，即通教攝。大乘、不退等別教攝，亦兼於通。通有出假，隨機順理，於道不退。然依真諦，不及別人，別人爲妙也。隨順、畢竟、具足等，圓教攝。不起滅定，現諸威儀；不捨道法，現凡夫事，故名隨順。唯佛一人具淨戒，餘人皆名汙戒者，故名畢竟戒。戒是法界，具一切佛法、衆生法，到尸彼岸，故名具足波羅蜜戒。淨名云：「其能如是，是名奉律，是名善解。」〔二〕此經云：「我等長夜持佛淨戒，法王法中久修梵行，始於今日得其果報。」〔三〕又，「羅睺羅密行，唯我能知之。」〔四〕豈非待前諸戒皆麤，唯圓爲妙也。復次，持初戒如乳，中間如三味，後戒如醍醐，醍醐爲妙（云云）。

開麤顯妙者。他云：梵網是菩薩戒。今問：是何等菩薩戒？彼若答言是藏、通等菩薩戒者，應別有菩薩衆。衆既不別，戒何得異？又，若別明菩薩戒，何等別是緣覺戒？今明三藏三乘無別衆，不得別有菩薩、緣覺之戒也。若作別、圓菩薩解者，可然。何者？三乘共衆外，別有菩薩，故別有戒。

問：三乘衆外，別有菩薩戒者，緣覺戒云何？

答：三乘衆外，無別緣覺。此説猶是待麤之戒耳。開麤者，毗尼學者，即大乘學式叉。式叉即是大乘第一義光，非青、非黃、非赤白〔五〕，三歸、五戒、十善、二百五十，皆是摩訶衍，豈有麤戒隔於妙戒？戒既即妙，人亦復然。「汝實我子」〔六〕，即此義也。是名絕待妙戒。

妙法蓮華經玄義卷第三下

【校注】

〔一〕大智度論卷八七：「須菩提！菩薩摩訶薩云何應修念戒？須菩提！菩薩摩訶薩從初發意已來，應念聖戒、無缺戒、無隙戒、無瑕戒、無濁戒、無著戒、自在戒、智者所讚戒、具足戒、隨定戒。應念是戒無所有性，乃至無少許念，何況念戒。」

〔二〕維摩詰所説經卷一弟子品：「維摩詰言：『一切衆生心相無垢，亦復如是。唯，優波離！妄想是垢，無妄想是淨；顛倒是垢，無顛倒是淨；取我是垢，不取我是淨。優波離！一切法生滅不住，如幻如電，諸法不相待，乃至一念不住；諸法皆妄見，如夢、如炎、如水中月、如鏡中像，以妄想生。其知此者，是名奉律；其知此者，是名善解。』」

〔三〕妙法蓮華經卷二信解品：「我等長夜，持佛淨戒，始於今日，得其果報，法王法中，久修梵行，今得無漏，無上大果。」

〔四〕見於妙法蓮華經卷四授學無學人記品。

〔五〕梵網經卷二：「我今半月半月，自誦諸佛法戒。汝等一切發心菩薩亦誦，乃至十發趣、十長養、十金剛、十地諸菩薩亦誦。是故戒光從口出，有緣非無因故。光光非青黃赤白黑、非色非心、非有非無、非因果法，是諸佛之本源、菩薩之根本，是大衆諸佛子之根本。是故大衆諸佛子應受持、應讀誦、善學。」

〔六〕妙法蓮華經卷二信解品：「此實我子，我實其父。」

妙法蓮華經玄義卷第四上

隋天台智者大師説
門人灌頂記

定聖行者，略爲三：一、世間禪，二、出世禪，三、上上禪。世禪復二：一、根本味禪，隱没、有垢、無記；二、根本淨禪，不隱没、無垢、有記。根本者，世、出世法之根本也。大品云：「諸佛成道，轉法輪，入涅槃，悉在禪中。」〔一〕若能深觀根本，出生勝妙上定，故稱根本也。隱没者，闇證無觀慧也。有垢者，地地生愛味也。無記者，境界不分明也。此有三品：謂禪也、等也、空也。即十二門禪也。

初修方便，當善簡風喘，明識正息，安徐記數，莫令增減。若數微細，善解轉緣，調停得所，當證前方便法。或麤、細住，皆有持身法起，進得欲界定，或未到定。八觸發動，五支成就，是發初禪。大論云：「已得離婬火，則獲清涼定。如人大熱悶，入冷池則樂（云云）。」若欲進上離下者，凡夫依六行觀，佛弟子多修八聖種。

行者於初禪覺、觀支中，厭離覺、觀，以初禪爲苦、麤、障。二法動亂定心，故苦；從二法生喜、樂，故麤；二法翳上定，故障。二禪異此，名勝、妙、出。總而言之，一、知過不受著，二、訶責，三、析破，得離初禪，是修二禪相。善巧攀猒，則內外皎然，與喜俱發，四支成就。故論云：「是故除覺、觀，得入一識處，內心清淨故，定生得喜樂（云云）。」二禪中，既離覺、觀，不得作方便。出定時，修習猒下進上，亦有六行，如棄初禪方法（云云）。爾時，泯然不依內外，與樂俱發，五支成就。故論云：「由愛故有苦，失喜則生憂，離苦樂身安，捨念及方便（云云）。」〔二〕欲猒下進上，亦有六行，如前（云云）。善修故，心豁開明，出入息斷，與捨俱發，空明寂靜，四支成就。若能知樂患，見不動大安。憂喜先已除，苦樂今亦斷（云云）。

行人既內證四禪，欲外修福德，應學四等。此有通修、別修。通修者，大論云：「是慈在色界四禪中間得修。」〔三〕此語則通。別修者，初禪有覺觀分別，修悲則易；喜支修喜易；樂支修慈易；一心支修捨易。復次，初禪修悲易；二禪修喜易；三禪修慈易；四禪修捨易。此則修四無量定之處所也。復次，修時緣前人離苦得樂，歡喜平等之相而入定。發時，內得喜樂平等之法，外見前人離苦得樂；或內得外不見；或外見內不得，分別邪正（云云）。

行人欲出色籠，修四空定。滅色存心，心心相依，故名四空。方便者，須訶色是苦本，飢渴寒熱，色爲苦聚；讚空爲淨妙，離諸逼迫，過一切色，與空定相應，不苦不樂，倍更增長。於深定中，唯見虚空，無諸色相，心無分散。復次，得空定故，出過色界故，名過一切色相；空法持心，種種諸色不得起故，名滅有對相；已得空定，決定能捨色法，不憶戀故，名不念種種色相（云云）。訶下攀上，皆有方便，委在禪門（云云）。根本味禪竟。

【校注】

〔一〕摩訶般若波羅蜜中没有這樣的表述。智顗其他著作中也引大致的説法，如法界次第初門卷下：「至論深廣之内行，莫若禪定。故大智度論云：禪最大如王，言禪則一切皆攝。所謂若諸菩薩成道，起轉法輪，入涅槃，所有勝妙功德，悉在禪中。」釋禪波羅蜜次第法門卷一：「當知一切功德智慧，並在禪中。如摩訶衍論云：若諸佛成道，起轉法輪，入般涅槃，所有種種功德，悉在禪中。」似乎這些説法來自於大智度論，但查大智度論卷一七釋初品中禪波羅蜜：「禪，秦言思惟修。言禪波羅蜜，一切皆攝。復次，禪最大如王，説禪則攝一切，説餘定則不攝。何以故？是四禪中智、定等而樂；未到地、中間地，智多而定少；無色界定多而智少，是處非樂。譬如車，一輪强，一輪弱，則不安隱；智、定不等，亦如是。復次，是四禪處有四等心、五神通、背捨、勝處、一切處、無諍三昧、願智、頂禪、自在定、練禪、十四變化心、般舟般、諸菩薩三昧首楞嚴等，略説則百二十，諸佛三昧不動等，略説則百八，及佛得道、捨壽。如是等種種功德、妙定，皆在禪中。以是故，禪名波羅蜜，餘定不名波羅蜜。」大智度論所説禪攝一切，主要指禪能代表一切定法。把一切法都攝入禪法之中，大智度論有此意向，但明確這樣表述，似乎是智顗的創造。

〔二〕大智度論卷一七釋初品中禪波羅蜜：「如禪經禪義偈中説：離欲及惡法，有覺并有觀，離生得喜樂，是人入初禪。已得離婬火，則獲清涼定，如人大熱悶，入冷池則樂。如貧得寶藏，大喜覺動心，分别則爲觀，入初禪亦然。知二法亂心，雖善而應離，如大水澄静，波蕩亦無見。譬如人大極，安隱睡卧時，若有唤呼聲，其心大惱亂。攝心入禪時，以覺觀爲惱，是故除覺觀，得入一識處。内心清淨故，定生得喜樂，得入此二禪，喜勇心大悦。攝心第一定，寂然無所念，患喜欲棄之，亦如捨覺觀。由受故有喜，失喜則生憂，離喜樂身受，捨念及方便。聖人得能捨，餘人捨爲難，若能知樂患，見不動大安。憂喜先已除，苦樂今亦斷，捨念清淨心，入第四禪中。第三禪中樂，無常動故苦，欲界中斷憂，初二禪除喜。是故佛世尊，第四禪中説，先已斷憂喜，今則除苦樂。」

〔三〕大智度論卷二〇釋初品中四無量義：「是慈在色界，或有漏，或無漏；或可斷，或不可斷；亦在根本禪中，亦禪中間。三根相應，除苦根、憂根。」

根本淨禪，不隱没、無垢、有記，與上相違。此又三品，謂六妙門、十六特勝、通明等也。

涅槃是妙，此六能通，故言六妙門。此三法爲三根性。慧性多，爲説六妙門，此一一門，於欲界中即能發無漏。若定性多，爲説十六特勝，故下地不發無漏，上地禪滿乃能得悟。定慧性等，爲説通明，通明觀慧深細，從下至上皆能發無漏。此是隨機之説，若作對治，則復別途(云云)。若廣明修習，則攝一切諸禪。今但次第相生，一轍豎意。修此六門，修、證合論，則有十二法。佛言：「遊止三四，出生十二。」[一]即此修數、證數，乃至修淨、證淨。

修數者，行人初調和氣息，不澀、不滑，安詳徐數，從一至十，攝心在數，不令馳散，是名修數。與數相應者，覺心任運，從一至十，不加功力，心自住數，息微心細，是名證數。若患數麤，當放數修隨，乃至淨亦各如是。然觀有三義：一、慧觀觀真；二、得解觀，即假想觀；三、實觀。此中初用實觀，後用慧觀。

修實觀者，於定心中，以心眼諦觀此身細微入出息相，如空中風；皮、肉、筋、骨三十六物，如芭蕉不實，内外不淨，甚可猒惡。復觀定中喜、樂等受，悉有破壞之相，是苦非樂。又觀定中心識無常，剎那不住，無可著處。復觀定中善、惡等法，悉屬因緣，皆無自性。如是觀時，能破四倒，不得人我，定何所依？是名修觀。如是修時，覺息出入徧諸毛孔，心眼開明，徹見身内三十六物及諸蟲户，内外不淨，衆苦逼迫，刹那變易。一切諸法，悉見無自性。心生悲喜，無所依倚。得四念處，破四顛倒。是名與觀相應，不能具記（云云）。佛坐樹下，内思安般，一數、二隨等，正是此禪。十六特勝者，釋名（云云）。此從因緣得名。

修相者，知息入、知息出者，此代數息，調息綿細，一心隨息，入時知從鼻至臍，出時知從臍至鼻，隨照不亂。知風、喘、氣爲麤；知息爲細。入麤即調令細，如守門人，知入知出，惡遮好進。澀滑、輕重、冷煖、久近、難易皆知。知息爲命所依，一息不還，即便命盡。覺息與命危脆無常，不生愛慢。知息非我，即不生見。若知息長短，對欲界定；知息徧身，對未到地。除諸身行，對初禪覺觀支；受喜，對喜支；受樂，對樂支；受諸心行，對一心支。心作喜，即喜俱禪；心作攝，即二禪一心支；心作解脱，即三禪樂；觀無常，即四禪不動。觀出散，即空處；觀離欲，即識處；觀滅，即對無所有處；觀棄捨，對非想非非想處。觀棄捨時，即便獲得三乘涅槃。若横論觀慧，即對四念處（云云）。

通明禪者，行者觀息、色、心三事無分別。諦觀出入息，入無積聚，出無分散，來無所經，去無履涉，如空中風，性無所有。息本依身，身本不有，先世妄想，招今四大，圍於虚空，假名爲身。頭等六分、三十六物、四微一一非身。觀身由心，心由緣起，生滅迅速，不見住處相貌，但有名字，名字亦空。如是觀息、色、心，不得三性別異。既不得三事，即不得一切法，此是修相。

證者，内證真諦，空如觀解。次第通達此身，色、息分明，亦知世間天文地理與身相應，能具三界禪定，能知非想有細煩惱，破惑發真，得三乘涅槃。悉在禪門〔二〕。世間禪竟。

【校注】

〔二〕這樣的表述未見於現存佛經，法華玄義釋籤卷八對此有解釋：「次引證中，言遊止三四出生十二者，三四謂十二門禪，出生十二謂六妙門修、證各六，加功爲修、任運爲證。今文存略，但云遊止等。若婆沙中，能緣念出入息有六事不同。初數有五：一者滿數，謂從一至十；二者減數，謂從三至一；三者增數，謂從一至三；四者聚數，謂出入各六；五者淨數，謂出入各五。問：先數何息？答：先數入息，以人生時息初入故。隨者，覺入至咽至臍乃至脚指，心皆隨至。止者，入至咽、出至鼻，心亦隨止。觀者，不但觀風息等，亦觀四大差别之相，乃至都觀五陰五相也。轉者，還也，轉此息觀，起念處觀，乃至世第一也。淨者，苦法忍去，論次文有料簡。問云：屬何性等？答云：屬慧性，依於欲身通三禪三未至。大論二十一云：『以有漏禪治欲，如以毒治毒，不獲已而用之。』今用亦爾。」

〔三〕「禪門」：即智顗釋禪波羅蜜次第禪門，是智顗關於禪法的系統著作之一。

二、明出世間禪者，即有四種，謂觀、練、熏、修。觀者，謂九想、八背捨、八勝處、十一切處，通稱觀禪。

行人爲破婬火，必須增想純熟，隨所觀時，與定相應。想定持心，心無分散，能除世間貪愛，破六種欲：有人著赤、白、黄、黑等色，或著相貌端嚴，或著威儀姿態，或著語言嬌媚，或著細滑肌體，或著可意之人。此六欲淵，沉没行者。

能修九想，除此六賊：死想，破威儀、言語兩欲。脹想、壞想、噉想，破形貌欲。血塗想、青瘀想、膿爛想，破色欲。骨想、燒想，破細滑欲。九想通除所著人欲。又，噉想、散想，除著意人。此九既除於欲，亦薄瞋、癡〔二〕，九十八使山動。雖是不淨初門，能成大事。如海中屍，依之得度（云云）。

八背捨名（云云）。背淨潔五欲，捨離著心，故名背捨。修者，行人持戒清淨，發大誓願，欲成大事，端身正心，諦觀足大指，想如大豆，黑脹鼬起。此想成時，更進如狸豆大，更如一指大，更如雞卵大。次二指，三、四、五指。次觀趺底，踵、踝、蹲、膝、髀、臗，悉見膖脹。次觀右脚，亦如是。復當想大小便道、腰、脊、腹、背、胸、脅，悉見腫脹。又觀右髀、臂、肘、腕、掌、五指，又頭、頷等。從足至頭，從頭至足，循身觀察，唯見腫脹，心生猒惡。復當觀壞、膿、爛。大小便道，蟲膿流出，臭劇死狗。己身既爾，觀所愛人，亦復如是。內破見我，外破貪愛，久〔二〕住觀察，除世貪愛。次除却皮肉，諦觀白骨。見骨色相異，謂青、黄、白、鴿，如是骨相亦復無我。得此觀時，名欲界定。次觀骨青時，見此大地東、西、南、北悉皆青相；黄、白、鴿色，亦復如是。此是未到之相。又觀骨人眉間出光，光中見佛，是初背捨成相。如是次第，乃至八背捨發相，具如禪門〔三〕（云云）。

八勝處者，初兩勝處位在初禪；三、四兩勝處位在二禪；後四勝處位在四禪。三禪樂多心鈍，故不立也。前背捨緣中多少不得自在，是故勝處更深細觀察少多好醜，悉使勝知勝見，如快馬能破陣，亦能自制其馬（云云）。

十一切處者，以八色兩心更相淡入，廣普偏滿，轉變無礙，具如禪門〔四〕（云云）。

練禪者，即九次第定也。上來雖得八禪，入則有間。今欲純熟，令從初淺極至後深，次第而入，中間無有垢滓間〔五〕穢，令不次第者次第，故名次第。亦是無漏練於有漏，除諸間穢，故名練禪。亦是均調諸禪，令定、慧齊平無間也。阿毗曇明熏練，但言以無漏熏四禪。今以無漏通練八地，即是次第入無間三昧也。

熏禪者，即師子奮迅三昧也。前是次第無間入，今亦是次第無間入，亦能次第無間出，除麤間及法愛味塵；猶如師子，能却能進，奮諸塵土。行者入出此法，能徧熏諸禪，悉令通利，轉變自在，如熏皮熟，隨意作物。

修禪者，超越三昧也。近遠超入，近遠超出，近遠超住，是禪功德最深，故名頂禪。於諸法門，自在出入（云云）。

又九次第定善入八背捨；奮迅善出八背捨；超越善住八背捨。善入、出、住百千三昧，即此意也。譬如畫師，五彩相淡，出無量色；如世間果，但以四大，出一切五陰。定法亦爾，但以觀、練、熏、修，出生一切神通變化，無種不備。大經云：「菩薩住禪，得堪忍地。」〔六〕地能持、能生。一一禪中，皆有慈悲、誓願、道品、六度諸行，無不具足。何者？若於戒、定中明觀慧，即共念處；單論觀，是性念處；通取戒定等境智文字等，是緣念處。又不淨觀破淨顛倒，是身念處；觀諸禪中，心受苦樂，三世内外受不可得，破樂顛倒，是受念處；觀諸禪心，以有心故，造作善惡，無心則無作者，破我顛倒，是法念處；觀心生滅，前後際斷，破常顛倒，是心念處。

復次，八背捨觀四念處；九次第定練四念處；奮迅熏四念處；超越修四念處。二乘爲自滅度，修此五禪，成四枯念處，不名堪忍地。菩薩爲化衆生，深觀念處，慈悲誓願，荷負衆生，成四榮念處，是摩訶衍名堪忍地也。

問：無色無身，云何具四念處？

答：毗曇云：「無色有道共戒。戒是無作色，以無漏緣通故，此戒色隨無漏至無色也。」〔七〕成論人云：「色是無教法，不至無色。」舍利弗毗曇云：「無色有色。」〔八〕當知小乘明義，即有兩意。大經云：「無色界色，非諸聲聞所知。」〔九〕若爾，四念處通無色，亦復何妨？

問：諸禪中，但得明念處，尚無正勤，云何具道品？

答：約位爲言，念處無後品；修行爲義，念處具道品也。大論云：「初修善有漏五陰，於有爲法中得正憶念，即念處智慧也。四種精進，即是正勤。定心中修，名如意足。五善根生，名爲根。根增長，名爲力。分別道用，名爲七覺。安穩道中行，名八正道。」〔一〇〕初善有漏中已能具此，何須見道方有八正？若念處既具三十七品者，煖、頂等例然。觀禪既爾，練、熏、修等亦然。

然菩薩於一一禪中，隨所入法門，慈悲衆生，如父母得食，不忘其子。愍傷癡闇，不從內自求樂，從他外求，耽荒五欲，求苦得怖失憂，諸欲無樂，爲此起悲。夫欲患如是，何能去之？得禪定樂，則不爲所欺，是故起慈，有四弘誓也。

又諸禪中修六度者，衆生縛著世間，生活業務不能暫捨。菩薩棄之，一心入禪，是名檀。若不持戒，禪定不發。又入禪時，雜念不起，任運無惡是尸。拘檢身口，捍勞忍苦，制外塵不著，抑內入不起，是爲忍。初中後夜，繫念相續，行住坐卧，心常在定，間念不生，是名精進。一心在定，不亂不味，名爲定。若一心在定，能知世間生滅法相，深識邪僞，名般若。一切衆行皆於禪中具足，一一禪中，能生諸功德，慈悲荷負，是故得名堪忍之地。

【校注】

〔一〕「癡」：底本作「疑」，據南本、大本改。

〔二〕「久」：底本作「次」，據南本、大本改。

〔三〕參見釋禪波羅蜜次第法門卷一〇「行者欲修八背捨無漏觀行」部分。

〔四〕參見釋禪波羅蜜次第法門卷一〇「十一切處」部分。

〔五〕「問」：底本作「間」，據南本、徑本、大本改。

〔六〕參見大般涅槃經卷一一聖行品之一。

〔七〕不見於現存毗曇類論書，應來自於阿毘曇毘婆沙論卷一〇雜犍度智品：「問曰：何故世尊弟子生無色界，成就道俱生戒，不成就定俱生戒？何以故無色界阿羅漢成就道俱生戒，不成就定俱生戒？答曰：或有説者，世俗戒縛是繫法，是以不成就；無漏戒不縛，不是繫法，是以成就。復有説者，世俗戒墮在界中，墮在地中，是故不成就；無漏戒雖在地中，不墮界中，是故成就。」

〔八〕舍利弗阿毘曇論卷三問分陰品：「云何色陰無色界繫？色陰無色漏有漏，有漏身口戒無教，有漏身進有漏身除，是名色陰無色界繫。」

〔九〕參見大般涅槃經卷五四相品之餘。

〔一〇〕參見大智度論卷一八釋初品中般若波羅蜜。

三、出世間上上禪者，即九種大禪，如地持〔一〕所釋，今不具論。自性禪者，即是觀心實性，名爲上定。一切諸法，頗有不由心者，心攝一切，如如意珠。此九大禪，皆是法界。一切趣禪，造境即真，一色一香，無非中道。二乘尚不知其名，況證其定。前根本舊禪如乳，練禪如酪，熏禪如生酥，修禪如熟酥，九大禪如醍醐，醍醐爲妙也。復次，根本禪，愛味心中修，即成乳；自度心中修，即成酪；慈悲心中修，即成生酥；慈悲次第心中修，即成熟酥；實相心中修，即成醍醐。餘四味亦如是。若不以實相心修，皆名爲麤。

若開麤顯妙者，阿那波那即是摩訶衍，法界實相攝持諸法，離此之外更無别妙。故知諸佛成道，轉法輪，入涅槃，皆在四禪。四禪中見實相，名禪波羅蜜，何況餘定耶？此即絶待妙義。定聖行竟。

慧聖行者，謂四種四諦慧（云云）。

生滅四諦慧者，還觀九想、背捨，依、正兩報，膖脹、爛壞不淨之色，是逼迫相、現相、三苦相，是苦諦慧。以不起迷著依、正，作恩愛奴，運動身口，起三品十惡業，感三途等生，生長相、轉相、二十五有相。又知世間因果，不淨過患，深愧猒耻。終不殺他活己，奪彼潤身，耽湎不淨，隱曲求直，離合怨親，間搆榮辱，内諂外佞，引納無度，縱毒傷道，邪僻失真。不爲不淨，作十惡業；慚愧羞鄙，行三品十善，感三善道生，亦是生長相、轉相、二十五有相。是名集諦慧。觀依、正不淨，破淨顛倒；觀諸受即三苦，破樂顛倒；觀諸行和合，破我顛倒；觀諸心生滅，破常顛倒。别相、總相、善巧、正勤、如意、根、力、覺、道，向涅槃門。慈悲、誓願、六度諸行等，即大乘相。亦是戒、定、慧相，亦是能除相，是名道諦慧。倒不起則業不起，業不起即因不起，因不起故果不起，是名寂滅相，亦二十五有滅相，亦名除相，是爲生滅四諦慧。

無生四諦慧者，觀不淨色，色性自空，非色滅空，如鏡中像，無有真實。洞達五受陰空無所有，解苦無苦而有真諦，是苦諦慧。知集由心，心如幻化，所起之集亦如幻化，一切愛見與虚空等，是名集諦慧。道本治集，所治既如幻化，能治亦如幻化，是名道諦慧。法若有生，亦可有滅，法本不生，今則不滅，若有一法過涅槃者，我亦説如幻化，是名滅諦慧。雖知五陰衆生如虚空，而誓度如空之衆生。雖知集無所有，而斷諸妄想，如與空共鬭。雖知道不二相，而勤於空中種樹。雖無衆生得滅度者，而滅度無量衆生。約此即事而真，論道品、六度等（云云），是名無生四諦慧。

無量四諦慧者，大經云：「佛説四諦，若攝法盡，則不應言：所不説者，如十方土。攝法不盡，應有五諦。」佛言：「四諦攝盡，無第五諦。但苦有無量相，集滅道等皆有無量相。我於彼經，竟不説之。」〔二〕若是空者，空尚無空，云何無量？當知出假分別之慧也。此慧徧知十法界假、實差別，名苦諦慧；徧知五住煩惱不同，名集諦慧；徧解半、滿、正、助等行，名道諦慧；解半滿十六門，諸滅門不同，是滅諦慧。二乘但服四諦藥，治見、思病，自出生死，於分別則閑。菩薩作大醫王，須解診種種脉，識種種病，精種種藥，得種種差。約此起種種慈悲，行種種行，諸度道品，成種種衆生，淨種種佛土，廣説如止觀（云云）。是名無量四諦慧。

無作四諦慧者，解、惑因緣而成四也。大經云：「寶珠在體，謂呼失去，憂愁啼哭。但見其體及瘡，不見寶珠及鏡。唯有憂悲，無復歡喜。」〔三〕此迷道、滅，而起苦、集。若解瘡體即是寶珠，則喜不哭。因滅無明，即得熾然三菩提燈。此解悟因緣即是道、滅，道、滅即苦、集，苦、集即道、滅。若爾，則四非四；四既非四，無量亦非無量；無量既非無量，則假非假；假非假故，則空非空。何但即空非空，亦即假非假，雙亡正入，即寂照雙流。大品云〔四〕：「一切種智即寂滅相。種種行類相貌皆知，名一切種智。」〔五〕寂滅相，即是雙遮雙亡。行類相貌皆知，即是雙流雙照。無心亡照，任運寂知，故名不可思議，即無作四諦慧。大經云：「無苦，無諦，有實。無集、道、滅，無諦，有實。」〔六〕實即中道、如來、虛空、佛性。如此觀時，無緣慈悲，拔二邊苦，與中道樂。修色非淨、非不淨，即空、即假、即中，非枯、非榮，中間論滅，一切道品無不具足。徧捨十法界依、正，名檀；中道、道共，到尸彼岸，名戒；住寂滅忍，二邊不動，名忍；二邊不間，名牢强精進；入王三昧，住首楞嚴，名禪；實相般若，名智慧；無謀巧用，名方便；八自在我，名力；無記化化禪，名願；三智一心中得，名智。一波羅蜜具十，亦具一切佛法。一行無量行，無量行一行，是如來行，是名無作四諦慧。

修此慧時，即得住於無所畏地，即初歡喜地。離五怖畏，謂不活畏、惡名畏、死畏、惡道畏、大衆威德畏。大經云：「不畏貪欲、恚、癡。」〔七〕此内無三毒，外離八風，則無惡名畏；若言「不畏地獄」等，即無惡道畏；若言「不畏沙門、婆羅門」，即無大衆畏；見中道，則無二死畏；實相智慧常命立，無不活畏。得入此地，具二十五三昧，破二十五有，顯二十五有我性。我性即實性，實性即佛性。開佛之知見，發真中道，斷無明惑，顯真、應二身，緣感即應百佛世界，現十法界身，入三世佛智地，能自利、利他，真實大慶，名歡喜地也。此地具足四德：破二十五有煩惱名淨；破二十五有業名我；不受二十五有報名樂；無二十五有生死名常。常、樂、我、淨，名爲佛性顯，即此意也。

地持説離五怖畏者，修無我智，我想不生，云何當有我愛、衆具愛？是離不活畏。不於他人有所求欲，常饒益一切衆生，是離惡名畏。於我見、我想心不生，是離死畏。此身命終，於未來世必與佛菩薩共會，是離惡道畏。觀於世間無與等者，況復過上，是離大衆畏〔八〕。十地經亦同〔九〕。十地論解云：「是中，第一依身；第二依口；第三、第四依身；第五依意。」〔一〇〕活者，依身所用衆具，能資於生，名資生。生爲活也。此就因中説果，菩薩無此畏。復次，名字言説皆依口失。護名不爲利養，心不希〔一一〕望他人恭敬，故名無惡名。第五依意可解。三、四依身。愛善道，憎惡道，無愛憎身，故無惡道畏。亦不愛憎身，故無死畏。

私謂：不畏貪欲等，無作集壞。不畏惡道，此名無作苦壞。不畏大衆，此是無作道立。無不活、無死畏，此是見性得常，無作滅立。

【校注】

〔一〕菩薩地持經卷六方便處禪品：「云何菩薩禪波羅蜜？略說九種：一者自性禪，二者一切禪，三者難禪，四者一切門禪，五者善人禪，六者一切行禪，七者除惱禪，八者此世他世樂禪，九者清淨禪。」

〔二〕參見大般涅槃經卷一二聖行品之二。

〔三〕參見大般涅槃經卷八如來性品。

〔四〕「云」：底本作「去」，據南本、徑本、大本改。

〔五〕摩訶般若波羅蜜經卷二一三慧品：「一相故，名一切種智，所謂一切法寂滅相。復次，諸法行類相貌，名字顯示說，佛如實知，以是故名一切種智。」

〔六〕大般涅槃經卷一二聖行品之二：「善男子！以是義故，諸凡夫人有苦無諦，聲聞、緣覺有苦有苦諦而無真實，諸菩薩等解苦無苦，是故無苦而有真實。諸凡夫人有集無諦，聲聞、緣覺有集有集諦，諸菩薩等解集無集，是故無集而有真諦。聲聞、緣覺有滅非真，菩薩摩訶薩有滅有真諦。聲聞、緣覺有道非真，菩薩摩訶薩有道有真諦。」

〔七〕參見大般涅槃經卷一三聖行品之下。

〔八〕見於菩薩地持經卷九次法方便處住品。

〔九〕參見佛說十地經卷一。

〔一〇〕參見十地經論卷二。
〔一一〕「希」：大本作「悕」。

復次，破二十五有，有能含果。有破，故集諦壞。果破，故苦諦壞。得二十五三昧者，道諦立。見二十五有我性，我性即佛性，滅諦立。破二十五有，則無煩惱，是淨德；破二十五有果，故無苦，是常德；得二十五三昧是樂；見二十五我性是我：四德宛然矣。

今釋二十五三昧名，依四悉檀意：一、隨時趣立，如人多子，各立一名，使兄弟不濫。二十五三昧亦復如是，各舉一名，令世諦不亂，豈可定執也。二、隨其義便，各從所以而立一名也。三、隨事對當，各有主治，從對得名也。四、理實無名，而依理立字。雖有四意，多用對治、約理以立二十五三昧也。

通釋二十五，各爲四意：一、出諸有過患，二、明本法功德，三、結行成三昧，四、慈悲破有。一一皆爾。

地獄有，用無垢三昧破者，地獄是重垢報處，報因則是垢，謂惡業垢、見思垢、塵沙垢、無明垢。其一。菩薩先見此過，爲破諸垢，修前來所明根本戒，破惡業垢；修前來所明背捨等定，伏見思垢；修前來所明生滅無生滅慧，破見思垢；修前來所明無量慧，破塵沙垢；

修前來所明無作慧，破無明垢。其二。破見思垢故，真諦三昧成；破惡業垢、塵沙垢故，俗諦三昧成；破無明垢故，中道王三昧成。其三。菩薩自破地獄諸垢時，句句皆有慈悲誓願，冥熏法界。彼地獄有，若有機緣關於慈悲，以王三昧力，法性不動而能應之。如婆藪、調達，示所宜身，説所宜法。彼地獄中，若有善機，以持戒中慈悲應之，令離苦得樂；有入空機，以生無生慧等慈悲應之，令得真諦；有入假之機，以無量慧慈悲應之，令得俗諦；有入中機，以無作慧慈悲應之，令得王三昧。先自無垢，今令他無垢，故此三昧名無垢也。下去例如此，不復委記也。

畜生有，用不退三昧破者，畜生無慚愧，退失善道，則是惡業故退、見思故退、塵沙故退、無明故退。菩薩爲破諸退，修前持戒，破惡業退；修於禪定，伏見思退；修生無生慧，破見思退；修無量慧，破塵沙退；修無作慧，破無明退。見思破故，得位不退，真諦三昧成；惡業塵沙破故，得行不退，俗諦三昧成；無明破故，得念不退，中道三昧成。本修諸行，皆有慈悲誓願，冥熏法界。彼畜生中，若有機緣關於慈悲，以王三昧力，不動法性而往應之。宜示何身，宜説何法，爲龍，爲象、鵶鳥、大鷲。若有善機，以戒、定慈悲應之，令出苦得樂；有入空機，以生無生慧慈悲應之，令出有得無，真諦三昧成；有入假機，以無量慧慈悲應之，令免空得假，俗諦三昧成；有入中機，以無作慧慈悲應之，令出邊入中，王三昧成。菩薩自既不退，令他不退，故名不退三昧也。

餓鬼有，用心樂三昧破者，此有常弊飢渴惡業苦、見思煩惱苦、客塵闇障苦、無明根本苦。菩薩爲破諸苦，修前持戒，破惡業苦；修定，伏見思苦；修生無生慧，破見思苦；修無量慧，破塵沙苦；修無作慧，破無明苦。破見思苦，無爲心樂三昧成；破惡業塵沙苦，多聞分別樂三昧成；破無明苦，常樂三昧成。以本行慈悲，冥熏法界。彼餓鬼道，若有機緣與慈悲相關，王三昧力，不動法性而往應之，示所宜身，説所宜法。若有善機，以持戒慈悲應之，手出香乳，施令飽滿；有入空機，以生無生慈悲應之，令到無爲岸；有入假機，以無量慈悲應之，令遊戲於五道；有入中機，以無作慈悲應之，令淨於三毒根，成佛道無疑。菩薩自既得樂，又令他得樂，是故名爲心樂三昧也。

阿脩羅有，用歡喜三昧者，脩羅多猜疑怖畏，則有惡業疑怖、見思疑怖、塵沙疑怖、無明疑怖。菩薩爲破是諸疑怖而修諸行。修持於戒，破惡業疑怖；修諸禪定，伏見思怖；修生無生慧，破見思怖；修無量慧，破塵沙怖；修無作慧，破無明怖。見思破故，空法喜三昧成；惡業塵沙破故，一切衆生喜見三昧成；無明破故，喜王三昧成。以本諸行慈悲誓願，冥熏法界。彼脩羅中，若有機緣關於慈悲，以王三昧力，不動法性而往應之，示所宜身，説所宜法。有善機者，應以持戒身慈悲，令離惡業怖；有入空機，應以生無生慈悲，令離見思怖；有入假機，應以無量慈悲，令離無知怖；有入中機，應以無作慈悲，令離無明怖。自證三喜，令他無復三怖，是故名歡喜三昧。此前悉用對治立名也。

弗婆提有，用日光三昧破者，日朝出於東，隨便爲名耳。日譬智光，能照除迷惑，東天下人有惡業闇、見思闇、塵沙闇、無明闇。菩薩爲照此諸闇故，修前戒光，破惡業闇；修禪定流光，伏見思闇；修一切智光，破見思闇；修道種智光，破塵沙闇；修一切種智光，破無明闇。破見思闇故，一切智日光三昧成；破塵沙闇故，道種智日光三昧成；無明闇破故，一切種智日光三昧成。以本行慈悲誓願，冥熏法界。彼弗婆提若有機緣關於慈悲，王三昧力，不動法性而往應之，示身説法。若有事善機，以持戒慈悲應之，令免惡業闇；有入空機，以生無生慈悲應之，令免見思闇；有入假機，以無量慈悲應之，令免無知闇；有入中機，以無作慈悲應之，令免無明闇。自既破闇，亦令他破闇，故稱日光三昧也。

瞿耶尼有，用月光三昧破者，月夕初現於西，亦隨便立名。月亦照闇，例同日光（云云）。

鬱單越，用熱焰三昧破者，北方是陰地，冰結難銷，自非熱焰赫照，終不融冶。北天下人冰執無我，難可化度，若非智火慧焰，無我所心，終不得度。彼無我所，乃是妄計，猶有自性人我、法我、真如我。菩薩爲破諸我，修生滅無生滅慧，破性人我；修無量慧，破法我；修無作慧，破真如我。得人空，成真諦智燄；得法空，成俗諦智燄；得真如空，成中道智燄。以本慈悲，冥熏法界。彼鬱單越，若有機緣關於慈悲，以王三昧力，不動法性，而往應之，示身說法。有善機，應以戒慈悲，令免妄計無我；有入空機，應以生無生慈悲，令免性我；有入假機，應以無量慈悲，令免法我；有入中機，以無作慈悲應之，令免真如我。自破妄我，令他破妄我，故名熱燄三昧也。

閻浮提有，用如幻三昧破者，南天下果報雜雜，壽命等不定，猶如幻化。此則從心幻出業，幻出見思，幻出無知，幻出無明。菩薩爲破諸幻，從於持戒，幻出無作，破結業幻；從於禪定，幻出背捨；從生無生慧，幻出無漏；從無量慧，幻出有漏；從無作慧，幻出非漏非無漏。見思幻破，真諦幻成；無知幻破，俗諦幻成；無明幻破，中道幻成。故經言：「如來是大幻師。」〔一〕彼閻浮提，有諸機緣關於誓願，以本慈悲，隨感應之，自破諸幻，成他諸幻，是故名爲如幻三昧。餘如上說。

四天王有，用不動三昧破者，此天守護國土，遊行世界，則有果報動，見思、塵沙、無明等動。菩薩修諸行，破諸動，成三昧，誓願熏，機緣感，以本慈悲令他破四動，成三不動，是故名不動三昧。委悉如上說。

三十三天有，用難伏三昧者，此是地居之頂，即是果報難伏，見思、塵沙、無明等難伏。

菩薩修諸行，出其上，破諸難伏，自成三昧，誓願熏他。若有機緣，以本慈悲，令他得證，是故三昧名爲難伏。餘如上説。

燄摩天有，用悦意三昧破者，此天處空，無刀杖戰鬭，以之爲悦。此〔二〕是果報中悦，而未有不動業悦，亦無無漏、道種智、中智等悦。菩薩爲破諸不悦而修諸行，自成三諦悦意三昧，誓熏法界。有機緣者，以本慈悲，令他意悦，是故三昧名爲悦意。餘如上説。

兜率陀天有，用青色三昧破者。真諦三藏云：「此天果報樂青，宫殿服玩等一切皆青。」菩薩爲破諸青，修第一義，非青、黄、赤、白，而見青、黄、赤、白。第一義非戒、定、慧，而戒、定、慧。以戒破果報青；以生無生慧破見思青。非真見真，非假見假，非中見中，亦復如是。三青障破，自成三諦三青三昧，乃至感應成他三昧。例上可解。

黄色三昧破化樂天有，赤色三昧破他化自在天有，白色三昧破初禪有，皆是果報白等，例青色三昧，大意可解。白色三昧者，初禪離五欲爲白，未離覺觀故是黑，見思、塵沙、無明等黑。破此諸黑，修諸行白，自成三昧，又成他三昧。如上説。

種種三昧破梵王有者，梵王主領大千界，種類既多，即是果報種種，未見種種空、種種假、種種中。破此種種，修種種行，自成種種，亦成他種種。如上説。

二禪，用雙三昧者，二禪獨有内淨、喜兩支，餘支與餘禪共。此即果報雙，而未見雙空、雙假、雙中。例如上説。

三禪，用雷音三昧者，此禪樂最深，如冰魚蟄蟲，是果報著樂，又著空樂、假樂、中樂。爲驚駭諸樂，修諸雷音之行。餘如上説。

四禪，用注雨三昧者，四禪如大地，具種種種子。若不得雨，芽不得生。一切善根，在四禪中，謂業種、三諦種。修諸行雨，自生三昧；慈悲應機，生他三昧（云云）。

無想天有，用如虚空三昧者，外道非空，妄計涅槃，謂果報非空，三諦皆非虚無。修諸空淨之行，自成、成他（云云）。

阿那含天，用照鏡三昧。此聖無漏天，雖得淨色，但是報淨色。未究盡色空，如鏡未極明；未知色假，如鏡未有影；未知色中，如未達鏡圓。餘如上説。

空處，用無礙三昧者，此定得出色籠，即果報無礙，未是空、假、中等無礙。餘如上説。

識處，用常三昧者，此定謂識相續不斷爲常，此乃定報，非三無爲常、化用常、常樂常。例如上（云云）。

不用處，以樂三昧破者，此處如癡，癡故是苦，乃至無明苦。例如上（云云）。

非想非非想，用我三昧破者，頂天謂是涅槃果報，猶有細煩惱不自在，乃至無明不自在。修行破之，得真我、隨俗我、常樂我。例如上（云云）。

此二十五皆稱三昧者，調直定也。真諦以空無漏爲調直；出假以稱機爲調直；中道遮二邊爲調直。故皆具三諦，則通稱三昧。又稱王者，空、假調直，未得爲王，所以二乘入空，菩薩出假，不名法王。中道調直，故得稱王。一一三昧皆有中道，悉稱爲王。大經云：「是二十五三昧，名諸三昧王」，即其位高義；「若入是三昧，一切三昧悉入其中」，即其體廣義；「應二十五有機」，即其用長也〔三〕。

無畏地中，具得二十五三昧種種力用。須彌入芥，不傷樹木；毛孔納海，不嬈龜魚；雖處地獄，身心無苦。變通出没，不動而遠，即其妙義。蓋乃慧聖行成，能有是力也。問：三昧破有，乃是涅槃之文，何得釋此？答：第三云：「破有法王，出現於世，隨衆生欲，而爲説法。」〔四〕四意明文，宛然具足。又涅槃明菩薩破有，此經明法王破有，彌顯其義也。明聖行竟。

【校注】

〔一〕大方廣佛華嚴經卷九初發心菩薩功德品：「清淨妙法身，應現種種形，猶如大幻師，所樂無不見。」

〔二〕「此」：底本作「比」，據南本、徑本、大本改。

〔三〕參見大般涅槃經卷一三聖行品之下。

〔四〕見於妙法蓮華經卷三藥草喻品。

二、梵行者，梵者，淨也。無二邊愛見，證得名之爲淨。以此淨法，與拔衆生，即是無緣慈、悲、喜、捨也。

菩薩以大涅槃心，修於聖行，得無畏地，具二十五三昧無方大用。爾時慈悲是真梵行，非餘梵天所修四無量心，亦非三藏、通教衆生緣、法緣等慈悲也。以今慈、悲、喜、捨熏修衆行，無不成辦。大經云：「若有人問：誰是一切諸善根本？當言：慈是。」慈既是行本，故言梵行。若依圓語，亦如大經：「慈即如來，慈即佛性。」〔二〕慈若不具佛十力、四無所畏、三十二相者，是聲聞慈；若具足者，是如來慈。是慈即是大法聚，是慈即是大涅槃。慈力弘深，具一切福德莊嚴，故名梵行。

三、天行者，第一義天，天然之理，此語道前；由理成行，此語道中；由行理顯，此語道後。今約由理成行，故言天行。菩薩雖入初地，初地不應住，以有所得故。修上十地慧，十重發真修慧，由理成行，名爲天行。天行即智慧莊嚴。上求佛道故，有聖行、天行；下化衆生故，有梵行、病行、嬰兒行也。

四、嬰兒行者，若福慧轉增，實相彌顯，雖不作意利益衆生，任運能有冥、顯兩益。天行力有冥益，梵行力有顯益。衆生雖有小善之機，無菩薩開發，不得生長。慈善根力，如磁石吸鐵，和光利行，能令衆生得見菩薩，同其始學，漸修五戒、十善，人天果報，楊葉之行。又示二百五十戒，觀、練、熏、修，四諦、十二因緣、三十七品，同二乘嬰兒行。又示同習六度，三阿僧祇百劫種相好，柔伏煩惱，六度菩薩小善之行。又示同即色是空，無生無滅，通教小善之行。又示同別教歷別次第，相似中道小善之行。皆是慈心之力，俯同群小，提引成就，從慈心與樂，起嬰兒行。大經云：「能説大字，所謂婆和」〔二〕，此即六度小行而求作佛，故言大字。又云：「不見晝夜、親踈等相。」即同通教菩薩即色是空意也。又云：「不能造作大小諸事，大事即五逆，小事即二乘心。」此即同別教。别教非生死，故無五逆；非涅槃，故無小乘心。又云「楊樹黄葉」〔三〕，即同人天五戒、十善嬰兒。又云：「非道爲道，以能生道微因緣故。」即同二乘嬰兒也。慈善根力能出假化物，同小善方便引入佛慧，作圓教嬰兒也。經云：「不能起住、來去、語言。」〔四〕如經（云云）。又判麤妙、開麤顯妙，例可解（云云）。

五、病行者，此從無緣大悲起。若始生小善，必有病行。今同生善邊，名嬰兒行；同煩惱邊，名爲病行。以衆生病，則大悲熏心，是故我病。或遊戲地獄，或作畜生形，化身作餓鬼等，悉是同惡業病，如調達等。又示有父母妻子，金鏘、馬麥，寒風索衣，熱病求乳，此示人天有結業，生、老、病、死之病。又示道場三十四心斷結，示同二乘見思之病，方便附近，語令勤作。三藏、通教菩薩亦如是。又同別教寂滅道場，初斷塵沙無明之病。是故菩薩悉同彼病，偏於法界，利益衆生。次第五行竟。

問：聖行證三地，梵行證兩地，天行、病行、嬰兒行何不證地？答：聖、梵兩行名修因，故論證地，天行正是所證。病、兒兩行，從果起應，故不論證耳。又有義：經顯別義，從地前各入證；經顯圓義，登地同一證。又，地前非不修圓，登地非無有別，互顯令易解，故不煩文。地前別者，戒行從淺至深，證不動地；定行從淺至深，證堪忍地；慧行從淺至深，證無畏地。地上去並同者，豈有三地條然永別？秖登地時，不爲二邊所動，名不動地；上持佛法，下荷衆生，名堪忍地；於生死涅槃俱得自在，名無畏地。無畏地，從我德立名；堪忍地，從樂德立名；不動地，從常德立名；淨德通三處。登地之日，四德俱成，則無增減，蓋化道宜然，例如朝三暮四之意耳。從登地去，地地有自行，地地有自證。自行秖是修天行，自證秖是證天行，故不別説天行證也。若地前化他，名梵行。慈、悲、喜是化他之事行，一子地是其證；捨心是化他之理行，空平等是其證。此二地亦不條然，登地慈悲，故言一子；慈悲與體同，故言空平等耳。地地有悲同惡，名病行。地地有慈同善，名嬰兒行。證道是同，故不別説。佛地功德，仰信而已，豈可闇心定分別耶？略答如此

（云云）。

妙法蓮華經玄義卷第四上

【校注】

〔一〕以上引文參見大般涅槃經卷一四梵行品之一。

〔二〕大般涅槃經卷一八嬰兒行品：「又嬰兒者，能説大字。如來亦爾，説於大字，所謂婆啝，啝者有爲，婆者無爲，是名嬰兒。」

〔三〕大般涅槃經卷一八嬰兒行品：「又嬰兒行者，如彼嬰兒啼哭之時，父母即以楊樹黄葉，而語之言：『莫啼莫啼，我與汝金。』嬰兒見已生真金想，便止不啼，然此楊葉實非金也。木牛木馬、木男木女，嬰兒見已，亦復生於男女等想，即止不啼。實非男女，以作如是男女想故，名曰嬰兒。如來亦爾，若有衆生欲造衆惡，如來爲説三十三天常樂我淨，端正自恣，於妙宫殿受五欲樂，六根所對無非是樂。衆生聞有如是樂故，心生貪樂，止不爲惡，勤作三十三天善業。實是生死無常、無樂、無我、無淨，爲度衆生，方便説言常樂我淨。」

〔四〕大般涅槃經卷一八嬰兒行品：「善男子！云何名嬰兒行？善男子！不能起住、來去、語言，是名嬰兒。如來亦爾，不能起者，如來終不起諸法相；不能住者，如來不著一切諸法；不能來者，如來身行無有動摇；不能去者，如來已到大般涅槃；不能語者，如來雖爲一切衆生演説諸法，實無所説。」

妙法蓮華經玄義卷第四下

隋天台智者大師説
門人灌頂記

圓五行者，大經云：「復有一行是如來行，所謂大乘大般涅槃。」〔一〕此大乘是圓因，涅槃是圓果。舉此標如來行，非餘六度、通、别等行。前雖名大乘，不能圓運；前雖名涅槃，過荼〔二〕可説，乃是菩薩之行，不得名爲如來一行。

若圓行者，圓具十法界，一運一切運，乃名大乘。即是乘於佛乘，故名如來行。如大論云：「從初發心，常觀涅槃行道。」亦如大品云：「從初發心行、生、修，乃至坐道場亦行、生、修，畢竟、發心二不别。」〔三〕皆如來行意也。

此經明安樂行者，安樂名涅槃，即是圓果，行即圓因，與涅槃義同，故稱如來行。入室、著衣、坐座，悉稱如來者，此就人爲語；涅槃就法爲語。即人論法，如來即涅槃；即法論人，涅槃即如來。二經義同也。涅槃列一行名，而廣解次第五行；法華標安樂行，廣解圓意。

今依法華釋圓五行。五行在一心中，具足無缺，名如來行。文云「如來莊嚴而自莊嚴」，即圓聖行；「如來室」即圓梵行；「如來座」即圓天行；「如來衣」有二種，柔和即圓嬰兒行，忍辱即圓病行〔四〕。此五種行，即一實相行。一不作五，五不作一，非共非離，不可思議，名一五行。

云何莊嚴名聖行？文云「持佛淨戒」〔五〕，佛戒即圓戒也。又云「深達罪福相，徧照於十方」〔六〕，即罪即福而見實相，乃名深達，以實相心離十惱亂等，皆是圓戒。「佛自住大乘，如其所得法，定慧力莊嚴」〔七〕，即是佛之定慧莊嚴，故名佛聖行也。

云何如來室名梵行？無緣慈悲，能爲法界依止，如磁石普吸，莫不歸趣。又以弘誓、神通、智慧引之，令得住是法中，故以如來室爲梵行。

云何如來座爲天行？第一義天實相妙理，諸佛所師，一切如來同所栖息。文云：「觀一切法空，不動、不退，亦不分别上、中、下法，有爲、無爲，實、不實法。」〔八〕故如來座即天行。

云何如來衣嬰兒行、病行？遮喧、遮静，故名忍辱。雙照二諦，復名柔和。文云：「能爲下劣，忍于斯事」，「即脱瓔珞，著弊垢衣」，即同病行。「方便附近」〔九〕即同嬰兒行。

又復觀十法界寂滅，即如來座，名天行；拔九法界性相，故起悲，與一法界樂，故起慈，即是梵行；柔和照善性相，即同嬰兒；照惡性相，即同病行；又照善性相即戒，寂照即定慧，即是聖行。當知，一心照十法界，即具圓五行。

又一心五行，即是三諦三昧；聖行，即真諦三昧；梵、嬰、病，即俗諦三昧；天行，即中道王三昧。

又圓三三昧圓破二十五有：即空故，破二十五惡業見思等；即假故，破二十五無知；即中故，破二十五無明。即一而三，即三而一。一空一切空，一假一切假，一中一切中，故名如來行。

又如來室，冥熏法界，慈善根力，不動真際，和光塵垢，以病行慈悲應之，示種種身，如聾如瘂；説種種法，如狂如癡。有生善機，以嬰兒行慈悲應之，婆和、木牛、楊葉。有入空機，以聖行慈悲應之，執持糞器，狀有所畏。有入假機，以梵行慈悲應之，慈善根力，見如是事，踞師子牀，寶几承足，商估賈人，乃徧他國，出入息利，無處不有。有入中機，以天行慈悲應之，如快馬見鞭影，行大直道無留難故，無前無後，不並不別，説無分別法，諸法從本來，常自寂滅相，圓應衆機，如阿脩羅琴。若漸引入圓，如前所説。若頓引入圓，如今所説。入圓等證，更無差別。爲顯別、圓初入之門，慈善根力，令漸、頓人見如此説（云云）。

又圓五行，即是四種十二因緣智行：不思議識、名色等清淨即戒聖行；行、有等清淨即定聖行；無明、愛等清淨即慧聖行；十二支寂滅，又無前三種十二緣，即天行；能同前三種十二因緣滅，即嬰兒行；同前十二因緣生，即病行。

又是四種四諦智行：無作之道，即戒、定、慧聖行；無作之滅，即天行；慈悲拔苦，拔四種苦，與四種樂，即梵行；直悲，即病行；直慈，即嬰兒行。

又是七種二諦智行：圓真方便即是聖行；圓真之理即是天行；悲七俗、慈七善即梵行；同七俗即病行；同七真即嬰兒行。

又是五種三諦智行：俗諦中善是戒聖行；真諦中禪是定聖行；真諦慧即慧聖行；中諦是天行；拔五俗苦，與五真、中樂，是梵行；同五俗是病行；同五真、中，是嬰兒行。

又是一實諦智行：一實諦有道共戒、定、慧即聖行；一實境即天行；同體慈、悲合説即梵行；各説即病行、嬰兒行。

觀心圓五行者，上來圓行不可遠求，即心而是。一切諸法中，悉有安樂性，即觀心性，名爲上定。心性即空、即假、即中，五行三諦，一切佛法，即心而具。初心如此，行如來行，應以如來供養而供養之，隨方向禮，至處起塔，已有全身舍利故。初心尚爾，況似解耶？況入住耶？地持云：「從自性禪發一切禪。」一切禪有三種：一、現法樂禪，即實相空慧，中三昧也；二、出生一切種性三摩跋提，二乘背捨、除入等，即真三昧也；三、利益衆生禪，即俗三昧也〔一〇〕。當知，五行三諦，於一切禪中皆悉成就，即初住分位。入此位時，無非佛法，是爲圓心之行，豈與前五行次第意同？當知次第爲麤，一行一切行爲妙，即相待意也。若開麤顯妙，無麤可待，即絶待行妙意也。

問：法華開麤，麤皆入妙。涅槃何意更明次第五行耶？答：法華爲佛世人破權入實，無復有麤，教意整足。涅槃爲末代凡夫見思病重，定執一實，誹謗方便，雖服甘露，不能即事而真，傷命早〔一一〕夭，故扶戒、定、慧，顯大涅槃。得法華意者，於涅槃不用次第行也。

【校注】

〔一〕參見大般涅槃經卷一一聖行品。

〔二〕「荼」，有的經典中作「茶」，般若經所説四十二字門最後之梵字。

〔三〕摩訶般若波羅蜜經卷二一三慧品：「須菩提言：世尊！行般若波羅蜜、生般若波羅蜜、修般若波羅蜜，應幾時？佛言：從初發意乃至坐道場，應行、應生、應修般若波羅蜜。」

〔四〕參見妙法蓮華經卷四法師品。

〔五〕見於妙法蓮華經卷二信解品。

〔六〕見於妙法蓮華經卷四提婆達多品。

〔七〕見於妙法蓮華經卷一方便品。

〔八〕參見妙法蓮華經卷五安樂行品。

〔九〕參見七五頁注〔七〕。

〔一〇〕參見菩薩地持經卷六持方便處禪品。

〔一一〕「旱」：底本作「早」，據南本、徑本、大本改。

第四明位妙者，諦理既融，智圓無隔，導行成妙。三義已顯，體、宗、用足。更明位妙者，行之所階也。但位有權實，布在經論。若成論、毗曇判位，言不涉大。地、攝等論判位，別叙一途，義不兼括。方等諸經明位，瓔珞已判淺深。般若諸經明位，仁王盛談高下而未彰麤妙。今經位名不彰，而意兼小大，麤判權實，然梵文不盡度，本經必有。

今藥草喻品但明六位。文云：「轉輪聖王、釋梵諸王，是小藥草。知無漏法，能得涅槃，獨處山林，得緣覺證，是中藥草。求世尊處，我當作佛，行精進定，是上藥草。又諸佛子，專心佛道，常行慈悲，自知作佛，決定無疑，是名小樹。安住神通，轉不退輪，度無量億百千衆生，是名大樹。」追取長行中「一地所生，一雨所潤」，及後文云「今當爲汝説最實事」〔一二〕以爲第六位也。前三義是藏中位，小樹是通位，大樹是別位，最實事是圓位也。

小草位者，人天乘也。輪王是人主位，釋梵是天主位，皆約報果明位。果義既有優劣，當知修因必有淺深。人位因者，即是秉持五戒，略爲四品：下品爲鐵輪王，王一天下；中品爲銅輪王，王二天下；上品爲銀輪王，王三天下；上上品爲金輪王，王四天下。皆是散心持戒，兼以慈心勸他爲福故，報爲人主，飛行皇帝，四方歸德，神寶自然應也。

天乘位者，修十善道，任運淳熟，通是天因，加修禪定，進升上界。三界天果，高下不同，修因必深淺異也。正法念云：六萬山遶須彌，須彌四埵有持鬘天。有十住處，各千由旬。北四、餘各二。南名白摩尼，能十拍手頃，受三歸依，不雜餘心者，生此天受樂。轉輪王十六倍不及一，諸樂具悉從山河流出。二名峻崖，昔於河濟，造立橋船，度持戒人，兼濟餘人，不作衆惡，果報可知。西方一名果命，昔於飢世，守持淨戒，淨身、口、意，種殖果樹，行者食之，安樂充滿。二名白功德，昔以華鬘散佛上及塔上。東方一名一切喜，昔以華供養持戒人，供佛，自力致財買華，果報可知。二名行道，昔見大火起，焚燒衆生，以水滅之，果報（云云）。北方四者：一名愛欲；二名愛境界；三名意動；四名遊戲林。初者、見他親友相破，和合諍訟，得生此天。次、昔説法會。次、昔以淨信心供養衆僧、掃塔，淨信上田。次、昔持信心施僧衣，施一果直爲作衣價，愛樂隨喜〔二〕。

次迦留波陀天，此言象跡，亦有十處：一名行蓮華，昔持戒熏心，受三自歸，稱南無佛。所有蜂聲，尚勝餘天，況復餘果報耶？次名勝蜂歡喜，昔信心持戒，有慈悲利益衆生，華香伎樂，供養佛塔。三名妙聲，昔施佛寶蓋。四名香樂，昔信心持戒，香塗佛塔。五名風行，昔信心持戒，施僧扇，得清涼。六天香風悉來熏之，皆倍倍增。香風尚爾，況念香風，隨念皆得。六名散華歡喜，昔見持戒人説戒時，施澡餅；或道路中，盛滿淨水，施人澡餅。七名普觀，昔於持戒人，以善熏心，於破戒人病，不求恩惠，悲心施安，心不疲猒，供養病人。八名常歡喜，昔見犯法者應死，以財贖命，令其得脱。九名香藥，昔於持戒、信三寶大福田中，施末香、塗香，淨心供養，如法得財，施已隨喜。十名均頭，昔見人得罪於王，髮受戮，救令得脱。

第三天名常恣意，十住處：一名歡喜峯，昔救護神樹，及夜叉所依樹，有樹即樂，失樹即苦。二名優鉢羅色，昔淨信持戒，供養三寶，造優鉢羅華池故。三名分陀利，昔造此華池。四名彩地，昔信淨心，爲僧染治袈裟，雜色染治法服故。五名質多羅，此翻雜地。昔以種種食，施持戒、不犯戒等人故。六名山頂，昔修造屋，遮風寒，令人受用故。七名摩偷，此翻美地。昔持戒，悲心質直，不惱人，食施道行沙門、婆羅門，或一日、或多日、或不息故。八名欲境，昔持戒，若邪見人病，施其所安故。九名清涼，昔見臨終渴病人，以石蜜漿，或冷水施病人故。十名常遊戲，昔爲坐禪人作房舍圖畫，作死屍觀故。

第四名箜篌天，有十住處：一名楗陀羅，昔以園林、甘蔗、菴羅等果林施僧故。二名應聲，昔爲邪見人説一偈法，令其心淨信佛故。三名喜樂，昔施人美飲，或清美水，或覆泉井，不令蟲蟻入，行人飲之，無苦惱故。四名掬水，昔見病苦者臨終，咽喉忽忽出聲，施其漿水，財物贖彼命。五名白身，昔塗飾治補佛塔、僧舍，亦教人治補故。六名共遊戲，昔信心持戒，同法義和合共故。七名樂遊戲，昔持戒化衆生，令心淨信，歡喜戒施故。八名共遊，昔法會聽法，佐助經營，深心隨喜故。九名化生，昔見飢饉者、没溺者，而救護之。十名正行，昔見亡破抄掠，救令得脱，示嶮處正道。

次日行天，遶須彌山，住於宫殿。外道説爲日曜及星宿，略説三十六億。昔持七戒，令得增上果。風輪所持。此日行等大天與二大天，謂提頭賴吒、毗沙門，遊四天下，遊戲空中，受五欲樂，如意自娱。日行遶須彌山，隨在何方，山有影現，人説爲夜。風輪持北方星，輪轉不没，外道見辰星不没，謂其能持一切世間國土，不知風力所爲也。

不殺戒，生四天處。不殺、不盜，生三十三天。加不婬，生焰摩天。加不口四過，生兜率天。又加世間戒，復信奉佛七戒，生化樂、他化兩天。所持戒轉勝，天身福命轉勝。又隨心持戒，思心勝者，其福轉勝。

三十三天者，一名住善法堂天。昔持七戒，堅固無嫌，施四果、病人、父母、入滅定人。

慈、悲、喜、捨，與怖畏壽命，生善法堂天，作釋迦提婆，姓憍尸迦，名能天主。有九十九那由他天女爲眷屬，心無嫉妬，善法堂廣五百由旬。

第三名清淨天，焰摩天王名牟修樓陀，身長五由旬，百千帝釋和合所不及。

第四兜率陀，此云分別意宫。其王名删闘率陀。

第五涅摩地，此云自在，亦名不憍樂。

第六名婆羅尼蜜，此云他化自在。色、無色不復書。小藥草竟。

中藥草位者，即二乘也。此就習果判位。舊云：「成論探明大乘，解菩薩義。」〔二〕此則不然。論主自云：「今正自明三藏中實義。」〔三〕實義者，空是。人師豈可誣論主耶？此即空門明二十七賢聖斷伏之位。阿毗曇有門明七賢、七聖斷伏之位。委在兩論。

今略出有門中草之位：初明七賢，次明七聖位。

七賢者：一、五停心；二、别相念處；三、總相念處；四、煗法；五、頂法；六、忍

【校注】

〔一〕以上引文參見妙法蓮華經卷三藥草喻品。

〔二〕參見正法念處經卷二二觀天品。

法；七、世第一法。通稱賢者，隣聖曰賢。能以似解伏見，因似發真，故言隣聖。

又天魔、外道，愛見流轉，不識四諦。此七位人明識四諦。大經云：「我昔與汝等，不見四真諦（云云）。」〔三〕見四諦者，識屬愛四諦，識屬見四諦，皆能明了。若解四諦，則所見真正，無有邪曲，故是賢人相也。

一、初賢位者，謂學五停心觀成，破五障道，即是初賢位。所以者何？若定邪聚衆生，不識三寶、四諦，貪染生死。若人歸依三寶，解四真諦，發心欲離生死、求涅槃樂，五種障道煩惱散動，妨觀四諦。今修五觀成就，障破道明，行解相稱，故名初賢。

二、別相念處位者，以五障既除，觀慧諦當能觀四諦，而正以苦諦爲初門，作四念處觀，破四顛倒。若慧解脱根性人，但修性四念處觀，破性執四倒。若俱解脱人，修共四念處觀，破事理四倒。若無疑解脱根性人，修性、共、緣三種四念處，破一切事、理、文字等四顛倒。善巧方便，於念處中，有四種精進，修四種定，生五善法，破五種惡，分別道用，安隱而行，能觀四諦，成別相四念處位也。

三總相四念處者，前已別相念慧破四顛倒，今深細觀慧，總破四倒。或境總觀總，境別觀總，境總觀別，或總二陰、三陰、四陰、五陰，皆名總相觀。是中，亦巧方便，能生正勤、如意、七覺、八道，疾入後法，故名總相念處位也。

四、煗法位者，以別、總念處觀故，能發似解十六諦觀，得佛法氣分。譬如鑽火煙起，亦如春陽煗發，以慧鑽境，發相似解，解即喻煗。又如春夏積集華草，自有煗生，以四諦慧，集衆善法，善法熏積，慧解得起，故名煗也。即是内凡初位，佛弟子有，外道則無，是名煗法位。

五、頂法者，似解轉增，得四如意定，十六諦觀轉更分明，在煗之上，如登山頂，觀矚四方，悉皆明了，故名頂法。

六、忍法位者，亦是似解增長，五種善法增進成根，於四諦中堪忍樂欲，故名忍法位。

七、世第一法位者，即是上忍一刹那，於凡夫所得最勝善根，名爲世間第一法也。上下、中二忍，皆名忍位。

「智妙」中，已略説竟。

七、聖位者：一、隨信行；二、隨法行；三、信解；四、見得；五、身證；六、時解脱羅漢；七、不時解脱羅漢。通名聖者，正也。苦忍明發，捨凡性，入聖性，真智見理，故名聖人。

一、隨信行位者，是鈍根人入見道之名也。非自智力，憑他生解。是人在方便道，先雖有信，以未習真，信不名行。行以進趣爲義，從得苦忍真明，十五刹那進趣見真，故名隨信行位也。

二、隨法行位者，即是利根入道之名也。利者，自以智力見理斷結。在方便道，能自用觀觀四真諦法，但未發真，不名爲行。因世第一法發苦忍真明，十五刹那進趣見真，故名隨法行位也。

三、明信解位者，即是信行人入修道，轉名信解人也。鈍根憑信，進發真解，故名信解。是人證果有三，謂三果（云云）。證初果者，第十六道，比智相應，即證須陀洹。須陀洹，此翻修習無漏。成論明猶是見道[四]，數人明證果即入修道，用此明修習無漏義便。若見道所斷，略言三結盡，廣説八十八使盡。七生在，終不至八（云云）。

次明證二果，即有二種：一、向，二、果。向者，從初果心後，更修十六諦觀，七菩提行現前，即此世無漏、斷煩惱。一品無礙，斷欲界一品煩惱，乃至斷五品，皆是於向，亦名勝進須陀洹。約此論家家也。二果者，若斷六品盡，證欲界第六品解脱，即是斯陀含果也。天竺云薄，薄欲界煩惱也。

次明證阿那含，亦有二：一、向，二、果。向者，若斷欲界七品，乃至八品，皆名爲向，亦名勝進斯陀含。約此説一種子也。果者，九無礙斷欲界，若證第九解脱，即名阿那含果也。天竺云不還，不還生欲界也。

復次，須陀洹，有三種：一、行中須陀洹，即是向也；二、住果，正是須陀洹也；三、勝進須陀洹，亦名家家，即是斯陀含向也。斯陀含，但有二種：一、住果；二、勝進。勝進亦名一種子，即阿那含向也。阿那含亦二種：一、住果；二、勝進。勝進那含斷五上分結，謂色、無色染等，即阿羅漢向也。羅漢但有一，謂住果也。

復次，超果者，凡夫時斷欲界六品乃至八品盡，來入見道，發苦忍真明。十五心中，是斯陀含向；十六心，即證斯陀含果也。若凡夫時，先斷二界九品盡，乃至無所有處盡，後入見諦十五心，名阿那含行。第十六心即證那含果，此名超越人證後二果也。是信解雖是動，根性不同，謂：退、護、思、住、進也。

若證阿那含，各復有五及七種般、八種般。五種般者：中般、生般、行般、不行般、上流般也。七種者，開中般爲三種也。八種般者，五如前，更有現般、無色般、不定般（云云）。

四、明見得位者，法行人轉入修道，名爲見得。是利根人自以智動，見法得理，故名見得。是人在思惟道，次第證三果，超越二果，亦如信解中分别。但以利根，不藉聞法，不假衆具，自能見法得理爲異也。見得但是不動根性。若證阿那含果，亦有五種、七種、八種般不同也。

五、明身證位者，還是信解、見到二人，入思惟道，用無漏智斷上下分結，發四禪、四無色定。即是用共念處，修八背捨、八勝處、十一切處，入九次第定。三空事、性兩障先已斷盡，又斷非想事障，滅緣理諸心、心數法，入滅盡定。得此定故，名身證阿那含也。何者？入滅定似涅槃法，安置身内，息三界一切勞務，身證想受滅，故名身證也。

若約初果解身證者，但以先於凡夫，用等智斷結，得四禪、四無色定，後得見諦，第十六心證那含果，即修共念處，還從欲界修背捨、勝處、一切處，入九次第定身證也。是阿那含有二種：一、住果但是阿那含也。二、帶果行向，即是勝進阿那含也，亦是羅漢向攝。釋論云：「那含有十一種：五種正是阿那含，六種阿羅漢向攝。」〔五〕此身證者，即是勝進，爲羅漢向攝。五種、七種般，皆有上流般。八種般，但有現般、無色般也。毗曇分別那含，有一萬二千九百六十種（云云）。

六、明時解脱羅漢者，是信行鈍根，待時及衆緣具，方得解脱，故名時解脱羅漢。羅漢，此無翻，名含三義：殺賊、不生、應供也。位居無學。

羅漢有五種：隨信行生退法、思法、護法、住法、升進法也。得盡智、無學等見也。若用金剛三昧，於非想九品惑盡。次一刹那，證非想第九解脱，成盡智。次一刹那，得無學等見也。或彼時退故，不説得無生智。此五種阿羅漢，是信種性，根鈍，因中修道，必假衣、食、牀具、處所、説法，及人隨順，善根增進，不能一切時所欲進也。是五種各有二種：

不得滅盡定，但是慧解脱；得滅盡定，即是俱解脱。若不得滅盡定，是人因中偏修性念處；若得滅盡定，是人因中修性共也。證果時，三明、八解，一時俱得，故名俱解脱也。

七、不時解脱羅漢者，即是法行利根，名不動法阿羅漢也。此人因中修道，能一切時隨所欲進修善業，不待衆具，故名不時解脱。是人不爲煩惱所動，故名不動。不動是不退義。成就三智：謂盡智、無生智、無學等見。能用重空三昧，擊聖善法，以定捨定，故言能擊。

是不動羅漢亦有二種：一、不得滅盡定，但名慧解脱；二、得滅盡定，即是俱解脱。若聞佛説三藏教門，修緣念處，即發四辯，名無疑解脱，是名波羅蜜聲聞，能究竟具足一切羅漢功德也。名沙門那。沙門那者，沙門果也。

二、明辟支佛位者，此翻緣覺。此人宿世福厚，神根猛利，能觀集諦以爲初門。大論稱獨覺、因緣覺。若出無佛世，自然悟道，此即獨覺；若出佛世，聞十二因緣法，禀此得道，故名因緣覺。獨覺生無佛世，有小、有大。若本在學人，今生佛後，七生既滿，不受八生，自然成道，不名爲佛，亦非羅漢，名小辟支迦羅。論其道力，不及舍利弗等大羅漢。二者、大辟支迦羅，一百劫中作功德身，得三十二相分，或三十一、三十、二十九，乃至一相。福力增長，智慧利，於總相、别相，能知、能入，久修集定，常樂獨處，故名大辟支迦羅也〔六〕。

若就因緣論小大者，亦應如是分別。此人根利，不須制果，能斷正使，又加侵習，譬如身壯，直到所在，不中止息，故不制果。是名中草位竟。

【校注】

〔一〕指南北朝時期一些論者認爲成實論屬於大乘。

〔二〕成實論卷一發聚中佛寶論初具足品：「故我欲正論，三藏中實義。」

〔三〕見於大般涅槃經卷一五梵行品。

〔四〕參見成實論卷一分別賢聖品。

〔五〕這種説法未見於大智度論，法華玄義釋籤卷一〇解釋此句爲：「釋論二十二釋四雙八輩中攝一七，但云那含有十一種，五種正是阿那含，六種阿羅漢向攝。那含五種者，恐是現般一；中般三，速、非速、久住；生般一。六種阿羅漢向者，謂有行、無行、全超、半超、遍没、無色，此私對之。更加初果向、初果、二果向、二果、三果向、三果爲十七。」大智度論卷二二釋初品中八念義原文如下：「僧中有四雙八輩者，佛所以説世間無上福田，以有此八輩聖人，故名無上福田。問曰：如佛告給孤獨居士：世間福田應供養者有二種，若學人，若無學人。學人十八，無學人有九。今此中何以故但説八？答曰：彼廣説故十八及九，今此略説故八。彼二十七聖人，此八皆攝。信行、法行，或向須陀洹攝，或向斯陀含攝，或向阿那含攝；家家，向斯陀含攝；一種，向阿那含攝；五種阿那含，向阿羅漢攝；

信行、法行入思惟道，名信解脱、見得，是信解脱、見得，十五學人攝；九種福田，阿羅漢攝。」

〔六〕參見大智度論卷一八釋般若相義。

上草位者，即是三藏菩薩位也。此菩薩從初發菩提心，起慈悲誓願，觀察四諦，以道諦爲初門，行六波羅蜜。

從初釋迦至罽那尸棄佛時，名第一阿僧祇劫。常離女人身，亦不自知當作佛、不作佛。準望二乘位，應在五停心、别相、總相念處位中，以慈悲心，行六度行也。從罽那尸棄佛至然燈佛時，名第二阿僧祇劫。爾時雖自知作佛，而口不説，準望此位，應在煖法位中，即是性地順忍初心之位。既有證法之信，必知作佛，而用煖解，修行六度，心未分明，故口不向他説也。從然燈佛至毗婆尸佛時，名第三阿僧祇劫。是時内心了了，自知作佛，口自發言，無所畏難。準此位，應在頂法位中，修行六度，四諦解明，如登山頂，了見四方，故口向他説也。

若過三僧祇劫，種三十二相業者，準此是下忍之位。用此忍智，行六度成百福德，用百福成一相因，於下忍之位，人中佛出世時得種也。

若坐道場時，位在中忍、上忍。從上忍一刹那入真，三十四心斷結，得阿耨三菩提，則名爲佛。爾前則是三藏菩薩上草之位也。

小樹位者，即是通教明三乘之人，同以無言説道，斷煩惱，入第一義諦。體法觀慧不異，但智力强弱之殊，煩惱習有盡、不盡爲異耳。

先明三乘共十地位，次簡名别義通（云云）。

一、乾慧地者，三乘之初，同名乾慧，即是體法，五停心、别相、總相、四念處觀。事相不異三藏。此三階法門，體陰、入、界如幻如化，總破見、愛八倒，名身念處。受、心、法亦如是。住是觀中，修正勤、如意、根、力、覺、道。雖未得煖法相似理水，而總相智慧深利，故稱乾慧位也。

二、性地位者，得過乾慧，得煖已，能增進初、中、後心，入頂法，乃至世第一法，皆名性地。性地中，無生方便，解慧善巧，轉勝於前，得相似無漏性水，故言性地也。

三、八人地位者，即是三乘信行、法行二人，體見假以發真斷惑，在無間三昧中，八忍具足，智少一分，故名八人位也。

四、見地位者，即是三乘同見第一義無生四諦之理，同斷見惑八十八使盡也。

五、薄地位者，體愛假即真，發六品無礙，斷欲界六品，證第六解脱，欲界煩惱薄也。

六、離欲地位者，即是三乘之人，體愛假即真，斷欲界五下分結盡，離欲界煩惱也。

七、已辦地位者，即是三乘之人，體色、無色愛即真，發真無漏，斷五上分結七十二品盡也。斷三界事惑究竟，故言已辦地。

八、辟支佛地位者，緣覺菩薩發真無漏，功德力大故，能侵除習氣也。

九、菩薩地位者，從空入假，道觀雙流，深觀二諦，進斷習氣、色心無知，得法眼、道種智，遊戲神通，淨佛國土，成就衆生，學佛十力、四無所畏，斷習氣將盡也。齊此名小樹位也。

十、佛地者，大功德力資智慧，一念相應慧，觀真諦究竟，習亦究竟。如劫火燒木，無復炭灰。如象渡河，到於邊底。雖菩薩、佛名異二乘，通俱觀無生體法，同是無學，得二涅槃，共歸灰斷，證果處一，故稱爲通也。

二、簡名別義通，更爲二：初、就三乘共位中，菩薩別立忍名而義通。二、用別教名，名別義通。通義已如前説。別立者，別爲菩薩立伏忍、柔順忍、無生忍之名也。乾慧地，三人同伏見惑，而菩薩更加伏忍之名者，菩薩信因緣即空，而於無生四諦降伏其心，起四弘誓願。雖知衆生如虚空，而發心度一切衆生，是菩薩欲度衆生，如欲度虚空。故金剛般若云：「菩薩如是降伏其心，所謂滅度無量衆生，實無衆生得滅度者。」次三誓願降伏其心，亦如是。是爲菩薩在乾慧地，修停心、别相、總相念處觀時，異於二乘，故别稱伏忍。

復次，三乘人同發善有漏五陰，生相似解，皆伏見惑，順第一義。而菩薩獨受柔順忍名者，菩薩非但伏結順理，又能爲一切衆生伏心，徧行六度，一切事中福慧皆令究竟。如三藏菩薩於中忍中，三僧祇行六度，不惜身命。今菩薩亦如是，以空、無相、願調伏諸根，爲衆生故滿足六度，故名順忍也。

復次，三乘人同發真無漏，若智、若斷，同名無生。而菩薩獨受〔一〕無生法忍名者，以其見諦理，斷結使，不生取證之心，故别受無生法忍之名也。何者？若生取證之心，即墮二乘地，不得入菩薩第九地。

復次，三乘同得神通，而二乘不能用成就衆生，淨佛國土，故不受遊戲之名；菩薩能爾，故别受遊戲神通名也。

阿那含雖斷五下分結，而不能捨深禪定，來生欲界，和光利物，不同其塵；菩薩能如此，故别受離欲清淨之名。

所以三乘之人同觀二諦，用與不同。若二乘雖觀二諦，一向體假入空，用真斷結，至無學果。菩薩亦觀二諦，始從乾慧，終至見地，多用從假入空，得一切智慧眼，多用真也；

從薄地學遊戲神通，多修從空入假觀，得道種智法眼，多用俗也；從辟支佛地學二觀雙照，入菩薩地，自然流入薩婆若海，是則無功用心修種智佛眼，佛地圓明，成一切種智佛眼，同照二諦究竟也。故大論云：「聲聞法中名乾慧地，於菩薩即是伏忍。聲聞法名性地，於菩薩法中名柔順忍。聲聞法名八人地，於菩薩名無生忍道。聲聞法名見地，於菩薩法是無生法忍果。聲聞名薄地，於菩薩法名爲遊戲五神通。聲聞法名離欲地，於菩薩法名爲離欲清淨。」〔二〕阿羅漢地於聲聞法，即是佛地。何者？三藏佛三十四心發真，斷三界結盡，與羅漢齊，故名佛地。於菩薩法中猶名無生忍，故大品云：「阿羅漢若智若斷，是菩薩無生法忍。」辟支佛地亦如是。

九地過辟支佛，入菩薩位。菩薩位者，九地、十地。是則十地菩薩，當知爲如佛。齊此習氣未盡。

過菩薩地，則入佛地。用誓扶餘習，生閻浮提，八相成道。五相如三藏不殊，唯六成道，樹下得一念相應慧，與無生四諦理相應，斷一切煩惱習盡，具足大慈悲、十力、四無畏、十八不共法一切功德，名之爲佛。七、轉法輪，權智開三藏生滅四諦法輪，實智説摩訶衍無生四諦法輪，通教三乘人也。八、入涅槃相者，雙樹入無餘涅槃，薪盡火滅，留舍利，爲一切天人福田也。是爲通教共位，別爲菩薩立此名位也。

二、用別名。名者，即是取別教之名，準望通教菩薩位也。別名者，即是十信、三十心、十地之名也。

鐵輪位於通義，即是乾慧地伏忍也。三十心即望性地柔順忍也。八人地、見地，即是初歡喜地，得無生法忍也，故大品云：「須陀洹若智若斷，皆是菩薩無生忍也。」薄地向果，向即是離垢地，果即是明地也，故大品云：「斯陀含智斷，是菩薩無生法忍也。」離欲地向果，向即燄地，果即難勝地，故大品云：「阿那含智斷，是菩薩無生法忍。」已辦地向果，向是現前地，果是遠行地，大品云：「阿羅漢智斷，是菩薩無生法忍。」辟支佛地，即是第八不動地，侵習氣也，大品云：「辟支佛地智斷，是菩薩無生法忍。」〔三〕菩薩地即是善慧地。十地當知如佛地。

佛地如前說。此佛與三藏佛，亦同亦異。同八十年，同入真灰斷也。異者，三藏因伏果斷，通佛因果俱斷；三藏一日三時照機，通佛即俗而真，照不須入也。是則用別名辨位，名異義同，猶屬通教位也。

問：初地至七地對果，出何經論？答：經論非不對當，但高下不同，人師對之異，或用見地止對初地，如今所用；或向初取三地，併對初地；仁王明四地，併對初地，此難定判。但通教見地，本是無間之道，不出觀證須陀洹，豈得初地斷見，乃至三地或云四地耶？若斷别惑，不共二乘，此義有之。又或言六地斷結，齊羅漢，或云七地，此難定執。前後兩果，經、論對皆不定，中間可以意得。今以義推，不可定執也。

問：從七地、八地觀常住，破無明者，是何地位？答：此則非通，亦復非别。何者？通教始終不明觀常，何得中間而破無明？别教初心即知常住，初地已能破無明，云何八地始破無明？此乃别接通意耳。

問：大論三處明初皞〔四〕，約别、圓，皆取發真爲初皞，通教何意取乾慧爲初皞？答：别、圓各逗一種根性，故用發真爲初皞。通教爲逗多種根性，所謂别、圓入通故，含容取乾慧耳。若鈍者，八人、見地是初皞；利者，於乾慧即能斷結，故是初皞。

問：利人應無十地？答：備有。以根利故，故不制位耳。

問：别、圓無利人耶？答：雖有利、鈍，以根性純故，但作一説。宜如此也。

【校注】

〔一〕「受」：底本作「愛」，據南本、徑本、大本改。

〔二〕參見大智度論卷七五釋燈喻品。

〔三〕參見摩訶般若波羅蜜經卷二二三善品。

〔四〕大智度論卷七五釋燈喻品：「如燈炷，非獨初焰燋，亦不離初焰，非獨後焰燋，亦不離後焰而燈炷燋。」

大樹位者，別教位也。此爲三：一、出經論不同；二、總明位；三、別明位。此別教，名、義、理、惑、智、斷，皆別。此正約因緣假名、恒沙佛法、如來藏理、常住涅槃、無量四諦而論位次。

無量四諦，凡有四種：有無量四諦不伏破塵沙，亦不伏破無明；有無量四諦傍伏破塵沙，不伏破無明；有無量四諦正伏破塵沙，亦伏無明；有無量四諦正伏破塵沙，亦伏破無明。云何無量不伏破塵沙，不伏破無明？若三藏伏道有十六諦觀，明障真之惑有無量種，此乃伏於見思，何關塵沙？例如外道分別世智，非伏見思。云何無量是傍伏破？若通教七地出假，分別藥病，此助滅界内，非正伏破。云何無量正伏破塵沙？此是別教分別内外四諦有無量種，即是伏破塵沙，亦伏無明，乃有破無明義。今從事得名伏無明者，爲便也。云何無量伏破無明？若圓教三諦，俱照法界事、理，無不明了，破自地無明，伏上地無明。

別教無量四諦，非前二，非後一，正就恒沙佛法當名。然實通緣諸四諦，次第爲論，不無傍、正。初心緣諸無量，發心誓願。初正以生滅四諦伏通見思，傍修三種。次正以無生破通見思，傍修兩種。次正以無量破内外塵沙。次正用無作伏無明。次正用無作破無明。

既有如此無量階差，是故經論名數、斷伏高下、對諸法門，多有不同。若華嚴明四十一地，謂三十心〔一〕、十地、佛地。瓔珞明五十二位〔二〕。仁王明五十一位〔三〕。新金光明經但出十地、佛果〔四〕。勝天王般若明十四忍〔五〕。大品但明十地〔六〕。涅槃明五行、十功德〔七〕。約義配位，似開三十心、十地、佛地，而文不出名。又十地論、攝大乘論、地持論、十住毗婆沙論、大智度論，並釋菩薩地位，而多少出没不同（云云）。

又斷伏高下亦異：對諸法門行位亦復殊别。所以然者，既明界内、界外生、法兩身菩薩行位，如來方便，用四悉檀化界内衆生，隨機利益，豈得定説？不廣尋經論，如無目諍日。

今若明位數，須依瓔珞、仁王。若明斷伏高下，須依大品三觀。若對法門，須依涅槃。用衆經意，共成初心觀、教兩門，使分明耳。

諸聖上位，非凡能測，豈可妄説？麤知大意者，爲破行人增上慢心。又爲銷經文，引物悕〔八〕向，不可偏執，諍競是非也。

今判位名數，依瓔珞、仁王者，華嚴頓教，多明圓斷四十一地，不出十信之名；諸大乘經，多明諸法門，不正辨位；前四時般若，多明菩薩觀行法門意，亦不正辨位。今謂瓔珞五十二位，名義整足，恐是結諸大乘方等別、圓之位。仁王般若明五十一位，恐是結成前四時般若別、圓之位也。法華但開權顯實，顯一圓位。涅槃大意亦明別、圓兩位，而不摘出名目（云云）。

斷伏高下，依大品三觀者，於次第義便也。對觀行法門，依涅槃五行者，正是末代入道所宜也。何者？別教明觀行有二種：一者、不共二乘説，如華嚴、十地論、地持九種戒定慧，及攝大乘論等是也。二者、共二乘説，如方等、大品、中論、釋論是也。今涅槃五行，從凡至極，故是末代行用爲要也。

二、總明菩薩位者，即約三經。一、約瓔珞明位數者，經有七位，謂十信、十住、十行、十迴向、十地、等覺、妙覺地也。初十信心即是外凡，亦是別教乾慧地，亦名伏忍位也。十住即是習種性，此去盡三十心，皆解行位，悉是別教内凡，亦是性地，亦名柔順忍位。約別教義推，應如煖法也。十行即是性種性，別教義推，應如頂法。十迴向道種性，別教義推，應如忍法、世第一法。問：今明別教，何用四善根名？答：別教十地既對四果，今以方便，擬四善根，何咎？又通教，通於通別、真似兩解，作此比決，於義分明也。十地即是聖種性，此皆入別教四果聖位，悉斷無明，別見、思惑。等覺位即是等覺性。若望菩薩，名等覺佛;若望佛地,名金剛心菩薩,亦名無垢地菩薩也。妙覺地即是妙覺性,即是究竟佛菩提果,大涅槃之果果也。

二、約大品及三觀合位明斷伏高下者,大品:「菩薩欲具道慧,當學般若。」即此十信,習從假入空觀,伏愛見論,欲入十住位。若得十住,即斷界内見、思也。「欲以道慧具足道種慧,當學般若。」此即修從空入假十行也。「欲以道種慧具足一切智,當學般若。」此即修中道正觀,入十迴向位也。「欲以一切智具足一切種智,當學般若。」此即是證中道觀,入十地也。「欲以一切種智斷煩惱習,當學般若。」此即等覺地也。無明煩惱習盡,名之爲佛,即妙覺地也〔九〕。

三、約涅槃明聖行合位者,初戒聖行、定聖行,即是十信位也。生滅、無生滅四真諦慧聖行,即是十住位。無量四聖諦慧,即是十行位。修一實諦、無作四聖諦,即是十迴向位。次若發真,見一實諦,證無作四聖諦,即是聖行滿,住無畏地,得二十五三昧,能破二十五有,名歡喜地,五行具足。次後説十功德者,恐表住大涅槃十地之功德也。過此明佛眼了了,是妙覺地也。

三、别解七位,餘本尋。大樹位竟也。

妙法蓮華經玄義卷第四下

【校注】

〔一〕「三十心」，即大方廣佛華嚴經所説十住、十行、十迴向。

〔二〕參見菩薩瓔珞本業經卷一，五十二位指：十信、十住、十行、十迴向、十地、入法界心、寂滅心妙覺地。

〔三〕參見仁王般若波羅蜜護國經卷一菩薩教化品。

〔四〕新金光明經指真諦譯金光明經。隋代寶貴等將衆人所譯金光明經合爲一部，稱爲合部金光明經。參見合部金光明經卷一三身分别品。

〔五〕「十四忍」的説法應該來自仁王般若波羅蜜護國經卷一菩薩教化品：「善男子！此十四忍，十方世界過去、現在一切菩薩之所修行，一切諸佛之所顯示，未來諸佛、菩薩摩訶薩亦復如是。若佛、菩薩不由此門得一切智者，無有是處。何以故？諸佛、菩薩無異路故。善男子！若人聞此住忍、行忍、迴向忍、歡喜忍、離垢忍、發光忍、焰慧忍、難勝忍、現前忍、遠行忍、不動忍、善慧忍、法雲忍、正覺忍，能起一念清淨信者，是人超過百劫、千劫、無量無邊恒河沙劫一切苦難，不生惡趣，不久當得阿耨多羅三藐三菩提。」

〔六〕摩訶般若波羅蜜經卷六發趣品：「復次，須菩提！初地不可得故不可得，乃至第十地不可得故不可得，畢竟淨故。云何爲初地乃至十地？所謂乾慧地、性地、八人地、見地、薄地、離欲地、已作地、辟支佛地、菩薩地、佛地。」

〔七〕五行、十功德：五行，參見大般涅槃經卷一一聖行品之一，即聖行、梵行、天行、嬰兒行、病行。十功德，菩薩修行涅槃經所得之十事功德，參見大般涅槃經卷一九至卷二二。

〔八〕「悕」：底本作「希」，據大本改。

〔九〕本段内引文參見摩訶般若波羅蜜經卷一序品。

妙法蓮華經玄義卷第五上

隋天台智者大師説
門人灌頂記

明最實位者，即圓教位也。此爲十意：一、簡名義；二、明位數；三、明斷伏；四、明功用；五、明麤妙；六、明位興；七、明位廢；八、開麤顯妙；九、引經；十、妙位始終。

一、簡名義者，若圓別不同，自有十意，下辨體中説。今約通、別、圓三句料簡：一、名通義圓；二、名別義圓；三、名義俱圓。

名通義圓者，下文云：「我等今日，真阿羅漢。普於其中，應受供養。」又云：「我等今日，真是聲聞，以佛道聲，令一切聞。」〔一〕此名與通、藏同而義異。何者？彼但殺四住之賊，無明尚在，此不生義偏，故天女曰：「結習未盡，華則著身。」〔二〕今殺通、別兩惑，得如來滅度，故殺賊義圓。又彼是分段不生，界外猶生。寶性論云：「二乘於無漏界，生三種意陰。」〔三〕今則分段、變易二俱不生，不生義圓。彼是界内應供，非界外應供。淨名曰：

「其供汝者，不名福田。」〔四〕則應供義偏。今則普於其中應受供養，則應供義圓。彼但小乘，從他聞四諦聲，則聲偏、聞偏。今能令一切法界聞一實四諦、佛道之聲，使一切聞，則聲聞義圓。故知依義不依語，從圓判位也。

名别義圓者，如五十二位名與别同，而初、中、後位圓融妙實，隨自意語，非是教道方便，依義不依語，應從圓判位也。

名義俱圓者，文云：「開示悟入，皆是佛之知見。」〔五〕佛一切種智知、佛眼見，此之知見，無有缺減。又，入如來室，坐如來座，以如來莊嚴，此則名義俱圓，判於圓位也。

【校注】

〔一〕妙法蓮華經卷二信解品：「我等今者，真是聲聞，以佛道聲，令一切聞。我等今者，真阿羅漢，於諸世間，天、人、魔、梵，普於其中，應受供養。」

〔二〕維摩詰所説經卷二觀衆生品：「已離畏者，一切五欲無能爲也。結習未盡，華著身耳；結習盡者，華不著也。」

〔三〕參見究竟一乘寶性論卷三一切衆生有如來藏品：「菩薩爲證如來功德法身第一彼岸有四種障。何等爲四？一者緣相。二者因相。三者生相。四者壞相。緣相者，謂無明住地。即此無明住地與行作緣，如無明緣行，無明住地緣亦如是故。因相者，謂無明住地緣行，即此無明住地緣行爲因。如行緣識，無漏業緣亦如是故。生相者，謂無明住地緣依無漏業因生三種意生身。如四種取緣依有漏業因而生三界，三種意生身生亦如是故。壞相者，謂三種意生身緣不可思議變易死。如依生緣故有老死，三種意生身緣不可思議變易死亦如是故。」

〔四〕維摩詰所説經卷一弟子品：「其施汝者，不名福田；供養汝者，墮三惡道。」

〔五〕妙法蓮華經卷一方便品：「云何名諸佛世尊唯以一大事因緣故出現於世？諸佛世尊，欲令衆生開佛知見，使得清淨故，出現於世；欲示衆生佛之知見故，出現於世；欲令衆生悟佛知見故，出現於世；欲令衆生入佛知見道故，出現於世。舍利弗！是爲諸佛以一大事因緣故出現於世。」

二、明位數者，又爲三：一、明數；二、引證多少；三、料簡。

數者，人解不同。有言：頓悟即佛，無復位次之殊。引思益云：「如此學者，不從一地至一地。」〔一〕又有師言：頓悟初心即究竟圓極，而有四十二位者，是化鈍根方便，立淺深之名耳。引楞伽云：「初地即二地，二地即三地，寂滅真如，有何次位？」〔二〕又有師言：初頓悟至十住，即是十地；而説有十行、十迴向、十地者，此是重説耳。今謂諸解悉是偏取。然平等法界，尚不論悟與不悟，孰辨淺深？既得論悟與不悟，何妨論於淺深？究竟大乘，無過華嚴、大集、大品、法華、涅槃，雖明法界平等、無説無示，而菩薩行位終自炳然。又有人言：平等法界，定無次位。今例難此語：真諦有分别耶？真諦無分别耶？見真之者，判七賢、七聖、二十七賢聖等。今實相平等，雖無次位，見實相者，判次位何咎？大論云：「譬如入海，有始入者，到中者，至彼岸者。」〔三〕若見真判位，如江河深淺，若實相判位，如入海深淺。故普賢觀云：「大乘因者，諸法實相。」〔四〕大乘果者，亦諸法實相，論諸次位，非徒臆説。隨順契經，以四悉檀明位無妨。還約七種以明階位，謂十信、十住、十行、十迴向、十地、等覺、妙覺。

今於十信之前，更明五品之位（云云）。若人宿殖深厚，或值善知識，或從經卷圓聞妙理，謂一法一切法，一切法一法，非一非一切，不可思議，如前所説，起圓信解，信一心中具十法界，如一微塵有大千經卷，欲開此心而修圓行。圓行者，一行一切行。略言爲十。謂識一念，平等具足，不可思議，傷己昏沉，慈及一切。又知此心常寂常照，用寂照心破一切法，即空、即假、即中。又識一心諸心，若通、若塞，能於此心，具足道品，向菩提路。又解此心正、助之法。又識己心，及凡、聖心。又安心不動、不墮、不退、不散。雖識一心無量功德，不生染著，十心成就。舉要言之，其心念念悉與諸波羅蜜相應，是名圓教初隨喜品位。

行者圓信始生，善須將養。若涉事紛動，令道芽破敗。唯得内修理觀，外則受持、讀誦大乘經典，聞有助觀之力，内外相藉，圓信轉明，十心堅固。金剛般若云：「一日三時，以恒河沙身布施，不如受持一句功德。」初品觀智如目，次品讀誦如日。日有光故，目見種種色。論云：「於實名了因，於餘名生因。福不趣菩提，二能趣菩提。」〔五〕聞有巨益，意在於此，是名第二品位。

行者内觀轉强，外資又著，圓解在懷，弘誓熏動，更加説法，如實演布。安樂行云：「但以大乘法答。設以方便隨宜，終令悟大。」〔六〕淨名云：「説法淨，則智慧淨。」〔七〕毗曇云：「説法解脱，聽法解脱。」〔八〕説法開導，是前人得道全因緣，化功歸己，十心則三倍轉明，是名第三品位。

上來前熟觀心，未遑涉事。今正觀稍明，即傍兼利物。能以少施，與虚空法界等。使一切法趣檀，檀爲法界。大品云：「菩薩少施，超過聲聞、辟支佛上，當學般若。」〔九〕即此意也。餘五亦如是。事相雖少，運懷甚大。此則理觀爲正，事行爲傍，故言兼行布施。事福資理，則十心彌盛，是名第四品位。

行人圓觀稍熟，理事欲融，涉事不妨理，在理不隔事，故具行六度。若布施時，無二邊取著，十法界依、正，一捨一切捨，財、身及命，無畏等施。若持戒時，性重、譏嫌等無差别；五部重輕，無所觸犯。若行忍時，生、法寂滅，荷負安耐。若行精進，身心俱淨，無間無退。若行禪時，遊入諸禪，静散無妨。若修慧時，權實二智，究了通達，乃至世智治生産業，皆與實相不相違背。具足解釋佛之知見，而於正觀，如火益薪。此是第五品位。

如此五品圓信功德，東西八方不可爲喻。雖是初心，而勝聲聞無學功德，具如經説。若欲比決取解，類如三藏家别、總四念處位，義推如通教乾慧地位；亦如伏忍位，義推亦得是别教十信位（云云）。

私謂：五品位是圓家方便，初欲令易解，準小望大，如三藏之五停心。初品圓信法界，上信諸佛，下信衆生，皆起隨喜，是圓家慈停心，偏對治法界上嫉妬。第二品讀誦大乘文字，文字是法身氣命，讀誦明利，是圓家數息停心，偏治法界上覺觀。説法品能自淨心，亦淨他心，是圓家因緣停心，偏治法界上自、他癡。癡去故，諸行去，乃至老死去。兼行六度品，是圓家不淨停心。六蔽初名貪欲，若捨貪欲，欲因、欲果皆捨。捨故無復報身，非淨非不淨也。正行六度品，是圓家念佛停心。正行六度時，即事而理，理不妨道，事妨於道，即事而理，無障可論。大意如此（云云）。

【校注】

〔一〕參見思益梵天所問經卷一分别品。

〔二〕參見楞伽阿跋多羅寶經卷四一切佛語心品之四。

〔三〕原文未見於大智度論，或來自於大智度論卷七一釋譬喻品：「譬如大海中船破壞，其中人若不取木、不取器物、不取浮囊、不取死屍。須菩提！當知是人不到彼岸，没海中死。須菩提！若船破時，其中人取木、取器物、浮囊、死屍者，當知是人終不没死，安隱無礙，得到彼岸。須菩提！求佛道善男子、善女人亦復如是，若但有信樂，不依深般若波羅蜜，不書、不讀、不誦、不正憶念；不依禪波羅蜜、毘梨耶波羅蜜、羼提波羅蜜、尸羅波羅蜜、檀波羅蜜，不書、不讀、不誦、不正憶念；乃至不依一切種智，不書、不讀、不誦、不正憶念。須菩提！當知是善男子中道衰耗，是人未到一切種智，於聲聞、辟支佛地取證。須菩提！若有求佛道善男子、善女人爲阿耨多羅三藐三菩提故，有信、有忍、有淨心、有深心、有欲、有解、有捨、有精進，是人依深般若波羅蜜，書、持、讀、誦、説、正憶念。是善男子、善女人爲阿耨多羅三藐三菩提故，有諸信、忍、淨心、深心、欲、解、捨、精進，爲深般若波羅蜜所護乃至一切種智所護故，終不中道衰耗，過聲聞、辟支佛地，能淨佛世界、成就衆生，當得阿耨多羅三藐三菩提。」

〔四〕見於佛説觀普賢菩薩行法經卷一。

〔五〕參見金剛般若波羅蜜經論卷一。

〔六〕妙法蓮華經卷五安樂行品：「如是之人，則爲大失。如來方便隨宜説法，不聞、不知、不覺、不問、不信、不解，其人雖不問、不信、不解是經，我得阿耨多羅三藐三菩提時，隨在何地，以神通力、智慧力引之，令得住是法中。」

〔七〕參見維摩詰所説經卷一佛國品。

〔八〕參見阿毘曇毘婆沙論卷五一智揵度他心智品。

〔九〕參見摩訶般若波羅蜜經卷一序品。

一、明十信位者，初以圓聞，能起圓信，修於圓行，善巧增益，令此圓行五倍深明，因此圓行得入圓位。以善修平等法界，即入信心。善修慈愍，即入念心。善修寂照，即入進心。善修破法，即入慧心。善修通塞，即入定心。善修道品，即入不退心。善修正助，即入迴向心。善修凡聖位，即入護法心。善修不動，即入戒心。善修無著，即入願心。是名入十信位。瓔珞云：「一信有十，十信有百。百法爲一切法之根本也。」〔一〕是名圓教鐵輪十信位，即是六根清淨，圓教似解，煖、頂、忍、世第一法。普賢觀明無生忍前有十境界，即此位也。

入此信心，能破界内見、思盡，又破界外塵沙無知，能伏無明住地之惑。仁王般若云：「十善菩薩發大心，長别三界苦輪海。」〔二〕亦此位也。此位，經經出之不同。華嚴法慧菩薩答正念天子，明菩薩觀十種梵行空，學十種智力，入初住。十種梵行空即一實諦，亦無作之滅諦。學十種智力，即觀無作之道諦，即十信位也。若大品云：「譬如入海，先見平相。」〔三〕亦是是乘從三界中出也。仁王般若、普賢觀如前引。下文入如來室、座、衣等，即是修四安樂行行處、近處。涅槃云：「復有一行，是如來行，所謂大乘。」〔四〕大論云：「菩薩從初發心，即觀涅槃行道。」若觀涅槃行道，生相似解，即是一行，如來行也。（云云）。

二、明十住位者，以從相似十信，能入十住真中智也。初發心住發時，三種心發：一、緣因善心發；二、了因慧心發；三、正因理心發。即是前境、智、行妙三種開發也。住者，住三德涅槃也。緣因心發，即是住不可思議解脱首楞嚴定；慧心發，即是住摩訶般若畢竟之空；正因心發，即是住實相法身中道第一義。舉要言之，即是住三德一切佛法也。又住清淨圓滿菩提心，無緣慈悲，無作誓願，普覆法界。又住一念中，成就一切萬行諸波羅蜜。又住一切種智，圓斷法界見、思、無明。又住得佛眼，圓見十法界三諦之法。又住圓入一切法門，所謂二十五三昧，冥益衆生。又成就菩薩圓滿業，能顯一切神通，謂三輪不思議化彌滿法界，顯益衆生。又能成就開權顯實，入一乘道。又能嚴淨一切佛土，能起三業，供養一切十方佛，得圓滿陀羅尼，受持一切佛法，如雲持雨。又住能從一地，具足一切諸地功德，心心寂滅，自然流入薩婆若海。華嚴云：「初住菩薩所有功德，三世諸佛歎不能盡。若具足説，凡人聞，迷亂心發狂。」〔五〕

私謂：初住成就十德，應是十信中十法，轉似爲真，一住具十。細意尋之，對當相應。何者？十信百法爲一切法本，豈不得作此釋耶？初住既爾，三觀現前，無功用心斷法界無量品無明，不可稱計。一往大分，略爲十品智斷，即是十住故。仁王云：「入理般若名爲住。」〔六〕即是十番進發無漏，同見中道佛性第一義理。以不住法，從淺至深，住佛三德及一切佛法，故名十住位。此位，諸經出處不同。華嚴云：「初發心時，便成正覺。」〔七〕了達諸法真實之性，所有聞法，不由他悟。是菩薩成就十種智力，究竟離虚妄，無染如虚空，清淨妙法身，湛然應一切。當知即是發真無漏，斷無明初品也。淨名云：「一念知一切法，是爲坐道場，成就一切智故。」〔八〕亦是入不二法門，得無生忍也。大品明「從初發心，即坐道場、轉法輪、度衆生」〔九〕。當知，此菩薩爲如佛，亦是阿字門，所謂一切法初不生也。即是今經爲令衆生開佛知見，亦是龍女於刹那頃發菩提心，成等正覺。即是涅槃明「發心、畢竟二不別，如是二心前心難」〔一〇〕。此諸大乘，悉明圓初發心住位也。乃至第十住（云云）。

三、明十行位者，即是從十住後，實相真明，不可思議。更十番智斷，破十品無明，一行一切行，念念進趣，流入平等法界海。諸波羅蜜任運生長，自行、化他，功德與虚空等，故名十行位也。

十迴向位者，即是十行之後無功用道，不可思議真明念念開發，一切法界願行事理自然和融，迴入平等法界海。更證十番智斷，破十品無明，故名迴向也。

十地位者，即是無漏真明入無功用道，猶如大地能生一切佛法，荷負法界衆生，普入三世佛地，又證十番智斷，破十品無明，故名十地位也。

等覺地者，觀達無始無明源底，邊際智滿，畢竟清淨，斷最後窮源微細無明，登中道山頂，與無明父母别，是名有所斷者，名有上士也。

七、明妙覺地者，究竟解脱無上佛智，故言無所斷者，名無上士。此即三德不縱不横，究竟後心大涅槃也。一切大：理大、誓願大、莊嚴大、智斷大、徧知大、道大、用大、權實大、利益大、無住大。即是前十觀成乘，圓極竟在於佛，過茶無字可説（云云）。故盧舍那佛名爲淨滿，一切皆滿也。

【校注】

〔一〕參見菩薩瓔珞本業經卷一賢聖名字品。

〔二〕見於佛説仁王般若波羅蜜經卷一菩薩教化品。

〔三〕摩訶般若波羅蜜經卷一三聞持品：「世尊！譬如人欲見大海，發心往趣。不見樹相、不見山相，是人雖未見大海，知大海不遠。何以故？大海處平，無樹相、無山相故。」

〔四〕大般涅槃經卷一一聖行品之一：「善男子！菩薩摩訶薩應當於是大般涅槃經，專心思惟五種之行。何等爲五？一者聖行、二者梵行、三者天行、四者嬰兒行、五者病行。善男子！菩薩摩訶薩常當修習是五種行，復有一行是如來行，所謂大乘大涅槃經。」

〔五〕參見大方廣佛華嚴經卷九初發心菩薩功德品。

〔六〕佛說仁王般若波羅蜜經卷一菩薩教化品：「入理般若名爲住，住生德行名爲地，初住一心足德行，於第一義而不動。」

〔七〕見於大方廣佛華嚴經卷八梵行品。

〔八〕維摩詰所說經卷一菩薩品：「一念知一切法是道場，成就一切智故。」

〔九〕參見摩訶般若波羅蜜經卷二六畢定品。

〔一〇〕大般涅槃經卷三四迦葉菩薩品之四：「發心畢竟二不別，如是二心先心難，自未得度先度他，是故我禮初發心。」

二、次引衆經，明位數多少者，大涅槃云：「月愛三昧，從初一日至十五日，光色漸漸增長。又從十六日至三十日，光色漸漸損減。」〔一〕光色增長，譬十五智德摩訶般若。光色漸減，譬十五斷德無累解脱。三十心爲三智斷，十地爲十智斷，等覺、妙覺各爲一智斷，合十五智斷，月體譬法身。大經云：「月性常圓，實無增減。」〔二〕因須彌山，故有虧盈。不增而增，白月漸著；不減而減，黑月稍無。法身亦爾，實無智斷，因無明故，約如論智，如實不智；約如論斷，如實不斷。雖無智而智，般若漸漸明；雖無斷而斷，解脱漸漸離。舉月爲喻，知是圓教智斷位也。大經云：「從初安置諸子祕密之藏，三德涅槃，然後我當於此祕藏而般涅槃。」〔三〕此即最後智斷也。

問：何得知月喻譬位耶？

答：仁王明十四忍，三十心爲三般若，十地爲十般若，等覺爲一般若。十四般若在菩薩心中，皆名爲忍。轉至佛心，名之爲智。此與十五日明智位同。勝天王明十四般若位，正用十四日月爲譬。故作此釋也。

大品明四十二字門，語等、字等，南嶽師云：「此是諸佛密語，何必不表四十二位？」諸學人執釋論，云無此解，多疑不用。但論本文千卷，什師作九倍略之，何必無此解耶？今謂：此解深應冥會。何者？經云：「初阿後荼，中有四十。初阿字門，具四十一字；後荼亦爾。」〔四〕華嚴云：「從初一地具足一切諸地功德。」〔五〕此義即同。經云：「若聞阿字門，則解一切義，所謂諸法初不生故。」〔六〕此豈非圓教初住初得無生法忍？過荼無字可說，豈非妙覺無上、無過？廣乘品明一切法皆是摩訶衍竟，即説四十二字門，豈非圓教菩薩從初發心得諸法實相、具一切佛法，故名阿字；至妙覺地，窮一切法底，故名荼字？此義，其數與圓位，甚自分明。又，四十二字後，即説菩薩十地，此是顯別教方便之次位也。又，次十地之後，説三乘共十地，此顯通教方便位也。經文次比，三義宛然。今取四十二字，以證圓位也。

此經分別〔七〕功德品明初心五品弟子之位，文甚分明。法師功德品明六根清淨相。方便品云「諸佛爲一大事因緣故，出現於世，爲令衆生開佛知見」四句，南嶽師解云：「開佛知見是十住位；示佛知見是十行位；悟佛知見是十迴向位；入佛知見是十地等覺位。皆言佛知者，得一切種智也。皆言佛見者，悉得佛眼也。」又經云「是爲諸佛一大事因緣」者，同入一乘諸法實相也。又云「唯佛與佛，乃能究盡諸法實相」者，即是妙覺位也。又譬喻品，諸子門外索車，長者各賜等一大車。是時諸子乘是寶乘，遊於四方，嬉戲快樂，自在無礙，直至道場。言四方者，即譬開、示、悟、入四十位也。直至道場，即是究盡實相，妙覺位也。序品中，天雨四華，表此四十因位也。如上所引衆經爲證，及引今文，明四十二位炳然，皆是無次位之次位，達於實相，增道損生，論次位耳。

三、料簡者。

問：無明覆佛性中道，止作四十二品斷耶？答：無明雖無所有，不有而有，不無階品，一往大分爲四十二品，然其品數無量無邊。大論云：「無明品類，其數甚多，是故處處説破無明三昧。」〔八〕又云：「法愛難盡，處處重説般若也。」〔九〕此諸圓位，不可思議。若專對法門，尋者失意，多别解、别執，則乖圓融之道。如此等位，莫以凡情局取，不以凡心能宣。華嚴云：「諸地不可説，何况以示人。」〔一〇〕且置是事，若大乘懺悔，發初隨喜圓信之心，獲一旋陀羅尼，已不可向人説，雖種種分别，亦不可解，况後諸位，二乘尚不聞其名，豈凡人能説？此語有意，大師自説己證也。又且置是事，聲聞學四念處，發得煗法，亦不可向外凡説盡，設種種解，亦不能知。又置是事，如人坐禪，初發五支，不可爲未證者説，設方便説，彼亦不解。又置是事，斲輪人不能以其術授其子，况諸深法而可説耶？

末代學者，多執經論方便斷伏諍鬪（云云）。如水性冷，不飲安知？此乃諸佛赴緣不思議語，隨機增減，位數不同。爾未證得，空諍何爲？普願法界衆生，歸僧息諍論，入大和合海。

又以四句料簡圓位，或開初合後，或開後合初，或初後俱開，或初後俱合。如大經明三十三天不死甘露，將、臣共服。此譬諸位，開前爲三十心，合十地爲一，等覺爲一，譬三十二臣，喻於因位；妙覺爲主，譬於果位。君之與臣，同服甘露；因之與果，俱證常樂。若不以圓位釋之，此文難會。是爲開初合後以明圓位也。

若十四般若，合三十心爲三般若，開十地爲十般若，就等覺爲十四般若，皆是因位；轉入薩婆若，即是果位。是爲合前開後以明圓位。若四十二字門，即是初後俱開以明圓位。若天雨四華，表開、示、悟、入。遊於四方者，此即前後俱合。諸經開合不同，皆是悉檀方便，而圓位宛然矣。

【校注】

〔一〕參見大般涅槃經卷二〇梵行品。

〔二〕參見大般涅槃經卷九如來性品。

〔三〕參見大般涅槃經卷二哀歎品：「我今當令一切衆生及我諸子四部之衆，悉皆安住祕密藏中；我亦復當安住是中，入於涅槃。何等名爲祕密之藏？猶如伊字，三點若並，則不成伊，縱亦不成，如摩醯首羅面上三目，乃得成伊，三點若别，亦不得成。我亦如是，解脱之法亦非涅槃，如來之身亦非涅槃，摩訶般若亦非涅槃，三法各異亦非涅槃。我今安住如是三法，爲衆生故名入涅槃，如世伊字。」

〔四〕摩訶般若波羅蜜經卷二四四攝品：「善男子！當善學分别諸字，亦當善知一字乃至四十二字。一切語言皆入初字門，一切語言亦入第二字門，乃至第四十二字門，一切語言皆入其中。一字皆入四十二字，四十二字亦入一字。」

〔五〕大方廣佛華嚴經卷一世間淨眼品：「同一法性，覺慧廣大，甚深智境，靡不明達，住於一地，普攝一切諸地功德，無上智願皆已成滿。」

〔六〕參見摩訶般若波羅蜜經卷五問乘品。

〔七〕「別」：底本作「明」，據南本、徑本、大本改。

〔八〕大智度論卷九七釋薩陀波崙品之餘「破無明不唯一種：有遮令不起亦名爲破，有得諸法實相故破無明。又無明種數甚多：有菩薩所破分，有佛所破分，有小菩薩所破分、大菩薩所破分。如先説燈譬喻。又須陀洹亦名破無明，乃至阿羅漢方是實破。大乘法中亦如是，新發意菩薩得諸法實相故亦名破無明，乃至佛無明盡破無餘。是故薩陀波崙於佛法中邪見、無明及我見皆盡故，得名破無明三昧，無咎。」

〔九〕大智度論卷四二釋集散品：「有四種愛：欲愛、有愛、非有愛、法愛。欲愛，易見，其過不淨等。有愛，無不淨等，小難遣。非有愛，破有，似智慧故，難遣。法愛者，愛諸善法利益道者。法愛中過患難見，故重説。譬如小草加功少易除，大樹功重難除。（中略）先雖説，著法愛心難遣故，今更説。」

〔一〇〕大方廣佛華嚴經卷二三十地品：「言説所難及，地行亦如是，説之猶尚難，何況以示人？」

三、明圓位斷伏者，五品已圓解一實四諦，其心念念與法界諸波羅蜜相應，偏體無邪曲偏等倒，圓伏枝、客、根本惑，故名伏忍。諸教初心，無此氣分。大經云：「學大乘者，雖有肉眼，名爲佛眼。」〔一〕鷇中鳴，勝諸鳥。例如小乘伏煩，佛法則有，外道則無。今此伏忍，圓教則有，三教則無。

十信之位，伏道轉强。發得似解，破界内見、思，界内、界外無知塵沙。如經文云「得三陀羅尼」，但名似道，未是真道。旋陀羅尼是旋假入真。百千旋陀羅尼是旋真入俗。法音方便正是伏道，未得入中。如瓔珞從假入空觀，雖斷見、思，但離虚妄，名爲解脱，其實未得一切解脱。當知，六根雖淨，圓教煩、頂、四善根，柔順忍，伏道位耳。

若入初住，得真法音陀羅尼，正破無明，始名斷道。見佛性常住第一義理，名圓教無生忍。十行、十迴向、十地、等覺，皆破無明，同是無生忍位。妙覺，斷道已周，究竟成就，名爲寂滅忍。

若約位别判，伏、順二忍但伏不斷，例如無礙道。妙覺一忍，斷而不伏，例如解脱道。無生一忍，亦伏、亦斷，亦無礙，亦解脱。若論通義，妙覺寂滅忍，亦名無生忍。大經云：「涅言不生，槃言不滅。不生不滅，名大涅槃。」〔二〕亦名伏忍。仁王云：「從初發心至金剛頂，皆名伏忍。」〔三〕伏是賢義。普賢菩薩居衆伏之頂。伏忍既通，順忍可解。伏、順既其通上，寂滅、無生亦應通下。思益云：「一切衆生即滅盡定。」〔四〕淨名云：「一切衆生皆如也。」〔五〕如即無生忍。又就事爲無生，就理爲寂滅。又分證爲寂滅，讓果爲無生。

若約因果，亦有通別。通者，一切衆生即大涅槃，即是約因論果。佛性者，名之爲因，此即約果論因。大經云：「是果非因，名大涅槃；是因非果，名爲佛性。」〔六〕了見佛性，乃是於佛，故亦得是因（云云）。等覺望妙覺爲因，望菩薩爲果。自下已去，亦因、亦因因，亦果、亦果果。約分別義者，伏、順二忍，未是真因；無生一忍，未是真果。從十住去，名真因；妙覺，名真果。云何伏、順非真因？例如小乘方便之位，不名修道；見諦已去，約真修道。此義可知。今順忍中，斷除見、思，如水上油，虛妄易吹。無明是同體之惑，如水內乳，唯登住已去菩薩鵝王，能唼無明乳、清法性水，從此已去，乃判真因。

復次，別教判三地或四地，斷見盡；六地或七地，斷思盡。此不應爾。何者？無明見、思，同體之惑，何得前後斷耶？當是別教附傍小乘方便説耳。若見先盡，則實理無復有障，云何十地見不了了？地持云：「第九、離一切見清淨淨禪。」〔七〕第九是等覺地，入離見禪，乃成大菩提果。若見先斷，等覺復何所離？若思前盡，後地應無果報及諸禪定。何者？華嚴明阿僧祇香雲、華雲，不可思議充塞法界者，此是菩薩勝妙果報所感五塵，呼此爲欲界思惑。一切菩薩皆入出無量百千三昧禪定心塵之法，呼此爲色、無色界思惑。若七地思盡，上地應絶六塵，何故復言三賢、十聖住果報？若住果報，思不前盡。今明如此見、思，通至上地，至佛方盡。故云：「唯佛一人居淨土，唯佛一人能盡源。」〔八〕是故伏斷如前分別（云云）。

問：界内必先斷見，次思，後無知。界外何意不爾？答：界内爲三途苦重，先斷見，次思，後及無知。界外苦輕，故先枝，後本。又，思無知，不障偏真，爲見真理，故先除見。界外塵沙是體上惑，遠能障理，先却遠障，次除近障（云云）。復次，三藏中，後身菩薩及超果二乘，見、思同斷，亦先斷思（云云）。不超果者，前後斷耳。通教亦有超、不超二義。別教前後斷，圓教同斷。前後之問，但見一途耳（云云）。

四、明功用者，若分字解義，功論自進，用論益物。合字解者，正語化他。五品之位，理雖未顯，觀慧已圓，具煩惱性，能知如來祕密之藏，堪爲世間作初依止。依止此人，猶如如來，當知不久，詣於道樹，近三菩提，一切世間皆應向禮，一切賢聖皆樂見之。若六根似解，圓觀轉明，長別苦海，能以一妙音，徧滿三千界，隨意之所至，一切天龍皆向其處聽法。其人有所說法，能令大衆歡喜，猶是第一依止。涅槃標四依，義通圓、別。人師多約別判。地前通名初依。登地至三地，斷見盡，名須陀洹；至五地侵思，名斯陀含，是第二依。至七地思盡，名阿那含，是第三依。八地至十地，欲色心三習盡，名阿羅漢，是第四依。若推圓望別，應約十住明三依，對住前爲四依。若始終判者，五品、六根爲初依；十住爲二依；十行、十迴向爲三依；十地、等覺爲四依。

從初住已上，總論功用。若豎功未深，横用不廣；豎功若深，横用必廣。譬如諸樹，根深則枝闊，華葉亦多。初住豎破一分無明，獲一分二十五三昧，顯一分我性。論其實處，不可思議。依於教門，横則百佛世界，分身散影，作十法界像，利祐衆生。如是住住豎入，倍倍轉深，無明漸漸盡，三昧轉轉增，我性分分顯，横用稍稍廣。千佛界、萬佛界、恒沙佛界、不可説不可説佛界，徧如是界，八相成道，教化衆生，况餘九法界身耶？諸行、諸地，亦復如是。論其滿足，唯佛與佛乃能究盡無明之源。故經言：「如佛心中無無明，唯佛法王住究竟王三昧。毗盧遮那法身，横周法界，豎極菩提，大功圓滿，勝用具足（云云）。」

五、通諸位論麤妙者，小草止免四趣，不動、不出。中草雖復動、出，智不窮源，恩不及物。上草雖能兼濟，滅色爲拙。小樹雖巧，功齊界内，故其位皆麤。大樹實事，同緣中道，皆破無明，俱有界外功用，故此位爲妙。而别教從方便門，曲逕紆迴，所因處拙，其位亦麤。圓教直門，是故爲妙。又，三藏菩薩，全不斷惑，望圓教五品，有齊、有劣：同不斷惑，是故言齊；五品圓解常住，彼全不聞常住，是故爲劣。若三藏佛位，斷見、思盡，望六根清淨位，有齊、有劣：同除四住，此處爲齊；若伏無明，三藏則劣。佛尚爲劣，二乘可知。當知三草蒙籠，生用淺短，故其位皆麤。若乾慧地、性地，望五品位，有齊、有劣，例前（云云）。

若八人、六地見、思盡，七地修方便，至佛斷習盡，望圓教似解，有齊、有劣，例前可解。當知小樹之位，未有干雲婆娑之能，是故皆麤。若別教十信望五品位，有齊、有劣；同未斷惑，是故爲齊；十信歷別，五品圓解，此則爲優。別教十住斷通見、思，十行破塵沙，十迴向伏無明，秖與圓家十信位齊優劣（云云）。若登地破無明，秖與圓家初住齊。何者？若十地十品破無明，圓家十住亦十品破無明。設開十地爲三十品，秖是圓家十住三十品齊。若與爲論，圓家不開十住，合取三十心爲三十品，與別家十地三十品等者，則十地與圓家十迴向齊。若奪而爲論，別家佛地與圓家初行齊；與而爲論，別家佛地與圓家初地齊。故知別教權説，判佛則高；望實爲言，其佛猶下。譬如邊方未静，授官則高；定爵論勳，置官則下。別教權説，雖高而麤；圓教實説，雖低而妙，此譬可解。以我之因，爲汝之果，別位則麤。當知大樹雖巨圍，要因於地，方漸生長。是知圓位從初至後，皆是實説。實伏、實斷，俱皆稱妙（云云）。大論云：「譬如有樹，名曰好堅。在地百歲，一出即長百丈，蓋衆樹頂。」〔九〕此譬圓位也。

【校注】

〔一〕見於大般涅槃經卷六四依品。

〔二〕大般涅槃經卷五四相品之餘：「又，解脱者即無爲法。譬如陶師，作已還破；解脱不爾，真解脱者，不生、不滅。是故解脱即是如來。如來亦爾，不生、不滅，不老、不死，不破、不壞，非有爲法。以是義故，名曰如來。」

〔三〕參見仁王般若波羅蜜護國經卷一菩薩教化品。

〔四〕參見思益梵天所問經卷二難問品。

〔五〕見於維摩詰所説經卷一菩薩品。

〔六〕大般涅槃經卷二五師子吼菩薩品之一：「善男子！是因非果如佛性，是果非因如大涅槃，是因是果如十二因緣，所生之法非因非果，名爲佛性。非因、果故，常、恒、無變。以是義故，我經中説十二因緣其義甚深，無知、無見、不可思惟，乃是諸佛、菩薩境界，非諸聲聞、緣覺所及。」

〔七〕見於菩薩地持經卷六方便處禪品。

〔八〕仁王般若波羅蜜護國經卷一菩薩教化品：「三賢十聖住果報，唯佛一人居淨土，一切衆生暫住報，登金剛原居淨土。」

〔九〕大智度論卷一〇初品中十方菩薩來釋論之餘：「譬如有樹名爲好堅，是樹在地中百歲，枝葉具足，一日出生高百丈，是樹出已，欲求大樹以蔭其身。是時林中有神，語好堅樹言：『世中無大汝者，諸樹皆當在汝蔭中。』佛亦如是，無量阿僧祇劫在菩薩地中生，一日於菩提樹下金剛座處坐，實知一切諸法相，得成佛道。是時自念：『誰可尊事以爲師者，我當承事恭敬供養。』時，梵天王等諸天白佛言：『佛爲無上，無過佛者。』」

六、明位興者，問：權位皆麤，佛何意説耶？答：爲諸衆生好樂不同，生善緣不同，知過改惡不同，當説取悟不同，是故如來種種諸説，皆有利益。若隨界内好樂，説前兩教位。若隨界外好樂，説後兩教位。生界内事善，説三藏位。生界内理善，説通教位。生界外事善，説别教位。生界外理善，説圓教位。破界内事惡，説三藏位。破界内理惡，説通教位。破塵沙事惡，説别教位。破無明理惡，説圓教位。緣事入真，説三藏位。緣理入真，説通教位。從事入中，説别教位。緣理見中，説圓教位。爲是義故，諸位得興，階差高下無量矣。

七、明位廢者，理本無位，位爲緣興。緣既迭興，位亦迭謝。非是法華始復廢也。須識諸破立意，不得妄破妄立。何者？元夫如來立三藏位，權生事善。事善既生，濟用若足，便須廢也。通、别位亦如是。此是如來破立之意。若毗曇、婆沙中明菩薩義，龍樹往往破之，謂其失佛方便，是故須破；申佛方便，是故須立。此是龍樹破立意。若常途大乘師，全不整理三藏，此則失佛方便。常途小乘師，探取經義，釋所弘之論，辨菩薩義。毗婆沙自説菩薩義，而不肯用取大乘經，解三藏空、有二門，豈應相會？此有二過：一、埋佛方便，二、彰論主不解菩薩義。是故須破。縱令引經釋大乘義，是何等大乘？若作通教大乘者，三乘同入真諦，至佛亦然。那得八地觀中道、破無明？作通義不成，是故須破。若作別教大乘義者，始從初心與二乘異，那得六地將羅漢齊？作別義不成，是故須破。又，別是方便，執權謗實，是故須破。往者，人往義定，今窺見其過，是故須破；申佛方便，復應須立，即是今時破立之意。而圓教起自一師，超三權、即一實，境、智、行、位，不與前同。若文理有會，夷塗共遊，失旨乖轍，請從良導。先叙此意，次明廢位也。

若佛赴機興廢破立者，如無量義經云：「無量法者，從一法生，所謂二道、三法、四果。」〔一〕二道者，即頓、漸也。三法者，即三乘也。四果者，四位也。此無量法，從一法生。何者？二道既是頓、漸，頓即大道，日照高山，且置未論。今明漸道之初，即三藏教。教云：求佛當三阿僧祇劫修六度行，百劫種相，乃可得佛。欲令生事善，故作是説。欲求佛者，改惡從善，善立教廢。即便破曰：豈有菩薩不斷結惑，而得菩提？毒器不任貯食，此教即廢，行、位皆廢。本望果行因，無果可望，佛智、佛位俱廢。

若約二乘辨廢者，本令事行調心，從拙度見真，見真已，教意即足，是故析教廢。爲此諸義，故言廢藏立通。元稟通教，不學三藏者，不於此人論廢。立通之意，爲生理善，體法斷惑，從巧度入真，教意即足。智者見空，復應見不空，那得恒住於空？通教則廢，菩薩行、智悉廢，佛智位亦廢（云云）。二乘但教廢，餘者（云云）。此通教，通通、通別。共般若意，如上説。不共般若意，則有不廢（云云）。故知成論、地論師，秖見共般若意，不見不共意。中論師得不共意，失共意。通教既具兩意，於通菩薩及方便聲聞，即是廢義；住果聲聞，未是廢義；不共菩薩則不廢義（云云）。

若別起時，生界外事善。若破無知塵沙，事善既成，教意即足，復須破此隨他意語，是故別教教廢，地前行位悉廢。地上位及佛位皆廢高歸下，是故廢別立圓。

圓八番位皆是實位，故不須廢。大經云：「一切江河，悉有迴曲。一切叢林，必有樹木。」〔三〕諸教隨情，故有迴曲。三草二木是佛方便，故非真實，宜須廢位。金沙大河直入西海，金銀之樹悉是寶林，非曲是直，是故不廢。昔從頓出漸，漸不合頓。引漸入頓，處處須廢。今已會頓，頓何須廢？文云「始見我身」（云云），是故一教不廢。又云「但説無上道」，此道不廢。「昔於一佛乘，分別説三」，三乘不合，欲令三合一，處處須廢。今會三歸一，同乘一乘，是故一行不廢。

昔四果隔別，謂羅漢、辟支佛、菩薩習果、方便佛果。又四佛爲四果。欲合此果，處處須廢。今草庵已破，化城又滅，同至寶所，是故一果不廢。若從是義，三廢、一不廢。然三教有廢、有不廢。何者？從得道夜至泥洹夜，所説四阿含經，結爲聲聞藏，初教何曾廢？

成前人事善，逗後人事善，故有廢、有不廢。通教成前逗後，亦如是。別教成前逗後，亦如是。

圓教有立、有不立。初照高山，已自是立，於三藏者不立。文云：「始見我身，入如來慧。」即是前立。學小者今入佛慧，即是後立。中間可知。諸行智有廢、有不廢。諸果位有廢、有不廢。

若歷諸味，乳味有兩教：一教行位，亦廢、亦不廢，一教行位，不廢。酪教行位，有廢、有不廢。生酥四教：三教行位，有廢、有不廢；一教行位，不廢。熟酥三教：兩教行位，有廢、有不廢；一教行位，不廢。法華三教行位皆廢，一教行位不廢。但說無上道，同乘一實乘，俱直至道場，故三義皆不廢。無量義云「二道、三法、四果」不合，至法華皆合，故不論廢。成道已來，四十餘年，未顯真實，法華始顯真實。相傳云：佛年七十二歲說法華經（云云）。

又教廢、行位不廢；行位廢、教不廢；俱廢；俱不廢。云何教廢、行位不廢？住果聲聞，猶在草庵，行位不廢，而教廢也。云何行位廢、教不廢？利根密益，不待廢教，早休行位者是也。云何俱廢？三藏菩薩是也。云何俱不廢？逗後緣者是也。通教、別教例此可解（云云）。

若就施權，三教行位立、一不立；若就廢權，三教行位廢，而一不廢；若就利根，一立、三不立；若就鈍根，三立、一不立；若就轉鈍爲利，一立、三不立；利鈍合論，亦立、亦不立，亦廢、亦不廢；若就平等法界，非立、非不立，非廢、非不廢。

又廢教更聞教，自有廢教不更聞教，自有不廢教更聞教，自有不廢教不更聞教。云何廢教更聞教者？如廢六度事善，更聞亡三理善。云何廢教不更聞教？如住果二乘，廢教已，入滅。云何不廢教更聞教？如逗次第學者，方等中竝聞小大名者。云何不廢不更聞？未廢教而密入者。

又廢智更修智，不廢智更修智，廢智不修智，不廢智不修智。云何廢智更修智？三藏菩薩廢己智，更修無生智。云何不廢智更修智？住果聲聞，不廢己智，遠復遊觀，學無生智，實不用巧智斷結也。又次第習者是也。云何不廢智不修智？亦是住果聲聞，生滅度想，不肯修大也。如四弟子領解云「我昔身體疲懈，但念空、無相、願，於菩薩法，都無願樂之心」[三]者是也。及更逗後緣者是也。云何廢智不修智？廢三藏智菩薩，退爲諸惡者是也。亦是廢智已，密入頓中，不修方便智是也。

又廢位更入位，廢位不入位，不廢不更入，不廢而入。云何廢位更入位？三藏菩薩，廢不斷惑位，入斷惑位。云何廢位不更入位？謂廢位密悟頓者，不入次第位也。云何不廢位不更入位？謂住果二乘是也。云何不廢位而更入位？謂逗後緣者，亦是未廢密悟而入上位也。通教、別教智位料簡，亦應如此（云云）。

問：廢更修，可有益，廢不更修，有何益？答：自有廢修得益。自有訶廢，聞雖不修，而有恥小鄙劣，折其取證之心，亦是有益。又，齊其斷結，謂言無益，迴心入大，即是得益（云云）。

【校注】

〔一〕無量義經卷一：「無量義者，從一法生；其一法者，即無相也。如是無相，無相不相，不相無相，名爲實相。（中略）其法性者，亦復如是，洗除塵勞，等無差別，三法、四果、二道不一。」

〔二〕見於大般涅槃經卷一〇一切大衆所問品。

〔三〕妙法蓮華經卷二信解品：「世尊往昔説法既久，我時在座，身體疲懈，但念空、無相、無作，於菩薩法，遊戲神通、淨佛國土、成就衆生，心不喜樂。」

八、開麤位顯妙位者，若破三顯一，相待之意，可得如前。即三是一，絕待之意，義則不爾。何者？昔權蘊實，如華含蓮；開權顯實，如華開蓮現。離此華已，無別更蓮；離此麤已，無别更妙。何須破麤往妙？但開權位，即顯妙位也。

若開生死麤心者，明凡夫有反復，易發菩提心，生死即涅槃，無二無别，即麤是妙也。若始從凡夫，發析、體、别、圓四心者，亦是四位初心。皆是因緣所生心，即此因緣，即空、即假、即中，與圓初心無二無别。諸初心是乳顯妙，即是置毒乳中，即能殺人。殺有奢促，若按位而妙，即成假名妙。若進入方便，成相似妙。若進入理，即成分真妙（云云）。

若開六度權位行者，檀即因緣生法，即空、即假、即中。開檀得見佛性，乃至般若亦復如是，亦名置毒乳中，即能殺人。按位即假名妙。若進方便，成相似妙。若進入理，成分真妙（云云）。方便聲聞未入位者，開權顯實亦如是。

三藏斷結位，若未開權，永無反復，如焦種無芽。今開析空，即假、即中，如置毒酪中，亦能殺人。按麤即妙，是相似位。若進入，隨位判妙也。

次開通教二乘、菩薩，亦如是。出假菩薩位者，決了此假，假即是中，如置毒生酥，而能殺人。按麤即妙，是相似位。若進入，隨位判妙。

若開别教十信位者，同前。若開十住者，同二乘（云云）。若開十行位者，同通教出假菩薩。若開十迴向伏無明位，即此而中，是名置毒熟酥，即能殺人。按麤即妙，是相似位。若進入，隨位判妙。

若登地之位不決了者，秖是拙度之位。今決此權，令得顯實，即是置毒醍醐而殺於人。

按麤即妙，是十住位。若進入，隨位判妙。若決諸權，或按位妙，或進入妙，無麤可待，同成一妙，其義已顯。今更譬説，譬如小國大臣，來朝大國，失本位次，雖預行伍，限外空官。若大國小臣，心膂憑寄，爵乃未高，他所敬貴。諸教諸位，決麤入妙，雖得入流，欲比圓教八妙，猶是從鈍中來。圓教發心，雖未入位，能知如來祕密之藏，即喚作佛。初心尚然，何況後位乎！（云云）。

九、引涅槃五譬，成四教位。若不將四教釋譬，譬不可解。若非五譬判四教位，取信爲難。若信經文，則位義易曉。解諸位意，彼譬泠然。彼此相須，可謂兼美者也。彼文云：「凡夫，如乳。須陀洹，如酪。斯陀含，如生酥。阿那含，如熟酥。阿羅漢、支佛、佛，如醍醐。」〔一〕此譬三藏五位。何者？凡夫全生，未能除惑，菩薩亦爾，但得如乳。須陀洹破見，革凡成聖，如乳變爲酪。斯陀含侵六品思，故如生酥。阿那含欲界思盡，故如熟酥。阿羅漢、支佛、佛，皆斷三界見思盡，故同稱醍醐。故釋論云：聲聞經中稱阿羅漢地爲佛地。故共爲一味也。

問：此經以三藏菩薩爲上草。彼經云何以菩薩爲乳味？答：經取化他邊强，喻之上草。此中自證力弱，同凡夫爲乳味（云云）。

三十二云：「凡夫如雜血乳；須陀洹、斯陀含如淨乳；阿那含如酪；阿羅漢如生酥；支佛、菩薩如熟酥；佛如醍醐。」〔三〕此譬通教五位也。凡夫不斷惑，乳猶雜血。二果侵思未多，同初果如乳。三果欲思已盡，故如酪。四果見思俱盡，如生酥。支佛智利侵習，小勝聲聞，故共菩薩如熟酥。十地名佛地，即是醍醐。

前以菩薩同凡味，故知是三藏。今以菩薩同支佛，故知是通。若不作通釋譬義，何由可解（云云）？

妙法蓮華經玄義卷第五上

【校注】

〔二〕參見大般涅槃經卷九月喻品。

〔三〕參見大般涅槃經卷三二迦葉菩薩品之二。

妙法蓮華經玄義卷第五下

隋天台智者大師説
門人灌頂記

第九卷：「凡夫佛性，如牛新生，血乳未别〔一〕。聲聞佛性，如清淨乳。支佛如酪。菩薩如生、熟酥。佛如醍醐。」此譬别教五位。乳譬無明，血譬四住。凡夫具此，故言雜血。十住已斷四住之血，與二乘齊，故言聲聞如乳。十住後心理明智利，類支佛侵習，故言如酪。十行破塵沙，如生酥。十迴向破界外塵沙，如熟酥。故言菩薩如生、熟酥。登地破無明，顯佛性，得一身無量身，百佛世界八相作佛，故言佛如醍醐。

二十五云：「雪山有草，名爲忍辱。牛若食者，即得醍醐。」〔二〕牛喻凡夫，草喻八正。能修八正，即見佛性，名得醍醐。此譬圓教，行大直道，觀一切衆生即涅槃相，不復可滅。圓信、圓行不由歷别，於一生中，即入初住，得見佛性。如牛食忍草，不歷四味，卓出醍醐，故知圓教意也。忍草譬境妙，牛譬智妙，食者譬行妙，出醍醐譬位妙，此圓意也。牛食餘草，血乳轉變，歷四味已，方成醍醐。餘方便教，境、智、行、位，皆麤意也。

前四譬，即有四處明醍醐。四教明佛智各異，俱既稱佛，同指佛智以爲醍醐。藏、通二佛不明中道，但取果頭佛二諦智爲醍醐。別教登地破無明，即能作佛，以中道理智爲醍醐。圓教初住得中道智，亦稱爲醍醐。瓔珞云「頓悟世尊」〔三〕，即此初住智爲醍醐也。前兩醍醐是權非實，故有教而無人。別教醍醐名權理實，圓教醍醐名理俱實。以是義故，前三位、五味皆麤，圓教一味皆妙。

第二十七卷云：「譬如有人，置毒乳中，則能殺人。乃至醍醐，亦能殺人。」〔四〕此譬兩用：一、通約漸、頓，明不定教，處處皆得見佛性也。二、約行不定。行人心行譬之如乳，實相智譬之以毒，毒有殞命之能，此智有破無明之力。久遠劫來，説實相毒，置於凡夫心乳，毒慧開發，不可爲定，或於初味發，或於後味發，不得次第往判，故言置毒乳中，乃至醍醐，偏五味中，悉有殺義。

若衆生始於凡地，得聞華嚴，即便見理入佛慧者，此是血乳殺人。若先得十住，今華嚴得悟，即是酪中殺人。十行悟者，是生酥殺人。十迴向悟者，是熟酥殺人。諸地更悟，是醍醐中殺人。若過去，先是圓教中假名、相似之位，今聞華嚴得悟者，亦是乳中殺人，亦是酪、生熟等酥中殺人。若先是諸住、諸行等位，今更聞華嚴，得增道損生，即是於醍醐中殺人（云云）。

若歷三藏教中，凡夫及方便位，及菩薩位，聞三藏教，於中即能密見中道，即是乳中殺人。若四果位，密見中道，即是酪中殺人。顯露教中，無此事也。

若通教中，凡夫及三乘方便位，若聞通教，密見佛性，即是乳中殺人。若入位者，祕密而去，即是酪中殺人。若菩薩道種智中去，即是生酥殺人。九地中去，即是熟酥殺人。十地中去，即是醍醐中殺人。通教聲聞，但有祕密中殺人，無顯露不定殺也。

若歷別教中，十信聞教去，即是乳中殺人。三十心中去，即是酪殺人，生酥、熟酥等殺人。登地去，即是醍醐殺人也。

若圓教中，發始聞經即破無明、見佛性，是乳中殺人。六根清淨去，是酪、生熟酥等殺人。若初住去，是醍醐殺人。

若有行人，歷諸教四譬五味過已，方得入圓教醍醐中殺人者，此是破三顯一，相形待爲妙。若置毒乳中，味味悉殺人者，此是開權顯實，於一切法中即見中道。故文云：「汝等所行，是菩薩道。」〔五〕不須更改途易轍而求真實，即麤見妙，故以置毒爲喻。

諸經悉有祕密置毒之妙，而未有顯露歷味入妙，亦無顯露決麤即妙。至此法華方有二意。同乘寶乘，皆開佛知見，顯露事彰，是故獨稱爲妙，其意在此。次第入妙、開麤即妙，各有兩意：按位開入、有增進開入。若言「決了聲聞法，是諸經之王，聞已諦思惟，得近無〔六〕上道」，即是按位顯妙。增道損生，即是升進入妙。故法華獨稱妙也。

【校注】

〔一〕大般涅槃經卷九菩薩品：「善男子！如牛新生，乳、血未別，凡夫之性雜諸煩惱亦復如是。」

〔二〕見於大般涅槃經卷二五獅子吼菩薩品之一。

〔三〕參見菩薩瓔珞本業經卷二佛母品：「是故無漸覺世尊，唯有頓覺如來。」

〔四〕大般涅槃經卷二七獅子吼菩薩品之三：「善男子！譬如有人置毒乳中，乃至醍醐皆悉有毒。乳不名酪，酪不名乳，乃至醍醐亦復如是。名字雖變，毒性不失，遍五味中皆悉如是。若服醍醐亦能殺人，實不置毒於醍醐中。衆生佛性亦復如是，雖處五道受別異身，而是佛性常一無變。」

〔五〕見於妙法蓮華經卷五藥草喻品。

〔六〕「無」：底本空格，據南本、徑本、大本補。

十、明妙位始終者，真如法中無詮次，無一地、二地，法性平等，常自寂然，豈應分別初後始終？良由平等大慧，觀於法界無有若干，能破若干無明，顯出無若干智慧。約此智慧，無始而始，即是初阿；無終而終，即是後茶；無中而論中，即是四十心。雖復差別，則無差別，故名不思議位也。如下文云：「聲聞、緣覺如竹林，新發、不退菩薩等，皆不能知，除諸菩薩衆，信力堅固者。」聲聞、緣覺所不能知，此簡三藏、通教兩種二乘也。三藏菩薩緣真不及聲聞，聲聞尚不知，此菩薩那得知？通教菩薩入真之智，與二乘不殊，二乘不知，彼菩薩亦不知。

今標二乘不知，兩處菩薩亦不能測。發心不知，即指别教十信；不退不能知，即指别教三十心。十住，位不退。十行，行不退。十迴向，念不退。此三不退皆不能知。三藏中不退，尚不及二乘，通教中不退，止等二乘，二乘不知，豈重舉菩薩？今標發心不退者，則擬别教中人也。

信力者，是假名位。堅固者，是鐵輪位。如此等位，聞經即解，故得爲妙，似位之始也。初開佛知見，乘是寶乘，遊於東方，即是真位之始也。三方是中位，直至道場，過茶無字可説，即是終位也。

如此諸位，乘何等乘？乘有三種：謂教、行、證。若言是乘從三界出，到薩婆若中住。住有二義：一、取證故住，即通教意也；二、所乘極故住，即别、圓意也。初心馮教所詮，信教立行，得出三界。無明未破，未有所證，故不見真，但乘教乘，來至此耳。我圓教中，其誰是耶？謂五品弟子，能善發大心，長别三界苦輪海，即其人也。教乘既息，證乘未及，以似解慧，進修衆行，則以行爲乘，從方便三界中出，到初住薩婆若中住。我圓教中，其誰是耶？謂十信心六根淨者，即其人也。初住乃至等覺，更增道損生者，此以證爲乘，從因緣三界乃至無後三界中出，到妙覺中，過荼無字可説，故言到薩婆若中住。前來諸乘，猶有上法，不得稱住。荼無上法，是故言住。住無住處，即妙位之終。

復次，别教十住破見思，是行三百由旬，十行破塵沙爲四百，十迴向伏無明爲五百。十地斷無明，此分見中道，即爲寶所也。

圓教六根清淨時，是行四百。破無明入初住，是行五百。二乘聞經，破無明惑，開佛知見，得記作佛者，即是決了諸麤位。過五百由旬，來入初住，即是妙位之始，得於證乘，遊於東方也。若至本門中增道損生，更乘證乘，遊於南方，是進入十行位也。西方是進入十迴向。北方是進入十地也。又如文云「説是如來壽命長遠時，六百八十萬億那由他恒河沙人得無生法忍」，即是十住。「復千倍菩薩，得聞持陀羅尼」，即十行。「復有一世界微塵數菩薩，得樂説辯才」，即十迴向。「復有一世界微塵數，得旋陀羅尼」，即初地。「三千大千微塵，得不退」，即二地。「二千國土微塵，能轉清淨法輪」，即三地。「小千國土微塵，八生當得菩提」，即四地。七生當得，即五地。六生當得，即六地。五生當得，即七地。

「四生當得」，即八地。「三生當得」，即九地。「二生當得」，即十地。「一生當得」，即等覺。過此一生，即是過茶無字，即是妙覺地，妙位之終也〔一〕。

將前列位中，引法華經文，入此中共作一科者，即不煩也。

【校注】

〔一〕妙法蓮華經卷五分别功德品：「阿逸多！我說是如來壽命長遠時，六百八十萬億那由他恒河沙衆生，得無生法忍；復有千倍菩薩摩訶薩，得聞持陀羅尼門；復有一世界微塵數菩薩摩訶薩，得樂説無礙辯才；復有一世界微塵數菩薩摩訶薩，得百千萬億無量旋陀羅尼；復有三千大千世界微塵數菩薩摩訶薩，能轉不退法輪；復有二千中國土微塵數菩薩摩訶薩，能轉清淨法輪；復有小千國土微塵數菩薩摩訶薩，八生當得阿耨多羅三藐三菩提；復有四四天下微塵數菩薩摩訶薩，四生當得阿耨多羅三藐三菩提；復有三四天下微塵數菩薩摩訶薩，三生當得阿耨多羅三藐三菩提；復有二四天下微塵數菩薩摩訶薩，二生當得阿耨多羅三藐三菩提；復有一四天下微塵數菩薩摩訶薩，一生當得阿耨多羅三藐三菩提；復有八世界微塵數衆生，皆發阿耨多羅三藐三菩提心。」

第五、三法妙者，斯乃妙位所住之法也。言三法者，即三軌也。軌名軌範，還是三法可軌範耳。此即七意：一、總明三軌，二、歷別明三軌，三、判麤妙，四、開麤顯妙，五、明始終，六、類三法，七、悉檀料簡。

一、總明三軌者：一、真性軌，二、觀照軌，三、資成軌。名雖有三，秖是一大乘法也。經曰：「十方諦求，更無餘乘，唯一佛乘。」〔一〕一佛乘即具三法，亦名第一義諦，亦名第一義空，亦名如來藏。此三不定三，三而論一，一不定一，一而論三，不可思議，不竝不別，伊字、天目。故大經云：「佛性者，亦一、非一、非一非非一。亦一者，一切衆生悉一乘故。」〔二〕此語第一義諦。「非一者，如是數法故。」此語如來藏。「非一非非一，數、非數法，不決定故。」此語第一義空。而皆稱亦者，鄭重也。秖是一法，亦名三耳。故不可單取，不可複取，不縱不横，而三而一。

前明諸諦若開、若合，若麤、若妙等，已是真性軌相也。前明諸智若開、若合，若麤、若妙，是觀照軌相也。前明諸行若開、若合，若麤、若妙，已是資成軌相也。前明諸位，秖是修此三法所證之果耳。若然，何以重説？重説有三義：一者、前境、智、行，是因中所乘之三軌。今明乘是大乘，已至道場，證果所住之三軌也。二者、前作境、智等名別説，今作法名合説。三者、前直爾散説，不論本末。今遠論其本，即是性德三軌，亦名如來之藏；極論其末，即是修德三軌，亦名祕密藏。本末含藏一切諸法。從性德之三法，起名字之三法；因名字之三法，修觀行之三法；因觀行之三法，發相似之三法，乃至分證之三法，究竟之三法。自成三法、化他三法，爲是義故，宜應重説也。

私謂：一句即三句，三句即一句，名圓佛乘。記中既從如來藏一句出諸方便，此乃別判，例應通開。非一者，數法故。指此爲如來藏，開出三藏中三乘事相方便。非一非非一，不決定故。指此一句爲第一義空，開出通教三人即事而真。亦一者，一切衆生悉一乘故。指此一句爲第一義諦，開出別教獨菩薩乘。此諸方便，悉從圓出。故經言「於一佛乘，分別説三」，即此義也。

二、歷別明三法者，先須識如來開、合方便，然後乃解總攬三法爲一大乘也。佛從何法開諸權乘？如大經明佛性非一，如是數法説三乘故。當知諸乘數法爲如來藏所攝，佛於此藏，開出聲聞、緣覺，及諸菩薩通、別等乘。何者？諸乘既是方便，如來藏又是事，從事出方便，故言諸權爲如來藏攝耳。又依經故，大經云：「聲聞僧者，名有爲僧。」〔三〕又云：「六波羅蜜福德莊嚴。」又云：「聲聞之人，定力多故，不見佛性。」〔四〕當知定力即是福德，福德秖是有爲，勝鬘稱爲有漏。例如界内見、思未破，爲有起作，故名有爲；取理不當，故名有漏；非智慧法，故名福德。今以下望上，亦應如是。二乘未破變易，猶是有爲；無明未脱，故言有漏；非中道智，故名福德。以是故知，方便諸乘悉爲資成所攝，皆從大乘一句偏出，非究竟法，故云「於一佛乘，分別説三」，即此意也。亦是於一佛乘，分別説五；亦是分別説七；亦是分別説九。若依此釋，如來藏句開出種種方便、諸權乘法也。

次歷四教各論三法者，三藏中，以無爲智慧名觀照軌；正爲乘體，助道成乘具，名資成軌；正、助之乘，斷惑入真，真是真性軌。教來詮此，故以教爲乘也。緣覺亦爾，菩薩以無常觀爲觀照；功德肥爲資成；坐道場斷結、見真爲真性。此教詮真，乘是教乘，從三界中出，到薩婆若中住。言教已盡，故無教乘，真不能運，故證非乘，故有索車之意（云云）。

二、通教，以真性軌爲乘體。何以故？即色是空，事中有理，此理即真，故爲乘體。以即空慧爲觀照，衆行爲資成。此教詮真，乘是教乘，從三界出，到薩婆若中住。菩薩出三界已，用行爲乘，淨佛國土，教化衆生，乃至道場，乃可名住。亦是有教無人，無誰住者，亦是教謝證寂，無復運義，亦有索車之意（云云）。

三、明別教三法者，以緣修觀照爲乘體，諸行是資成，以此二法爲緣修智慧。慧能破惑顯理，理不能破惑。理若破惑，一切衆生悉具理性，何故不破？若得此慧，則能破惑，故用智爲乘體。故大經云：「無爲無漏，名菩薩僧。即是一地、二地，乃至十地智慧，名智慧莊嚴。」〔五〕以此智慧運通十地，故爲乘體。然攝大乘明三種乘：理乘、隨乘、得乘。理者，即是道前真如。隨者，即是觀真如，慧隨順於境。得者，一切行願熏習，熏無分別智，契無分別境，與真如相應。此三意，一往乃同於三軌，而前後未融。何者？九識是道後真如，真如無事，智行根本種子皆在梨耶識中熏習成就，得無分別智光，成真實性。是則理乘本有，隨、得今有，道後真如方能化物。此豈非縱義？若三乘悉爲黎耶所攝，又是横義，又濫冥初生覺，既縱既横，與真伊相乖。元夫如來初出，便欲説實，爲不堪者，先以無常遣倒，次用空淨蕩著，次用歷别起心，然後方明常、樂、我、淨。龍樹作論，申佛此意，以不可得空洗蕩封著，習應一切法空，是名與般若相應。此空豈不空於無明？無明若空，種子安在？淨諸法已，點空説法，結四句相。此語虚玄，亦無住著。如病除已，乃可進食，食亦消化。那得發頭據阿黎耶出一切法？本之見慢，全自未降，封此新文，若長冰添水。故知彼論非逗末代重著衆生，乃是界外一途法門耳。又阿黎耶若具一切法者，那得不具道後真如？若言具者，那言真如非第八識？恐此猶是方便，從如來藏中開出耳。若執方便，巨妨真實。若是實者，執之又成語見，多含〔六〕兒蘇，恐將夭命（云云）〔七〕。若能善解破立之意，於諸經論，淨無滯著也。

四、明圓教三法者，以真性軌爲乘體。不僞名真，不改名性，即正因常住，諸佛所師，謂此法也。一切衆生亦悉一乘，衆生即涅槃相，不可復滅；涅槃即生死，無滅不生。故大品云：「是乘不動、不出。」〔八〕即此乘也。

觀照者，秖點真性，寂而常照，便是觀照，即是第一義空。資成者，秖點真性法界，含藏諸行，無量衆具，即如來藏。三法不一異，如點如意珠中論光、論寶，光、寶不與珠一，不與珠異，不縱不横。三法亦如是，亦一、亦非一，亦非一非非一，不可思議之三法也。若迷此三法，即成三障：一者、界内、界外塵沙，障如來藏；二者、通别見思，障第一義空；三者、根本無明，障第一義理。若即塵沙障達無量法門者，即資成軌得顯；若即見思障達第一義空者，觀照軌得顯；若即無明障達第一義諦者，真性軌得顯。真性軌得顯，名爲法身；觀照得顯，名爲般若；資成得顯，名爲解脱。此兩即是定慧莊嚴，莊嚴法身。法身是乘體，定慧是衆具。下文云：「其車高廣，衆寶莊校。」〔九〕是名圓教行人所乘之乘，到薩婆若，過茶無字可説。無字可説，亦應無乘可運。若自行運畢，乘義則休。若權化未畢，運他不休。故文云：「佛自住大乘，如其所得法，定慧力莊嚴，以此度衆生。」〔一〇〕即其義也。譬如御者，運車達到，猶名爲車。果乘亦爾，猶名爲運。

復次，何必一向以運義釋乘？若取真性，不動、不出，則非運非不運。若取觀照、資成，能動、能出，則名爲運。秖動出即不動出；即不動出是動出。即用而論體，動出是不動出；即體而論用，即不動出是動出。體用不二而二耳。例如轉、不轉，皆阿鞞跋致；動、不動，皆是毗尼。以是義故，發趣、不發趣，皆名爲乘也（云云）。

【校注】

〔一〕妙法蓮華經卷二譬喻品：「汝舍利弗！我爲衆生，以此譬喻，説一佛乘。汝等若能，信受是語，一切皆當，得成佛道。是乘微妙，清淨第一，於諸世間，爲無有上，佛所悦可。以是因緣，十方諦求，更無餘乘，除佛方便。」

〔二〕大般涅槃經卷二五獅子吼菩薩品之一：「善男子！佛性者，（中略）亦一、非一、非一非非一，（中略）云何爲一？一切衆生悉一乘故。云何非一？説三乘故。云何非一非非一？無數法故。」

〔三〕參見大般涅槃經卷五四相品之餘。

〔四〕參見大般涅槃經卷二五獅子吼菩薩品之一。

〔五〕參見大般涅槃經卷二五獅子吼菩薩品之一。

〔六〕「含」：底本作「舍」，據南本、徑本、大本改。

〔七〕大般涅槃經卷四四相品之一：「迦葉！云何正他？佛説法時，有一女人乳養嬰兒，來詣佛所，稽首佛足，有所顧念，心自思惟，便坐一面。爾時，世尊知而故問：『汝以愛念多啥兒酥，不知籌量消與不消。』爾時，女人即白佛言：『甚奇，世尊！善能知我心中所念，唯願如來教我多少。世尊！我於今朝多與兒酥，恐不能消，將無夭壽。唯願如來爲我解説。』佛言：『汝兒所食尋即消化，增益壽命。』女人聞已，心大踊躍，復作是言：『如來實説，故我歡喜。』世尊如是爲欲調伏諸衆生故，善能分别説消、不消，亦説諸法無我、無常。若佛世尊先説常者，受化之徒當言：『此法同彼外道。』即便捨去。」

〔八〕參見摩訶般若波羅蜜經卷六出到品。
〔九〕見於妙法蓮華經卷二譬喻品。
〔一〇〕見於妙法蓮華經卷一方便品。

三、明麤妙者，三藏於有爲福德論三法爲乘。四念處是聞慧，乘於教乘，到四善根。四善根乘於行乘，到見諦。見諦乘於證乘，到無學。既是權法出三界外，以真爲證。證則不運、不見實乘。嗚呼自責，欲問世尊，爲失、爲不失？即此意也。半字漸引，非究竟義，是故三法皆麤也。通教即空慧三法爲乘巧，餘意大同。乾慧地乘於教乘，性地乘於行乘，八人、見地乘於證乘。此亦偏説，是故爲麤。别教以資成資於觀照，觀照開於真性，三法爲乘。十信乘教，十住乘行，十地乘證，到妙覺薩婆若中住。緣修成即謝，唯真修在。若爾，資成在前，觀照居次，真性在後。此〔一〕三竪别，縱非大乘，此三竝異，横非大乘，是方便法，是故爲麤也。

圓教點實相爲第一義空，名空爲縱。第一義空即是實相，實相不縱，此空豈縱？點實相爲如來藏，名之爲横。如來藏即實相，實相不横，此藏豈横？故不可以縱思，不可以横思，故名不可思議法，即是妙也。秖點空、藏爲實相，空縱、藏横，實相那不縱横？秖點空爲如來藏，空既不横，藏那得横？點如來藏爲空，藏既不縱，空那得縱？點實相爲空、藏，實相非縱非横，空、藏亦非縱非横，宛轉相即，不可思議，故名爲妙。秖點如來藏爲廣，點第一義空爲高，故言其車高廣。如來藏即實相，故其車非廣。第一義空即實相，故其車非高。秖實相是空，那得非高？秖實相是如來藏，那得非廣？又點實相爲如來藏，故言衆寶莊校，又多僕從而侍衛之。點實相爲第一義空，故言有大白牛，肥壯多力，行步平正，其疾如風。智慧無染，名爲白。能破惑，故名多力。中道慧，名平正。入無功用，故其疾如風。不思議三法，共成大車，豈有縱横竝別之異？

如是教乘，不縱不横，五品所乘，到於似解。如是行乘，不縱不横，似解所乘，到於十住。如是證乘，不縱不横，十住所乘，到於妙覺薩婆若中住，故名妙乘。又云：「是乘微妙，清淨第一。」〔二〕故瓦官建講〔三〕，人夢聽者駕乘闐門而出；彼處建講，人夢黄衣滿路。以相則之，邪正明矣。

若將此麤妙等乘約五味者，乳教一麤一妙，酪教一麤，生酥三麤一妙，熟酥二麤一妙。衆經悉帶縱横方便，説不縱、不横之真實，故言爲麤。今經正直捨方便，故加之以妙

（云云）。

四、開麤顯妙者，約大經三句也。經言「佛性亦一」者，一切衆生悉一乘故。此是不動、不出之一乘，故具足三法，不縱、不横。夫有心者皆備此理，而其家大小都無知者，是故爲麤。今示衆生諸覺寶藏，耘除草穢，開顯藏金。一切無礙人，一道出生死。十方諦求，更無餘乘，唯一佛乘，是故爲妙。經言：「佛性亦非一非非一。」數、非數法，不決定故。」若執緣修智慧，定能顯理；慧自非理，則照用不明，不見佛性，是故爲麤。今開定執之慧，即不決定慧，即慧而理，即理而慧，不執著數，定三定一，不著非數，非三非一，如此乃名無著妙慧。能破一切定相及不定相，亦無能破、所破。如輪王能破能安，如日除闇生物，如醫除膜養珠，即是大乘不縱不横之妙慧也。經言：「佛性亦非一，説三乘故。」即是三乘、五乘、七乘等諸方便乘。若住諸乘，但是事善，及以偏真，通入處近，是故爲麤。今若決了諸乘即是如來藏，藏名佛性。從人天善乃至别乘，皆不動本法，即是於妙。當知三句攝一切法，無非佛性，悉皆是妙。無麤可待，即絶待妙也。

五、明始終者，不取五品教乘爲始，乃取凡地一念之心，具十法界、十種相性，爲三法之始。何者？十種相性秖是三軌。如是體，即真性軌；如是性，性以據内，即是觀照軌；如是相者，相以據外，即是福德，是資成軌；力者，是了因，是觀照軌；作者，是萬行精勤，即是資成；因者，是習因，屬觀照；緣者，是報因，屬資成；果者，是習果，屬觀照；報者，是習報，屬資成；本末等者，空等即觀照，假等即資成，中等即真性。直就一界十如論於三軌。今但明凡心一念，即皆具十法界，一一界悉有煩惱性相、惡業性相、苦道性相。若有無明煩惱性相，即是智慧觀照性相。何者？以迷明故起無明。若解無明，即是於明。大經云：「無明轉，即變爲明。」〔四〕淨名云：「無明即是明。」〔五〕當知，不離無明而有於明，如冰是水，如水是冰。

又凡夫心，一念即具十界，悉有惡業性相，秖惡性相即善性相，由惡有善，離惡無善，翻於諸惡，即善資成。如竹中有火性，未即是火事，故有而不燒，遇緣事成，即能燒物。惡即善性，未即是事，遇緣成事，即能翻惡。如竹有火，火出還燒竹。惡中有善，善成還破惡。故即惡性相是善性相也。凡夫一念，皆有十界識、名色等苦道性相。迷此苦道，生死浩然，此是迷法身爲苦道，不離苦道別有法身。如迷南爲北，無別南也。若悟生死，即是法身，故云苦道性相即是法身性相也。

夫有心者，皆有三道性相，即是三軌性相。故淨名云：「煩惱之儔，爲如來種。」〔六〕此之謂也。若言如是力、如是作者，菩提心發也，即是真性等萌動。如是因者，即是觀照萌動。如是緣者，即是資成萌動。如是果者，由觀照萌動成習因，感得般若習果滿也。如是報者，由資成萌動爲緣因，感得解脱報果滿也。果報滿故，法身亦滿，是爲三德究竟滿，名祕密藏。本末等者，性德三軌冥伏，不縱、不横；修德三軌彰顯，不縱、不横。冥伏如等、數等、妙等，彰顯如等、數等、妙等，故言等也。亦是空等、假等、中等（云云）。

【校注】

〔一〕「此」：底本作「比」，據南本、徑本、大本改。

〔二〕見於妙法蓮華經卷二譬喻品。

〔三〕智顗離開慧思南下金陵後，被邀請居住在瓦官寺講法，其弟子灌頂隋天台智者大師别傳有詳細記載：「儀同沈君理，請住瓦官開法華經題。敕一日停朝事，群公畢集，金紫光禄王固、侍中孔焕、尚書毛喜、僕射周弘正等，朱輪動於路，玉珮喧於席，俱服戒香，同飡法味。（中略）停瓦官八載，講大智度論，説次第禪門。蒙語默之益者，略難稱紀。雖動静合道，而能露疵藏寶，恩被一切，草知我誰。昔浮頭玄高，雙弘定慧，厥後沈喪，單輪隻翼而已，逮南嶽挺振，至斯爲盛者也。」

〔四〕大般涅槃經卷八如來性品：「是諸衆生以明、無明業因緣故，生於二相；若無明轉，則變爲明。一切諸法善、不善等亦復如是，無有二相。」

〔五〕維摩詰所説經卷二入不二法門品：「明、無明爲二。無明實性即是明，明亦不可取，離一切數，於其中平等無二者，是爲入不二法門。」

〔六〕維摩詰所説經卷二佛道品：「於是維摩詰問文殊師利：『何等爲如來種？』文殊師利言：『有身爲種，無明有愛爲種，貪恚癡爲種，四顛倒爲種，五蓋爲種，六入爲種，七識處爲種，八邪法爲種，九惱處爲種，十不善道爲種。以要言之，六十二見及一切煩惱，皆是佛種。』」

六、類通三法者，前以三軌之法，從始以至終，即是豎通無礙。今欲横通諸法，悉使無礙，類通諸三法。何者？赴緣名異，得意義同，麤通十條，餘者可領。三道、三識、三佛性、三般若、三菩提、三大乘、三身、三涅槃、三寶、三德，諸三法無量，止用十者，舉其大要，明始終耳。三道輪迴，生死本法，故爲初。若欲逆生死流，須解三識，知三佛性，起三智慧，發三菩提心，行三大乘，證三身，成三涅槃。是三寶，利益一切，化緣盡，入於三德，住祕密藏（云云）。

一、類通三道者：真性軌即苦道；觀照軌即煩惱道；資成軌即業道。苦道即真性者，下文云「世間相常住」，豈不即彼生死而是法身耶？煩惱即觀照，觀照本照惑，無惑則無照，一切法空是也。文云：「諸法從本來，常自寂滅相。」即煩惱是觀照也。照如薪生火。文云：「於諸過去佛，若有聞一句，皆已成佛道。」又云：「深達罪福相，徧照於十方。」即是聞於體達煩惱之妙句也。資成即業道者，惡是善資，無惡亦無善。文云：「惡鬼入其心，罵詈毀辱我，我等念佛故，皆當忍是事。」惡不來加，不得用念，用念由於惡加（云云）。又威音王佛所著法之衆，聞不輕言，罵詈打拍，由惡業故；還值不輕，不輕教化，皆得不退。又提婆達多是善知識，豈非惡即資成？三軌即三道，是爲理性行於非道，通達佛道。五品，觀行行於非道，通達佛道。六根清淨，相似行於非道，通達佛道。十住去，即分真行於非道，通達佛道。妙覺，究竟行於非道，通達佛道（云云）。

二、類通三識者，菴摩羅識即真性軌；阿黎耶識即觀照軌；阿陀那識即資成軌。若地人明阿黎耶是真常淨識，攝大乘人云是無記、無明、隨眠之識，亦名無没識，九識乃名淨識，互諍（云云）。今例近況遠，如一人心復何定？爲善則善識，爲惡即惡識，不爲善惡，即無記識。此三識，何容頓同水火？秖背善爲惡，背惡爲善，背善惡爲無記。秖是一人三心耳。三識亦應如是，若阿黎耶中有生死種子，熏習增長，即成分別識。若阿黎耶中有智慧種子，聞熏習增長，即轉依成道後真如，名爲淨識。若異此兩識，秖是阿黎耶識。此亦一法論三，三中論一耳。攝論云：「如金、土、染、淨。染譬六識；金譬淨識；土譬黎耶識。」〔一〕明文在兹，何勞苦諍？下文譬如有人至親友家，醉酒而卧，豈非阿黎耶識？世間狂惑分別之識起已，遊行以求衣食，豈非阿陀那識？聞熏種子稍起增長，會遇親友，示以衣珠，豈非菴摩羅識？菴摩羅識，名無分別智光。若黎耶中有此智種子，即理性無分別智光。五品，觀行無分別智光。六根清淨，相似無分別智光。初住去，分真無分別智光。妙覺，究竟無分別智光。麤妙（云云）。

三、類通三佛性者，真性軌即是正因性；觀照軌即是了因性；資成軌即是緣因性。故下文云：「汝實我子，我實汝父。」即正因性。又云：「我昔教汝無上道故，一切智願猶在不失。」智即了因性，願即緣因性。又云：「我不敢輕於汝等，汝等皆當作佛。」即正因性。「是時四衆，以讀誦衆經。」即了因性。「修諸功德」，即緣因性。又云：「長者諸子，若十、二十，乃至三十。」此即三種佛性。又云：「種種性相義，我已悉知見。」既言種種性，即有三種佛性也。若知三軌即三佛性，是名理佛性。五品，觀行見佛性。六根，相似見佛性。十住至等覺，分真見佛性。妙覺，究竟見佛性。是故稱妙（云云）。

四、類通三般若者，真性是實相般若；觀照是觀照般若；資成是文字般若。具如上釋境、智、行三妙之相。故下文云：「止止不須説，我法妙難思。」又云：「是法不可示，言辭相寂滅。」即實相般若。「我及十方佛，乃能知是相。」「唯佛與佛，乃能究盡。」又云：「我所得智慧，微妙最第一。」即觀照般若。又云：「我常知衆生，行道不行道，隨應所可度，爲説種種法。」若干言辭，隨宜方便，即是文字般若。又云：「如來知見廣大深遠。」廣大深遠即實相般若。如來知見稱廣大深遠，即觀照般若。若言方便知見皆已具足，即文字般若。故知三軌亦三般若之異名耳。若三智在三心、屬三人，是則爲麤。三智在一心中，不縱不横，是則理妙。五品，觀行三般若。六根淨，相似三般若。四十心，分真三般若。妙覺，究竟三般若也。

五、類通三菩提者，真性軌即實相菩提；觀照軌即實智菩提；資成軌方便菩提。故下文云：「我先不言汝等皆得阿耨三菩提。」「非實、非虚、非如、非異，不如三界，見於三界。」即實相菩提。「我成道已來，甚大久遠。」即實智菩提。「我説少出家，近伽耶城，得三菩提。」即方便菩提。若就弟子明三菩提者，「若我遇衆生，盡教以佛道。」即實相菩提。「安住實智中，我定當作佛。」又云：「佛子行道已，來世得作佛。」「乘是寶乘，直至道場。」即是修成實智菩提。授八相記，即方便菩提。不一異者，名之爲如。不決了名麤，決了名爲妙。一切衆生，理性菩提。五品，名字菩提。六根，相似菩提。四十一位，分真菩提。妙覺，究竟菩提(云云)。

六、類通三大乘者，真性即理乘；觀照即隨乘；資成即得乘。故下文云：「佛自住大乘，如其所得法，定慧力莊嚴。」住大乘即理乘；定慧莊嚴即隨乘；所得法即得乘。「佛自住大乘」是理乘；「於道場知已」是隨乘；「導師方便説」是得乘。又「舍利弗！以本願故，説三乘法。」是得乘、隨乘。又「是乘微妙清淨第一」是理乘。「於一佛乘」是理乘；「分別説三」是得乘、隨乘。不縱不横妙，開麤妙、歷七位（云云）。五品，名字乘。六根，相似乘。四十一位，分真乘。妙覺，究竟乘（云云）。

七、類通三身者，真性軌即法身；觀照即報身；資成即應身。若新金光明云：「依於法身，得有報身；依於報身，得有應身。」〔二〕此即如前所明，依於境妙，得有智妙；依於智妙，得有行妙。彼文云：「佛真法身，猶如虚空，應物現形，如水中月。」〔三〕報身即天月。此文云「佛自住大乘」，即是實相之身，猶如虚空。「定慧力莊嚴」，慧如天月，定如水月。又云「唯佛與佛，乃能究盡諸法實相」，即是法身。「我所得智慧，微妙最第一」，即是報身。「名稱普聞」，即是應身。又非生現生等，是應身也。「或示己身」，即法身、報身。「或示他身」，即報、應。「我以相嚴身，光明照十方，爲説實相印」，實相印即法身；照十方即應身；相嚴身即報身。又「深達罪福相，徧照於十方」，即報身；「微妙淨法身」，即法身；「具相三十二」，即應身。三軌名異，義即三身，故普賢觀云：「佛三種身，從方等生。」法界性論云：「水銀和真金，能塗諸色像，功德和法身，處處應現往。」〔四〕若此三身不縱不横，妙決了三身，入法身妙，歷七位妙（云云）。

八、類通三涅槃者，地人言：「但有性淨、方便淨。實相名爲性淨涅槃；修因所成爲方便淨涅槃。」〔五〕今以理性爲性淨涅槃，修因所成爲圓淨涅槃，此則義便；薪盡火滅爲方便淨涅槃，此文便。若將修因所成爲方便涅槃者，以薪盡火滅爲何等涅槃？故知應有三涅槃，三涅槃即是三軌。文云：「是法不可示，言辭相寂滅。」又云：「諸法從本來，常自寂滅相。」是性淨涅槃。又云：「皆以如來滅度而滅度之。」即圓淨涅槃。又云：「我成佛已來，甚大久遠。久修業所得，慧光照無量。」亦是圓淨涅槃。數數唱生，處處現滅，於此夜滅度，如薪盡火滅，豈非方便淨涅槃？大經題稱「大般涅槃」，翻爲大滅度。大者，其性廣博，即據性淨。度者，到於彼岸，智慧滿足，即據圓淨。滅者，煩惱永盡，斷德成就，即據方便淨。此三涅槃，即是三軌也。

九、類通一體三寶者，真性即法寶；觀照即佛寶；資成即僧寶。故法性不動名不覺；佛智契理故，佛名爲覺；事和、理和故，僧名和合。思益云：「知覺名爲佛；知離名爲法；知無名爲僧。」〔六〕此是一體三寶。故下文云：「佛自住大乘。」佛是佛寶；大乘是法寶；「如其所得法，以此度衆生」，即是與理和，復與衆生和，即是僧寶。「世間相常住」，名法寶；「於道場知已」，名佛寶；「導師方便説」，上與理和，下與衆生和，名僧寶。一體三寶，非一之一，不三之三，此之三一，不縱不橫，稱之爲妙，歷七位（云云）。

十、類通三德者，大經三德共成大涅槃，此經三軌共成大乘。彼明法身德，此云實相。

彼云「佛性者亦一，一切衆生悉一乘故」，亦是指實相爲一乘。彼處明般若德；此經明〔七〕「其智慧門難解難入，我所得智慧，微妙最第一」，乃至「決了聲聞法，是諸經之王」，皆是般若。彼經明解脱德；此經明數數示現，現生現滅，隨所調伏衆生之處，自既無累，令他解脱，乃至收取萬善事中功德悉得證果，豈非解脱？二經義合，碌碌之徒，隨名異解，譬聞天帝，不識憍尸。唯知涅槃佛性之文，不見雙樹有一乘之旨。彼文親説佛性亦一，一即一乘。而人云：「此乃涅槃一乘是佛性，法華一乘非佛性。」〔八〕若言法華不明佛性者，涅槃不應遥指云：「八千聲聞於法華中得受記莂，如秋收冬藏，見如來性，更無所作。」〔九〕而人云：「涅槃有遥指之文，此中無佛性之語。」今據此文：「種種性相義，而我皆已見。」既言種種，何獨簡於佛性耶？又「世間相常住。於道場知已，導師方便説。」豈非佛性之文耶？論云佛性水，常不輕知衆生有佛性〔一〇〕。又涅槃三德爲祕密藏，安置諸子祕密藏中，我亦不久當入其中，此即自他俱入祕藏〔一一〕。此經云：「佛自住大乘，以此度衆生。」終不以小乘濟度諸衆生，悉以如來滅度而滅度之。」如是自他俱入如來滅度。滅度秖是涅槃，涅槃秖是祕藏。釋論云：「法華爲祕藏。」〔一二〕兩經文義宛宛恒同，何故諸人苟欲抗異？若文義舛隔，作同想無罪，今文義本合，離之何福？但涅槃以佛性爲宗，非不明一乘義；今經以一乘爲宗，非不明佛性義。赴機異説，其義常通也。若三德縱横即是麤；不縱横即是妙，歷七位(云云)。

【校注】

〔一〕參見攝大乘論卷二應知勝相。

〔二〕參見合部金光明經卷一三身分別品。

〔三〕見於曇無讖譯金光明經卷二四天王品。

〔四〕法界性論，據湛然妙法蓮華經釋籤，此論爲菩提流支所作，今不存。道液撰集淨名經關中釋抄卷上也引用這幾句，但認爲出自大智度論：「故智度論云：水銀和真金，能度諸色像。功德和法身，處處應現往。」查大智度論，未見。妙法蓮華經文句卷九也使用此句，但没有説明出處。

〔五〕北魏菩提流支譯金剛仙論卷九：「前段經中答疑四句，初有三句，明法身菩提性淨涅槃，本體圓滿，非修得法；後一句，明報佛方便涅槃，由修一切善法方便因滿法身有用，是修得法。」地論學人應該堅持這種觀點。

〔六〕見於思益梵天所問經卷一分別品。

〔七〕「明」：底本作「門」，據南本、徑本、大本改。

〔八〕這應該是當時討論比較激烈的問題，在吉藏法華玄論中也涉及。法華玄論卷一：「問：此經但明一乘，云何已辨佛性？答：中論云：雖復懃精進，修行菩提道，若先非佛性，云何得成佛？長行釋云：如鐵無金性，雖復鍛鍊，終不成金。若法華未辨佛性，但緣用成佛義者，既無佛性，則無成佛理。亦如師子吼品廣難無性成佛義。以理推之，必明佛性。問：理推可爾，有何文證？答：此經始末多有佛性之文。方便品云開佛知見既得清淨，即是一文。佛知見者，謂佛性之異名。衆生本有知見，爲煩惱覆故不清淨。法華教起，爲開衆生有佛知見，此即是佛性義。若無佛性者，教何所開耶？」

〔九〕大般涅槃經卷九菩薩品：「是經出世，如彼菓實多所利益，安樂一切，能令衆生見如來性，如法花中八千聲聞得受記莂，成大果實。如秋收、冬藏，更無所作；一闡提輩亦復如是，於諸善法無所營作。」

〔一〇〕論指妙法蓮華經論優波提舍，其卷一譬喻品提到：「菩薩授記者，如不輕菩薩品示現禮拜讚歎言，我不輕汝，汝等皆當作佛者，示諸衆生皆有佛性故。」

〔一一〕參見大般涅槃經卷二哀歎品。

〔一二〕大智度論卷一〇〇釋囑累品：「問曰：更有何法甚深勝般若者，而以般若囑累阿難，而餘經囑累菩薩？答曰：般若波羅蜜非祕密法。而法華等諸經説阿羅漢受决作佛，大菩薩能受持用；譬如大藥師能以毒爲藥。」

七、悉檀料簡者。

問：十種三法及餘一切皆是三軌者，唯應三軌，何意異説？

答：衆生機宜不同，應隨機設逗，悉檀方便引接耳。隨俗故異，稱便宜故異，逐對治故異，令人入道故異。朝三暮四，撫衆狙而皆悦；苦塗水洗，養嬰兒以適時。善巧赴機，故方圓任物，譬千車而同轍，豈守一而疑諸？

今通用四悉檀，歷十法，論妙、不妙；具説三軌，共成大乘。大乘之中，備有三法及一切法，不相混亂，即是世界悉檀。資成資發智慧，以生善故，是爲人悉檀。觀照破惑，諸惡滅故，是對治悉檀。真性實理，爲第一義悉檀。一段衆生，宜以大乘名説，得四利益也。備説三德爲大涅槃，雖三點上下而無縱，表裏而無横，一不相混，三不相離，即世界悉檀。善利殃釁不干，故得挺然累表，是故解脱即爲人悉檀。般若如金剛，隨所擬皆碎，即是對治悉檀。法身即第一義也。一段衆生聞三德名，即獲四利矣。舉初、舉後，中間例然。

次明妙不妙。論云：「三悉檀是世諦，心所行處，可破可壞。第一義悉檀，是心不行處，諸佛聖人心所得法，不可破壞，即是真諦。」[一]若然者，此[二]四悉檀爲二諦所攝，更有中道，復云何攝？若不攝中，但是藏、通之意，此悉檀爲麤。今言俗有、真無，是隔異法，便是三悉檀心所行處，可破可壞。中道第一義，非有、非無，有無不二，則無隔異，無異即真諦。前三悉檀所通，止至化城，化城非實，故可破可壞，可壞爲麤。今中道無異，又通至實所，無能過、無能滅，故不可壞，稱之爲妙。若餘經説中道第一義悉檀，與此經不殊。但餘經帶阿羅漢所得爲第一義悉檀，故不稱妙。此經正直捨方便，但有圓實四悉檀，是故爲妙。若不決三悉檀入第一義，是復爲麤；若決一一悉檀皆有第一義者，是則爲妙。五品弟子，假名四悉檀。六根淨，相似四悉檀。初住至等覺，分真四悉檀。妙覺，究竟四悉檀，是故稱妙。

此五番明妙，從因至果，以辨自行妙，半如意珠竟。

【校注】

〔一〕大智度論卷一初序品中緣起義釋論：「第一義悉檀者，一切法性，一切論議語言，一切是法非法，一一可分別破散；諸佛、辟支佛、阿羅漢所行真實法，不可破，不可散。上於三悉檀中所不通者，此中皆通。（中略）所謂通者，離一切過失，不可變易，不可勝。何以故？除第一義悉檀，諸餘論議，諸餘悉檀，皆可破故。」

〔二〕「此」：南本、徑本、大本作「比」。

妙法蓮華經玄義卷第六上

隋天台智者大師説
門人灌頂記

○第六明感應妙者，上來四妙名爲圓因，三法祕藏名爲圓果：境妙究竟顯，名毗盧遮那；智妙究竟滿，名盧舍那；行妙究竟滿，名釋迦牟尼。三佛不一異、不縱橫，故名妙果。釋論云「稽首智度無子佛」〔一〕者，果地圓極，非復因位，故稱無子。果智寂照，有感必彰，故明感應妙也。即爲六：一、釋感應名；二、明相；三、明同異；四、明相對；五、明麤妙；六、明觀心。

釋名又三：一、釋名；二、四悉檀帖解；三、料簡。釋名者，正法華云：「無數世界，廣説經法，世尊所爲，感應如是。」〔二〕今故用爲名。而經中機語、緣語，並是感之異目，悉語衆生，且從機釋，義則易見，緣感例可解。

機有三義：一者、機是微義。故易云：「機者，動之微，吉之先現。」〔三〕又阿含云：

「衆生有善法之機，聖人來應也。」衆生有將生之善，此善微微將動，而得爲機。若將生善爲機，此語爲促；今明可生之善，此語則寬。如弩有可發之機，故射者發之，發之則箭動，不發則不前；衆生有可生之善，故聖應則善生，不應則不生。故言機者，微也〔四〕。二者、古注楞伽經云：「機是關義。」何者？衆生有善有惡，關聖慈悲，故機是關義也。三者、機是宜義。如欲拔無明之苦，正宜於悲；欲與法性之樂，正宜於慈。故機是宜義也。

次明應者，亦爲三義：一者、應是赴義。既言機有可生之理，機微將動，聖人赴之，其善得生，故用赴而釋應。二者、應是對義。如人交關，更相主對，若一欲賣，一不欲買，則不相主對；若賣買兩和，則貿易交決，貴賤無悔。今以衆生譬買，如來譬賣，就機以論關，就應以論對，故以對釋應也。三者、應是應義。既言機是於宜，宜何等法？應以慈悲之法，是善惡所宜。悲則宜救苦，慈則宜與樂。隨以何法，應其所宜，故以應釋應也。

二、明四悉檀帖釋者，機應各有三義，即四悉檀意也。若微以釋機，赴以釋應者，是赴樂欲之心也。何但心善可生名之爲欲，如草木無心，亦稱可生、欲生、將生，故知赴此善生，是隨樂欲，即世界悉檀明機應也。若關以釋機，對以釋應，更相對當。以悲對其苦機，以慈對其善機者，即是隨對治悉檀以明機應也。次以宜釋機，以應釋應者，即是爲人、第一義也。宜以如此等法，與其機感相宜，宜生事善，即爲人悉檀；宜生理善，即是第一義悉檀也。

三、料簡者。

問：何意於理善稱第一義悉檀耶？答：理善明生，理闇必滅，終不理惡滅，方始理善生，故於理善稱第一義悉檀也。若事善生，事惡未必去；事惡去，事善未必生。事是隔別，對治悉檀正是藥病相對，故不於中開第一義悉檀，其意在此。

問：衆生機，聖人應，爲一爲異？若一，則非機應；若異，何相交關而論機應？答：不一不異。理論則同如，是故不異；事論有機應，是故不一。譬如父子天性相關，骨肉遺體，異則不可；若同者，父即子，子即父，同又不可。秖不一不異而論父子也。衆生理性與佛不殊，是故不異；而衆生隱如來顯，是故不一。不一不異而論機應也。又同是非事非理，故不異；衆生得事，聖人得理，又聖人得事，凡夫有理，故論異（云云）。

問：爲用法身應？爲用應身應？若應身應，應身無本，何能應？若用法身應，應則非法。答：至論諸法非去來今，非應非不應而能有應，亦可言法應，亦可言應應。法應則冥益，應應則顯益。分別冥顯有四義，如後說（云云）。

【校注】

〔一〕大智度論卷一初序品中緣起義釋論：「智度大道佛從來，智度大海佛窮盡，智度相義佛無礙，稽首智度無等佛。」「等」，宋本、元本作「子」。

〔二〕參見正法華經卷一光瑞品。

〔三〕周易繫辭：「機者，動之微，吉凶之先見者也。」

〔四〕法華玄義釋籤卷一二：「言『如弩有可發』等者，衆生如弩，宿因如機，佛如射者，應如發之，益如箭中。『善機』者，大經十八云：『我觀衆生，不觀老少中年、貧富時節、日月星宿、工巧下賤、童僕婢使，唯觀衆生有善心者，即便慈念。』」

第二明機應相者，約善惡明機相，約慈悲論應相。若善惡爲機，爲單？爲共？解者不同。或言單惡爲機，引經云：「我爲斷一切衆生瘡疣重病。」〔一〕又云：「如有七子，然於病者心則偏重，如來亦爾，於諸衆生非不平等，然於罪者心則偏重。」〔二〕又云：「如來不爲無爲衆生而住於世。」〔三〕又無記是無明，終屬惡攝，此即單以惡爲機。或單以善爲機，引大經云：「我觀衆生，不觀老少中年貧富貴賤，有善心者即便慈念。」〔四〕此則單善爲機。或云，善惡不得獨爲機。何者？如金剛後心即是佛，衆善普會，善無過此，此何得爲機耶？雖云佛佛相念，此是通語，而無拔無與，故知單善不得爲機。單惡不得爲機者，如闡提極惡，不能感佛，大經云：「唯有一髮，不能升身」〔五〕，即是性德理善。此是通機，終不成感也。或取善惡相帶爲機者，從闡提起改悔心，上至等覺，皆有善惡相帶，故得爲機。

是故約此善惡明其相也（云云）。

次約慈悲以明應相者，或單以慈爲應，經云：「慈善根力，象見師子。」〔六〕廣説如涅槃（云云）。或單以悲爲應，如請觀音，或遊戲地獄，大悲代受苦。或合用慈悲爲應。何者？良以悲心熏於智慧，能拔他苦，慈心熏於禪定，能與他樂。下文云：「定慧力莊嚴，以此度衆生。」論云：「水銀和真金，能塗諸色像。功德和法身，處處應現往。」豈是水銀真金單能塗色像耶？當知慈悲合論應也。

問：衆生善惡有三世，何世爲機？聖法亦有三世，何世爲應？過去已謝，現在不住，未來未至，悉不得爲機，亦不得爲應，云何論機應耶？

答：若就至理，窮覈三世皆不可得，故無機亦無應。故經言：「非謂菩提有去、來、今，但以世俗文字數故，説有三世。」〔七〕以四悉檀力隨順衆生説。或用過去善爲機，故言：「我等宿福慶，今得值世尊。」又如五方便人，過去習方便者，發真則易，不習則難，是故以過去善爲機。或可以現在善爲機，故言：「即生此念時，佛於空中現。」或可以未來善爲機，未生善法爲令生故，又如無漏無習因而能感佛也。故大論云：「譬如蓮華在水，有已生始生未生者，若不得日光，翳死不疑；衆生三世善，若不值佛，無由得成（云云）。」〔八〕惡亦如是，或以過去之罪，今悉懺悔。現造衆惡，今亦懺悔。未來之罪，斷相續心，遮未來故，名之爲救。何者？過去造惡，障現善不得起，爲除此惡，是故請佛。又現在果苦報逼迫衆生，而求救護。又未來之惡，與時相值，遮令不起。故通用三世惡爲機。應亦如是，或用過去慈悲爲應，故云：「我本立誓願，欲令得此法。」或用現在慈悲爲應者，一切天人脩羅，皆應至此，爲聽法故，未度令度也。又用未來爲應者，即是壽量中未來世益物也。亦如安樂行品中云：「我得三菩提時，引之令得住是法中。」若通論，三世善惡皆爲機；別論，但取未來善惡爲正機也。何者？過去已謝，現在已定，秖爲拔未來惡，生未來善耳。

問：若未來爲正機者，四正勤意云何？答：此已屬通意，今更別答者，秖爲過去惡遮未來善，故勤斷過去惡；秖爲過去善不增長，增長者即是未來善也。是故四正勤中，言雖過去，意實未來(云云)。

問：未來未有，佛云何照？答：如來智鑒，能如是知，非下地所知。仰信而已，何可分別？

問：爲是衆生自能感？由佛故感？如來自能應？由衆生故應？答：此應作四句：自、他、共、無因，破是性義悉不可。無此四句故，則無性。無性故，但以世間名字，四悉檀中而論感應能所等。而能應屬佛，所應屬衆生；能感屬衆生，所感屬佛。若更翻疊作諸語言，世諦名字則亂，不可分別。雖作如此名字，是字不住，是字無所有故，如夢如幻(云云)。

問：既善惡俱爲機者，誰無善惡？此皆應得益耶？

答：如世病者延醫，而有差不差。機亦如是，有熟不熟，則應有遠有近。

【校注】

〔一〕參見大般涅槃經卷五四相品之餘。

〔二〕菩薩本緣經卷三鹿品：「大王！譬如有人，多諸子息，愛無偏黨，然於病者心則偏重；菩薩亦爾，於惡衆生偏生悲愛，以是衆生懷惡法故。是故菩薩爲諸衆生發菩提心。」

〔三〕大般涅槃經卷一八梵行品之五：「善男子！如我所言：『爲阿闍世不入涅槃。』如是密義汝未能解。何以故？我言爲者，一切凡夫；阿闍世者，普及一切造五逆者。又復爲者，即是一切有爲衆生。我終不爲無爲衆生而住於世。何以故？夫無爲者，非衆生也。阿闍世者，即是具足煩惱等者。」

〔四〕大般涅槃經卷一八梵行品之五：「大王！諸佛世尊於諸衆生不觀種姓、老、少、中年、貧、富、時節、日、月、星宿、工巧、下賤、僮僕、婢使，唯觀衆生有善心者。若有善心，則便慈念。」

〔五〕大般涅槃經卷三一迦葉菩薩品之一：「善男子！譬如有人没圊厠中，唯有一髮毛頭未没；雖復一髮毛頭未没，而一毛頭不能勝身。一闡提輩亦復如是，雖未來世當有善根，而不能救地獄之苦。未來之世雖可救拔，現在之世無如之何，是故名爲不可救濟，以佛性因緣則可得救。佛性者，非過去、非未來、非現在，是故佛性不可得斷。如朽敗子不能生牙，一闡提輩亦復如是。」

〔六〕大般涅槃經卷一四梵行品之一：「善男子！我於爾時爲欲降伏護財象故，即入慈定，舒手示之，即於五指出五師子。是象見已，其心怖畏，尋即失糞，舉身投地，敬禮我足。善男子！我於爾時手五指頭實無師子，乃是修慈善根力故，令彼調伏。」

〔七〕維摩詰所説經卷二觀衆生品：「皆以世俗文字數故，説有三世，非謂菩提有去、來、今。」

〔八〕大智度論卷一摩訶般若波羅蜜初品如是我聞一時釋論：「大德！世界中智，有上、中、下。善濡直心者，易可得度，是人若不聞法者，退墮諸惡難中，譬如水中蓮華，有生有熟，有水中未出者，若不得日光則不能開。佛亦如是，佛以大慈悲憐愍衆生，故爲説法。」

三、明機感不同者，即爲三意：一、就四句論不同；二、就三十六句論不同；三、就十法界論不同。但衆生根性百千，諸佛巧應無量，隨其種種，得度不同，故文云：「名色各異，種類若干，如上中下根莖葉等，隨其種性，各得生長。」即是機、應不同意也。

今略言爲四：一者、冥機冥應；二者、冥機顯應；三者、顯機顯應；四者、顯機冥應。其相云何？若過去善脩三業，現在未運身口，藉往善力，名此爲冥機也。雖不現見靈應，而密爲法身所益。不見不聞，而覺而知，是名爲冥益也。二冥機顯益者，過去殖善而冥機已成，便得值佛聞法，現前獲利，是爲顯益。如佛初出世，最初得度之人，現在何嘗修行？諸佛照其宿機，自往度之，即其義也。三、顯機顯應者，現在身口，精勤不懈，而能感降。如須達長跪，佛往祇洹，月蓋曲躬，聖居門閫。如即行人，道場禮懺，能感靈瑞，即是顯機顯應也。四者、顯機冥應者，如人雖一世勤苦，現善濃積而不顯感，冥有其利，此是顯機冥益。

若解四意，一切低頭舉手，福不虚棄，終日無感，終日無悔。若見喜殺壽長，好施貧乏，不生邪見；若不解此者，謂其徒功喪計，憂悔失理。釋論云：「今我疾苦，皆由過去；今生修福，報在將來。」〔一〕正念無僻，得此四意也。

二、就三十六句論機應不同者，前冥顯互論，略舉四句。若具足辨者，用四機爲根本，所謂冥機、顯機、亦冥亦顯機、非冥非顯機。冥是過去，顯是現在，冥顯是過現，非冥非顯是未來，如佛爲闡提説法（云云）。於一句中，復爲四句：所謂冥機冥應、冥機顯應、冥機亦冥亦顯應、冥機非冥非顯應。餘三機亦如是，四四即成十六句。機既召應，應亦有十六句。一機而感四應，一應而赴四機，機應各爲十六，合成三十二句。就前根本四句，便是三十六句機應也。

三、就十法界論機應不同者，秖約一人身業，機具三十六；約三業，即有一百八機；

約三世、三業，則有三百二十四。一界既爾，十法界即有三千二百四十機應不同。就自行既爾，化他亦然，合則六千四百八十機應。此就歷别十法界如此，若就十法界交互，則增九倍，都六萬四千八百機應也。

四、明機應相對者，即有四意：一、明諸有苦樂與三昧慈悲相對；二者、機關等相對；三者、三十六句相對；四者、别圓相對。

諸三昧相對者，諸機乃多，不出二十五有；諸應乃多，不出二十五三昧。

地獄有，有善惡之機，關無垢三昧慈悲之應。論其惡者，即有黑業惡、見思惡、塵沙惡、無明惡；論善，則有白業善、即空善、即假善、即中善。是名地獄機也。無垢三昧慈悲爲應者，初修無垢三昧，觀地獄界，因緣觀慈悲，即空觀慈悲，即假觀慈悲，即中觀慈悲。以因緣觀時，悲拔地獄黑業苦；以因緣觀時，慈與白業樂。以即空觀時，悲拔見思苦；以即空觀時，慈與無漏樂。以即假觀時，悲拔塵沙苦；以即假觀時，慈與道種智樂。以即中觀時，悲拔無明苦；以即中觀時，慈與法性樂。是爲地獄有善惡之機，以關無垢三昧慈悲之應。拔苦與樂，相對義也。

二者、機關相對者，地獄界中黑業之惡，有微義、有關義、有宜義。如此三機，即關無垢三昧時慈悲有赴義、有對義、有應義。地獄白業，亦有六義相對。即空、見思、塵沙、無明等善惡，皆具六義相對（云云）。

三者、三十六句相對者，地獄黑白業具有冥機冥應、冥機顯應、顯機顯應、顯機冥應，即關無垢三昧慈悲，冥顯四應，赴於地獄。見思、即空，塵沙、種智，無明、中道等，皆具四機、四應相對（云云）。又地獄有冥顯三十六機，即對無垢三昧三十六應（云云）。

四者、別圓相對者，若地獄有歷別之機，三昧應即歷別。若有圓普之機，三昧應亦圓普。若歷別機起，三昧別應，一有業謝，餘有業未必謝；三惡思盡，餘有思未必盡；地獄道種智明，餘有未必明；地獄佛性了了，餘有未必了了。若作圓機、圓應者。地獄自在業未究竟，餘有亦未究竟；一有見思未盡，餘有亦未盡；一有道種未明，餘有亦未明；一有佛性未了了，餘有亦未了了。一有了了，餘有亦了了；乃至一有業自在，餘有業亦自在。分別地獄機、應相對如上說。餘二十四有機、應相對，例亦如是。

問：頗有善機惡應、惡機善應，偏機圓應、圓機偏應不？答：無方適時，亦有此義。淨名云：「或時現風火，照令知無常。」〔一〕即惡應於善也。妙莊嚴信受邪惡，三菩薩應爲妻子，即善應於惡。圓機偏應者，一切智願猶在不失，不失即圓機；教聲聞法，即偏應也。偏機圓應者，先引三車，後與一大。領解云：「無上寶聚，不求自得。」〔二〕即其義也。拔樂與苦，例此可知（云云）。

【校注】

〔一〕大智度論卷九初品中放光釋論之餘：「我等雖無活身小事，有行道福德。我等今日衆苦，是先身罪報；今之功德，利在將來。我等大師佛入婆羅門聚落乞食，尚亦不得，空鉢而還，佛亦有諸病，釋子畢罪時佛亦頭痛，何況我等薄福下人。」

〔二〕維摩詰所説經卷二佛道品：「或現劫盡燒，天地皆洞然，衆人有常想，照令知無常。（中略）或作日月天，梵王世界主，或時作地水，或復作風火。」

〔三〕見於妙法蓮華經卷二信解品。

第五明麤妙者，即爲三意：一、明機之麤妙；二、明應之麤妙；三、明開麤顯妙。

一、機麤妙者，如樂閒地獄，此樂因微善故。立世毗曇云：「人養六畜，飲飴温清者，在熱地獄得冷閒，寒地獄得温閒。」〔一〕若從此義，樂閒得論十法界機。阿鼻無樂閒，則無事善，云何具十？然阿鼻有性善不斷故。又近世雖無事善，遠劫或有，惡强善弱，冥伏未發，若遇因緣，發亦何定？是故阿鼻得具十機，即判麤妙，九界機爲麤，佛界機爲妙。麤機召，方便應，此機有熟、未熟；方便應有淺、有深。機熟者，被應；未熟者，未應。應淺深者，如從無閒得之於閒，出地獄至畜生，出畜生至鬼，出三惡至人天，出人天至二乘等，悉是機之生、熟，應之淺、深，悉屬麤機攝。妙機召，究竟妙應，妙機亦有生、熟；妙應亦有淺、深。如慈童女在於地獄代人受罪，即得生天，此乃妙機淺、熟，近在乎天耳。其餘例可知。

二、明應有麤妙者，聖人慈悲誓願，願持於行，如物有膠，任運與機相著。故慈善根力，手出師子。若無誓願，雖觀苦、樂，不能拔、與。以慈力故，隨機麤、妙，先熟先應，後熟後應。三藏、通教等聖，亦得有應，但是作意神通，譬如圖寫，經紀乃成，覈論無本。何者？灰身滅智，無常住本，約何起應？若別接通，別惑未斷，亦不得應，縱令赴物，皆名麤應也。若別、圓兩教，初心伏惑，未能有應。初地、初住三觀現前，證二十五三昧，法身清淨，無染如虛空，湛然應一切，無思無念，隨機即對。如一月不降，百水不升，而隨河短長，任器規矩，無前無後，一時普現，此是不思議妙應也。又如明鏡，表裏清澈，一像千像，無所簡擇，不須功力，任運像似，是名妙應。此是相待論感應妙也。

三、開麤顯妙者：若九界機麤，一界機妙，未得法身應麤，得法身應妙者，諸大乘經華嚴等，明麤妙相隔，二乘不聞不解，如瘂如聾。無量義經明麤妙，從一理出生無量麤妙，機應一理爲妙，生出無量爲麤。此則從妙出麤，隔而未合。今經無量還爲一，此則開權顯實，秖麤是妙。何者？本顯一理，作諸方便，方便即是真實。故云：凡有所作，唯爲一事，未曾暫廢。譬如三草、二木，秖是一地所生，即是同源機一；一雨所潤，即是同受應一。愚者未解，謂草木四微，永非是地；智者了達四微生秖是地變，四微滅秖是地還，豈有草木而非於地耶？此即開權而顯實，「決了聲聞法，是諸經之王」。九法界機，皆佛界機；四聖之應，無非妙應也。

第六明觀心（云云）。

【校注】

〔一〕佛説立世阿毘曇論卷八第六地獄名燒炙品：「昔何行業得冷風吹？昔在人中爲須多肉養飴衆生，以此業故得冷風觸。云何此獄名之燒炙？是中罪人身心被炙，故名燒炙。又復自性名爲燒炙。」

第七明神通妙者，此爲四意：一、明次第；二、名數；三、同異；四、麤妙。來意者，前論機應，止是辨其可生、可赴之相；若正論化用益他，即是三輪不思議化，謂身輪、口輪、他心輪。普門品但有二文，而兼得三意。「遊於娑婆世界」即是身輪；「而爲説法」即是口輪〔一〕。如見蓮華大，知池水深；若見説法大，則知智慧大。故兩輪兼示他心輪也。又化他多示兩輪，示心輪少，從多但二，故無心輪。經言「其見聞者，悉皆得度」〔二〕也。示身輪者，即是示藥樹王身、如意珠王身。示口輪者，即是示毒鼓、天鼓。此是慈悲熏於身、口，則有二身示現，二鼓宣揚。若示心輪，即是示隨自意、隨他意等也，亦是同於病行、嬰兒行。上辨機感相關，而妙理難顯，應須神通發動，現於瑞相，密表乎理。世人以蜘蛛掛則喜事來，鵶鵲鳴則行人至。小尚有徵，大焉無瑞？以近表遠，亦應如是。

二、名數者，諸經所出，名數不同。今且依六種：謂天眼、天耳、他心、宿命、如意身通、無漏等也。此六皆稱神通者，如瓔珞云：「神名天心，通名慧性。」〔三〕天心者，天然之心也。慧性者，通達無礙也。毗曇亦云障通，無知若去，即發慧性也。當知天然慧性與六法相應，即能轉變自在，故名神通。地持力品云：「神謂難測知，通謂無壅礙。」〔四〕此解與瓔珞同。天心即是難測知義，慧性即是無壅礙義。然此六法修無前後，證無次第，用亦任時，故衆經列次不同也。釋論云：「幻術事是虛誑法，法於草木，誑惑人眼，物實不變。」〔五〕神通不爾，實得變法，使物實變，如地有成水之理，水有成地之義。若金、銀得火則融，水遇寒則結，火、寒是融、結法，結則實結，融則實融。若得天然慧性，則實能如此變用自在。所變水、火，令他實得受用，而非其果報，但是神通一時所作耳。

三、明神通不同者，鬼道報得通；人能服藥亦得通；外道因根本禪亦發通；諸天報得通；二乘依背捨、勝處、一切處修十四變化，發得神通；六度菩薩因禪得五通，坐道場時能得六通；通教菩薩因禪得五通，依體法慧得無漏通；別教地前依禪發五通，登地發正無漏通，任運常照，不以二相見諸佛土。圓教通者，依今經及普賢觀，以鼻、舌兩根以爲六數。菩薩處胎經同，他心、宿命入意根攝。然經文明「鼻通」最委悉，取其互用無壅。舌根，取四辯無礙，能以一妙音遍滿三千界，而不取知味，知味是報法。經云「諸根通利，智慧明了」〔六〕也。六根皆智慧，即互用意也。

今云六根之通，不因事禪而發，此乃中道之真。真自有通，任運成就，不須作意，故名無記化化禪。不別作意，故名無記，任運常明，如阿脩羅琴；化復能化，故言化化。中道真通，任運如此，與餘通異。論其修習，皆緣實相常住之理。文云：「得是常眼根清淨。」既言是常，即本性清淨常，性無垢染。毗曇婆沙云：「六入殊勝，本自爾故。」〔七〕鴦掘云：「所謂彼眼根，於諸如來常，具足無減修，了了分明見。」〔八〕乃至耳、鼻、舌、身、意，皆於諸如來常，具足無減修，了了分明聞、知等也。彼者，於佛爲自，於衆生爲彼；衆生謂爲無常，於如來是常也。減修者，依禪而修，名爲減修；依實相修，名無減修。不見佛性，名不了了見；若見佛性，名了了見。又見實相理，名了了。識法界事，名分明也。

見有二種：一、相似見；二、分真見。相似者，如六根清淨中辨。論其真見，如華嚴所明，佛眼、耳、鼻、舌、身、意也。此經中亦明真身通相：所謂普現色身，示一切衆生所喜見身，即是外身通也；現身如瑠璃，十方諸佛悉於身中現，即是内現身通也。眼、耳、鼻、舌等内、外示現，亦例如此。是則圓教神通，異於前辨（云云）。

問：若以六根爲六通者，云何功德有增減？答：大論四十云：「鼻、舌、身，同稱覺；眼稱見；耳稱聞；意稱知。三識所知爲一；三識所知爲别。而三識助道法多，故别説；三識不爾，故合説。又三識但知世間事，故合説；三識亦知世間，亦知出世間，故别説。又三識但無記法；三識或緣善、惡、無記等，又三識能生三業因緣，故别説也。」〔九〕若例此義，三根種種義强，故有千二百功德。三根力弱，故但八百功德者，蓋一途别説，非經圓意。正法華：功德正等等千〔一〇〕。

今經顯六根互用，將三根足二百，向三根而互用耳。自在無礙能等，如正法華説，能縮，如身眼鼻之八百；能盈，如耳舌意千二百。經云：「若能持是經，功德則無量，如虚空無邊，其福不可限。」〔一一〕互用之意彰矣。

四、明麤妙者，若言神通度物，非但變己身同其正報，亦變己國土同其依報。如瓔珞云：「起一切國土應，起一切衆生應」〔一二〕也。若應同正報者，即是示爲十法界像也；若應同依報者，即是同十界所依處也。若應同四惡趣者，用觀惡業慈悲熏無記化化禪，應作地獄等形質，黑髮纏身，猴猨鹿馬、大鷲鵄鳥、脩羅等像，各各皆見，同其事業。若應人天身者，是用觀善業中慈悲熏無記化化禪，作善道身，如後身菩薩，正慧託胎，墮地七步，盥洗手足，楊枝自淨，納妃生子，猒世出家，乃至天像亦復如是，各各皆見，同其事業。若應作三藏二乘者，是用析空慈悲熏無記化化禪，起老比丘像，共僧布薩律儀規矩，各各皆見，同其事業。若應通教者，是用即空慈悲熏無記化化禪，作體法應，觀無生習應苦空等，悉不可得，各各皆見，同其事業。若應別教者，是用即假即中慈悲熏無記化化禪，起漸頓應，示修恒沙佛法，各各皆見，同其事業。若應圓教者，是用即中慈悲熏無記化化禪，起圓頓應，示修一中無量、無量中一，皆各各見，同其事業。如是應同正報，不可稱計，可以意知，不可以言盡（云云）。

若得此意，往望漸、頓五味教中用神通者，乳教所用神力，若多若少，但表兩意：一麤、一妙。三藏用神力，若多若少，但爲一麤。方等用神力，若多若少，三麤一妙。般若用神力，若多若少，二麤一妙。此經神力，若多若少，唯爲一妙。所以序品中瑞相有十，咸皆表妙也：「地皆嚴淨」表理妙；「放眉間光」表智妙；「入于三昧」表行妙；「天雨四華」表位妙；「栴檀香風」表乘妙；「四衆咸有疑」表機，「見萬八千土」表應，此二明感應妙也。「地六種動」表神通妙；「天鼓自鳴」及「而爲説法」，表説法妙；「天龍大衆歡喜」，表眷屬妙；「又見佛子修種種行」，表利益妙。此用神變，若少若多，俱表妙也。文云：

「今佛入于三昧，是不可思議，現希有事。」現希有事，是妙神通也。

若應同依報者，有兩意：若國土苦樂，由於衆生，非佛所作，佛但應同而已。若作折伏攝受者，佛鑒機緣，或作苦國、或作樂國，苦樂由佛，不關衆生。

今且釋初意：大論云：「有國土純聲聞僧，或國土純菩薩僧，或菩薩、聲聞共爲僧。」〔三〕或淨、或穢，何故差別？皆由乘戒緩急。若戒緩乘亦急亦緩者，即是穢土，以聲聞、菩薩共爲僧。以戒緩故，五濁土穢；乘亦緩故，是開三乘；乘亦急故，是顯一乘，娑婆是也。戒急乘亦緩亦急者，淨土也。戒急故，土無五濁；乘亦緩故，開三乘；亦急故，顯一，安養是也。乘緩戒急者，即是淨土，純聲聞爲僧，此可知也。戒緩乘急，即是穢國，純菩薩爲僧，此亦可知。淨穢差別，悉由衆生，高下苦樂，不關佛也。

若作伏攝義者，國由於佛，不關衆生。佛以觀惡慈悲與無記化化禪合，起於穢國，折伏攝受四趣衆生也。以善業慈悲與無記化化禪合，折伏攝受兩趣衆生也。佛以析空六度等慈悲與無記化化禪合，或起於穢國、或起淨國，折伏攝受聲聞、菩薩兩界衆生也。佛以體空慈悲與無記化化禪合，或起淨國、或起穢國，折伏攝受通教聲聞、菩薩兩界衆生也。佛以歷別慈悲與無記化化禪合，或起穢國、淨國，折伏攝受別界菩薩衆生也。佛以即中慈悲與無記化化禪合，或起淨國、或起穢國，折伏攝受圓界菩薩衆生也。如是種種爲國不同，皆由如來神力轉變。

今將此依正轉變，待三教作意神通，悉名爲麤。譬如圖畫，盡思竭力，終不似真，名之爲麤。若明鏡寫容，任運相似，名之爲妙。方便神通，譬如麤畫；中道任運，即對即應，譬於淨鏡，故爲妙也。

就無記化化禪所作神變，自論麤妙。若爲九界衆生，用方便神力，作淨作穢，若廣若狹，悉名爲麤。若爲佛法界衆生，用真實神力，作淨作穢，若廣若狹，悉名爲妙。如經放眉間光照萬八千土，及三變土田，比餘經神力，何足爲多？但爲開發大事，故言妙也。

又約五味論麤妙者，乳教一麤一妙，酪教一麤，生酥三麤一妙，熟酥二麤一妙，法華一妙。

又諸經妙同麤異，麤有二種：一、難轉麤；二、易轉麤。易轉者，於諸經中已得爲妙。難轉者，今於法華，無復兩麤，但有一妙。唯一大佛事因緣，曾無他事，假同九界神通。衆生自謂他事；於佛常是佛事。客作自謂賤人；長者審知是子。此即相待神通妙也。

又諸經諸麤神通隔妙神通者，今經皆開權顯實，同妙神通，是名絶待明妙神通。此略記，不周悉也。

【校注】

〔一〕妙法蓮華經卷七觀世音菩薩普門品：「無盡意菩薩白佛言：世尊！觀世音菩薩，云何遊此娑婆世界？云何而爲衆生説法？方便之力，其事云何？」

〔二〕妙法蓮華經卷七觀世音菩薩普門品：「善男子！若有國土衆生，應以佛身得度者，觀世音菩薩即現佛身而爲説法；應以辟支佛身得度者，即現辟支佛身而爲説法；應以聲聞身得度者，即現聲聞身而爲説法；應以梵王身得度者，即現梵王身而爲説法；應以帝釋身得度者，即現帝釋身而爲説法；應以自在天身得度者，即現自在天身而爲説法；應以大自在天身得度者，即現大自在天身而爲説法；應以天大將軍身得度者，即現天大將軍身而爲説法；應以毘沙門身得度者，即現毘沙門身而爲説法；應以小王身得度者，即現小王身而爲説法；應以長者身得度者，即現長者身而爲説法；應以居士身得度者，即現居士身而爲説法；應以宰官身得度者，即現宰官身而爲説法；應以婆羅門身得度者，即現婆羅門身而爲説法；應以比丘、比丘尼、優婆塞、優婆夷身得度者，即現比丘、比丘尼、優婆塞、優婆夷身而爲説法；應以長者、居士、宰官、婆羅門婦女身得度者，即現婦女身而爲説法；應以童男、童女身得度者，即現童男、童女身而爲説法；應以天、龍、夜叉、乾闥婆、阿修羅、迦樓羅、緊那羅、摩睺羅伽、人非人等身得度者，即皆現之而爲説法；應以執金剛身得度者，即現執金剛身而爲説法。」

〔三〕菩薩瓔珞本業經卷上賢聖學觀品：「佛子！二、深第一義智，所謂五神通：是慧性差別用，故天名神心，是以天身通。天眼見三世中一切法，見微細色等。天耳得聞十方聲等。天他心智知一切人心故。天宿命智知三世六道命分故，以無生智見一切法故。」

〔四〕菩薩地持經卷二方便處力品詳細解釋了六種神通，但没有這樣的表述，「難可測知」的表述可能與十地經論卷一二有關：「以是義故，此菩薩乃至得位菩薩及住善慧地菩薩不能測知，若身身業難可測知，若口口業難可測知，若意意業難可測知，若神通事難可測知，若觀三世智難可測知，若入三昧境界難可測知，若智境界難可測知，若遊戲諸解脱難可測知，若應化所作、若加所作、若神力所作難可測知，乃至舉足下足所作，乃至得位菩薩及住善慧地菩薩不能測知。」

〔五〕大智度論卷四二釋集散品：「無智人謂地等諸物以爲實；聖人慧眼觀之，皆是虚誑。譬如小兒見鏡中像，以爲實，歡喜欲取，謂爲真實；大人觀之，但誑惑人眼。諸凡夫人見微塵和合成地，謂爲實地；餘有天眼者，散此地，但見微塵；慧眼分别破散此地，都不可得。」

〔六〕見於妙法蓮華經卷三化城喻品。

〔七〕未見於阿毗曇毗婆沙，法華玄義釋籤卷一三解釋爲：「次借毘曇自爾之言。彼論在小、此中在大，自爾名同，意義各别，自爾秖是自然之異名耳。言毘曇云六入殊勝者，皆有通用，故云殊勝。自爾之名通於大小，且引證大。然小乘中於一切法立因緣已皆云自爾，如青葉、紅華非染使然，故云自爾。通亦如是，但是得禪，自爾有通，雖是作意，即是諸禪自爾力也。小乘尚爾，何況大乘？故今借小以證於大。

〔八〕央掘魔羅經卷三：「所謂彼眼根，於諸如來常，決定分別見，具足無減損。」

〔九〕大智度論卷四〇釋往生品：「問曰：何以故三識所知合爲一，三識所知別爲三？眼名爲見，耳名爲聞，意知名爲識，鼻、舌、身識名爲覺？答曰：是三識助道法多，是故別說；餘三識不爾，是故合說。是三識但知世間事，是故合爲一；餘三亦知世間，亦知出世間，是故別說。復次，是三識但緣無記法；餘三識或緣善，或緣不善，或緣無記。復次，是三識能生三乘因緣，如眼見佛及佛弟子，耳聞法，心籌量、正憶念。如是等種種差別，以是故，六識所知事分爲四分。」

〔一〇〕不見於正法華經，正法華經卷八歎法師品有這樣的說法：「若族姓子、族姓女，受是經典持讀書寫，當得十眼功德之本八百名稱，千二百耳根，千二百鼻根，千二百舌根，千二百身行，千二百意淨，是爲無數百千品德，則能嚴淨六根功祚。」

〔一一〕參見妙法蓮華經卷五分別功德品。

〔一二〕菩薩瓔珞本業經卷一賢聖學觀品：「佛子！出世間果者，從初地至佛地，各有二種法身。於第一義諦法流水中，從實性生智故，實智爲法身。法名自體，集藏爲身。一切衆生善根，感此實智法身故。法身能現應無量法身，所謂一切界國土身、一切衆生身、一切佛身、一切菩薩身，皆悉能現不可思議身；國土亦然。」

〔一三〕大智度論卷三四釋初品中見一切佛世界義：「菩薩所以作此願者，諸佛多以聲聞爲僧，無別菩薩僧。如彌勒菩薩、文殊師利菩薩等，以釋迦文佛無別菩薩僧，故入聲聞僧中次第坐。有佛爲一乘説法，純以菩薩爲僧。有佛聲聞、菩薩雜以爲僧，如阿彌陀佛國，菩薩僧多，聲聞僧少，以是故，願以無量菩薩爲僧。」

○第八説法妙者，諸法不可示，言辭相寂滅；有因緣故，亦可説示。前藥、珠二身，先以定動，今毒、天二鼓，後以慧拔，演説一乘，無三差別，皆悉到於一切智地。其所説法，皆實不虚，是故次説法妙。即爲六意：一、釋法名；二、分大小；三、對緣同異；四、判所詮；五、明麤妙；六、明觀心。

釋法名者，三世佛法雖多無量，十二部經收，罄無不盡。先出達摩鬱多羅〔一〕，有七種分別：體一、相二、制名三、定名四、差別五、相攝六、料簡七。

體一者，經以名味章句爲體，經無不然，故體一也。

相二者，長行直説，有作偈、讃頌兩種相別。何者？以人情喜樂不同，有好質言，有好美語，故相別有二也。

制名三者，脩多羅、祇夜、伽陀三部，就字句爲名，不就所表。授記等八部，不就所表，又不就字句，從事立稱。方廣一部，名從所表。何者？脩多羅等三部，直説法相，可即名以顯所表。如苦、集、滅、道，依名即顯所表，故就名以爲名也。授記等經所表之法，不可但以言説，要寄事方乃得顯。如授記經，從事爲名，止明行因得果道理，理託事彰，事以言辨。如法華中與聲聞授記，彰一切皆當得成佛。寄授記以彰所顯，故名授記經。無問自説經者，聖人説法皆待請問，然亦爲衆生作不請之師，故無問自説。又佛法難知，人無能問，若不自説，衆則不知。爲説不説，又復不知爲説何法，故無問自説，乃所以彰所説甚深唯證，是以寄無問自説以彰所顯也。因緣經者，欲明戒法，必因犯彰過，過相彰現，方得立制，此亦託因緣以明所顯也。譬喻經者，法相微隱，要假近以喻遠，故以言借況，寄況以彰理也。本事、本生經者，本事説他事，本生説自生。因現事以説往事，託本生以彰所表，名本事經。託本生以彰所行，名本生經也。未曾有經者，説希奇事，由來未有者，未曾有也。示法有大力，有大利益，託未曾有事以彰所表也。論義經者，諸部中言義隱覆，往復分別得明所顯，寄論義以明理也。故授記等八經，從事立稱。方廣一部從所表爲名者，方廣之理，雖以名説，而妙出名言。雖寄事以彰，然不可如事而取，故不就名、不就事，就所表以爲名也。

定名有四，脩多羅，名線經。經體是名字，而名從況喻。祇夜、偈陀，當體爲名。授記、無問自説、論義等三經，體事合目。自餘從事也。

差别者，脩多羅有九種。經云：從如是至奉行，一切名脩多羅。是則脩多羅名通而體總，皆名爲經，故名通；就文字經體分爲十二部，故體總也。

第二、就總脩多羅中，隨事分出十一部，即對十一部，餘直説法相者，是别相脩多羅。

三者、論義經解釋十一部經，是則十一部爲經本。當知論所解釋，前十一部皆是脩多羅。又雜心中脩多羅品，亦對論以經爲脩多羅。又如婆脩槃馱解提婆百論，論爲經本，亦名論爲脩多羅。又經云：除脩多羅，餘四句偈以爲偈經。即對四句偈經，餘長行説者是脩多羅。又云：祇夜名偈頌脩多羅。即對祇夜頌偈，所頌即是脩多羅也。又如分别三藏，以敷置理教爲脩多羅，對别毗尼、阿毗曇也。又如經説，從佛出十二部經，從十二部經出脩多羅。對十二别教，以通教爲脩多羅，是九中初二偈亦是也。

偈陀者，有四種。如言法華有阿閦婆等偈，涅槃二萬五千偈。是則偈經復是通總。若四句爲偈，一字一句，得名爲經。非一字一句，皆名爲偈。但以聖言巧妙，章句成就，數句爲偈，故通得名偈。二、除修多羅，餘四句爲偈。三、偈中重頌者，名祇夜，當知不重頌偈，名爲偈經。四、如脩多羅通總，隨事剋分，别爲異部，以直説爲脩多羅。當知偈中亦隨事剋分，若授記、因緣等，別爲異部，以不隨事，直爾偈説，名爲偈經。

祇夜者，名爲重頌。頌有三種：一、頌意；二、頌事；三、頌言。頌意者，頌聖意所念法相及事。若頌心所念法相，則名偈陀經。若頌心所念授記等事，則隨事別爲異經。頌事，謂授記等事，亦隨所頌事，別爲異經。頌言者，若頌隨事之言，隨事別爲異經。若頌直説脩多羅者，名爲重頌祇夜經也。

授記者，果爲心期名記，聖言説與名授。授記有二種：若與諸菩薩授佛記莂，是大乘中授記。若記近因、近果，是小乘中記也。

無問自説有二種：一、理深意遠，人無能問；二、非不可問，但聽者宜聞，佛爲不請之師，不請之師不待問自説也。

方廣有二種：一、語廣；二、理廣。

相攝者，就脩多羅中出十一部。若偈與直説相對言之，脩多羅中得出九部，但無二偈。偈陀中得出十部，但無直説脩多羅也。祇夜中得出九部，無脩多羅，亦無偈經也。

料簡有無（云云）。

釋法名者，上起教中已説。今標名互有不同，翻譯多異。今依大智論標名者（二）：一、脩多羅，此云法本，亦云契經，亦線經。二、祇夜，此云重頌，以偈頌脩多羅也。三、和伽羅那，此云授記。四、伽陀，此云不重頌，亦略言偈耳。四句爲頌，如此間詩頌也。五、優陀那，此云無問自説。六、尼陀那，此云因緣。七、阿波陀那，此云譬喻。八、伊帝目多伽，此云如是語，亦云本事。九、闍陀伽，此云本生。十、毗佛略，此云方廣。十一、阿浮陀達摩，此云未曾有。十二、優波提舍，此云論議。

部者，部别各有類從也。經者，外國云脩多羅，此云線經。線能貫穿，經能經緯，言能持法，如線如經。然阿毗曇雜心中説脩多羅五義者，乃是彼論師解義，非翻名也。世俗亦對緯名經，而訓經爲常。如物經亘始終，始終時别，而物無改異，不改異故，名之爲常。

脩多羅者，諸經中直説者，謂四阿含，及二百五十戒，出三藏外諸摩訶衍經直説者，皆名脩多羅也。

祇夜者，諸經中偈，四、五、七、九言句，少多不定，重頌上者，皆名祇夜也。

和伽羅那者，説三乘、六趣、九道去數，當得作佛；若後爾所歲，當得聲聞、支佛；後爾所歲，當受六趣報，皆名授記。夫授記法，面門放五色光，從上二牙出，照三惡道，下二牙出，照人天。光中演説無常無我，安隱涅槃。遇光聞法者，三途中身心安樂，人中癃殘者差，六欲天猒患欲樂，色天猒禪樂。光照十方，遍作佛事，還遶七帀，從佛足下入，是記地獄道。蹲入、髀入、臍入、胸入、口入、肩間入、頂入者，是記佛道。論不見記脩羅光，當是開鬼道出脩羅，從容在於髀臍之間耳。

伽陀者，一切四言、五言、七、九等偈，不重頌者，皆名伽陀也。

優陀那者，有法佛必應說，而無有問者，佛略開問端。如佛在舍婆提毗舍佉堂上，陰地經行，自說優陀那。所謂無我、無我所，是事善哉，是名優陀那。又如般若中，諸天子讚須菩提所說，善哉，善哉，希有世尊，難有世尊，是名優陀那。乃至佛滅後，諸弟子抄集要偈、諸無常偈作無常品，乃至婆羅門品，皆名優陀那也。

尼陀那者，說諸佛本起因緣，佛何因緣說此事。脩多羅中，有人問故爲說是事；毗尼中，有人犯是事故結是戒。一切佛語緣起事，皆名尼陀那。

阿波陀那者，與世間相似柔輭淺語。如中阿含長譬喻、長阿含大譬喻、億耳、二十億耳譬喻等無量譬喻，皆名阿波陀那。

伊帝目多伽有二種。一者、結句。言我先許說者，今已說竟。二者、更有經，名一目多伽。有人言：因多伽目多伽，名出三藏及摩訶衍，何等是？如淨飯王强逼千釋令出家，佛選堪得道者五百人，將往舍婆提，令離親屬。身子、目連教化，初中後夜，專精不睡，以夜爲長。後得道還本國，從迦毗羅婆林五十里入城乞食，覺道路爲長。時有師子，來禮佛足，爲三因緣説偈（云云）。説此三事本因緣，故名一目多伽也。

闍陀伽者，説菩薩本曾爲師子，受獼猴寄，鷲脅肉貿猴子。於病世作赤目魚，施諸病者，或作飛鳥，救於泫溺。如是等無量本生，多有所濟，皆名闍陀伽也。

毗佛略者，所謂摩訶衍般若經、六波羅蜜經、華首、法華、佛本起、因緣雲、法雲、大雲，如是等無量諸經，爲得阿耨三菩提故，説此毗佛略也。

阿浮陀達摩者，如佛現種種神力，衆生怪未曾有。放光動地，種種異相，皆名阿浮陀達摩也。

優波提舍者，答諸問者，釋其所以，廣説諸義，如是等問答解義，皆名優波提舍也。佛自説論義經、迦旃延所解，乃至像法凡夫人如法説者，亦名優波提舍經也。

二、明分法大小者，此經指九部爲入大之本，則九部是小，三部是大，蓋别語耳。通而爲言，小亦有記莂六道因果。又阿含中亦授彌勒當作佛記，豈非授記經？亦有自唱善哉，無問而説。聲聞經中，以法空爲大空，故成論中云：「正欲明三藏中實義。」〔三〕實義者空，是阿毗曇所不申，而成論申於空。空即廣經，當知小乘通具十二部也。故涅槃云：「先雖得聞十二部經，但聞名字，不聞其義。今因涅槃得聞其義。」又云：「先雖得聞十二部經。」〔五〕我意猶謂故不如是大涅槃經。」〔四〕大品亦云：「魔作比丘，爲菩薩説聲聞十二部經。」〔五〕

有經言：「大小乘各具十二部。若信六部，通大小乘；不信六部，互不相通。」按此者，即是大小俱有十二部也。但是小乘中説，非大乘之義。故別讓三存九。何者？小乘灰斷，無如意珠身，故無廣經。假令以法空爲廣説之文，小乘根鈍，説必假緣，無天鼓任鳴，少無問自説，雖有授記，記作佛少。又涅槃第七云：「九部中不明佛性，是人無罪。」〔六〕例此而言，十二部中不明佛性，是人有罪。有人言：大乘九部，除因緣、譬喻、論義，大乘人根利，不假此三。斯亦別論。通語大乘，何得無此三經耶？有經言：小乘但讓廣經一部，有十一部〔七〕。無方廣者，大乘説如來是常，一切衆生皆有佛性。正理爲方，包富爲廣。又理融無二，亦名爲等。聲聞中所無，但十一部耳。若言小乘定有九，不應復有十一部；既取十一，亦通有十二。爲緣別説，或讓三、或讓一，以判大小乘（云云）。

妙法蓮華經玄義卷第六上

【校注】

〔一〕法華玄義釋籤卷一三：「達磨鬱多羅者，此云法尚，是阿羅漢，佛滅度後八百年中於婆沙中取三百偈，以爲一部，名雜阿毗曇。又撰增一集三十卷，此義依彼，此中章門初一至五增數列之，第一一法、第二二法，乃至第五五五法。」

〔二〕大智度論卷三三釋初品中見一切佛世界義中提到的十二部經是：「修多羅、祇夜、受記經、伽陀、優陀那、因緣經、阿波陀那、如是語經、本生經、廣經、未曾有經、論議經。」此處提到的十二部經名字與大般涅槃經卷一四聖行品基本相同：「善男子！是菩薩摩訶薩知十二部經，謂修多羅、祇夜、授記、伽陀、優陀那、尼陀那、阿波陀那、伊帝目多伽、闍陀伽、毗佛略、阿浮陀達摩、優波提舍。」

〔三〕成實論卷一發聚中佛寶論初具足品：「故我欲正論，三藏中實義。」

〔四〕大般涅槃經卷一九光明遍照高貴德王菩薩品之一：「善男子！云何菩薩摩訶薩修大涅槃不聞而聞？十二部經其義深邃，昔來不聞，今因是經得具足聞。先雖得聞，唯聞名字，而今於此大涅槃經乃得聞義。聲聞、緣覺唯聞十二部經名字，不聞其義，今於此經具足得聞，是名不聞而聞。善男子！一切聲聞、緣覺經中，不曾聞佛有常、樂、我、淨、不畢竟滅，三寶佛性無差别相，犯四重罪、謗方等經、作五逆罪及一闡提悉有佛性，今於此經而得聞之，是名不聞而聞。」

〔五〕摩訶般若波羅蜜經卷一四兩過品：「佛言：惡魔作比丘形像來，壞善男子善女人心，令遠離般若波羅蜜。作是言：『如我所説經即是般若波羅蜜，此經非般若波羅蜜。』須菩提！是中破壞諸比丘時，有未受記菩薩便墮疑惑。墮疑惑故，不得書深般若波羅蜜，不受不持乃至不作正憶念。兩不和合，不得書成般若波羅蜜乃至正憶念，當知是爲魔事。」

〔六〕大般涅槃經卷七邪正品：「善男子！如汝所説，實不毁犯波羅夷罪。善男子！譬如有人說言：『大海唯有七寶，無八種』者，是人無罪。若有說言：『九部經中無佛性』者，亦復無罪。何以故？我於大乘大智海中說有佛性，二乘之人所不知見，是故說無，無有罪也。如是境界諸佛所知，非是聲聞、緣覺所及。」

〔七〕大般涅槃經卷一五梵行品之二：「復次，善男子！無所得者，名方等經。菩薩讀誦如是經故，得大涅槃，是故菩薩名無所得。有所得者，名十一部經。菩薩所修純說方等大乘經典，是故菩薩名無所得。」

妙法蓮華經玄義卷第六下

隋天台智者大師説
門人灌頂記

三、明對緣有異者，緣即是十因緣法所成衆生，而此衆生皆有十界根性，熟者先感。佛知成熟、未成熟者，應不失時。若衆生解脱緣未熟，不可全棄，對此機緣，止〔一〕作人天乘説，不作脩多羅等名。故天竺外典，無十二部名，亦無其意。此間儒、道，亦無斯名，意義皆闕。若法身爲王，示十善道，亦不濫用此名。故地持中説種性菩薩，能自熟又能熟他。有二乘種性及佛種性者，隨法熟之；無種性者，以善趣熟。善趣熟者，即是其義。種性熟者，如下説。若深觀行者，妙得其意，以邪相入正相，用無礙辯，約邪經外典，作十二部義，胡爲不得？而非正對緣説也。

次約十因緣所成衆生有小乘根性，對此機説通則十二；别則或九，或十一（云云）。若對十因緣所成衆生有菩薩機者，不作别説，但明十二部經。

今總論如來對四緣，説十二部法，有兩種四教不同：

一者就隱、顯共論四教：隱即祕密教，顯即頓、漸、不定教。祕密既隱，非世流布，此置而不論。若對四法界衆生，通説十二部，别説或九部，或十一部，名漸法説也。若對兩法界衆生，通説十二部，此説頓法也。或對四法界，或對兩法界，或作别説，或但通説，此説不定法也。

二者直就顯露漸教中更明四教者，即是三藏、通、别、圓也。三藏教直對三法界，别説或九、或十一。通教對四法界，通説十二部法也。别教對兩法界，通説十二部法。圓教對一法界，通説十二部法。前以無記化化禪與諸慈悲合，示現身輪，或爲國師、道士、儒林之宗、父母、兄弟，乃至猴、猨、鹿、馬，同事利益不可稱説。今口輪説者，例如前用諸慈悲熏無記化化禪，種種不同，百千萬法不可説。不可説故，龍宫象負，渧海研山，八萬四千法藏，不可窮盡。雖復無崖，以十二部往收，罄無不盡也。

四、明所詮者，若委論其意，出四教義中，今略引詮意。若説人天乘，詮界内思議之俗，永不詮真。若爲漸教人，别説九部、十一部，乃至通十二部者，初正詮思議之俗諦，傍詮思議之真諦；中正詮思議之真諦，傍詮思議之俗諦；後正詮不思議之真諦，傍詮不思議之俗諦也。乃至雙詮不思議之真俗（云云）。若説頓十二部者，正詮不思議之真，傍詮不思議之俗。若説不定者，此則不可定判其詮。

若約漸中四教明詮者，三藏正詮思議真，傍詮思議俗。若爲三藏菩薩者，正詮思議俗，傍詮思議真。若通教二乘，正詮思議真，傍詮思議俗。若爲通教初心菩薩，同二乘；若爲後心菩薩，正詮於俗，傍詮於真。若爲别教初心，正詮界内之真俗，傍詮界外之真俗；若爲中心，正詮界外之真俗，傍詮界内之真俗；若爲後心，雙詮界内外之真俗。若爲圓教初、中、後心，圓詮界外不思議之真俗(云云)。

五、明麤妙者，即爲五：一、約理；二、約言；三、約所詮；四、約衆經；五、正約此經。

一、就理妙者，一切諸法無非中道，無離文字而説解脱。文字性離即是解脱，一切所説即理而妙。譬如龍雨雨，而處處不同，或水、或火、或刀杖，理亦如是，理具情乖順耳，乖故爲麤，理順爲妙。

二、約言辭者，如佛得道夜至泥洹夕，常説般若，常説中道，而一音演法，隨類異解。一音巧説，是則爲妙；異類殊解，自有麤妙。

三、就所詮者，若對六道衆生説人天乘者，此詮有爲，能詮、所詮俱麤。若對鈍根三藏五門，詮於生滅四諦理，此則能詮、所詮俱麤。若通教體法五門，比於三藏析門，體門能詮能詮、所詮俱皆是妙也。若別教五門，能詮爲麤，所詮中道爲妙。若圓教五門，雖巧，而所詮猶是真諦，所詮亦麤。

四、就衆經者，華嚴詮別、詮圓，三藏詮偏，方等四種詮，般若三種詮，法華唯一詮。又諸經詮妙，與法華不異，而帶麤詮，麤詮不得合妙，是故爲麤。法華不爾，「佛平等說，如一味雨」，「正直捨方便，但說無上道」，純是一詮。又云：「昔毁呰聲聞，而佛實以大乘教化。」〔二〕又云：「汝等所行，是菩薩道。」〔三〕此則融麤令妙。如此兩意，異於衆經，是故言妙。譬如良醫，能變毒爲藥。二乘根敗，不能反復，名之爲毒。今經得記，即是變毒爲藥。故論云「餘經非祕密，法華爲祕密」也。復有本地圓說，諸經所無，在後當廣明（云云）。

五、正就此經明妙十二部者，如脩多羅名直說，今經直說中道佛之智慧，不說六道、二乘、菩薩等法，唯說佛法，故直說爲妙。

祇夜妙者，重頌長行中道之說耳，故知祇夜亦妙。

伽陀者，如龍女獻珠，喜見說偈，孤然特起。此偈明於刹那頃便成正覺，稱歎於佛成菩提事。喜見孤起，歎佛容顏甚奇妙，故知孤起伽陀妙也。

本事妙者，即是二萬佛所教無上道，不教餘事，即是本事妙也。

本生妙者，明十六王子生身生爲王子，法身生爲佛子，即是本生妙也。

因緣者，結緣覆講大乘繫珠，不論小乘人天等緣，是名因緣妙也。

未曾有妙者，天華地動，二眉間光，三變土田等，是不可思議未曾有事妙也。

譬喻妙者，經題以法譬爲名，譬於開三顯一，何曾譬於餘事？即譬喻妙也。

優波提舍妙者，身子問佛，佛答諸佛智慧門。龍女、智積問答，論法華事。智積云：「我見釋迦經無量劫方成菩提，不信此女須臾成佛。」此執別疑圓。龍女云：「佛自證知。」〔四〕以圓珠獻佛。此以圓答別。此即提舍妙也。

無問妙者，如文云：「無問而自説，稱歎所行道，從三昧安詳而起，告舍利弗，説佛智慧。」〔五〕又「宿世因緣，吾今當説。」即是無問妙也。

授記妙者，授三根佛記，皆安住實智中，爲天人所敬，即授記妙也。

方廣妙者，其車高廣，智慧深遠等，即是方廣妙也。

當知此經從初直説，乃至優波提舍，十二意足，而皆是妙，此即待麤明説法妙也。

開麤顯妙者，昔十二、十一、九部不説實者：今無別實，異昔不實。昔但言廣，不明理廣：今開言廣，即理廣也。開昔之異，顯今之同，即是絶待明説法妙也。

第六、欠觀心（云云）。

【校注】

〔一〕「止」：底本作「上」，據徑本、大本改。

〔二〕妙法蓮華經卷二信解品：「於此經中唯説一乘，而昔於菩薩前，毀呰聲聞樂小法者，然佛實以大乘教化。」

〔三〕見於妙法蓮華經卷三藥草喻品。

〔四〕妙法蓮華經卷四提婆達多品：「我見釋迦如來，於無量劫難行苦行，積功累德，求菩提道，未曾止息。觀三千大千世界，乃至無有如芥子許非是菩薩捨身命處，爲衆生故，然後乃得成菩提道。不信此女於須臾頃便成正覺。言論未訖，時龍王女忽現於前，頭面禮敬，卻住一面，以偈讚曰：深達罪福相，遍照於十方，微妙淨法身，具相三十二，以八十種好，用莊嚴法身。天人所戴仰，龍神咸恭敬，一切衆生類，無不宗奉者。又聞成菩提，唯佛當證知，我闡大乘教，度脱苦衆生。」

〔五〕妙法蓮華經卷一方便品：「無問而自説，稱歎所行道，智慧甚微妙，諸佛之所得。」

○第九、眷屬妙者，就此爲五：一、明來意；二、明眷屬；三、明麤妙；四、明法門；五、辨觀心。

所言次第者，若無説而已，説必被緣，緣即受道人也。已受道故，即成眷屬。譬如父母遺體，攬此成身，得爲天性。天性親愛，故名眷；更相臣順，故名屬。行者亦爾，受戒之時，説此戒法，授於前人，前人聽聞，即得發戒，師、弟所由生也。禪亦如是，授安心法，如教修行，即得發定，是爲我師，我是弟子。慧亦如是，説諸法門，轉入人心，由法成親。親故則信，信故則順，是名眷屬也。他土餘根皆利，隨所用塵起之，令他得益。此土耳根利故，偏用聲塵。故二萬佛時，教無上道。十六王子，覆講法華，從是已來，恒爲眷屬。世世與師俱生，或人天眷屬，或三乘眷屬，或一乘眷屬。故身子云：「今日乃知真是佛子。」〔一〕昔教五人得真無漏，名佛子。菩薩不發真，名爲外人。於法華發大乘解，自稱昔日非真佛子。今説一實之道，從聞悟解，法身得生。從佛口生，是聞慧中法身生；從法化生，是思慧中法身生；得佛法分，是修慧中法身生。三慧成就，是真佛子，定於天性，得成眷屬。故次説法之後，而明眷屬妙也。

二、明眷屬者，又爲五種：一、明理性眷屬；二、明業生眷屬；三、明願生眷屬；四、明神通生眷屬；五、明應生眷屬。

一、理性眷屬者，衆生如佛如，一如無二如，理性相關，任運是子。故云：「我亦如是，衆聖中尊，世間之父。一切衆生，皆是吾子。」〔二〕此是理性，不關結緣、不結緣，皆是佛子也。

二、業生眷屬者，但衆生理論皆子，而飲他毒藥，有失心者、不失心者。不失心者，拜跪問訊，求索救護，與藥即服，故於大通覆講，說妙法華，得結大乘父子。其失心者，雖與良藥，而不肯服，流浪生死，逃逝他國。即起方便：或作三藏結緣，說生滅之法；或作通教結緣，說無生之法；或作别教結緣，說不生生恒沙佛法；或作圓教結緣，說不生不生一實相法。若信、若謗，因倒、因起，如喜根雖謗，後要得度。結緣已後，以二十五三昧爲二十五有，說三諦法而成熟之。或於中間得度、或于今未度，雖復得度、未度，皆是眷屬。今三藏佛，於分段國，出家成道。往日三藏之緣，或得度、或未得度。得度之者，灰身滅智，不復論生緣。未度者，來牽分段：昔殷重信順，今爲親識受道；昔汎汎信順，今爲疎外受道；昔時拒謗，今爲怨家受道。甘露初降，先得服甞，早斷分段，得出生死。如大象捍羣，俱證解脱。如五佛子之流，雖是異姓，則是法親内眷屬也。若不得道，雖是宗族，名外眷屬。佛於其人，則無利益。若入滅度，不復更生，此人緣盡，傳付後佛也。

三、願眷屬者，先世結緣，雖未斷苦，願生内眷屬中、或怨家等，因之受道。若得道者，成法内眷屬；不得者，成法外眷屬。若佛滅度，此人無益，傳付後佛也。

四、神通眷屬者，若先世值佛，發真見諦，生猶未盡，或在上界，或在他方。今佛分段作佛，或以願力、或以通力來生下界；或爲親、中、怨，輔佛行化，斷餘殘惑，而出三界。若殘惑未盡，值佛入滅，亦自能斷，或待後佛（云云）。三藏不説界外生，今以大乘意望之。昔值佛得度，三界生盡，受變易身，緣牽分段，非是業生，但是願通。願通云何異？約自報力名神通，約教名誓願。神通生者，本受報處，猶有報身，以身通力，分形來此；若願生者，報處無身，願力下生耳。三藏不説斷結，誓願受生死身，不約此教論願；通教則有誓扶餘習而生分段，依通明願，於義爲便。此等未得法身，故全無應生眷屬。三藏眷屬竟。

往昔結無生緣者，或已得道、或未得道。佛於分段作佛，未得道者，當處即有業生。上界向下，即有願通兩生。分别願通，如前説。横從他土來者，即有願通；竪從方便來者，亦有願通。通教未得法身，故無應生眷屬也。

往昔曾結别教緣者，中間同事説法，種種教詔，成〔三〕熟未熟。佛今在分段作佛，未得道者，當處即有業生。上界向下，得有願通。横從他方，得有願通；竪從方便來，亦有願通。竪從實報來者，得有應生，無明先破，已得法身之本，能起應入生死。此則異前（云云）。

往昔結圓教緣者，中間調熟，或得道、或未得道。今於分段作佛，先緣牽來，差别不同。若未得道，當處有一。上界向下，有二。他方横來，有二。方便來，亦二。實報來，有一。例如前（云云）。

問：法身惑除理顯，何故受生？

答：應身受生，其意有三：一爲熟他；二爲自熟；三爲本緣。

一、熟他者，秖爲業生善根微弱，不能自發。諸菩薩等先雖得度，愍彼迷闇，慈力起應，入二十五有，而作師導，引諸實行，令向佛所。若得真道，成内眷屬，同於應生；若得似道，同於願通；不得真似，令增進勝業。皆使利益，無有唐捐。如華嚴中説，佛初託胎，法身菩薩皆侍衛下生，如陰雲籠月，散降餘胎，爲親、中、怨，引諸業者。當知，諸眷屬非生死人。摩耶是千佛之母，淨飯是千佛之父，羅睺羅千佛之子。諸聲聞等，悉内祕外現，示衆有三毒，實自淨佛土。諸親族等，皆是大權法身上地，豈有凡夫能懷那羅延菩薩耶？復次，外道怨惡，抗拒誹謗，當知皆是法身所爲。何者？轉輪小善，出世無怨，豈有無上法王怨仇滿路？若於佛起惡，惡道受罪，何得灼然生生相惱？龍象蹴踏，非驢所堪。調達是賓伽羅菩薩先世大善知識，阿闍世是不動菩薩，薩遮尼揵是大方便菩薩，波旬是住不思議解脱。故華嚴列衆，明諸天、龍、鬼神悉住不可思議法門。如是等，若親、中、怨、好、惡、逆、順皆是法身，先是法内眷屬，今作應生眷屬。若親、中、怨、好、惡、逆、順未得法身，先雖結緣，爲猶在法外，同稱願業等眷屬。諸餘經典，非不明此權利益衆，咸謂是實内、實外、實好、實惡、實逆、實順，故經云：「未曾向人説如此事。」今經佛自開近權、顯遠實，開諸眷屬迹權、顯本實。故文云：「今當爲汝説最實事。」〔四〕是名應生眷屬，熟他故來也。

二、爲自成來者，法身菩薩進道無定，或從生身進道，或從法身進道，故下涌出菩薩云：「我亦自欲得此真淨大法。」〔五〕分別功德品中明增道損生，即其義也。

三、爲本緣所牽，本從此佛初發道心，亦從此佛住不退地。佛尚自入分段施作佛事，有緣之者何得不來？猶如百川應須朝海，緣牽應生亦復如是。

若別説者，業生在分段；願生、通生在方便；應生在寂光。通論一處，具有四種，如實報已得法身，能起應作四種眷屬。就圓結緣者，雖未斷惑，自有三種眷屬。就得道者，即是四也。別眷屬，亦四可知。通、藏結緣，三種可知。雖無應來之應，得論感應之應，就所應得名，四義宛足。

問：下方涌出，妙音東來。如大經中召請十方諸大菩薩集娑羅林，大師子吼，於四眷屬，此是何等？

答：是神通來，非神通生。是應來，非應生。是大誓願相關，非願生。是因緣相召，如下方聞聲、妙音見光，是諸佛大事業來，非業生。業生者，不能業來；業來，非是業生。願通生者，不能願通來；願通來者，亦能願通生，亦能應來，應來，亦能應生（云云）。

三、明麤妙者，若三藏根性眷屬，此性下劣，昔結此緣，緣亦淺小，中間以法成熟，成熟蓋少。若來生佛國，作内外眷屬，業願通等，乃至應來影響三藏佛者，皆麤眷屬也。通、别根性，乃至内外，雖巧别有異，準例可知，皆麤眷屬也。此經説諸衆生悉是吾子，非客作人。論其理性，無非是子，是名理性眷屬妙。往昔覆講，結緣繫珠，二萬億佛，教無上道。經云：「若我遇衆生，盡教以佛道。」〔六〕若衆生無佛性者，教以佛道，過則屬佛。若衆生皆有佛性，迷惑不受教，過屬衆生。一切有心皆當作佛，闡提不斷心，猶有反復，作佛何難？二乘灰滅，滅智則心盡，灰身則色盡，色心俱敗，其於五欲無所復堪，而能世世遇之，盡教佛道，此則中間成熟妙。今於法華普得作佛，此希有事，最上醫王變毒爲藥，能治敗種無心成佛，此則内外眷屬妙。譬如臨陣爭勳，前鋒第一。佛説諸教，收羅衆生，而灰心二乘處處不入，於法華忽然得入，故涅槃遥指八千聲聞得授記莂，如秋收冬藏，更無所作。若法華不悟佛性，涅槃不應遥指。若衆生本無佛性，往昔結緣，不應教以佛道。原始要終，佛性義明，可以意得。

今問華嚴師頓極之教，説一切衆生有佛性不？若其有者，二乘何不聞經授記作佛，那忽如聾如瘂？若言二乘本有佛性，而忽忽取小，如闍本根，本根已敗，爲可治？爲不可治？若可治，何故不治？若不可治，那得復言一切衆生皆有佛性？故知華嚴所不能治，是方便之説。法華能治，是如實之説。能治難治，此處則妙。

所謂結緣妙、成熟妙、業生妙、願生妙、應生妙、内眷屬妙、外眷屬妙，能受妙道，影響妙事，是故稱妙。若將此意約五味者：乳教，有別、圓兩眷屬，一麤一妙；酪教，但一麤；生酥，三麤一妙；熟酥，二麤一妙；法華，無麤但妙。是名相待明眷屬妙也。

又開麤顯妙者，諸經明麤眷屬，皆不見佛性。今法華定天性，審父子，非復客作，故常不輕深得此意，知一切衆生正因不滅，不敢輕慢。「於諸過去佛，現在若滅後，若有聞一句，皆得成佛道」，即了因不滅；「低頭舉手，皆成佛道」，即緣因不滅也。「一切衆生，無不具此三德」，即是開麤顯妙，絶待明眷屬妙也。

【校注】

〔一〕見於妙法蓮華經卷二譬喻品。

〔二〕見於妙法蓮華經卷二譬喻品。

〔三〕「成」：底本作「或」，據大本改。

〔四〕妙法蓮華經卷三藥草喻品：「今爲汝等，説最實事：『諸聲聞衆，皆非滅度。汝等所行，是菩薩道，漸漸修學，悉當成佛。』」

〔五〕妙法蓮華經卷六如來神力品：「爾時，千世界微塵等菩薩摩訶薩，從地踊出者，皆於佛前一心合掌，瞻仰尊顔，而白佛言：『世尊！我等於佛滅後，世尊分身所在國土滅度之處，當廣説此經。所以者何？我等亦自欲得是真淨大法，受持、讀誦、解説、書寫，而供養之。』」

〔六〕見於妙法蓮華經卷一方便品。

四、明法門眷屬者，此如「普現菩薩問淨名居士：父母、妻子、親戚、眷屬、吏民、知識，悉爲是誰？奴婢、僮僕、象馬、車乘，皆在何所？淨名答云：方便爲父，智度爲母，一切衆導師，無不由此生。法喜爲妻，慈悲爲女，善心誠實男，畢竟空寂舍，弟子衆塵勞，隨意之所轉，道品善知識，由是成正覺。」〔一〕此法門以爲眷屬。若爾者，法門不同，深淺有異。

若三藏法門，觀真爲實，觀假爲權，以此二智滿，即名爲佛。佛即導師；慈悲六道即是女；令他善順真諦，名爲男；得此法時喜，名此爲妻；此心中修諸波羅蜜道品等，即是善知識也。

若通教中法門眷屬者，觀諸法如幻、如化，體達即空爲實，分別四門同異爲權。於此二智生解名導師，慈愛衆生爲女，令生善直心爲男，行六度道品爲知識。是爲通教中法門眷屬（云云）。

若別教法門恒沙眷屬，真俗合爲權智是父，中實理爲母。無量慈善、無量道品、諸波羅蜜通達無滯，道種智分明，觀機識藥，即是別教中眷屬。故無量義云：「諸佛法王父，經教夫人母，和合出生諸菩薩子。」〔二〕十住毗婆沙云：「般舟三昧父，大悲無生母，一切諸如來，從此二法生。」〔三〕寶性論云：「大乘信爲子，般若以爲母，禪胎大悲爲乳母，諸佛如實子。」〔四〕闡提謗大乘障，外道橫計身中有我障，聲聞怖畏生死障，支佛背捨利益衆生障，菩薩修四法爲對治，修信，修般若，修虚空定、首楞嚴定，修大悲，得清淨法界，到彼岸，見如來性，生如來家，是佛子也。既道見如來性，生如來家，當知用如來爲父也。無量法門，不可説不可説，皆能生佛子（云云）。

若圓教法門明眷屬，自行三諦、一諦爲實；化他一諦、三諦爲權；隨情一諦、三諦爲權；隨智三諦、一諦爲實。從此不思議生解，一心具萬行之善爲男；無緣大慈爲女；開佛知見生喜爲妻；非淨非垢等中道、道品、六波羅蜜爲善知識。如是等實相圓極法門以爲眷屬，初住之中便成正覺，能八相化物，即是導師。前來諸法門既麤，生諸導師亦麤。今法門眷屬既妙，所生導師亦妙也。

用此意歷五味教者：乳教一麤一妙；酪教但有一麤；生酥有三麤一妙；熟酥有二麤一妙；法華但有一妙。待麤意竟。

諸經妙者自妙，麤者自麤。今經非但妙者爲妙，亦無復有麤，絓是前來諸麤，悉皆決了，爲一平等大慧妙法門也。絶待意竟。

五、觀心眷屬者，即爲六：一、愛心；二、見心；四則四教也。

愛心眷屬者，無明爲父，癡愛爲母，出生煩惱之子孫。以貪著憶想，欲得心中法門，魔鬼便入。如媚女思想，邪媚媚之。行人亦爾，憶想偏邪，邪物得入，以鬼力故，或生權解，或生實解。邪解生故，鬼導師生，起鬼慈善，著邪法喜，行邪六度道品，得邪辯，心明口利，説諸法門，即愛心眷屬也。邪相既利，發得四見，見心推畫，作諸法門。心所見處爲實，同他爲權。心起愛爲女，心分別爲男。如是心中修六度爲道品，是名見心眷屬。何者？此之見愛，不識己心苦、集，妄謂道、滅。不知字與非字，如蟲食木，偶得法門之名，有名無義，豈非愛見耶？若能觀心，識愛見心皆是因緣生法，無常生滅，即有四番觀心眷屬。如中論偈云：「因緣生法，即空、即假、即中。」〔五〕仍於四觀各明眷屬，準前可知。

判五觀心爲麤，後一觀心爲妙。又決麤論妙，人尚不自識己愛見心是因緣生，何能識因緣心即空、即假？尚不識空、假，何能魔界即佛界，於見不動，修三十七品耶？今觀愛即是法性，觀見不動，修三十七品，魔界見界即是佛界，於非字中而能知字，行於非道，通達佛道，於一切法無不是妙。

明事眷屬，伏聽學文字人；明法門眷屬，伏行教人；明觀心眷屬，伏觀心坐禪人。三種法門，並過其聞見（云云）。

【校注】

〔一〕維摩詰所説經卷二佛道品：「爾時會中有菩薩，名普現色身，問維摩詰言：『居士！父母、妻子、親戚、眷屬、吏民、知識，悉爲是誰？奴婢、僮僕、象馬、車乘，皆何所在？』於是維摩詰以偈答曰：『智度菩薩母，方便以爲父，一切衆導師，無不由是生。法喜以爲妻，慈悲心爲女，善心誠實男，畢竟空寂舍。弟子衆塵勞，隨意之所轉，道品善知識，由是成正覺。』」

〔二〕無量義經卷一十功德品：「善男子！是持經者，亦復如是，諸佛國王，是經夫人，和合共生是菩薩子。」

〔三〕見於十住毗婆沙論卷一入初地品。

〔四〕究竟一乘實性論卷三一切衆生有如來藏品：「大乘信爲子，般若以爲母，禪胎大悲乳，諸佛如實子。」

〔五〕中論卷四觀四諦品：「衆因緣生法，我説即是無，亦爲是假名，亦是中道義。」

○第十、功德利益者，秖功德利益，一而無異；若分別者，自益名功德，益他名利益（云云）。

此爲四：一、利益來意；二、正説中利益；三、流通中利益；四、觀心中利益。

一、利益來意者，諸佛所爲，未嘗空過。釋論云：「佛入王三昧，前放光度前者，後放光度後者。」〔一〕譬如網魚，前獲、後獲，見光聞法，皆不唐捐。淨名云：「法寶普照而雨甘露。」〔二〕即身口兩益也。華嚴、思益並云放光破慳、破瞋、破癡等。具如彼説〔三〕。今經四大弟子，領佛開三顯一之益。佛言：「如來復有無量功德，汝等説不能盡。」「譬如大雲起於世間」，譬形益也。「興雷耀電」，譬神通益也。「其雨普等」，譬説法益也。「而諸草木各得生長」〔四〕，即是四種眷屬，皆沾七益。故次明利益妙也。

二、正説利益，又爲三：先論遠益；次論近益；三論當文益。

遠益者，即大通佛所十六王子，助化宣揚，雙擊毒天二鼓。善生有淺深，惑死有奢促。始人天善，終至大樹，淺益也；始初心最實，終後心最實，深益也。始破不善，終破塵沙，奢死也；始破無明，終亦破無明，促死也。死之奢、促，是毒鼓之力；善生淺、深，天鼓之力。故文云：「破有法王，出現於世，隨衆生欲，而爲説法。」〔五〕即二鼓之文義也。破有義如前説。

説法益義，今當説，略爲七益：一、二十五有果報益，亦名地上清涼益；二、二十五有因華開敷益，亦名小草益；三、真諦三昧析法益，亦名中草益；四、俗諦三昧五通益，亦名上草益；五、真諦三昧體法益，亦名小樹益；六、俗諦三昧六通益，亦名大樹益；七、中道王三昧益，亦名最實事益。若二十五有因果益，堪爲業生眷屬。若真諦三昧體析益，堪爲願生眷屬。若俗諦三昧五通六通益，堪爲神通眷屬。若中道王三昧益，堪爲應生眷屬。私謂應有四雙八益，直是開前合後，故言七益。若開後合前，亦是七益。前後俱開，即是八益，所謂中道次第益，中道不次第益。若前後俱合，則是六益（云云）。

已略説七益竟，今更廣開爲十益：一、果益；二、因益；三、聲聞益；四、緣覺益；五、六度益；六、通益；七、別益；八、圓益；九、變易益；十、實報益。

果益者，即二十五有果報益也。有八大地獄：謂阿鼻、想、黑繩、衆合、叫喚、大叫喚、焦熱、大焦熱。一一各有十六小獄爲眷屬，合一百三十六所。此正地獄，在地下二萬由旬。其傍地獄，或在地上，或在鐵圍山間。傍輕正重，重者遍歷百三十六，中者不遍，下者復滅。其中衆生，常爲熱苦所逼，不可具説，聞者驚怖。四解脱經稱爲火塗〔六〕。初入初出，兩時可化。其中罪人，宿世善根，可發關宜，而爲聖人赴對應之，或蒙光照，或注雨滅火，或調達婆藪開示説法，熱悶甦醒，身體清涼，獲冥顯兩益，諸苦得息。八寒冰，謂阿波波等，亦有百三十六所，乃至得冥顯兩益，温煗適身，是爲地獄果上得清涼益也。

畜生者，略有三種：水、陸、空。陸有三品：重者土内，不見光明；中者，山林；輕者，人所畜養。强者伏弱，飲血噉肉，怖畏百端。四解脱經稱爲血塗。其中衆生，先世善根，可發關宜，聖人赴對應之，得無所畏，獲冥顯兩益，是爲畜生果上清涼益也。

餓鬼者，或居海渚，或在人間山林中，或似人形，或似獸形。重者飢火節焰，不聞漿水之名；中者伺求蕩滌膿血糞穢；輕者時薄一飽，加以刀杖驅逼，塞海填河。四解脱稱爲刀塗。其中衆生，先世善根，可發關宜，聖人赴對應之，手出香乳，施令飽滿，獲冥顯兩益，是爲餓鬼果上清涼益也。

阿脩羅者，或居半須彌巖窟，或大海邊，或大海底，與諸天爲憾，恒懷怖畏，雷鳴謂爲天鼓，龍雨變成刀劒。此中衆生，先世善根，可發關宜，聖人赴對應之，輭言調伏，獲冥顯兩益，是爲阿脩羅果上清涼益也。

四天下人雖果報勝劣，俱有生、老、病、死，同是輕報泥犁。其中衆生，先世善根，可發關宜，聖人赴對應之，令所離得離，所求得求，獲冥顯兩益也。

六欲天者，地天别有脩羅鬭戰之難，通有五衰死相苦等地獄。其中諸天，先世善根，可發關宜，聖人赴對應之，令獲冥、顯兩益也。

四禪、梵王、無想、那含等色天，雖無下界諸苦，而爲色所籠，若命盡時，不樂入禪，風觸吹身，唯除眼識，餘皆有苦。其中諸天，先世善根，可發關宜，聖人赴對應之，令獲冥顯兩益也。

四空諸天，雖無欲色界等苦，如瘡、如癰、如癡、如箭入體，成就細煩惱。其中諸天，先世善根，可發關宜，聖人赴對應之，令獲冥顯兩益。此清涼益，合而言之，蓋由凡聖慈善根力；別而言之，本由菩薩初觀二十五有所防之惡而起於悲，觀二十五能防之善而起於慈，以此慈悲熏王〔七〕三昧，不捨衆生，赴對關宜，令得利益。

大經明二十五三昧破二十五有者，十番之一，意略如此也。

【校注】

〔一〕參見大智度論卷七初品中放光釋論。

〔二〕見於維摩詰所説經卷一佛國品。

〔三〕參見大方廣佛華嚴經卷七賢首菩薩品之二、思益梵天所問經卷一序品。

〔四〕參見妙法蓮華經卷三藥草喻品。

〔五〕參見妙法蓮華經卷三藥草喻品。

〔六〕四解脱經不見於現存大藏經，宋法雲編著的翻譯名義集卷二也提到此經：「按四解脱經云：地獄名火塗道，餓鬼名刀塗道，畜生名血塗道。塗有二義，一取殘害義。塗謂塗炭，如尚書曰：『民墜塗炭。』二取所趣義。塗謂塗道，如易云：『同歸而殊塗。』」

〔七〕「王」：底本作「三」，據南本、大本改。

二番二十五有修因益者，夫自、他因果，各隨義便，互舉一邊，説之則易。前果報益，處所、時節不同，不得一身備論諸益，從多人多處易顯。若明因益，一人之心起無量業，其義易顯，故約一人明二十五有因益也。云何因益？四因壞益，二十一因成益；或一因壞益，一因成益，二十三亦成亦壞益。

若無戒自制，縱其身口，作四趣業，名地獄人。若捨惡持戒，名見天人。但禁戒嚴峻，遇緣動退，則惡業還興。或四重、五逆，焚毁塔寺，此心生時，惡起戒没，是業熟成，必墮惡道。欲離此心，成就戒善，此有可發關宜之機，感無垢三昧赴對應之，惡心豁破，地獄因息，得冥顯兩益（云云）。今人雖入道場懺悔，惡心不轉，則惡業不壞。惡業不壞，得繩不斷，罪不得滅也。

若慳貪諂媚，邀射名聞，内無實德，欲人稱美，此惡起戒伏，墮於鬼中。若無慚愧，負債不還，無恭敬心，憍慢瞋忿，貪婪饕餮，此惡起戒伏，墮畜生道。若嫉賢妬能，爲勝他故而修福力，蛆毒惡心，方便墜陷，驚怖於他，是惡起戒伏，墮阿脩羅業。欲離此三惡心，成就戒善，善有可發關宜之機，聖用赴對應之，惡心豁破，戒善完具，此名四趣因壞、人天因成，獲冥顯兩益。此約人道修因，作此釋耳。

若約諸趣，欲出地獄入畜，欲出畜入鬼，欲出鬼入脩羅，欲出脩羅入人道，皆傳傳有因，因成業轉，此例可知(云云)。

若堅持五戒，兼行仁義，孝順父母，信敬慚愧，即是人業。人業有四品：上、中、下、下下。若就果報，閻浮提爲下下。若就人道，鬱單越爲下下。或時善心歇末，惡念唯强，善有可成，惡有可滅，關宜之機，聖用赴對應之，四惡趣壞，四品善成，獲冥顯兩益(云云)。

若修持十善，任運無間，善心成熟即天業。故云純惡心，無善念間者，即惡道業，果時純苦故。善惡相間起即人業，人中果報苦樂相間故。十善任運成是天業，天中果報自然故。若修十善，兼起護法心，即四天王業。若修十善，兼慈化人，是三十三天業。若修十善，其心細妙，任運成熟，行住坐卧不惱衆生，善巧純續，是焰摩業。若修十善，兼修禪定攝心麤住細住者，是兜率業。欲界定是化樂業。未到定破事障，是他化業。四禪是色界業。兼於慈悲喜捨心數法中得定，是梵王業。滅心修無心定，是無想業。

問：無想是邪見天，云何爲機感？答：大集云：菩薩調伏衆生多種，或邪或正，行於非道，通達佛道(云云)(一)。若舊云：聖人以兩片無漏，夾熏一片有漏，練成無漏。今言：九次第定，熏修有漏成無漏，是那含業。四空定，是無色界業。

如是等二十一有，患自地之苦麤，欲修出要，所求不得，所捨不離，爾時即名可發關宜之機，感二十一三昧慈悲之力，破其修因，令所離得去，所求得成，拔苦與樂，冥顯兩益。

此如經文云：「小草、小根、小莖、小枝、小葉，而得生長。」〔二〕是此益也。合而言之，蓋由凡聖慈善根力；別而言之，本由菩薩初持二百五十戒，修根本等禪，於一一能防善法之中，皆起慈悲。慈悲本誓，熏王三昧，不捨衆生，赴對關宜，各得利益。大經云：「二十五三昧，破二十五有」者，十番之二意，略如此（云云）。

三番聲聞利益者，若人猒患生死，以死受生，以生歸死，勞累精神，輪轉無際，貪欲自蔽，犛牛愛尾，不得解脱。故言若人遭苦，厭老病死，爲説涅槃，盡諸苦際；既厭心内決，志求出離，爲是事故，修聲聞道。若持戒時，愛見羅刹毀損浮囊，令戒不淨。戒不淨故，三昧不現前。既無戒定，無漏不發，是故一心修戒定慧，有可發關宜之機，感無垢等四三昧力加之，令四趣業不起，使戒清淨。若均修定慧，慧若有定，慧不狂；定若有慧，定不愚，名之爲賢。賢名隣聖。修此定慧，一心精進，如救頭然，願樂禪慧，如渴思飲，而爲二十一有漏業之所擾亂，若得諸三昧力加之，定發觀明，四善根成就，伏道純熟，一刹那轉即便發真，成須陀洹，破二十五有見諦煩惱八十八使。是爲二十五三昧通加，令斷見諦惑，而復兼除四思。故云第十六心即入修道，是其義也。次入修道，若是超人，一時用十三昧力加之，破五下分思惟惑。若鈍人，隨其分分斷思惑，則分分用三昧加之，盡三界惑，究竟真諦三昧益也。此中草利益。合而言之，蓋由凡聖慈善根力；別而言之，由本慈悲，初觀十法界中析空滅色之善，因起弘誓，熏王三昧，不捨衆生，致有中草利益。大經明二十五三昧破二十五有者，十番之三，意略如此。

四番緣覺利益者，若人宿善深利，在無佛世厭患生死，樂獨善寂，觀深因緣。文云：「曾供養佛，志求勝法，爲説緣覺。」〔三〕此人大福，可發關宜，聖人赴對應之，使其華飛釧動，獲冥顯兩益，悟支佛道。此猶屬中草利益也。

五番六度菩薩，觀於四諦，行六度行。若行檀時，人從乞頭，索眼、國城、妻子，心或轉動，檀度不成。自知是惡，欲成檀善，可發關宜之機，蒙三昧力，伏其慳蔽，是破餓鬼有。蔽心既去，歡喜布施，如飲甘露，知有爲法危脆無常，是蒙心樂三昧冥顯之益也。尸羅若成，是伏毁戒蔽，破地獄有，是無垢三昧益也。忍成，伏瞋蔽，破畜生有，不退三昧益也。禪成，是伏亂蔽，破人有，是四三昧益也。精進成，伏懈怠蔽，破脩羅有，歡喜三昧益也。慧成，伏愚癡蔽，破天有，十七三昧益也。六蔽是六道業，具出菩薩戒本。以伏六道業故，不爲諸蔽所惱，得五神通，遊於六道，成六度行。此即上草益也。通應如前，別而論之，由本觀十法界事中善惡，而起弘誓，熏三三昧，不捨衆生（云云）。

六番通人益者，此是三乘共學人也。若乾慧地、性地、八人、見地，即是用二十五三昧益；從薄地去至十地，用二十一三昧，加破思惑，又侵除無知，是名小樹益也。總別慈悲，例前可知（云云）。

七番别人益者，此是次第心中繫緣法界，一念法界入十住，得真諦三昧益；入十行、十迴向，得俗諦三昧益；入十地，得中諦三〔四〕昧益。此即大樹之益。總别慈悲，例前（云云）。

八番圓人益者，此是修三諦一實之理，一念法界，繫緣法界。若歷緣對境，舉足下足，無非道場，其心念念與諸波羅蜜相應，修四三昧，觀十種境，可發關宜，聖人赴對應之，豁然開悟，或似或真，得冥顯兩益。此是圓用二十五三昧，圓加破二十五有，顯出我性，得究竟實事之益也。

九番變易益者，此是方便有餘土人益也。前八番中，凡有四處或九處，謂聲聞、緣覺、通教菩薩、别教三十心、圓教似解，止破見思，未除無明，無明潤無漏，受方便生。故下文云：「我於餘國作佛，更有異名，而於彼土求佛智慧，得聞是經，即是彼土入一乘也。」〔五〕勝鬘云：「三人生變易土，謂大力羅漢、辟支佛、菩薩等。」〔六〕楞伽云三種意生身者：一、安樂法意生身，此欲擬二乘人入涅槃安樂意也；二、三昧意生身，此擬通教出假化物，用神通三昧意也；三、自性意生身，此擬别教修中道自性意也〔七〕。通言意者，安樂作空意，三昧作假意，自性作中意。别、圓似解，猶未發真，皆名作意。故論云：「是時過意地，住在智業中。」〔八〕若發真，可是智業，未發真，猶在意地。是人生彼，析法者鈍，體法者利；别人已習假，又小利；圓人先即中，最利。既有利、鈍之殊，於彼修學，即有次第、不次第兩益，又是次第、不次第用二十五三昧兩應也。是爲九人生方便國，始於彼土見諸有我性，得最實益。若分别而言，謂方便土在三界外；若即事而真，不必在遠。下文云：「若能深心信解，則爲見佛常在耆闍崛山，共大菩薩、聲聞衆僧圍遶説法。」即方便土意也。

十番實報土益者，即實報土人益也。八番中有兩人生方便土，又二人悉破無明見實相者，方得生彼。但無明重數甚多，雖三賢十聖住於實報，報未盡，猶有殘惑，更用王三昧四十一番益之。至於妙覺，豎窮横遍，不生不滅。不生不滅，無明永盡，智慧圓足，故言不生不滅。又機感滿足，利益究竟，故言不生不滅。若分别爲言，謂實報在方便之外；若即事而真，此亦不遠。文云：「觀見娑婆，瑠璃爲地，坦然平正，諸臺樓觀，衆寶所成，純諸菩薩，咸處其中。」〔九〕即實報土意也。

若麤、妙機，若别、圓應，若淨、穢土，若淺、深益，不出十番，包括法界，利益略周，大意可見，不俟繁文。是爲大通佛所，毒鼓損生，聞有遠近，死有奢促；天鼓增道，聞有遠近，故令益有深、淺，致有業、通、願、應諸眷屬利益也。

【校注】

〔一〕不見於大集經。維摩詰所説經卷二佛道品：「爾時文殊師利問維摩詰言：『菩薩云何通達佛道？』維摩詰言：『若菩薩行於非道，是爲通達佛道。』」

〔二〕妙法蓮華經卷三藥草喻品：「迦葉！譬如三千大千世界山川、谿谷、土地所生卉木叢林及諸藥草，種類若干，名色各異。密雲彌布，遍覆三千大千世界，一時等澍，其澤普洽。卉木、叢林及諸藥草，小根小莖、小枝小葉，中根中莖、中枝中葉，大根大莖、大枝大葉，諸樹大小，隨上中下各有所受。一雲所雨，稱其種性而得生長，華菓敷實。雖一地所生，一雨所潤，而諸草木，各有差别。」

〔三〕見於妙法蓮華經卷一序品。

〔四〕「生死以死受生」至「入十地得中諦三」：此段底本排版錯亂，據南本、大本改正。

〔五〕妙法蓮華經卷三化城喻品：「我滅度後，復有弟子不聞是經，不知不覺菩薩所行，自於所得功德生滅度想，當入涅槃。我於餘國作佛，更有異名。是人雖生滅度之想入於涅槃，而於彼土求佛智慧，得聞是經，唯以佛乘而得滅度，更無餘乘，除諸如來方便説法。」

〔六〕勝鬘師子吼一乘大方便方廣經：「何以故？有二種死。何等爲二？謂：分段死、不思議變易死。分段死者，謂虚僞衆生。不思議變易死者，謂阿羅漢、辟支佛、大力菩薩意生身，乃至究竟無上菩提。」

〔七〕楞伽阿跋多羅寶經卷三一切佛語心品：「有三種意生身。云何爲三？所謂：三昧樂正受意生身、覺法自性性意生身、種類俱生無行作意生身。修行者了知初地上增進相，得三種身。大慧！云何三昧樂正受意生身？謂：第三、第四、第五地，三昧樂正受故，種種自心寂静，安住心海，起浪識相不生，知自心現境界性非性，是名三昧樂正受意生身。大慧！云何覺法自性性意生身？謂：第八地，觀察覺了如幻等法悉無所有，身心轉變，得如幻三昧及餘三昧門，無量相力自在明，如妙華莊嚴，迅疾如意，猶如幻夢水月鏡像，非造非所造，如造所造，一切色種種支分具足莊嚴，隨入一切佛刹大衆，通達自性法故，是名覺法自性性意生身。大慧！云何種類俱生無行作意生身？所謂：覺一切佛法，緣自得樂相，是名種類俱生無行作意生身。大慧！於彼三種身相觀察覺了，應當修學。」

〔八〕大方廣佛華嚴經卷二五十地品之三：「若到於第八，菩薩智慧地，爾時過意界，住於智業中。」

〔九〕妙法蓮華經卷五分别功德品：「阿逸多！若善男子、善女人，聞我説壽命長遠，深心信解，則爲見佛常在耆闍崛山，共大菩薩、諸聲聞衆圍繞説法。又見此娑婆世界，其地琉璃，坦然平正，閻浮檀金以界八道，寶樹行列，諸臺樓觀皆悉寶成，其菩薩衆咸處其中。若有能如是觀者，當知是爲深信解相。」

問：初番已破二十五有，得益竟，則無有可破，更無益可論，何須至十番耶？答：初破二十五果報苦，獲果報益。次破二十五因苦，獲修因益。次破二十五有見思苦，得真三昧益。次破二十五空，令出二十五有假，得俗三昧益。次破二十五有有、空二邊，顯於中道王三昧益。次破方便有餘土，出二十五假，得俗、王兩三昧益。次破實報土，但深顯王三昧益。三諦未了了者，益意不息，故有十番，其義如是。

問：三諦獨在極地，亦得通凡？答：如大品云：「衆生色、受、想、行、識。」〔一〕又云：「無等等色、受、想、行、識。」〔二〕仁王云：「法性色，法性受、想、行、識。」〔三〕大經云：「因滅是色，獲得常色。受、想、行、識，亦復如是。」〔四〕是則從凡至聖，皆悉是有，即俗諦也。淨名云：「衆生如，彌勒如，賢聖如，一如無二如。」〔五〕大品云：「色空，受、想、行、識空。若有一法過涅槃者，亦如幻如化。」〔六〕此則凡、聖皆空，即真諦也。大經云：「二十五有，有我不耶？答言：有我，我即佛性，佛性即中道。」〔七〕因緣生法，一色一香，無不中道。此則從凡至聖，悉皆是中道第一義諦。

問：遠論利益，經語還〔八〕多。第一云：「從久遠劫來，讚示涅槃道，生死苦永盡，我常如是說。」〔九〕第二云：「我昔於二萬億佛所，教無上道。」〔一〇〕第三云：「宿世因緣，吾今當說。」〔一一〕定據何文耶？答：第一文直云「從久遠劫來」，久遠之言，信實杳漫，而未顯本地，或據中間。第二直云「昔曾二萬億佛所」，未判劫數，久近難明，將後文準望，似如近近。今論遠益，取第三文，「以三千界墨，東過千界，乃下一點，點與不點，盡抹爲塵，一塵一劫，復過是數無量無邊百千萬億阿僧祇劫。」用此明文，望二萬億佛所，始爲昨日。從是已來，爲結大乘之首，彼佛八千劫説經，十六王子八萬四千劫覆講。彼之經論文廣時深，于時聽衆，或可當座已悟，或可中間化得，或可近來化得，咸至寶所，受法性身，爲應生眷屬，内祕外現，共熟衆生，而作佛事。淨名曰：「雖成道轉法輪，而行菩薩道。」〔二〕是此意也。于時聽衆未得真實益，若相似益，隔生不忘；名字、觀行益，隔生則忘，或有不忘。忘者，若值善知識，宿善還生；若值惡友，則失本心，是故中間種種塗熨。或多以大乘熟，或多以小乘熟。生方便者，雖説種種道，其實爲一乘，亦復皆令得至寶所，受法性身，而於彼國，被第九番、十番真實利益。如千世界微塵菩薩，即其流也。斯等已究竟於前，名久遠利益。其中衆生，于今有住聲聞地者，更近論利益，如後説（云云）。

妙法蓮華經玄義卷第六下

【校注】

〔一〕摩訶般若波羅蜜經中經常將衆生與色、受、想、行、識等放在一起論述，如卷一八不證品：「衆生長夜著得法，所謂我、衆生，乃至知者、見者，是色、是受、想、行、識，是入、是界，是四禪、四無量心、四無色定。我如是行，如我得阿耨多羅三藐三菩提時，令衆生無是得法。」

〔二〕摩訶般若波羅蜜經卷二歎度品：「世尊本亦復行此般若波羅蜜，具足無等等六波羅蜜，得無等等法，得無等等色，得無等等受、想、行、識，佛轉無等等法輪。過去佛亦如是行此般若波羅蜜，具足無等等布施，乃至轉無等等法輪。未來世佛亦行此般若波羅蜜，當作無等等布施，乃至當轉無等等法輪。」

〔三〕仁王般若波羅蜜護國經卷一觀空品「大王！法性色、受、想、行、識常樂我淨，不住色，不住非色，不住非非色，乃至受、想、行、識亦不住非非住。」

〔四〕大般涅槃經卷三五憍陳如品：「色是無常，因滅是色，獲得解脱常住之色；受、想、行、識亦是無常，因滅是識，獲得解脱常住之識。」

〔五〕維摩詰所説經卷一菩薩品：「若以如生得受記者，如無有生；若以如滅得受記者，如無有滅。一切衆生皆如也，一切法亦如也，衆聖賢亦如也，至於彌勒亦如也。」

〔六〕摩訶般若波羅蜜經卷八幻聽品：「我説佛道如幻如夢，我説涅槃亦如幻如夢。若當有法勝於涅槃者，我説亦復如幻如夢。何以故？諸天子！是幻夢、涅槃不二不別。」

〔七〕大般涅槃經卷八如來性品：「迦葉白佛言：『世尊！二十五有，有我不耶？』佛言：『善男子！我者，即是如來藏義。一切衆生悉有佛性，即是我義。如是我義，從本已來常爲無量煩惱所覆，是故衆生不能得見。』」

〔八〕「語還」：底本作「久遠」，南本作「語遠」，據徑本、大本改。

〔九〕見於妙法蓮華經卷一方便品。

〔一〇〕妙法蓮華經卷二譬喻品：「吾今於天、人、沙門、婆羅門等大衆中説，我昔曾於二萬億佛所，爲無上道故，常教化汝，汝亦長夜隨我受學。」

〔一一〕見於妙法蓮華經卷三授記品。

〔一二〕維摩詰所説經卷二文殊師利問疾品：「雖得佛道轉於法輪，入於涅槃，而不捨於菩薩之道，是菩薩行。」

妙法蓮華經玄義卷第七上

隋天台智者大師説
門人灌頂記

二、近利益者，起於寂滅道場，始成正覺，即轉法輪，擊於毒鼓、天鼓，利益衆生，齊至法華已前，益亦淺深，死亦奢促。何者？教本逗緣，緣略爲四，教亦有四，教主亦四，皆稱法王，具王三昧，自破二十五有，七益衆生，例如前説。

又大小乘經，明佛入王三昧，放光説法，善惡諸趣果苦得益者，如阿含中説，見佛光明，蒙佛手觸，六道苦患，悉得除愈〔一〕。又大品云：「放光照地獄衆生，苦惱即除，生齊第六天。」〔二〕苦除是果益，生天是因益。大品稱爲華葉之益也。又佛放光，幽闇之處皆大明，各作是念：此中云何忽生衆生〔三〕？此亦是果益。此因果益，四教主佛，通能此益。

別論益者，則是淺深不同，謂聲聞斷正，緣覺侵習，同名中草。菩薩伏惑，兼度衆生。故經云：「求世尊處，我當作佛，行精進定。」是名上草益。蓋三藏教主慈善根力利益之相也。經云：「若諸菩薩，智慧堅固，了達三界，求最上乘。」即三人同觀無生，非但有前析智之益，別有巧度，即是體真，是爲小樹增長益。蓋通教主利益之相。經云：「復有住禪，得神通力，聞諸法空，心大歡喜。」〔四〕住禪者，住九種大禪；心大歡喜者，登歡喜地，度無數億百千衆生，是名大樹增長。非但有前因果析體之益，而別有分別道種智，乃至一切種智益。蓋別教主利益之相。經云：今當爲汝説最實事。不啻如前之益，乃有即破無明、顯出佛性究竟實益。蓋圓教主利益之相。

復次，前三教益，劣不兼勝，勝則兼劣，可解（云云）。

又歷五味者，乳教但因、果、大樹、實事四益，而不明三草一木，以大乘經不入二乘人手，如聾如瘂故。酪教但有三草等四益。生酥備有七益。熟酥無析法三草，而有體法等七益。醍醐但有實事益。前諸益皆麤，今益則妙。近從寂滅，訖至法華爲生身菩薩，但得八番之益，不得第九、第十益也。又有得義者，即是菩薩從法性身來入分段，作願、通、應生等眷屬，進破無明，斷除殘品，即得明第九、第十番益也。始從寂滅，終至法華，略言十益也。

問：法身菩薩聞應身佛説法，應身中益，亦令法身得益耶？答：譬如磨鏡，鏡轉明，色像亦明。

又問：應身聞法益，法身亦益者，應身現病，法身亦病耶？答：此病若實者，應病法亦病。秖爲應病非實，非實故，應身無病，法身亦無病。又若應身現病少，當知法身益亦少。若能應身現病廣，法身益亦廣也。

今作諸句料簡：自有果益、因不益，因益、果不益，俱益，俱不益，此即現事可解。自有壞益、成益、亦壞亦成益、不壞不成益。不壞不成益，是清涼益；四趣因，是壞益；非想因，是成益；中間，是亦成亦壞益(云云)。

自有因益即果益，果益即因益，此變易因移果易意也。自有因益非增道，果益非損生，得是因果益，不得是因果益，分段報因果也。自有因益是增道，果益是損生，不得是因果益，得是因果益，習因習果也。

自有真益非俗益，一乘也。俗益非真益，六度菩薩也。自有先俗益後真益，六度菩薩也。自有先真益後俗益，通菩薩也。自有真俗益非中益，中益非真俗益，别也。自有真益即俗益，亦即中道益，圓也。

三、當文利益，就今經備有七益，雖復差别，即無差别。譬如芽、莖、枝、葉，生長不同，而是一地所生。七益誠復淺深，無非實相，故言差别無差别也。諸經差别麤益，同入此經無差妙益，或進入諸妙益，或按位成妙益。

進入益者，本是地上清涼，今則進發大乘，解心明淨，或進觀行妙相似分真中。本是人天因益，今進入相似分真。本是小乘學無學益，今進破無明分真妙益。譬如迴聲入角轉小爲大也。通、別進益，例此可知。

按位益者，本是麤果，地上清涼，即成理妙之益。按於麤因之益，即是觀行妙益。按麤學無學益，即是相似妙益。開麤即妙，不須進入。通、別，例此可知。

進入妙益，即是待麤益明妙益；按位益，即是絕待妙益（云云）。

諸麤益判眷屬者，果、因二益，堪爲業生眷屬。中上二草小樹等，堪爲願通眷屬。大樹見性已去，皆應生眷屬攝（云云）。

進入按位者，理妙、假名、觀行妙，堪爲業生眷屬。相似妙，堪爲願通眷屬。分真，堪爲應生眷屬。是名此經利益之相也（云云）。

【校注】

〔一〕未見於阿含類經典，可能來自於佛説長阿含經卷二第一分遊行經：「佛放大光，徹照無窮，幽冥之處，莫不蒙明，各得相見。」

〔二〕參見摩訶般若波羅蜜經卷一序品。

〔三〕妙法蓮華經卷三化城喻品：「大通智勝佛得阿耨多羅三藐三菩提時，十方各五百萬億諸佛世界六種震動，其國中間幽冥之處，日月威光所不能照，而皆大明。其中衆生，各得相見，咸作是言：『此中云何忽生衆生，又其國界、諸天宮殿，乃至梵宮，六種震動，大光普照，遍滿世界，勝諸天光？』」

〔四〕本段内引文見於妙法蓮華經卷三藥草喻品。

三、明流通利益者，爲三：一出師；二出法；三出益。

弘經行人，具通凡聖，若法身菩薩誓願莊嚴，令此土、他土、下土、上土得權實七益、九益、十益，化功歸己，還資法身，增道損生也。生身菩薩亦能此土、他土弘經，令他得權實七益，化功歸己，增道損生，而不能上土利益也。凡夫之師亦能此土弘經，令他得權實七益，化功歸己，增益品位。故無量義云：「有病導師，在於此岸，而成就船筏，渡人彼岸。」〔一〕即其義也。

問：凡夫但能爲凡夫弘經，使凡夫得益，亦能令聖人得益耶？答：聖有二種，一小乘聖，二大乘聖。如經云：「若有實得阿羅漢，生滅度想，若遇餘佛，便得決了。」〔二〕南岳師云：初依名餘佛，無明未破，名之爲餘。能知如來祕密之藏，深覺圓理，名之爲佛。佛滅後實得羅漢者，於權實未了，若遇初依，即能決了，成相似益，或〔三〕進入分真益。此文往證凡夫之師，得爲小乘聖人弘經得益也。經云：「六根清淨人説法，十方諸佛皆樂見之，皆向其處説法，一切天龍聞其所説，皆大歡喜。」〔四〕此亦是凡夫師爲大聖説法之明文也。

二、出法者，通經方法，明出聖言。文云：「若衆生不信受者，當於餘深法中，示教利喜。」〔五〕餘者，帶方便也。深者，明中道也。帶方便明中道者，即別教也。若但方便，不明中道，即通、藏等教也。經文許用別助圓，而例推亦應用通助圓。又文云：「更以異方便，助顯第一義。」〔六〕豈隔藏、通耶？但菩薩已得實慧，亦得權意，不以實濫權，亦不謂權是實；但爲弘實而衆生不信，須爲實施權，以淺助深，無虚妄也。此則雙用權實而弘經也。安樂行云：「若有難問，不以小乘法答，但以大乘而爲解説，令得一切種智。」此則但令用實弘經也。又云「隨宜爲説」，此亦不隔於權也。今時人弘法，或一向用大，或一向用小，皆不得佛意。善弘經者，用與適時，口雖説權，而内心不違實法，但使衆生得權實七益，於弘經暢矣。

三、出益者，然流通利益，不待第三流通段方明利益，秖正説文中，已指未來弘經之利。譬喻品後、授記品末、法師品中，皆明弘經功德利益。能於如來滅後聞一句偈者，亦與受三菩提記，況弘宣者。竊爲一人説者，功德尚多，況處衆廣説者。展轉至第五十人隨喜功德，尚非二乘境界，況最初會中聞隨喜者。常不輕流通一句，尚得六根清淨，況具足流通者。初品弟子弘經功德，無量億劫行五波羅蜜不得爲喻，況第五品十方虚空寧有邊表？五品弘經，尚亘窮盡，皆云：「入如來室，著如來衣，坐如來座。」如來之法，皆非數量，況八萬大士、千界微塵菩薩而當可説耶？而當可知耶？唯除如來，無能盡知者也。凡師弘經，令凡七益。經云「此經是閻浮提人病之良藥，若聞是經，不老不死」〔七〕者，於老死中，識老死實相。老死，是果報法；識實相，即得清涼理妙益也，亦果報益也。能持此經故，生安樂土，處蓮華中，不爲貪欲所惱，亦是離十惱亂，是善行菩薩道，亦名名字益，亦是觀行妙，亦是修因妙。得陀羅尼，能旋假入空，即是下、中、上藥草等益，亦是小樹益；得百千旋陀羅尼，即大樹益；得法音方便陀羅尼，是相似實益；若有須臾聞，即得究竟三菩提，即是真實益。復次，如人穿鑿高原，見乾土，是下、中、上藥草益；見泥，是小樹、大樹益；得水，是最實益。後五百歲尚獲此益，況復今時弘經利他，寧無七益耶？

第四觀心者，小乘明心起，未動身口，不名爲業。大乘明刹那造罪，殃墜無間。無間是大苦報處，刹那促起業處。促心暫起，重業已成，況九法界而不具足。若能淨心，諸業即淨。

淨心觀者，謂觀諸心悉是因緣生法，即空、即假、即中，一心三觀。以是觀故，知心非心，心但有名；知法非法，法無有我；知名無名，即是我等；知法無法，即涅槃等。此解起時，於我、我所如雲如幻，即是地上清涼益。信敬慚愧，諸善心生，於空、假、中意而有勇，即是因益。念念與即空相應，是中、上草、小樹等益。念念與即假相應，是大樹益。念念與即中相應，是最實事益。於一念益心，七種分別（云云）。

夫一向無生觀人，但信心益，不信外佛威加益，此墮自性癡。又一向信外佛加，不內心求益，此墮他性癡。共癡、無因癡，亦可解。自性癡人，眼見世間牽重不前者，傍力助進，云何不信罪垢重者，佛威建立，令觀慧得益耶？又汝從何處得是無生內觀耶？從師耶？從經耶？從自悟耶？師與經，即是汝之外緣。若自悟者，必被冥加，汝不知恩，如樹木不識日月風雨等恩。又三事，汝不知外加：一不信教，二不自行求外加，三不教人。直是汝之不信，非無外益也。經曰：「非内非外，而内而外。」而内故，諸佛解脱，於心中求；而外故，諸佛護念。云何不信外益耶（云云）？他、共、無因癡，例可解。即假故，無自性；即空故，無他性；即中故，無共性；雙照故，無無因性（云云）。

【校注】

〔一〕參見無量義經卷一德行品。

〔二〕妙法蓮華經卷一方便品：「又，舍利弗！是諸比丘、比丘尼，自謂已得阿羅漢，是最後身，究竟涅槃，便不復志求阿耨多羅三藐三菩提，當知此輩皆是增上慢人。所以者何？若有比丘，實得阿羅漢，若不信此法，無有是處。除佛滅度後，現前無佛。所以者何？佛滅度後，如是等經受持讀誦解義者，是人難得。若遇餘佛，於此法中便得決了。舍利弗！汝等當一心信解受持佛語。諸佛如來言無虚妄，無有餘乘，唯一佛乘。」

〔三〕「或」：大本作「成」。
〔四〕參見妙法蓮華經卷六法師功德品。
〔五〕參見妙法蓮華經卷六囑累品。
〔六〕見於妙法蓮華經卷一方便品。
〔七〕參見妙法蓮華經卷六藥王菩薩本事品。

第五、結成權實者，光宅云：「照三三之境爲權，照四一之境爲實。」〔一〕今不用此解。既以大乘果爲大理，何不用小乘果爲小理？彼救云：小果非真，故不以其果爲理。若爾，權教及權行人，何嘗是實？既立權教行人，何不立權理？又權若無理，俗不應稱諦，既言俗諦，權不應止三也。實有四者，夫因果是二法，云何以二法爲理一耶？經云：「觀一切法如實相，不行不分別。」〔二〕云何分別因果爲理一？若爾，便無實相，則魔所説，故不用彼釋。今明照十麤之境爲權，照十妙之境爲實。十麤者，即前九法界、三因緣等諸麤諦智，乃至麤利益，皆稱權也。照十妙者，即是理妙，乃至利益妙，妙故爲實。復次，爲十妙故，開出十麤，如爲蓮故華，意在於蓮，而蓮隱不現。於餘深法，示教利喜，餘法有實，而實不顯。文云：「如來方便意趣難解也」〔三〕。又華開蓮現，譬開十麤顯十妙，則無復十麤，唯一大事不可思議境界，乃至利益。肇師云：「始從佛國，終法供養，皆明不可思議。」〔四〕今亦例爾，既開麤已，始終皆妙。

又約五味者，乳味則有爲十妙明十麤，開十麤顯十妙，則成一權一實。若就四悉檀，則有六權二實；若約四門，則十二權四實也。

若約三藏，一向是權，化城楊葉，還就三藏，約化他爲權，就自行爲實。約四悉檀，三權一實；約四門，十二權四實。

若方等既備有四教，故三十種權一十種實。若約四悉檀，十四權二實；對四門，五十六權八實。

若約摩訶般若，既廢三藏，但用三教，通别二十種爲權，一十種圓爲實。若約悉檀，十權二實；若歷四門，四十權八實。

若至法華，前來一向皆廢，但説一實，實中非無方便，但是實相方便，同稱爲實。今約悉檀者，未悟之前三權，悟即一實；若歷四門，十二權四實。名數一往同三藏，而意有天懸而地殊。彼教十二權四實，一向是權；法華一向是實。料簡異方等、般若（云云）。故云

「但說無上道」〔五〕「示真實相」〔六〕，此之謂也。

若約涅槃，涅槃備釋四教，亦是三十權一十實，一往似同方等，而意迥異。彼則二入實，二不入實。今涅槃四俱入實，因中則有三權一實，在果則四實而無權。若約四悉檀，十四權二實；歷四門，五十六權八實；若更約三因門，五十六權；若果門，四實但是實，仍其本因，故說四耳。是則四門入實，約果四實十二權，法華義齊也。

故知諸教雖同有權實，權實不同，或一向實，或一向權，或權實相兼，皆是稱當機情，緣理未融。今總就教判權實，若約三藏、通、別三教是權，圓教爲實。又諸教權實未融爲權；既融，開權顯實爲實。今法華是一圓故爲實，又開權故爲實。若就圓教爲語，照前三教三十麤爲權，照十妙爲實。若就開權圓融爲語，決於三十麤皆成妙，但稱爲實，是故稱妙。若取悟理者，理即非權非實，不見一法，空拳誑小兒。說權說實，是則爲麤，理則非權非實，是故爲妙也。

【校注】

〔一〕妙法蓮華經義記卷二：「方便智所照之境凡有三三之境：一者三教，二者是三機，三者三人。照此三三之境，當知此智是權智體，昔日有三人，人有三人，人有三機，三機感三，是故如來之權智既照此三三之境，即說三教。應三機化三人，是故將此三三之境檢取此智。當知照此三三之境，是方便智體也。又實智體亦用前境檢也。實智所照之境凡有四種：一者是教一，二者是理一，三者是機一，四者是人一。明如來之智照此四一之境，此即是實智。所言教一、理一者，今日唱明因無異趣、果無别從，然真實之義其理莫二；然所詮之理既一，能詮之教何容是二也？復言機一者，法華座席時衆者有感一果之機一也。人一者，明昔日聲聞、緣覺等人，今日皆改心成菩薩，下經文言『但化諸菩薩，無聲聞弟子』。亦言一人有一機，感一教一理，如來用一教，説一理，應一機，化一人也。是故如來智慧照此四一之境，即是實智體也。」

〔二〕妙法蓮華經卷五安樂行品：「文殊師利！云何名菩薩摩訶薩行處？若菩薩摩訶薩住忍辱地，柔和善順而不卒暴，心亦不驚；又復於法無所行，而觀諸法如實相，亦不行不分别，是名菩薩摩訶薩行處。」

〔三〕妙法蓮華經卷一方便品：「諸佛智慧甚深無量，其智慧門難解難入，一切聲聞、辟支佛所不能知。所以者何？佛曾親近百千萬億無數諸佛，盡行諸佛無量道法，勇猛精進，名稱普聞，成就甚深未曾有法，隨宜所説，意趣難解。」

〔四〕註維摩詰經卷一：「維摩詰不思議經者，蓋是窮微盡化，絶妙之稱也。其旨淵玄，非言象所測。道越三空，非二乘所議。超群數之表，絶有心之境。眇莽無爲而無不爲，罔知所以然而能然者，不思議也。何則？夫聖智無知而萬品俱照，法身無象而殊形並應，至韻無言而玄籍彌布，冥權無謀而動與事會。故能統濟群方，開物成務，利見天下於我無爲，而惑者覩感照因謂之智，觀應形則謂之身，覿玄籍便謂之言，見變動而謂之權。夫道之極者，豈可以形言權智而語其神域哉？然群生長寢，非言莫曉。道不孤運，弘之由人。是以如來命文殊於異方，召維摩於他土，爰集毗耶，共弘斯道。此經所明，統萬行則以權智爲主，樹德本則以六度爲根，濟蒙惑則以慈悲爲首，語宗極則以不二爲門。凡此衆説，皆不思議之本也。至若借座燈王，請飯香土，手接大千，室包乾象，不思議之迹也。然幽關難啓，聖應不同，非本無以垂跡，非跡無以顯本。本跡雖殊，而不思議一也。故命侍者標以爲名焉。」

〔五〕妙法蓮華經卷一方便品：「正直捨方便，但説無上道。」

〔六〕妙法蓮華經卷四法師品：「此經開方便門，示真實相。」

○第二、約本明十妙者，爲二：先、釋本迹；二、明十妙。

釋本迹爲六：本者理本，即是實相一究竟道；迹者，除諸法實相，其餘種種皆名爲迹。又理之與事，皆名爲本；説理説事，皆名教迹也。又理事之教，皆名爲本；稟教修行，名爲迹，如人依處，則有行迹，尋迹得處也。又行能證體，體爲本；依體起用，用爲迹。又實得體用，名爲本；權施體用，名爲迹。又今日所顯者爲本；先來已説者爲迹。約此六義，以明本迹也。

一、約理事明本迹者，從無住本立一切法，無住之理，即是本時實相真諦也；一切法，即是本時森羅俗諦也。由實相真本垂於俗迹，尋於俗迹，即顯真本，本迹雖殊，不思議一也。故文云：「觀一切法空如實相，但以因緣有，從顛倒生（云云）。」〔一〕

二、理教明本迹者，即是本時所照二諦，俱不可說，故皆名本也。昔佛方便說之，即是二諦之教，教名爲迹。若無二諦之本，則無二種之教，若無教迹，豈顯諦本？本迹雖殊，不思議一。文云：「是法不可示，言辭相寂滅，以方便力故，爲五比丘說。」〔二〕

三、約教行爲本迹者，最初稟昔佛之教以爲本，則有修因致果之行。由教詮理而得起行，由行會教而得顯理，本迹雖殊，不思議一也。文云：「諸法從本來，常自寂滅相，佛子行道已，來世得作佛（云云）。」〔三〕

四、約體用明本迹者，由昔最初修行契理，證於法身爲本，初得法身本故，即體起應身之用，由於應身得顯法身，本迹雖殊，不思議一。文云：「吾從成佛已來，甚大久遠若斯，但以方便教化衆生，作如此說。」〔四〕

五、約實權明本迹者，實者，最初久遠實得法、應二身，皆名爲本；中間數數唱生、唱滅，種種權施法、應二身，故名爲迹。非初得法、應之本，則無中間法、應之迹，由迹顯本，

本迹雖殊，不思議一也。文云：「是我方便，諸佛亦然。」〔五〕

六、約今已論本迹者，前來諸教已説事理，乃至權實者，皆是迹也。今經所説久遠事理，乃至權實者，皆名爲本。非今所明久遠之本，無以垂於已説之迹；非已説迹，豈顯今本？本迹雖殊，不思議一也。文云：「諸佛法久後，要當説真實。」〔六〕

若約已今論本迹者，指已爲迹，攝得釋迦寂滅道場已來十麤十妙，悉名爲迹；指今爲本，總遠攝最初本時諸麤諸妙，皆名爲本。

若約權實明本迹者，指權爲迹，別攝得中間種種異名佛十麤十妙，皆名爲權；指實爲本，攝得最初十麤十妙，悉名爲實。

若約體用明本迹者，指用爲迹，攝得最初感應、神通、説法、眷屬、利益等五妙；指體爲本，攝得最初三法妙也。

若約教行爲本迹者，指行爲迹，攝得最初行妙、位妙；指教爲本，攝得最初本時智妙。

若理教爲本迹者，指理爲本，攝得本初之境妙；指教爲迹，攝得本時之師教妙，兼得本師十妙。

若理事爲本迹者，指事爲迹，攝得本時諸麤境；指理爲本，攝得本時諸妙境。最初之本爲本，但本而非迹；最後已説，但迹而非本；中間亦迹亦本。若無本時之本，不能垂得中間、最後之迹；若無已説之迹，不能顯得今説之本。本迹雖殊，不思議一也。

【校注】

〔一〕參見妙法蓮華經卷五安樂行品。

〔二〕參見妙法蓮華經卷一方便品。

〔三〕見於妙法蓮華經卷一方便品。

〔四〕妙法蓮華經卷一方便品：「舍利弗！吾從成佛已來，種種因緣，種種譬喻，廣演言教無數方便，引導衆生令離諸著。」化城喻品：「諸比丘！彼佛滅度已來，甚大久遠，譬如三千大千世界所有地種。」壽量品：「我成佛已來，甚大久遠。」

〔五〕見於妙法蓮華經卷三藥草喻品。

〔六〕妙法蓮華經卷一方便品：「世尊法久後，要當説真實。」

○二、明本十妙者：一、本因妙；二、本果妙；三、本國土妙；四、本感應妙；五、本神通妙；六、本説法妙；七、本眷屬妙；八、本涅槃妙；九、本壽命妙；十、本利益妙。

釋此十妙，又爲十重：一、略釋十意；二、生起次第；三、明本迹開合；四、引文證成；五、廣解；六、三世料簡；七、論麤妙；八、結成權實；九、利益；十、觀心。

○一、略釋者，本因妙者，本初發菩提心，行菩薩道所修因也。若十六王子在大通佛時弘經結緣，皆是中間所作，非本因也。若娑婆爲墨，東行千界方下一點，點不點等盡抹爲塵，一塵一劫，復過於是百千萬億那由他劫，彌勒補處，以出假種智直數世界，尚不能知，況數其塵，寧當得盡？特是如來巧喻，顯其長遠之相，況以世智巧歷筭數耶？文云：「我以佛眼觀彼久遠，猶若今也。」〔二〕唯佛能知如此久遠，皆是迹因，非本因也。若留中間之因，於後難信，是故法華拂迹除疑，權而非實，我本行菩薩道時，不在中間，過是已前所行道者，名之爲本，即是本因妙也。

二、明本果妙者，本初所行圓妙之因，契得究竟常、樂、我、淨，乃是本果。不取寂滅道場舍那成佛，爲本果也。尚不取中間之果以爲本果，況舍那始成，云何是本？但取成佛已來甚大久遠初證之果，名本果妙也。

三、本國土者，本既成果，必有依國。今既迹在同居，或在三土中間，亦有四土，本佛亦應有土，復居何處？文云：「自從是來，我常在此娑婆世界説法教化。」按此文者，實非今日迹中娑婆，亦非中間權迹處所，乃是本之娑婆，即本土妙也。

四、本感應者，既已成果，即有本時所證二十五三昧，慈悲誓願，機感相關，能即寂而照，故言本感應也。

五、本神通者，亦是昔時所得無記化化禪，與本因時諸慈悲合，施化所作神通，駭動最初可度衆生，故言本神通也。

六、本説法者，即是往昔初坐道場，始成正覺，初轉法輪，四辯所説之法，名本説法也。

七、本眷屬者，本時説法所被之人也。如下方住者，彌勒不識，即本之眷屬也。

八、本涅槃者，本時所證斷德涅槃，亦是本時應處同居、方便二土，有緣既度，唱言入滅，即本涅槃也。

九、本壽命者，既唱入滅，則有長短遠近壽命也。

十、本利益者，本業、願、通、應等眷屬，八番、十番饒益者是也。

〇二、生起者，此十種義，赴緣直説，散在經文，今欲編次，故須生起。所以本因居初者，必由因而致果。果成，故有國。極果居國，即有照機。機動則施化，施化則有神通。神通竟，次爲説法。説法所被，即成眷屬。眷屬已度，緣盡涅槃。涅槃故，則論壽命長短，長短之壽所作利益，乃至佛滅度後正像等益。義乃無量，止作十條，收束始終，復成次第也。

〇三、迹本同異者，迹中因開而果合，合習果、報果爲三法妙也。本中因合而果開，開習果，出報果，明本國土妙也。作此同異者，依於義便，互有去取。迹中委悉明境、智、行、位；本文語略，通束爲因妙，得意知是開合耳。果妙者，即是迹中三軌妙也。感應、神通、説法、眷屬，名同上也。本開涅槃壽命妙者，久遠諸佛，如燈明、迦葉佛等，皆於法華即入涅槃。義推本佛，必是淨土淨機。又往事已成，故開出涅槃等妙也。迹中無此二義者，釋迦雖於法華唱言涅槃，而未滅度，此事方在涅槃，故迹中不辨。利益同上也。

○四、引文證者，不遠索他經，亦不通引部内，但就本門證成十義也。然先佛法華，如恒河沙阿閦婆偈，今佛靈山八年説法，胡本中事，復應何窮？真丹邊鄙，止聞大意，人見七卷，謂爲小經，胡文浩博，何所不辨？今就數紙之内，十證宛然。文云：「我本行菩薩道時所成壽命，今猶未盡」者，即是本之行因妙也。文云：「我實成佛已來，無量無邊億那由他。」又云：「我實成佛已來，久遠若斯，但以方便教化衆生，作如此説。」即是本果妙也。文云：「我於娑婆世界得三菩提已，教化示導是諸菩薩。」又云：「自從是來，我常在此娑婆世界説法教化，亦於餘處導利衆生。」此之國土非復今時娑婆，即本國土妙也。文云：「若有衆生來至我所，我以佛眼觀其信等諸根利鈍。」此即本時照機之智，是感應妙也。文云：「如來祕密神通之力。」又中間文云：「或示己身、或示他身；或示己事、或示他事。」即是垂形十界，作種種像，驗本亦然，是本神通妙也。文云：「是諸菩薩悉是我所化，令發大道心，今皆住不退，修學我道法。」又中間或説己事、或説他事，驗本亦然，即本説法妙。

文云：「此諸菩薩身皆金色，下方空中住，此等是我子，我從久遠來，教化是等衆。」即本眷屬妙也。文云：「又復言其入於涅槃，如是皆以方便分別。」又云：「今非實滅，而便唱言當取滅度。」往緣既訖，而唱入滅，中間既唱涅槃，例本亦有涅槃，即本涅槃妙。文云：「處處自説，名字不同，年紀大小。」年即壽命，大小即長短、常無常也。中間既爾，本壽亦然，即本壽命妙也。文云：「又以方便説微妙法，能令衆生發歡喜心。」即中間利益。又云：「聞佛説壽命劫數長遠如是，無量無邊阿僧祇衆生得大饒益。」〔二〕即迹中之益。迹與中間既爾，例本亦然，即是本利益妙也。十據在經，非人造也。

○五、廣釋者，夫非本無以垂迹，若能解迹，則亦知本，爲未解者更重分別。但本極法身，微妙深遠，佛若不説，彌勒尚闇，何況下地，何況凡夫。雖然父母之年不可不知〔一〕，如來功德何容不識？今略依經旨，髣髴推尋。

本因妙者，經言「我本行菩薩道時所成壽命」〔二〕者，慧命，即本時智妙也。「我本行」

【校注】

〔一〕參見妙法蓮華經卷三化城喻品。

〔二〕以上引文參見妙法蓮華經卷五如來壽量品。

者，行是進趣，即本行妙也。「菩薩道時」者，菩薩是因人，復顯位妙也。一句文證成三妙，三妙即本時因妙，非迹因也。迹因多種，或言昔爲陶師，值先釋迦佛，三事供養，藉草、然燈、石蜜漿，發口得記，父母、名字、弟子、侍人，皆如先佛，即是初阿僧祇發心。既不明斷惑，知是三藏行因之相也。或言昔爲摩納，值然燈佛，五華奉散，布髮掩泥，躍身虚空，得無生忍，佛與受記，號釋迦文。大品亦云華嚴城内得記〔三〕。義與此同。並云斷惑，故知通佛行因之相也。或言昔爲寶海梵志，删提嵐國寶藏佛所行大精進，十方佛送華供養。既爲寶藏佛父，又是彌陀之師，稱其功德不可思議，故知是别圓行因之相。

以三義故，知此諸因悉是迹因：一、近故；二、淺深不同故；三、被拂故。今世已前，本來已後，中間行行，悉是方便，故知是迹因也。若執迹因爲本因者，斯不知迹，亦不識本。如不識天月，但觀池月，若光、若桂、若輪，準下知上，光譬智妙，桂譬行妙，輪譬位妙。若識迹中三妙，拂迹顯本，即知本地因妙，如撥影指天，云何臨盆而不仰漢？嗚呼！聾騃若爲論道耶？若得斯意，迹本非本，本迹非迹，本迹雖殊，不思議一也。

問：經稱「本行菩薩道時」者，應是初住得真道時也。中間應是諸地增道損生。今之寂場，應是妙覺。妙覺顯本，應指昔初住。此一途爲允？

答：文義不可。文云：「盡行諸佛所有道法」〔四〕，又云「具足行諸道」〔五〕，悉具足因，乃是本因。初住，不得稱悉具，故非所指本因也。又中間之果悉拂是權，況今寂場之果何得爲實？又中間之果尚被拂者，中間之因寧實因也？故爾問非也。

二、明本果妙者，經言：「我成佛已來，甚大久遠。」〔六〕我者，即真性軌。佛者，覺義，即觀照軌。已來者，乘如實道，來成正覺，即是起應資成軌也。如此三軌，成來已久，即本果妙也。本果圓滿，久在於昔，非今迹成，迹成又非一種。或言道樹草座，三十四心見思俱斷，朗然大悟，覺知世間出世間一切諸法，名之爲佛。唯有此佛，無十方佛，三世佛者悉是他佛，非我分身，此即三藏佛果相也。或言道樹天衣爲座，以一念相應慧斷餘殘習氣而得成佛。大品中說：「共般若時，十方有千佛現，問難人皆字須菩提、釋提桓因等。」〔七〕亦是他佛，非我分身，此即通佛果成相也。或言寂滅道場，七寶華爲座，身稱華臺，千葉上一一菩薩復有百億菩薩，如是則有千百億菩薩，十方放白毫及分身光，白毫入華臺菩薩頂，分身光入華葉菩薩頂，此名受法王職位，窮得諸佛法底而得成佛。華臺名報佛，華葉上名應佛，報應但是相關而已，不得相即，此是別佛果成相也。或言道場以虚空爲座，一成一切成。毗盧遮那遍一切處，舍那、釋迦成亦遍一切處，三佛具足，無有缺減，三佛相即，無有一異。法華八方，一一方各四百萬億那由他國土安置釋迦，悉是遮那。普賢觀云：「釋迦牟尼名毗盧遮那。」〔八〕此即圓佛果成相也。

有三義故，知此諸果皆是迹果：一、今世始成故；二、淺深不同故；三、拂中間故。若是本果，何得今日始成本果？一果一切果，何得前後差别不同？自從今世之前，本成之後，百千萬億行因得果，唱生唱滅，悉是中間，拂爲方便，寂滅樹王何得非迹？若執迹果爲本果者，斯不知迹，亦不識本。從本垂迹，如月現水，拂迹顯本，如撥影指天。當撥始成之果皆迹果，指久成之果是本果也。如此解者，中間果疑，颰然皆盡，長遠之信，其義明焉。迹本非本，本迹非迹，迹本雖殊，不思議一也。

三、本國土妙者，經云：「自從是來，我常在此娑婆世界説法教化，亦於餘處導利衆生。」〔九〕娑婆者，即本時同居土也。餘處者，即本時三土也。此指本時真應所栖之土，非迹中土也。迹中明土，又非一途。或言統此三千百億日月者，同居穢土也。或言西方有土，名曰無勝，其土所有莊嚴之事猶如安養者，同居淨土也。或言華王世界蓮華藏海者，此實報土也。或言其佛住處名常寂光者，即究竟土也。寂光理通，如鏡如器；諸土别異，如像如飯；業力所隔，感見不同。淨名云：「我佛土淨，而汝不見」〔一〇〕，此乃衆生感見差别，不關佛土也。若言今此三界皆是我有，諸土淨穢調伏攝受，皆佛所爲。譬如百姓居土，土非其有，如父立舍，父去舍存。如來亦爾，爲衆生故而取佛土，化訖入滅，佛去土存，此乃佛土，不關衆生也。復次，三變土田者，或是變同居之穢，令見同居之淨。或見方便有餘淨，例如壽量云「若有深信解者，見佛常在耆闍崛山，共大菩薩聲聞衆僧」〔一一〕者是也。或見實報淨，例如見娑婆國土皆紺瑠璃，純諸菩薩，即其義也。或見寂光等也。法華三昧之力，使見不同耳。

有三義故，得知諸土悉迹土也：一、今佛所栖故；二、前後修立故；三、中間所拂故。若是本土，非今佛所栖，今佛所栖，即迹土也。若是本土，一土一切土，不應前後修立深淺不同。今土已前，本土已後，皆名中間，中間悉稱方便，況今之土，寧得非迹？從本垂迹，執迹爲本者，此不知迹，亦不識本。今拂迹指本，本時所栖四土者，是本國土妙也。迹本非本，本迹非迹，非迹非本，即不思議一也。

四、本感應妙者，經云：「若有衆生來至我所，我以佛眼觀其信等諸根利鈍。」〔一二〕衆生來至者，感扣法身也。我以佛眼觀者，慈悲往應也。諸根利鈍者，十法界冥顯欣猒不同也。此指本時證二十五三昧感應，非迹中感應也。迹應多種。或言一日三時入定，觀可度機，此三藏佛照分段穢國九法界機，析空感應也。或言即俗而真，不須入出，任運能知，此通佛照分段淨國九法界機，體空感應也。或言用王三昧，歷別照十法界機，此別佛照方便有餘土，次第感應也。或言王三昧，一時照十法界機，此圓佛照十法界寂光土機，圓感應也。

有三義故，知諸感應迹而非本，始成故、不同故、被拂故。寂場樹下，始偏圓滿，故知是迹。或前修後學，深淺不同，故知是權。中間已來，拂皆方便，寧非迹耶？從本出迹，豈可執迹爲本？拂迹顯本，宜捨迹指本，本迹迹本，不思議一(云云)。

復次，或本感麤，迹感妙；或本感妙，迹感麤；俱妙俱麤，應亦如是。又本感廣，迹感狹；或迹感廣，本感狹；俱狹俱廣，應亦如是。但取今昔判本迹，不約麤妙廣狹也(云云)。

五、本神通妙者，經言：「如來祕密神通之力。」又云：「或示己身他身，示己事他事。」示己身己事者，圓神通也；示他身他事者，偏神通也。祕密者，妙也。若偏、若圓，皆是妙也。此指本時神通，非迹神通也。迹通多種。或言依背捨、除入、十四變化獲得六通，過外道，勝二乘，此乃三藏佛通也。或言依體法無漏慧，獲得六通，勝依背捨者，此通佛神力也。或言柬前六通爲五，依中道發無漏通，此六是别佛通也。或言中道無記化化禪具六通一切變化，不起滅定，現諸威儀，語默不相妨，動寂無二理；又如今經中六瑞、變土等，皆是圓佛通也。

以三義故，推諸神通迹而非本，始獲、近修、拂疑等，如上説。又四句料簡亦如上。然從本垂迹，迹則非本，拂迹顯本，宜棄迹指本，本迹迹本不思議一也。

六、本説法妙者，經言：「此等我所化，令發大道心，今皆住不退。」(一三)我所化者，正是説法。令發大道心者，簡非小説也。此指本時，簡説非迹説也。迹説多種，若依涅槃，明初、後兩味從牛而出；若以義推，中間三味亦應從牛而出。何者？凡犢噉凡草，但能出乳；不噉忍草，故不出四味。良犢調善，不高不濕，酒糟麥䴬，五味圓滿，具足在牛，但聽飲噉，隨穀而出。若噉凡草，穀即出乳；噉下忍草，穀即出酪；噉中忍草，穀出生酥；噉上忍草，穀出熟酥；噉上上忍草，穀出醍醐。若牛出五味，譬漸法也；牛出醍醐，譬頓法也；牛出三味，譬不定法也。佛亦如是，偏圓滿足，在佛心中，聽機扣擊，説則不同。善趣機擊，出人天法輪；析法機擊，出二乘法輪；體法機擊，出巧度法輪；歷別機擊，出漸次法輪；圓頓機擊，出無作法輪。又兩機擊，出第四、第五味；又一機擊，出第二味；又四機擊，出四味，除第一味；又三機擊，出三味，除第一、第二味；又一機擊，出第五味，除四味。復次，三藏道場所得法，如乳在牛，起道場，即説乳法輪；通佛道場所得法，如酪在牛，起道場，即説酪法輪；別佛道場所得法，如五味俱在牛，道場起，説次第五味法輪；圓佛道場所得法，如醍醐在牛，道場起，即説醍醐法輪。

問：大經云：「如食乳糜，更無所須。」〔一四〕應是乳法輪？答：乳有多種，麤牛出乳，乳則爲害；善犢之乳，是乳最良。

問：乳既多種，醍醐不一？答：經以羅漢、支佛爲醍醐，故知優劣，此中大有義，宜熟思之。

例三義往推，上諸説法，迹而非本，始滿始説，中間被拂，中間滿中間説，尚皆方便，況今滿今説，寧非迹耶？執迹則俱失，拂迹則俱解。非迹非本，不思議一也。

復次，已説爲迹，今説爲本，已本今迹，俱迹俱本（云云）。或實本權迹四句（云云），體用乃至事理四句（云云）。

妙法蓮華經玄義卷第七上

【校注】

〔一〕父母之年不可不知：論語里仁：「父母之年，不可不知也，一則以喜，一則以懼。」

〔二〕見於妙法蓮華經卷五如來壽量品。

〔三〕摩訶般若波羅蜜經卷八三歎品：「菩薩摩訶薩若能學是一切法，所謂檀那波羅蜜乃至一切種智，以是事故，當視是菩薩摩訶薩如佛。諸天子！我昔於然燈佛時，花嚴城内四衢道頭見佛聞法，即得不離檀那波羅蜜行，不離尸羅波羅蜜、羼提波羅蜜、毗梨耶波羅蜜、禪那波羅蜜、般若波羅蜜行。不離内空乃至無法有法空，四念處乃至八聖道分。不離四禪、四無量心、四無色定、一切三昧門、一切陀羅尼門。不離四無所畏、佛十力、四無礙智、十八不共法、大慈大悲，及餘無量諸佛法行。無所得故。是時然燈佛記我當來世過一阿僧祇劫當作佛，號釋迦牟尼多陀阿伽度、阿羅訶、三藐三佛陀、毗侈遮羅那、修伽度、路伽憊、無上士、調御丈夫、天人師、佛世尊。」

〔四〕妙法蓮華經卷一方便品：「佛曾親近百千萬億無數諸佛，盡行諸佛無量道法，勇猛精進，名稱普聞，成就甚深未曾有法，隨宜所説，意趣難解。」

〔五〕見於妙法蓮華經卷一方便品。

〔六〕見於妙法蓮華經卷五無量壽品。

〔七〕摩訶般若波羅蜜經卷一二無作品：「爾時佛神力故，三千大千世界中諸四天王天、三十三天、夜摩天、兜率陀天、化樂天、他化自在天、梵身天、梵輔天、梵衆天、大梵天、少光天乃至淨居天，是一切諸天以天栴檀華遥散佛上，來詣佛所，頭面禮佛足，卻住一面。爾時四天王天、釋提桓因及三十三天、梵天王乃至諸淨居天，佛神力故，見東方千佛説法，亦如是相、如是名字，説是般若波羅蜜品。諸比丘皆字須菩提，問難般若波羅蜜品者皆字釋提桓因。南、西、北方、四維、上下亦如是，各千佛現。」

〔八〕佛説觀普賢菩薩行法經：「時空中聲即説是語：『釋迦牟尼名毗盧遮那，遍一切處，其佛住處名常寂光，常波羅蜜所攝成處，我波羅蜜所安立處，淨波羅蜜滅有相處，樂波羅蜜不住身心相處，不見有無諸法相處，如寂解脱，乃至般若波羅蜜，是色常住法故。如是，應當觀十方佛。』」

〔九〕妙法蓮華經卷五無量壽品：「諸善男子！今當分明宣語汝等。是諸世界，若著微塵及不著者盡以爲塵，一塵一劫，我成佛已來，復過於此百千萬億那由他阿僧祇劫。自從是來，我常在此娑婆世界説法教化，亦於餘處百千萬億那由他阿僧祇國導利衆生。」

〔一〇〕維摩詰所説經卷一佛國品：「舍利弗！衆生罪故，不見如來佛土嚴淨，非如來咎。舍利弗！我此土淨，而汝不見。」

〔一一〕妙法蓮華經卷五無量壽品：「阿逸多！若善男子、善女人，聞我説壽命長遠，深心信解，則爲見佛常在耆闍崛山，共大菩薩、諸聲聞衆圍繞説法。又見此娑婆世界，其地琉璃，坦然平正，閻浮檀金以界八道，寶樹行列，諸臺樓觀皆悉寶成，其菩薩衆咸處其中。若有能如是觀者，當知是爲深信解相。」

〔一二〕妙法蓮華經卷五如來壽量品：「諸善男子！若有衆生來至我所，我以佛眼觀其信等諸根利鈍，隨所應度，處處自説，名字不同、年紀大小，亦復現言當入涅槃，又以種種方便説微妙法，能令衆生發歡喜心。」

〔一三〕妙法蓮華經卷五從地踊出品：「阿逸汝當知！是諸大菩薩，從無數劫來，修習佛智慧，悉是我所化，令發大道心。（中略）爾乃教化之，令初發道心，今皆住不退，悉當得成佛。」

〔一四〕大般涅槃經卷五四相品之餘：「又，解脱者名曰知足。譬如飢人值遇甘饌，食之無厭。解脱不爾，如食乳糜，更無所須。更無所須，喻真解脱，真解脱者，即是如來。」

妙法蓮華經玄義卷第七下

隋天台智者大師説

門人灌頂記

七、本眷屬妙者，經云：「此諸菩薩下方空中住。」此等是我子，我則是父。下方者，下名爲底。大品有諸法底三昧，釋論云「智度大道佛窮底」（一），當知此諸菩薩隣佛，窮智度底。虚空者，法性虚空之寂光也。從本時寂光空中，出今時寂光空中。今時寂光空中者不識本時者，故言：我經遊諸國，乃不識一人。地湧千界，皆是本時應眷屬也。所以無三者，時節既久，權轉爲實，但一無三，或可舉一例知有三也。從本垂迹，迹中始成佛時，亦有業、願、通、應。中間所化，亦有四種。文殊、觀音、調達等，或稱爲師，或稱弟子，於惑者未了。若拂中間，無非是迹，則迹本可解；若執迹疑本，二義俱失（云云）。

問：迹本相望，千界塵則少，增道數則多，本迹法身，淺深異耶？答：法身先滿，無增無減，約化緣廣狹耳。

問：若爾，初住、二住，化緣多少，法身亦應無淺深？答：菩薩位未窮，約實證判淺深；佛位已滿，但約權化，有四句論廣狹（云云）。

問：明因果等皆約迹佛指本，明眷屬而召本到迹，何耶？答：因果等法幽微難曉，故約此指彼；眷屬是人，召證爲易，或可將本人示迹人，或將迹法顯本法，互現意耳。

八、本涅槃妙者，經又復言其入於涅槃非實滅度，而便唱言當取滅度。非實滅度者，常住本寂也。唱言滅度者，調伏衆生也。悉本時涅槃，非迹涅槃。迹者，大經明聲光所集，始諸弟子，終于蝮蠆。無邊身菩薩，弟子之位，身量無邊，豈有大師倚卧背痛？此乃生身示病、示滅；法身無疾，常存不變。或取析空，因滅果亡，明有餘、無餘涅槃。或取體法空，因滅果亡，明有餘、無餘涅槃。生身迹滅者，如阿含中結業之身父母所生，棄國捐王，六年苦行，三十四心斷結成道。八十二歲老比丘身，詣純陀舍，持鉢乞食，食檀耳羹，食訖説法，果報壽命，中夜而盡，入無餘涅槃，以火闍毗，收取舍利者，此三藏涅槃相。若釋論云：六地菩薩見思已盡，七地去誓扶餘習，受生死身，乃至上生下降，一念相應慧，斷習成佛，可度衆生，緣盡息化，入無餘涅槃。此通佛涅槃相也。若地人云：緣修顯真修，菩提果滿，成大涅槃，亦稱爲方便淨涅槃。大經云：「因滅是色，獲得常色，受、想、行、識，亦復如是。」是名色解脱，受、想、行、識解脱，乃是分段、變易因盡，獲常住有餘涅槃；兩處陰果即圓涅槃相也。

身盡，獲常住無餘涅槃。此與前異，是別佛涅槃相也。大經云：「大般涅槃，常住不變。」〔二〕能建種種，示現調伏衆生。如首楞嚴廣説，名大涅槃，常、樂、我、淨。此與前異，即圓涅槃相也。

經曰：今日座中無央數衆，各見不同，或見如來入涅槃；或見如來住世一劫減一劫；或見如來住世無量劫；或見丈六身；或見小身、大身；或見報身坐蓮華藏世界海，爲百千億釋迦牟尼佛説心地法門；或見法身同於虚空，無有分别，無相無礙，遍同法界虚空；或見此處娑羅樹林，悉是土砂、草木、石壁；或見此處金銀七寶清淨莊嚴；或見此處三世諸佛所遊之處；或見此處即是不可思議諸佛境界真實法體。此明佛身依正各有四相，即前四涅槃相也。大經與此經義同。大經以常住爲宗，迦葉初問長壽，佛答中，處處多顯未來常住，少明先成壽命，爲法華已説故。彼經雖一兩處説，不可判爲近成短命。今經正明發迹顯本，無量壽命爲宗，少説未來常住，雖一兩處少説，不可判爲無常。二經互舉，利根知本常，未來亦常，解未來長壽，亦解本來長壽。其義是同。

又此經數數現生現滅者，生非實生，滅非實滅，常住義顯。又二萬燈明、迦葉，皆不説涅槃，秖於法華明本常、未來常，彌見法華明常義顯（云云）。

以三義故，知諸涅槃迹而非本，今始入故，入復出故，拂中間故。此迹涅槃皆從本垂，云何執迹謂言是本？是不識迹本也。若拂迹顯本，則二義不迷。非迹非本，不思議一也。

九、本壽命妙者，上因妙中以智慧爲命；此則非長、非短。由非長、非短之慧命，能爲長、短，此中正明長、短壽命。經處處自説名字不同，年紀大小。年紀者，是壽命也。大小者，長短也。經中間處處年紀大小者，約迹而懸指本也。迹不同者：三藏佛，父母生身，八十二盡，身灰智滅，畢竟不生；通教佛，誓願之身，化緣若訖，亦歸灰斷，滅已不生。此兩佛但齊業齊緣，不得非長、非短之慧命，不能作長作短、大小之壽命也。別教登地破無明，得如來一身無量身，一身湛然安住，無量身百界作佛，亦示九界身，得論年紀大、小。大即大乘常壽；小即小乘無常之壽也。圓教登住時，亦如是。此等皆因中菩薩，非常、非無常，能作常無常、大小之壽，況後心乎？況妙覺乎？

如此等壽三義，皆迹中因果之壽，此壽皆從本地因果圓滿而垂此迹，迹既如此，況復本也。經「我本行菩薩道時所成壽命，今猶未盡」，指於本因，因壽尚未盡，況本果壽。若執迹則不知本，今拂迹則識本，亦識不思議一也。

十、釋本利益妙者，文云：「皆令得歡喜。」歡喜即利益相，若迹中三乘共十地、別十地，開權顯實，按位妙、入位妙，如是等益，乃至聞壽命，增道損生，皆是迹中益也。乃至中間權實之益，亦是迹益。以迹望本，本亦應有偏圓利益。所以下方菩薩皆住虛空者，皆居寂光，本益也。故本本以垂迹，借迹以知本，不復具記也。

【校注】

〔一〕大智度論卷一初序品中緣起義釋論：「智度大道佛從來，智度大海佛窮盡，智度相義佛無礙，稽首智度無等佛。」

〔二〕大般涅槃經卷六四依品：「善男子！依法者，即是如來大般涅槃。一切佛法即是法性，是法性者即是如來。是故，如來常住不變。」

○第六、約三世料簡者，文云：「如來自在神通之力，如來大勢威猛之力，如來師子奮迅之力。」即是三世益物之文。若過去最初所證權實之法，名爲本也。從本證已，後方便化他，開三顯一，發迹顯本者，還指最初爲本；中間示現，發迹顯本，亦指最初爲本；今日發迹顯本，亦指最初爲本；未來發本顯迹，亦指最初爲本。三世乃殊，毗盧遮那一本不異，如百千枝葉，同趣一根（云云）。

問：現見無量佛悉是釋迦分身，爲當猶有餘佛，餘佛復有分身不？答：普賢觀云：「東方有佛名曰善德，彼佛亦有分身諸佛。」〔一〕若爾，亦有諸佛，諸佛亦有分身。又神力品云：「彈指、謦欬是二音聲，遍至十方諸佛世界，彼佛四衆遥伸供養，所散諸物從十方來，譬如雲聚，遍覆此間諸佛之上。」〔二〕故知有諸佛，諸佛亦有分身也。

問：三世諸佛皆有分身者，云何復言多寶如來全身不散，如入禪定？若全身不散，云何復言遊於十方，證法華經？二意云何通？答：釋論解念佛中云：「多寶無人請説法，便入涅槃，後化佛身及七寶塔，證法華經。」〔三〕若從論釋，乃是化作全身，非無分身也。師云：若言不得説法，那告四衆我滅後起一大塔？非都不説法，應是不説法華。故發大誓願，不碎生身之骨，全身不散，出證圓經。如入禪定者，表於不滅；出證常經，表於不偏；不偏不滅，圓常義顯。口唱真淨大法，真是常，略舉二德，我樂可知。鈍者讀文，猶自不覺也。

問：三世諸佛皆顯本者，最初實成若爲顯本？答：不必皆顯本。今作有義者，最初妙覺指初住爲本，若初住被加作妙覺，亦指初住爲本。初住之前，豎無所指，横有體用，即指體豈非本耶？又發願故，説壽長遠，如文（云云）。又解，最初之佛，雖無長遠、已今、權實等本迹之可顯，而有體用、教行、理教、事理等本迹之可顯（云云）。若作無義，若最初始成佛，既始得本，未論垂迹，無久迹可發，無久本可顯（云云）。若久成佛，如釋迦之例，以東方爲譬。若久此者，即以四方爲譬。又久者，十方爲譬。若近此者，則滅東方爲譬。若都無者，則無所譬（云云）。

問：若實初成，無久本可顯，云何經言：「是我方便，諸佛亦然」〔四〕？答：雖無長久之本，若須用方便者，佛有延促劫智，能演七日爲無量劫義〔五〕（云云）。

問：佛若有久成、始成，有發迹、不發迹，亦應有開三顯一、不開三不顯一耶？答：若菩薩、聲聞共爲僧者，則有開三顯一；若純菩薩爲僧者，何須開顯耶？

問：若不開三顯一，五佛章云何？答：同是聲聞、菩薩共爲僧，出五濁世可如此，出淨土佛則不然。

問：破十麤，顯十妙，則無明惑盡，一實理彰。今更破迹妙爲麤，顯本爲妙，破何惑？顯何理？答：無明重數甚多，實相海深無量，如此破顯無咎。

又問：若爾，還以妙破妙，所破之妙，妙而更麤，亦應還以麤破麤。所破之麤，例更是妙；所破四住，例亦應妙？答：就頓明義，秖四住即是於妙，況破四住智，寧非妙耶？

又問：若爾，但有頓義，應無漸義？答：若分漸、頓，漸之能、所俱麤，頓之能、所俱妙（云云）。

問：中間有偏圓、權實，而同稱是權者，亦應同稱爲偏耶？答：通義則爾，別義不然。偏圓約法，法則已定，故偏非圓、圓非偏。權實約教，迹中施設，同皆是假，故就假論權耳。

問：既有帶麤妙，復有不帶麤妙，亦應有帶妙麤、不帶妙麤？答：此應四句：帶麤妙，即別教也；不帶麤妙，即圓教也；帶妙麤，即通教也；不帶妙麤，即三藏也。又帶麤妙，如通；不帶麤妙，如圓；亦帶麤亦不帶麤，如別；非帶非不帶，如圓接別，如圓別接通。又約五味：麤不帶妙如酪；妙不帶麤如醍醐；亦帶麤亦不帶麤如生熟酥；非帶麤非不帶麤如乳（云云）。

問：二麤既不同，那忽同呼爲麤？答：事有淺、深，故爲二；俱非妙理，故同是麤。

問：應帶方便實？不帶方便實？答：例。

問：亦應有帶二一，不帶二一？答：例。通論本迹，秖是權實；別論高下，宜用本迹；橫論真僞，宜用權實。本迹約身、約位，權實約智、約教（云云）。

問：本地十妙約六重本迹，攝屬何耶？答：非已今、非中間，乃是體用、教行、理教等，共論十妙也。

【校注】

〔一〕佛説觀普賢菩薩行法經：「既懺悔已，見多寶佛放大光明，其光金色，遍照東方及十方界無量諸佛，身真金色。東方空中作是唱言：『此佛世尊號曰善德。』亦有無數分身諸佛坐寶樹下師子座上結加趺坐。」

〔二〕妙法蓮華經卷六如來神力品：「以種種華、香、瓔珞、幡蓋，及諸嚴身之具、珍寶妙物，皆共遥散娑婆世界。所散諸物，從十方來，譬如雲集，變成寳帳，遍覆此間諸佛之上。於時十方世界，通達無礙，如一佛土。」

〔三〕大智度論卷七初品中佛土願釋論：「復次，有諸佛無人請者，便入涅槃而不説法。如法華經中多寳世尊，無人請故便入涅槃。後化佛身及七寳塔，證説法華經故，一時出現。」

〔四〕見於妙法蓮華經卷三藥草喻品。

〔五〕「義」：金本無。

○第七、判麤妙者，若迹中已得十麤爲麤，十妙爲妙，未開十麤爲麤，開十成妙，具如前説。迹中若待麤妙，若開麤妙，此妙不異本妙，而言始得，始得爲麤。本中先成，若麤若妙，若開麤妙，亦不異迹妙，而是先得，先得稱妙。又迹中事理始得爲麤，本中事理先得爲妙，迹中理教、教行、體用、權實等，亦如是。又若未發迹顯本者，但解迹中事理之麤妙，終不能解本中之事麤，況解本中之理妙？彌勒尚不達，何況餘人？若發迹中之事理，即顯本中之事理。亦知由本中之事理，能垂迹中之事理。迹既由本，則本妙迹麤，既有本迹之殊，故言麤妙。妙理則非迹非本，不思議一也。理教、教行、體用、權實、已今等，亦如是。

○第八、明權實者，照迹中十麤之境爲權，照迹中十妙之境爲實，乃至中間三世所照十麤之境爲權，十妙之境爲實。若權若實，悉皆是迹，迹故稱權。如是中間無量無量不可説節節權實，餘經尚無中間一番之權，況一番之實？尚無中間一番權實，況無量番？尚無中間權實，況有本地權實？中間權實，皆名爲權，本初照十麤十妙，皆名爲實。迹、權、本、實俱不思議，不思議即是法性，法性之理，非古非今，非本非迹，非權非實，但約此法性論本迹、權實、麤妙耳。但以世俗文字有去來今，非謂菩提有去來今也。

復次，分别權實，則有三種：謂自行、化他、自行化他，具如境妙中説。本地自行所契權實二智，名佛自行權實；從本已來，乃至鹿苑，種種方便，隨他意語，説此二智，迴轉無方，名佛化他權實二智。化他雖有二種，皆名爲權；自行雖二種，皆名爲實，是名自行化他合説權實。

復次，迹中約實施權，意在於實，而實意難測。何者？化城是權，而人作實解，是不識權，亦不知實。若廢權顯實，意在於權，權則易測。何者？既知化城一事是佛權施，則遍達恒沙佛法，遠通久劫方便。故華嚴中明爲阿鞞跋致，多明事數，即其義也。若開權顯實者，達事法已，權意即息，亦不離權遠求於實，權即是實，無復别權，故言開權顯實也。

迹中既有三意，如此迹由本垂，本亦如是，本迹雖殊，不思議一也（云云）。

○第九、利益者，前明生身益，次明法身益。生身兩處得益，迹門會三歸一，開權顯實。生身菩薩得利益者，於十妙中得五妙益。何者？境妙則通，一切具有；乘妙則别，究竟在佛。感應、神通、説法，皆是果上之益，若未證果，不論此益。

若於六即位中得四即益，理即、究竟即，例如前，但得名字即中智、行、位、眷屬、功德，乃至分真即中智、行、位、眷屬、功德。如身子得記，四衆、天、龍歡喜，説偈云：「大智舍利弗，今得受尊記，我等亦如是，悉當得作佛。」(二)即是生身菩薩聞迹門説法，得益之相也。

發本顯迹，説佛壽長遠，觀佛三昧得大增長，從此亦有生身菩薩，得十妙中之五益，六即中之四益，損生增道(云云)。

從二住去至一生在，皆是法身得五益。何以故？應生聞本地功德，觀佛三昧轉更深廣，不可稱量，不比前來迹中之益。何者？佛境轉深，功德亦大。故分別功德品云：「佛説希有法，昔所未曾聞，世尊有大力，壽命不可量。説得法利者，歡喜充遍身，或住不退地，或得陀羅尼。」即是生、法二身得益之相。

若論實道得益，兩處不殊，而權智事用，不得相比。喻如慧解脱、俱解脱，無漏不二，而功德優劣。前迹門得道，止齊無生法忍；本門得道，齊餘一生在，以塵爲數，多少深淺，豈同於前？當揀彼文，從發心處即是六根淨位，乃至一生在，即是最後分真(云云)。

又流通利益者，前流通迹門，是諸發誓菩薩及諸羅漢得授記者，此土、他土弘經，論其功德。觀文，但明冥利，不説顯益。今説本門，付囑一切諸佛所有之法，兼得迹門法也。

秘奥之藏，即是本迹中實相也。一切甚深之事，即是本迹中因果也。如此等法，付囑千世界微塵菩薩法身地弘經，何但如生身此土、他土弘經耶？十法界身遊諸國土，則有冥、顯兩益也。疑者云：法身常有佛，何須菩薩弘？但弘之在人，待時待伴，如佛雖在世，而文殊入龍宫，法身處雖有佛，復須外緣。故佛付囑，吐舌摩頂，種種相貌，殷勤付囑，令弘此法，得無量微妙功德。其有聞者，妙益不可稱數。故文云：若有聞佛説壽量，一切皆歡喜，得無量無漏功德之果報。即此意也。

〇十、觀心者，本妙長遠，豈可觀心？雖不即是，亦不離心。何者？佛如、衆生如，一如無二如，佛既觀心，得此本妙，迹用廣大，不可稱説。我如如佛如，亦當觀心，出此大利，亦願我如速如佛如。故文云：「聞佛壽無量，深心須臾信，其福過於彼。願我於未來，長壽度衆生，如今日世尊，諸釋中之王，道場師子吼，説法無所畏。我等於未來，一切所尊敬，坐於道場時，説壽亦如是。」〔二〕此即觀心本妙，得六即利益之相（云云）。

〇問：大妙云何？答：此應三雙六句分別（云云）。文云：「佛自住大乘。」又云：「如是大果報。」〔三〕又云：「有大車。」〔四〕而題稱爲妙。如涅槃云：「大般涅槃微妙經典。」〔五〕而題稱爲大，即妙是大，即大是妙也。大品云：「色非深非妙，乃至識非深非妙。」〔六〕此是大破妙。此文云：「一切法空寂，無漏、無爲、無大、無小。」〔七〕此是妙破大。如大阿羅漢，此大猶修於妙，如滅、止、妙、離，此妙猶更修大（云云）。

問：若大妙一等，餘經俱應稱妙。答：餘經通論，約理大妙不殊，而別帶方便；此經不帶方便，故別稱妙。小乘得入，發迹顯本，故別稱妙。

問：大小俱稱妙，大小俱明常，一往斥之（云云）。小乘滅、止、妙、離，名同理異，不得是常，並云不得是妙？答：妙名不可思議，小乘真諦亡言絶慮，通得是不思議，通名爲妙耳。次當縱之，亦得以三無爲稱常而常異。

又並既俱稱常，亦俱會一？答：會諸見同入真而會異。又並俱無常，俱麤，俱不會耶？例通而義異，云何大乘無常？大乘非但無無常，亦無於常，以無於常，故言無常，云何大乘是麤？夫有言説即名爲麤，云何大乘不會耶？一切諸法皆是佛法，更何所會（云云）。

【校注】

〔一〕參見妙法蓮華經卷二譬喻品。

〔二〕參見妙法蓮華經卷五分別功德品。

〔三〕見於妙法蓮華經卷一方便品。

〔四〕參見妙法蓮華經卷二譬喻品。

〔五〕大般涅槃經卷六四依品：「善男子！我涅槃後，當有百千無量衆生誹謗、不信是大涅槃微妙經典。」

〔六〕摩訶般若波羅蜜經卷七無生品：「色非深非妙，受、想、行、識非深非妙。色性非深非妙，受、想、行、識性非深非妙。眼性乃至意性，色性乃至法性，眼界性乃至意界性，眼識乃至意識，眼觸乃至意觸，眼觸因緣生受乃至意觸因緣生受，檀那波羅蜜乃至般若波羅蜜，内空乃至無法有法空，四念處乃至十八不共法，一切諸三昧門、一切諸陀羅尼門，乃至一切種智、一切種智性，非深非妙。」

〔七〕參見妙法蓮華經卷二信解品。

○次釋蓮華者，爲四意：一、定法譬；二、引舊釋；三、出經論；四、正解釋。

定法譬者，權實難顯，借喻蓮華，譬於妙法。又七喻文多，故以譬標題。又解云：蓮華非譬，當體得名。類如劫初，萬物無名，聖人觀理，凖則作名。如蛛羅引絲，倣之結網；蓬飛獨運，依而造車；浮槎汎流而立舟；鳥跡成文而寫字。皆法理而制事耳。今蓮華之稱，非是假喻，乃是法華法門。法華法門清淨，因果微妙，名此法門爲蓮華，即是法華三昧當體之名，非譬喻也。餘經多自釋名，此經無解，或是其文未度耳。而此兩釋皆有道理，今融二意。

問：蓮華定是法華三昧之蓮華？定是華草之蓮華？答：定是法蓮華，法蓮華難解，故草華爲喻。利根即名解理，不假譬喻，但作法華之解。中、下未悟，須譬乃知，以易解之蓮華，喻難解之蓮華。故有三周説法，逗上、中、下根。約上根是法名，約中、下是譬名，三根合論，雙標法譬。如此解者，與誰爲諍耶？今且依法譬爲釋也。

二、引舊解。叡師序云：「未敷名屈摩羅，將落名迦摩羅，處中盛時名分陀利。」〔一〕遠師云：「分陀利伽是蓮華開喻，然體逐時遷，名隨色變，故有三名也。」大經亦云：「人中蓮華、分陀利華。」〔二〕二名並題者，應有通、別之異。今取蓮華是通，分陀利是別稱。道朗云：「鮮白色，或翻爲赤色，或翻爲最香，如此皆是開盛之義，舉分陀利則兼之矣。」〔三〕

問：梵本舉別，此方用通，何也？答：外國有三時名，此方則無，但舉通名，通自兼别。

他解蓮華有十六義：蓮華從緣生，譬佛性從緣起；蓮華能生梵王，譬從緣生佛；蓮華生必在淤泥，譬解起生死；蓮華是瑞，見者歡喜，譬見者成佛；蓮華從微之著，譬一禮一念皆得作佛；蓮華必俱，譬因果亦俱；華必蓮，譬因必作佛；蓮華，譬引入蓮華世界；蓮華是佛所踐，譬衆聖託生。此十譬秖是今家譬行妙中片意耳。

蓮華生淤泥，淤泥不染，譬一在三中，三不染一；蓮華三時異，譬開三秖是一；蓮華有開有合，譬對緣有隱有顯；蓮華於諸華最勝，譬諸説中第一；華開實顯，譬巧説理顯；

蓮華有三時異，譬權實適時。此六譬秖是今家説法妙中片意耳。

如光宅云：餘華華果不俱，譬餘經偏明因果；此蓮華華果必俱，譬此經雙辨因果。弟子門明因，師門明果，故借蓮華爲喻〔四〕。今謂此解語略而義偏。若迹門師、弟，各有因果，文云：「我盡行諸佛所有道法，道場得成果。」即師之因果；會三歸一即弟子因，得記作佛即弟子果。本門云「我本行菩薩道時」，即師因，「我得佛已來，甚大久遠」，即師果；「我昔教其初發心」，即弟子因，「今皆住不退，悉當得成佛」，即弟子果。彼義偏略，故不用。且助成其語，如四微色法，不當華之與蓮，而約微論華論蓮；今實相之理，不當本迹因果，而約理明於本迹因果耳。又如四微不當開之與合，而約微論開合；實相不當權實，而約實相論開權顯實，發迹顯本耳。

三、引經論者，法華論列十七名：一、無量義；二、最勝；三、大方等；四、教菩薩法；五、佛所護念；六、諸佛祕藏；七、一切佛藏；八、一切佛密字；九、生一切佛；十、一切佛道場；十一、一切佛所轉法輪；十二、一切佛堅固舍利；十三、諸佛大巧方便；十四、説一乘；十五、第一義住；十六、妙法蓮華；十七、法門攝無量名字句身，頻婆羅、阿閦婆等〔五〕。餘名悉不解釋，唯列十七名。

次解蓮華，有二義。一、出水義，不可盡出離小乘泥濁水故。復有義，蓮華出泥水，喻諸聲聞入如來大衆中坐，如諸菩薩坐蓮華上，聞説無上智慧清淨境界，證如來密藏故。

二、華開者，衆生於大乘中，心怯弱不能生信故，開示如來淨妙法身，令生信心故。

今解論意，若言令衆生見淨妙法身者，此以妙因開發爲蓮華也。若言入如來大衆坐蓮華上者，此以妙報國土爲蓮華也。何者？盧舍那佛處蓮華藏海，共大菩薩皆非生死人。若聲聞得入於此，即妙報國土爲蓮華也。彼論望今意，乃是行、位兩妙耳。大集云：「憐愍爲莖智慧葉，三昧爲鬚解脱敷，菩薩蜂王食甘露，我今敬禮佛蓮華。」〔六〕又以戒、定、慧陀羅尼爲瓔珞，莊嚴菩薩。今解經，當是菩薩攬四法成假名人，如蜂在華；復以前四法自資，如蜂食華也。

【校注】

〔一〕見於僧叡法華經後序。

〔二〕見於大般涅槃經卷一八梵行品之四。

〔三〕吉藏法華玄論卷二有一段内容與此段基本相同：「評曰：不然。蓮華者，蓋是通名。分陀利，此爲别稱。何以知然？叡師序云：諸華之中，蓮華最勝。而華未敷，名屈摩羅；敷而將落，名迦摩羅；處中盛時，名分陀利。遠法師云：分陀利伽是蓮華開發時名。然此華體以時遷，名隨形變。初出未開，名屈摩藍；衰落之時，名爲摩賴；當開發盛美、色香具足時，名分陀利伽。大經十六卷解十號云：人中蓮華、分陀利華。二名並出，應有通別之異。又列四華，最後云分陀利華。河西道朗云鮮白色。又餘處翻爲赤色，最香蓮華。今明蓮華是衆華中之勝分陀利，又是蓮華中之美，所以云分陀利華也。又大經偈問云：何處濁世不污如蓮華？下菩薩品具舉四華答。故知蓮華是通名，分陀利爲別稱也。今以通名爲翻，故云蓮華也。若未開，但因而無果。若已落，但果而無因。今取正開，因果分明。華譬因，實喻果。華譬教，實喻理。

〔四〕法華經義記卷一：「法、譬雙舉者，即是此法華經，上出妙法，下出蓮花爲譬，緣此得雙顯因果之義。夫水陸所生類雜無限，今的取水生蓮花以譬因果者，此花不有則已，有則花實必俱，用此俱義譬此經因果雙說也。」

〔五〕參見妙法蓮華經憂波提舍卷上。

〔六〕見於大方等大集經卷一瓔珞品。

四、正釋者，若依大集，行法因果爲蓮華，菩薩處上即是因華，禮佛蓮華即是果華。若依法華論，以依報國土爲蓮華，復由菩薩修蓮華行，報得蓮華國土。當知依正因果悉是蓮華之法，何須譬顯？爲鈍根人不解法性蓮華，故舉世華爲譬，亦應何妨？

然經文兩處説優曇鉢華時一現耳。此華若生，輪王應出。若説此經，即授佛記，法王王世也。此靈瑞華似蓮華，故以爲喻。若從此意，即是借喻，喻於妙法。夫喻有少喻、遍喻。如涅槃（云云）但少喻，以月喻面，不得求其眉目；雪出況象，不可覓其尾牙。今法華三昧無以爲喻，喻此蓮華耳。夫華有多種，已如前説。唯此蓮華，華果俱多，可譬因含萬行、果圓萬德，故以爲譬。又餘華麤，喻九法界十如是因果；此華妙，喻佛法界十如因果。

又以此華喻佛法界迹、本兩門，各有三喻。

喻迹者：一、華生必有於蓮，爲蓮而華，蓮不可見，此譬約實明權，意在於實，無能知者。文云：「我意難可測，無能發問者。」又云：「隨宜所説，意趣難解。」〔一〕二、華開故蓮現，而須華養蓮，譬權中有實，而不能知。今開權顯實，意須於權，廣識恒沙佛法者，秖爲成實，使深識佛知見耳。三、華落蓮成，即喻廢三顯一，唯一佛乘，直至道場。菩薩有行，見不了了，但如華開；諸佛以不行故，見則了了，譬如華落蓮成。此三譬迹門，從初方便，引入大乘，終竟圓滿也。

又三譬譬本門者：一、華必有蓮，譬迹必有本，迹含於本。意雖在本，佛旨難知，彌勒不識。二、華開蓮現，譬開迹顯本。意在於迹，能令菩薩識佛方便，既識迹已，還識於本，增道損生。三、華落蓮成，譬廢迹顯本。既識本已，不復迷迹，但於法身修道，圓滿上地也。此三譬，譬本門，始從初開，終至本地。

二門六譬，各有所擬：初、重約佛界十如，施出九界十如。次、重開九界十如，顯佛界十如。三、重廢九界十如，成佛界十如。三譬攝得迹門始終盡。若得此意，十二因緣、四諦、三諦等，智、行、位，乃至功德利益，亦用此譬譬之（云云）。第四、重約本佛界十如，施出迹中佛界十如。第五、重開迹中佛界十如，顯出本中佛界十如。第六、重廢迹中佛界十如，成本中佛界十如。始終圓滿，開合具足，是爲少分以蓮華爲譬也。

多分喻者，釋論解師子吼義，從深山谷種生長，身力手足，爪牙頭尾，震吼等譬，譬師子吼法門〔二〕。亦如大經明波利質多樹黄嘴炮果等，遍喻行人〔三〕。今亦如是，從初種子乃至蓮成，喻於妙法也。譬如石蓮，烏皮在外，白肉在内，四微爲質，卷荷欲生，微細衆具，開華布鬚，蓮實房成，初後不異蓮華，始終十義具足。譬佛界衆生，始自無明，終至佛果，十如是法，無有缺減。總譬竟。

譬如石蓮，黑則叵染，硬則叵壞，不方不圓，不生不滅。劫初無種故不生，今不異初故不滅，是名蓮子相。一切衆生自性清淨心亦復如是，不爲客塵所染，生死重積，而心性不住不動，不生不滅，即是佛界如是相。淨名曰：「一切衆生即菩提相。」〔四〕即其義也。

譬如蓮子，雖復烏皮，淤〔五〕泥之中，白肉不改，一切衆生了因智慧，亦復如是，五住淤泥，生死果報，一切智願猶在不失，是名佛界如是性，故言煩惱即菩提。又諸法不生般若生，即其義也。

譬如蓮子在淤泥中，而四微不朽，是名蓮子體。一切衆生正因佛性亦復如是，常、樂、我、淨，不動不壞，名佛界如是體。大經言：「是味真正停留在山，草木叢林不能覆滅。」〔六〕即其義也。

譬如蓮子爲皮殼所籠，爲泥所没，而卷荷在心，而有生長之氣，一切衆生心亦如是，雖爲苦果所縛，集惑所沉，而能於中發菩提心，甚大雄猛，如師子乳，如師子筋弦，是名佛界如是力。經言：若發菩提心，動無邊生死，破無始有輪。閻浮人未見果而能勇猛發心也。

譬如蓮子，雖復微小，鳥皮之内，具有根、莖、華、葉、鬚、臺，衆具頓足，是名蓮子如是作。一切衆生初發菩提心亦復如是，明解決定，慈悲誓願，上求下化，誓取成就，志不疲退，是名佛界如是作。華首經言：「一切諸功德，皆在初心中。」〔七〕即其義也。

譬如蓮子，根依淤泥而華處虚空，風日照動，晝夜增長，榮耀頓足。一切衆生亦復如是，從無明際，發菩提心，修菩薩行，出離生死，入法性中，因行成就，值於佛日，被神通風，其心念念入薩婆若海，此名佛界如是因。經言：「於無量劫所作功德，不如五莖蓮華上然燈佛得功德多。」〔八〕此是真因成就，即其義也。

譬如蓮華，鬚蕊圍遶在華内蓮外，此名蓮華如是緣。菩薩亦如是，於真因中具足萬行六波羅蜜，一行一切行，資助於因，如鬚在華内，若得果時，衆行休息，如鬚在蓮外，是名佛界如是緣。經言：「盡行諸佛所有道法。」〔九〕即其義也。

譬如蓮華，華成結蓮，而華葉零落，臺子成實，此名蓮子如是果。菩薩亦如是，真因所感無上菩提，大果圓滿，究竟成實，是名佛界如是果。故經言：「佛子行道已，來世得作佛。」〔一〇〕即其義也。

譬如蓮實，房臺包遶，此名蓮子如是報。菩薩亦如是，大果圓滿，無上報足，習果之果依於報果，如實依臺。經言「如是大果報」〔一一〕，「久修業所得」〔一二〕，即其義也。

譬如泥蓮四微，處空蓮四微，初後不異，此名蓮子本末等。一切衆生亦如是，本有四德，隱名如來藏，修成四德，顯名爲法身，性德修德，常樂我淨，一而無二，是名佛界十如，本末究竟等。經言：「衆生如佛如，一如無二如。」〔一三〕即其義也。

是用蓮華譬十如境竟。

【校注】

〔一〕見於妙法蓮華經卷一方便品。

〔二〕參見大智度論卷二五釋初品中四無畏義。

〔三〕大般涅槃經卷二七師子吼菩薩品之三：「云何遍喻？如經中説：三十三天有波利質多樹，其根入地深五由延，高百由延，枝葉四布五十由延，葉熟則黄。諸天見已，心生歡喜：『是葉不久必當墮落。』其葉既落，復生歡喜：『是枝不久必當變色。』枝既變色，復生歡喜：『是色不久必當生皰。』見已復喜：『是皰不久必當生嘴。』見已復喜：『是嘴不久必當開敷。』開敷之時，香氣周遍五十由延，光明遠照八十由延。爾時，諸天夏三月時在下受樂。善男子！我諸弟子亦復如是。葉色黄者，喻我弟子念欲出家；其葉落者，喻我弟子剃除鬚髮；其色變者，喻我弟子白四羯磨，受具足戒；初生皰者，喻我弟子發阿耨多羅三藐三菩提心；嘴者，喻於十住菩薩得見佛性；開敷者，喻於菩薩得阿耨多羅三藐三菩提；香者，喻於十方無量衆生受持禁戒；光者，喻於如來名號無礙，周遍十方；夏三月者，喻三三昧；三十三天受快樂者，喻於諸佛在大涅槃得常、樂、我、淨。是名遍喻。」

〔四〕見於維摩詰所説經卷一菩薩品。

〔五〕「淤」：南本作「汙」。

〔六〕大般涅槃經卷八如來性品：「復次，善男子！譬如雪山有一味藥，名曰樂味，其味極甜，在深叢下，人無能見，有人聞香，即知其地當有是藥。過去世中有轉輪王，於彼雪山爲此藥故，在在處處造作木筩以接是藥。是藥熟時，從地流出，集木筩中，其味真正。王既没已，其後是藥或醋、或鹹、或甜、或苦、或辛、或淡。如是一味，隨其流處有種種異，是藥真味停留在山，猶如滿月。凡人薄福，雖以掘鑿加功苦至而不能得。復有聖王出現於世，以福因緣即得是藥真正之味。善男子！如來祕藏其味亦爾，爲諸煩惱叢林所覆，無明衆生不能得見。」

〔七〕佛説華手經卷三無憂品：「如是諸功德，及諸餘佛法，當知是一切，皆在初心中。」

〔八〕佛説未曾有因緣經卷上記載有釋迦前世以五莖蓮華上定光佛事：「爾時，世尊即遣化人空中告言：『耶輸陀羅！汝頗憶念往古世時誓願事不？釋迦如來當爾之時爲菩薩道，以五百銀錢從汝買得五莖蓮華，上定光佛。時汝求我，世世所生共爲夫妻。我不欲受，即語汝言：我爲菩薩，累劫行願，一切布施，不逆人意。汝能爾者，聽爲我妻。汝立誓言：世世所生，國城、妻子及與我身，隨君施與，誓無悔心。而今何故愛惜羅睺，不令出家學聖道耶？』耶輸陀羅聞是語已，霍然還識宿業因緣，往事明了，如昨所見，愛子之情自然消歇，遣喚目連懺悔辭謝，捉羅睺手付囑目連。與子離別，涕淚交流。」

〔九〕妙法蓮華經卷一方便品：「佛曾親近百千萬億無數諸佛，盡行諸佛無量道法，勇猛精進，名稱普聞，成就甚深未曾有法，隨宜所説，意趣難解。」

〔一〇〕見於妙法蓮華經卷一方便品。

〔一一〕見於妙法蓮華經卷一方便品。

〔二〕見於妙法蓮華經卷五如來壽量品。

〔三〕佛説首楞嚴三昧經卷下：「爾時，天女以無怯心語惡魔言：汝勿大愁，我等今者，不出汝界。所以者何？魔界如即是佛界如，魔界如、佛界如不二不別，我等不離是如。魔界相即是佛界相，魔界法、佛界法不二不別，我等於此法相不出不過。魔界無有定法可示，佛界亦無定法可示，魔界、佛界不二不別，我等於此法相不出不過。是故當知，一切諸法，無有決定。無決定故，無有眷屬，無非眷屬。」

次用蓮華譬十二因緣者，烏皮淤泥，水草重覆，通如上説也，即是無明支種子；能生力即是行支；内有卷荷，華鬚備具，即是識、名色、六入、觸、受支，含潤愛、取、有支；團圓盤屈，不能得出，即是老死支。若能芽鋒萌動，鑽烏皮破，即是無明滅；不復在烏皮内生，即是諸行滅；出鷇殼外，即是老死滅。此略譬四種十二因緣也。

次用蓮華譬四諦者，烏皮譬界内苦，白肉譬界内集，泥譬界外集，水譬界外苦，道滅可知。此通譬四種四諦也。

次用蓮華譬二諦者，蓮藕莖葉等譬俗，蓮藕莖孔空譬真。此通譬七種二諦也。

次用蓮華譬三諦者，真俗如前，四微擬常、樂、我、淨，譬中道第一義諦。此通譬五種三諦也。四微無生無滅，譬一實諦。劫初無生，今時無滅，譬無諦無説也。用蓮華譬境妙竟。

次更譬九妙者，内有生性譬智妙，卷荷生性譬空智妙，鬚葉生性譬假智妙，蓮臺四微生性譬中智妙。此三生性譬一心三智妙也。

蓮子雖小，備有根、莖、華、葉，譬行妙，莖即慈悲，葉即智慧，鬚即三昧，開敷即解脱。又葉以譬三慈者，覆水青葉，譬衆生緣慈；覆水黄葉，譬法緣慈；倚葉，譬無緣慈。倚荷若出，蓮生不久，無緣慈成，得記不久。又根、華、子、葉，利益人、蜂即檀，香氣即尸，生泥不辱即忍，增長即精進，柔濡即禪，不汙即慧。齊此譬行妙也。

蓮譬理即位。芽鑽皮，麤住位；芽出皮，細住位；鑽泥，欲定位；齊泥，未到位；出泥在水，四禪位；禪定如水，能洗欲塵，處水增長，譬無色位。齊此譬觀行蓮華位。出水譬破見思，相似蓮華十信位；處空含而欲敷，譬十住位；鬚臺可識，譬十行位；隨日開迴，譬十迴向位；敷舒成就，荷負蜂蝶，譬十地位。鬚葉零落，臺子獨在，譬休息衆行，妙覺圓滿，果上無事，真常湛然。此皆譬位妙也。

蓮有四微，譬真性軌；蓮房内虚，莖藕中空，譬觀照軌；臺房圍遶，譬資成軌。此譬三法乘妙也。

蓮成處空，影臨清水，譬顯機顯應；影臨濁水，譬冥機冥應；影臨風浪之水，譬亦冥亦顯機應。大經云：闇中樹影〔一〕，夜影臨水。譬非冥非顯機應。此等譬感應妙也。

若風摇蓮華，東昂西倒，向南映北，下風則合，上風則開者，即譬東涌西没、中涌邊没等，此譬地動瑞。日暮華合，譬入定瑞。日出華開，譬説法瑞。遠望則紅，近望則白，赤華青葉，相映輝赫，譬放光瑞。流芳遍野，譬栴檀風瑞。蕊粖飄颺，譬天雨華瑞。風雨飄灑，翻珠相棠，譬天鼓自然鳴瑞。此等皆譬神通妙也。

華合未開，譬隱一乘，分別説三；華葉正開，譬會三歸一，但説一乘；華落蓮存，譬絶教冥理，若知如來常不説法，乃名多聞。此等譬説法妙也。

從一藕邊更生一華，展轉復生無量蓮華，譬業生眷屬妙；從一蓮房墮子在泥，更生蓮華，展轉復生無量蓮華，譬神通眷屬妙；掘移彼藕，採彼蓮子，種於此池，蓮華熾盛，譬願生眷屬妙；彼池飛來，如遊絲薄霧，入於此池，蓮華熾盛，譬應生眷屬妙。

魚鼈唼喁其下，蜂蝶翔集其上，譬衆生果報清涼之妙益；見者歡喜，譬於因益；採用其葉〔二〕，譬三草益；採用其華，譬妙小樹益；採用其蓮，譬妙大樹益；採用其藕，譬妙實事益。此等譬功德利益。

如是等譬及餘無量譬喻，以譬迹中十妙（云云）。

次譬本者，譬如一池蓮華始熟，熟已墮落，投於泥水，方復生長，乃至成熟，如是展轉更生熟，歲月既積，遂遍大池，華田布滿。佛亦如是，本初修因證果已竟，爲衆生故更起方便，在生死中，示初發心，復示究竟。數數生滅，無數百千，本地垂應，俯同凡俗，更修五行。烏蓮更生莖葉，譬更修聖行；蓮子四微稍稍增長，譬更修天行；荷葉始生，譬更修梵行；蓮子墮泥，譬同諸惡，更修病行；蓮芽始萌，譬同小善，更修嬰兒行。如是三世益物，不可稱計，遍滿法界，無非分身、垂迹、開迹、廢迹等益（云云）。若非蓮華，何由遍喻上來諸法？法、譬雙辨，故稱妙法蓮華也。

妙法蓮華經玄義卷第七下

【校注】

〔一〕大般涅槃經卷三長壽品：「迦葉菩薩白佛言：『世尊！譬如闇中有樹無影。』『迦葉！汝不應言有樹無影，但非肉眼之所見耳。善男子！如來亦爾，其性常住，是不變異，無智慧眼不能得見，如彼闇中不見樹影。凡夫之人於佛滅後，説言如來是無常法，亦復如是。若言如來異法、僧者，則不能成三歸依處。如汝父母各各異故，故使無常。』」

〔二〕「葉」：底本作「華」，據金本、南本、徑本、大本改。

妙法蓮華經玄義卷第八上

隋天台智者大師説
門人灌頂記

第二釋通名者，「經」一字也，具存胡音，應云「薩達磨分陀利修多羅」。薩達磨，此翻妙法；分陀利，此翻蓮華，已如上釋；脩多羅，或云修單蘭，或云修妬路。彼方楚夏，此土翻譯不同，或言無翻，或言有翻。釋此爲五：一、明無翻；二、明有翻；三、和融有無；四、歷法明經；五、觀心明經。

言無翻者，彼語多含，此語單淺，不可以單翻複，應留本音。而言「經」者，開善云：非正翻也，但以此代彼耳。此間聖説爲經，賢説子史；彼聖稱經，菩薩稱論。既不可翻，宜以此代彼，故稱經也。既不可翻，而含五義：一、法本，亦云出生；二云微發，亦云顯示；三云涌泉；四云繩墨；五云結鬘。今秖作五義不可翻，今於一中作三，三五十五義：一、教本；二、行本；三、義本。今廣釋之。

言法本者，一切皆不可説，以四悉檀因緣則有言説：世界悉檀説，則爲教本；爲人、對治，則爲行本；第一義悉檀，則爲義本。所言教本者，金口所説一言爲本，派出無量言教，若通、若別，當時被物，聞即得道。故經言：一一修多羅，復有無量修多羅以爲眷屬〔一〕。若後人不解，菩薩以佛教爲本，作通論、別論，申通、別經，令佛意不壅，尋者得道，良由其論有本故也。諸外道等，雖有所説，不與修多羅合，戲論無本，不能得道。經是行本者，示人無諍法，導達通塞，開明眼目，救治人病，如教修行，則起通、別諸行，從此至彼，入清涼池，至甘露地。泥洹真法寶，衆生從種種門入，故知經是行本。經是義本者，尋一句詮於一義，尋無量句詮無量義，或尋一句詮於無量義，尋無量句詮於一義，若通、若別，尋詮會入，故經是義本。束此三種爲法門者，教本即是聞慧，行本即是思慧，義本是修慧，見真法本之義尚已多含，故不可翻也。或言出生，例此可知。

二、含微發者，佛以四悉檀説，言辭巧妙，次第詮量初、中、後善，圓滿具足，如大海水漸漸轉深。聞教之者，初聞世界悉檀，次第領受，分別法相，微有解生，漸漸增長，明練通達。又遍讀諸異論，廣知智者意，多聞强識，以至成佛，就此即約教論微發。初聞爲人、對治，即能起行，始人天小行，次戒、定、慧入無漏行，見道，修道，遂證無學。從小入大，終于妙覺，是約行論微發。初聞第一義悉檀，展轉增廣，入於聞、思，煖、頂、世第一；次入見諦，得真第一義；次入修道至無學。從小入大，見似真中道，起自毫末，終成合抱也。束此三發爲法門者，依小乘，即三種解脱發；依大乘初住中，有教發是般若，行發即如來藏，理發是實相。微發已自多含，故不可翻也。

三、含涌泉者，從譬爲名也。佛以四悉檀説法，文義無盡，法流不絶。若聞世界，説一句解無量句，月四月至歲，如風於空中，自在無障礙，説初心解，已如涌泉，何況後心，何況如來，猶如石泉流潤遍益也。若聞爲人、對治，起無量行，恒沙佛法，種種法門，一行無量行，入善境界，登八正直道。若聞第一義，理若虚空，虚空之法，不可格量，遍一切處，是名義涌泉。束此爲法門者，教泉是法無礙辯，行泉即辭無礙辯，義泉即義無礙辯。樂説通三處，涌泉已自多含，故不可翻也。

四、含繩墨者，佛以四悉檀説，初聞世界，裁愛見之邪教，不爲邪風倒惑，得入正轍，即教繩墨也。若聞爲人、對治，遠離非道，入好正濟道品之路，即行繩墨也。若聞第一義，裁愛見此岸，得至彼岸，不保生死，亦不住無爲，即義繩墨。束此爲法門者，教裁邪即是正語；行裁邪即正業、正精進、正念、正定等；義裁邪即正見、正思惟等。繩墨已自多含，故不可翻。

五、含結鬘者，結教行理，如結華鬘，令不零落。世界悉檀結佛言教不零落，爲人、對治結衆行不零落，第一義結義理不零落。束此爲法門者，結教成口無失，結行即身無失，結義即意無失，亦是三種共智慧行，亦是三陀羅尼。教不零落是聞持陀羅尼，行不零落行陀羅尼，義不零落即總持陀羅尼。若作嚴身釋者，即是約教名智慧莊嚴，約行名福德莊嚴，約義即是所莊嚴。所莊嚴即是法身，爲定慧莊嚴也。一切衆生皆有法身，法身體素，天龍之所忽劣，若修學定慧，莊嚴法身，則一切見敬也。

舊云經含五義，今則經含十五義，豈可單漢翻胡？名含之釋如此（云云）。

訓者訓常，今釋其訓。天魔外道不能改壞，名爲教常。真正無雜，無能踰過，名爲行常。湛然不動，決無異趣，名爲理常。又訓法者，法可軌，行可軌，理可軌。今直釋訓已含六義，況胡言重複，而可單翻耶？

二、言有翻者，亦爲五：

一、翻爲經，經由爲義，由聖人心口故。今亦隨而釋之，謂教由、行由、理由。一切修多羅、一切通別論、一切疏記等，皆由聖人心口，是名教由。一切契理行、一切相似行、一切信行法行，皆由聖人心口，故以行爲由。一切世間義、一切出世義、一切方便義、一切究竟義，皆由聖人心口，故以義爲由。教由世界，行由爲人、對治，義由第一義悉檀。

又言經者，緯義，如世絹經，以緯織之，龍鳳文章成。佛以世界悉檀説經，菩薩以世界緯織，經緯合故，賢聖文章成。又約行論經緯，慧行爲經，行行爲緯，經緯合故，八正文章成。又約理論經緯者，詮真爲經，詮俗爲緯，經緯合故，二諦文章成。

二、翻爲契者，契緣、契事、契義。世界説是契緣；隨宜説是契生善；隨對治説是契破惡。是爲契事。隨第一義説，是契義。

三、翻法本者，即教、行、理本，如前釋(云云)。

四、翻線者，線貫持教、行、理，令不零落，嚴身等義如前釋。又線能縫義，縫教使章句次第，堪可説法。如支佛不值十二部線，不能説法，世智辯聰亦不得經線，正語不成。又線能縫行，依經則行正，違經則行邪。又縫理者，理所不印，墮六十二邪；理所印者，會一究竟道也。

五、翻善語教，亦是善行教，亦是善理教。世界悉檀説即善語教；爲人、對治即善行教；第一義説即善理教。是名修多羅有五種翻也。

三、和融有無者，昔佛法初度，胡漢未明，言無翻者，乃是河西羣學所傳，晚人承用，加以此代彼，今傳譯焕爛，方言稍通，豈苟執無翻，猶以多含爲解？若多含者，何局五耶？若有翻者，以何爲正？義寧種種，翻那得多？若翻修多羅爲經者，修多羅有九，謂通别修多羅藏等，何不見周正十二部中經部，三藏中有經藏耶？若翻爲契、法本等者，亦應改正十二部中有契部、法本部、線部、善語、教部，三藏中應有線等藏。彼諸處皆不從此翻，何獨通修多羅耶？釋論云：「般若尊重，智慧輕薄。」〔二〕何得用輕翻重？若爾，即是無翻家證。夫實相尊重不可說，遂得作胡言而說，何不得作漢語而翻？若不可翻，亦不可說，此即有翻家證。舊云：涅槃含三德，不可用滅度爲翻〔三〕。又梁武云：滅度小乘法，不可用翻大涅槃〔四〕。此未必爾。經言有涅槃、大涅槃，亦應有滅度、大滅度。此經云「如來滅度」，豈非大滅度？既以小滅度翻小涅槃，何得不以大滅度翻大涅槃？

若謂滅度偏不含三德者，今作含釋，滅者即解脱，解脱必有其人，人即法身，法身不直身，必有靈智，靈智即般若。又大即法身，滅即解脱，度即般若。但標滅度，含三宛然，何得無翻耶？若執一言，則彼彼相是非，不達佛意，已如上説。

今和融有無，虚豁義趣。若言無翻，名含五義，於一一義更含三義，彌見其美；若作有翻，於一一翻亦具三義，轉益旨深。任彼有無，何所乖諍？大經云：「我終不與世間共諍。世智説有，我亦説有；世智説無，我亦説無。」〔五〕如此通融，於二家無失，而有理存焉。復次，圓義無方，處處通入，乃如上説。若正翻名，世諦不得混濫，今且據一名以爲正翻，亦不使二家有怨。何者？從古及今，譯胡爲漢，皆題爲經。若餘翻是正，何不改作契線？若傳譯僉然，則經正明矣。若等是無翻，何不標微發、涌泉等？今正用經，於多含義强，含三法本、三微發、三涌泉、諸繩墨、結鬘等義，亦含契、線、善語教、訓法、訓常等，無不攝在經一字中，餘句亦如是。諸大小乘教，皆以經爲通名故，不用餘句也。

【校注】

〔一〕參見大方廣佛華嚴經卷三〇佛不思議法品。

〔二〕大智度論卷七〇釋佛母品之餘：「不可稱者，稱名智慧；般若定實相甚深極重，智慧輕薄，是故不能稱。又般若多，智慧少，故不能稱。又般若利益處廣，未成，能與世間果報；成已，與道果報。又究竟盡知故名稱，般若波羅蜜無能稱知，若常若無常、若實若虚、若有若無。如是等不可稱義，應當知。」

〔三〕大般涅槃經義疏序中道生、寶亮等僧人的序都涉及「涅槃」是否可以翻譯的問題，吉藏涅槃經遊意進行過總結，列舉四種「涅槃無翻」和六種「涅槃有翻」的觀點，可以參考。涅槃經遊意卷一：「無翻四師者：第一、大亮師明涅槃無翻。彼云：涅槃是如來神通之極號，常樂八味之都名。涅槃是異俗之名，名有楚夏，前後互出，乃有三名。涅槃正是中天竺之音，名含衆義，此方無一名以譯之，存其胡本焉。此遠述河西，乃至大濟，皆同此説也。第二、瑶師亦云無翻。彼師序云：稱包衆理，名冠衆義，一名之中有無量名，楚音無以譯其稱，晉言無以代其號者，故不可翻。第三、寶亮師亦云不可翻。彼序云：涅槃是出世法總名，貫衆法之通號。然此之語乃方土之音，聖既出彼國，此亦無名以正翻，但文訓況指，義釋而已。第四、知秀師亦云不可翻。彼師序云：涅槃是圓極至住之總名也，然因迹見名，見名知本，名迹之興肇自天竺，我大梁亦應有稱。但弘道之近，既發軫西域於未測，此方以伊譯翻，是以前賢後哲，皆順舊本述而不作，故題之經道。此四師並云涅槃不可翻。彼明不可翻有文有義：義者，涅槃是圓德，圓德立圓名，故不可一名翻；二者有文者，三點成涅槃，故不可一名翻也。」

〔四〕這種説法不見於其他記載，梁武帝關於涅槃的思想可見於爲亮法師製涅槃經疏序：「佛性開其本有之源，涅槃明其歸極之宗。非因非果，不起不作。義高萬善，事絶百非。空空不能測其真際，玄玄不能窮其妙門。自非德均平等，心合無生，金牆玉室，豈易入哉？」吉藏涅槃經遊意引用此段。灌頂大般涅槃經玄義卷上也列有梁武帝的觀點：「七梁武，翻爲不生。引文云：斷煩惱者，不名涅槃。不生煩惱，乃名涅槃。」

〔五〕大般涅槃經卷三三迦葉菩薩品之三：「善男子！我終不與世間共諍。何以故？世智説有，我亦説有；世智説無，我亦説無。」

四、歷法明經者。若以經爲正翻，何法是經？舊用三種：一、用聲爲經，如佛在世，金口演説，但有聲音詮辯，聽者得道，故以聲爲經。大品云：「從善知識所聞也。」二、用色爲經，若佛在世，可以聲爲經，今佛去世，紙墨傳持，應用色爲經。大品云：「從經卷中聞。」[一]三、用法爲經，内自思惟，心與法合，不由他教，亦非紙墨，但心曉悟，即法爲經，故云：「修我法者，證乃自知（云云）。」三塵爲經，施於此土。耳識利者，能於聲塵分別取悟，則聲是其經，於餘非經。若意識利者，自能研心思惟取決，法是其經，於餘非經。眼識利者，文字詮量而得道理，色是其經，於餘非經。此方用三塵而已。餘三識鈍：鼻臭紙墨，則無所知；身觸經卷，亦不能解；舌噉文字，寧別是非？若他土亦用六塵，亦偏用一塵，如淨名曰：「以一食施於一切。於食等者，於法亦等；於法等者，於食亦等。」〔二〕此即偏用舌根所對爲經。或有國土，以天衣觸身即得道，此偏用觸爲經。或見佛光明得道，此偏用色爲經。或寂滅無言，觀心得道，此偏用意爲經。如衆香土，以香爲佛事，此偏用香爲經。他方六根識利，六塵得爲經。此土三根識鈍，鼻不及驢、狗、鹿等，云何於香、味、觸等能得通達？

問：根利故，於塵是經，鈍者，塵則非經耶？答：六塵是法界，體自是經，非根利取方乃是經。

何者？大品云：「一切法趣色，是趣不過。」〔三〕此色能詮一切法。如黑墨色：一畫詮一，二畫詮二，三畫詮三，竪一畫則詮王，足右畫則詮丑，足左畫則詮田，出上詮由，出下詮申，如是迴轉，詮不可盡。或一字詮無量法，無量字共詮一法，無量字詮無量法，一字詮一法，於一黑墨小小迴轉，詮量大異，左迴詮惡，右迴詮善，上點詮無漏，下點詮有漏，殺活、與奪、毁譽、苦樂，皆在墨中，更無一法出此墨外。略而言之，黑墨詮無量教、無量行、無量理，黑墨亦是教本、行本、理本。黑墨從初一點至無量點，從點至字，從字至句，從句至偈，從偈至卷，從卷至部。又從點一字句中，初立小行，後著大行。又從點字中，初見淺理，後到深理。是名黑色教、行、義三種微發。又從黑色涌出點，出字、句、偈不可窮盡，涌出諸行無盡，涌出義無盡，是名黑色具三涌泉。又約黑色裁教、行、義邪。又約黑色結教、行、義鬘，又以嚴身。又色是由，由色故縛，有六道生死；由色故脱，有四種聖人。又色訓法，法色故，能成教、行、理。又色是常，色教不可破，色行不可改，色理不可動。又色不可翻，色義多含故。又色可翻，名色爲經。故見色經時，知色愛見，知色因緣生法，知色即空即假即中，色即法界，總含諸法。法界文字，文字即空，無點、無字、無句、無偈。句偈文字，畢竟不可得，是名知字非字，非字亦字。

墨色是經，爲法本者，若於墨字生瞋，斷他壽命；若於墨字起愛，而作盜婬；乃至於墨起癡，而生邪見。當知墨字是四趣本。若於墨字生慈、生捨，乃至生正見者，當知墨字是人天本。若知墨字是果報無記，無記是苦諦；於報色生染，即是集諦；知字因緣所成，苦、空、無我，是道諦；既知字非字，不生字倒，諸煩惱滅，即滅諦：知字四諦。知字四諦，能生煖頂，若向若果，賢聖解脱，當知墨字是聲聞本。

若於字不了名無明，於字起愛恚是諸行，分別字好醜是識，識於字名名色，字涉於眼名六入，字塵對根名爲觸，納領染著即是受，纏綿不捨是愛，竭力推求是取，取則成業名爲有，有能牽果是名生、老、病、死，苦輪不息，是則十二因緣本。

若能知字非字，無明即滅，不至於行，乃至不至老死，無明滅則老死滅，當知此字是辟支佛本。若知字即空，非滅已空，字性本空，空中無愛恚，乃至無邪正，字不可得，知字者誰？云何衆生妄生取捨？起慈悲誓願，行六度，濟衆生，入如實際，亦無衆生得滅度者，當知此字是菩薩本。

若知字非字，非字非非字，無二邊倒名淨，淨則無業名我，我則無苦名樂，無苦則無生死名常。何以故？字是俗諦，非字是真諦，非字非非字是一實諦，一諦即三諦，三諦即一諦，是名境本。

若知墨字，從紙、筆、心、手和合而成，一一字推不得一字，一一點推亦不得字，則無所不得，心手即不得能，無能無所，知能所誰？是一切智本。字雖非字，非字而字，從心故有點，從點有字，從字有句，從句有偈，從偈有行，從行有卷，從卷有帙，從帙有部，從部有藏，從藏有種種分別，是道種智本。雖非字非非字，而雙照字非字，是爲一切種智本。

雪山爲八字，捨所愛身，是爲行本。我解一句乃至半句，得見佛性，入大涅槃，即是位本。我得三菩提，皆由聞經，及稱善哉，字即乘本。若忘失句逗，還令通利，與其三昧，及陀羅尼，即感應本。依文學通，即神通本。依字故得語，即説法本。説字教他，即眷屬本。勤學此字，禄在其中，即利益本。

如此解字，手不執卷，常讀是經；口無言聲，遍誦衆典；佛不説法，恒聞梵音；心不思惟，普照法界。如此學問，豈不大哉？當知黑字是諸法本。青、黄、赤、白，亦復如是。非字非非字，雙照字非字。不可説非不可説，不可見非不可見，何所簡擇？何所不簡擇？何所攝？何所不攝？何所棄？何所不棄？是則俱是，非則悉非。能於黑色通達一切、非於一切，非通達一切、是通達一切，非非非是，一切法邪、一切法正。若於黑色不如是解，則不知字與非字。黄、白、赤、青，有對無對，皆不能知。若於黑色通達，知餘色亦如是。此即法華經意，以色爲經也。

聲塵亦如是，或一聲詮一法（云云）。耳根利者，即解聲愛見因緣，即空即假即中，知脣舌牙齒皆不可得。聲即非聲，非聲亦聲，非聲非非聲，聲爲教、行、義本，種種等義，皆如上説，即是通達聲經。香、味、觸等，亦復如是。文云：「一切世間治生産業，皆與實相不相違背。」〔四〕即此意也。外入皆經，周遍法界者，内入亦如是，内外入亦如是。經云：非内觀得解脱，亦不離内觀（云云）。是則一塵達一切塵，不見一塵一切塵，通達一塵一切塵；

於一識分別一切識，亦不見一識一切識，而通達一識一切識。自在無礙，平等大慧。何者是經？何者非經？若欲細作，於一一塵識例可解。有翻無翻，以三義織之，後用三觀結之（云云）。

歷諸教分別經者，若言理絶文字，文字是世俗，寄字詮理，理可是經，文字非經，六塵等皆是經詮，非正經也，此即三藏中經耳。若無離文字説解脱義，文字性離即是解脱，六塵即實相，無二無別，如上所説者，圓教中經也。帶三方便作此説者，方等中經也。帶二方便如此説者，般若中經也。帶一方便作如此説者，華嚴中經也。

【校注】

〔一〕摩訶般若波羅蜜經卷二七常啼哭：「何等是善知識？能説空、無相、無作、無生無滅法及一切種智，令人心入歡喜信樂，是爲善知識。善男子！汝若如是行，不久當聞般若波羅蜜，若從經卷中聞，若從菩薩所説聞。」

〔二〕維摩詰所説經卷一弟子品：「迦葉！若能不捨八邪，入八解脱，以邪相入正法；以一食施一切，供養諸佛，及衆賢聖，然後可食。如是食者，非有煩惱，非離煩惱；非入定意，非起定意；非住世間，非住涅槃。其有施者，無大福，無小福，不爲益，不爲損，是爲正入佛道，不依聲聞。迦葉！若如是食，爲不空食人之施也。」

〔三〕見於摩訶般若波羅蜜經卷一五知識品。
〔四〕妙法蓮華經卷六法師功德品：「復次，常精進！若善男子、善女人，如來滅後，受持是經，若讀、若誦、若解説、若書寫，得千二百意功德。以是清淨意根，乃至聞一偈一句，通達無量無邊之義，解是義已，能演説一句一偈至於一月、四月乃至一歲，諸所説法，隨其義趣，皆與實相不相違背。若説俗間經書、治世語言、資生業等，皆順正法。三千大千世界六趣衆生，心之所行、心所動作、心所戲論，皆悉知之。雖未得無漏智慧，而其意根清淨如此。是人有所思惟、籌量、言説，皆是佛法，無不真實，亦是先佛經中所説。」

五、明觀心經者，皆類上爲四也。

一類無翻者，心含善惡諸心數等，當知此心諸法之都，何可定判？若惡是心，心不含善及諸心數。若善是心，心不含惡及諸心數，不知何以目心。以略代總，故知略心能含萬法，況不含五義耶？華嚴云：「一微塵中有三千大千世界經卷。」〔一〕即其義也。

心是法本者，釋論云：「一切世間中，無不從心造。」〔二〕無心無思覺，無思覺無言語，當知心即語本。

心是行本者，大集云：「心行、大行、遍行。」〔三〕心是思數，思數屬行陰，諸行由思心而立，故心爲行本。

心是理本者，若無心，理與誰含？以初心研理，恍恍將悟，稍入相似，則證真實，是爲理本。

心含微發者，初刹那心，微微而有，次心若存若亡，次漸增長，後則決定，暢心而發口，是語微發。初心習行，行猶微弱，次少樹立，後成大行，即行微發。初觀心不見心理，更修髣髴，乃至相似真實，即理微發。

心含涌泉者，心具諸法，障故不流，如土石壓泉，去壅涌溜。若不觀心，心闇不明，所説不長；若觀心明徹，則宣辯無方，流溢難盡，豈非語涌泉？若不觀心，行則有間；以觀心故，念念相續，翻六蔽成六度，六度攝一切行，是行涌泉。若能觀心，如利钁斲地，磐石沙鹵，理水清澄，滔滔無竭，即義涌泉。

心含結鬘者，觀念不謬，得一聞持，穿文無失；觀心得定共力，穿行無失；觀心得道共力，穿義無失；又觀心得定慧，嚴顯法身。此皆可解。

又心是繩墨，若觀心得正語，離邪倒説。觀心正，則勉邪行，心無見著，則入正理。事行如繩，理行如墨，彈愛見木，成正法器也。

是爲心經多含，略示十五義（云云）。

二類有翻明觀者，心即是由，三義由心，一切語言由覺觀心，一切諸行由於思心，一切義理由於慧心。經云：「諸佛解脱，當於衆生心行中求。」心是經緯，以覺爲經，以觀爲緯，織成言語。又慧行心爲經，行行心爲緯，織成衆行。心豎緣理爲經，心横緣理爲緯，織成義理（云云）。又觀境爲經，觀智爲緯，觀察迴轉，織成一切文章。

又心即是契，觀慧契境，是契緣；契樂欲，心爲契教；契便宜、對治，心爲契行；契第一義，心契理。

心爲法本，心爲綫者，如前（云云）。

心爲善語教者，法之與語，俱通善惡，今以善法善語定之，心之與觀亦通善惡，今以善心善觀定之，即是善語教、善行、善理，故心具三義。

心是可軌者，若無觀則無規矩，以觀正心王，心王正故，心數亦正。行、理亦爾，心王契理，數亦契理，故名可軌也。心常者，心性常定，猶如虚空，誰能破者？又惡覺不能壞善覺，邪行不干正行，邪理不壞正理，故心名常。

隨諸事釋，一一向心爲觀，觀慧彌成，於事無乖，如火益薪，事理無失，即文字無文字，不捨文字而别作觀也。

三類和融有無明觀者，可解（云云）。

四類歷法爲觀者，若小乘明惡中無善、善中無惡，事理亦然。此則惡心非經，則無多含之義，隘路不受二人並行。若大乘觀心者，觀惡心非惡心，亦即惡而善，亦即非惡非善；觀善心非善心，亦即善而惡，亦非善非惡。觀一心即三心，以此三心歷一切心，歷一切法，何心、何法而不一三？一切法趣此心，一切心趣此法。如此觀心，爲一切語本、行本、理本，有翻五義，無翻五義，一一於心解釋無滯。遍一切心無不是經，大意可領，不俟多記也。

【校注】

〔一〕參見大方廣佛華嚴經卷三五寶王如來性起品之三。

〔二〕不見於大智度論，大方廣佛華嚴經卷一〇明法品："所有諸法，皆由心造。"

〔三〕大方等大集經卷二二虚空目分第十之一初聲聞品第一："云何名觀？若觀心行、大行、遍行隨意，是名爲觀。"

○第二、顯體者，前釋名總説，文義浩漫；今頓點要理，正顯經體，直辨真性。真性非無二軌，欲令易解，是故直説。後顯宗用，非無初軌，偏舉當名耳。

體者，一部之指歸，衆義之都會也。非但會之至難，亦乃説之不易。文云："是法不可示，言辭相寂滅。"大經云："不生不生不可説。"又云："有因緣故，亦可得説。"〔一〕

今略開七條：一、正顯經體。二、廣簡僞。三、一法異名。四、入體之門。五、遍爲衆經體。六、遍爲諸行體。七、遍一切法體。

正顯體，更明四意：一、出舊解；二、論體意；三、正明體；四、引文證。北地師用一乘爲體，此語奢漫，未爲簡要。一乘語通，濫於權實。若權一乘，都非經意；若實一乘，義該三軌。顯體不明，故不用。又有解言：真諦爲體。此亦通濫，小、大皆明真諦，小乘真諦，故不俟言；大乘真諦，亦復多種。今以何等真諦爲體？故不用。又有解言：一乘因果爲體。今亦不用。何者？一乘語通，已如前説。又因果二法，猶未免事，云何是體？事無理印，則同魔經，云何可用？有人解乘體通因果，果以萬德爲體，因以萬善爲體。引十二門論云：「諸佛大人所乘，文殊、觀音等所乘。」〔二〕又引此經「佛自住大乘」，即果也；「諸子乘是寶乘」，是因乘也。又引普賢觀：「大乘因果皆是實相。」〔三〕私問：因果之乘爲變？爲不變？若變，誰是能通？誰是所通？若不變，因果則並，皆無此理。若別有法通因果，當知因果非果者，經體也。十二門論云：「大人佛不行故名乘。」豈應以不行證因果乘也？法華「佛自住大乘」者，此乃乘理以御人，非住果德也。普賢觀明因果皆指實相，云何將實相證於因果耶？今皆不用。

有人明因乘以般若爲本，五度爲末；果乘以薩婆若爲本，餘爲末。又因乘狹，果乘廣。又般若相應心是一體乘，不相應心是異體乘。又無所得相應行是近乘，低頭舉手有所得是遠乘。又六度有世、出世雜是遠乘，三十七品但出世名近乘。又四句，度與品悉無得，又度與品俱有得，又度雜品不雜，又品雜度不雜（云云）。

私謂般若爲乘本者，於今經是白牛，非經體也。薩婆若爲乘本者，於今經是道場所成果，亦非乘體。因乘狹者是縱義，果乘廣者是横義，悉非今經乘體。般若相應心無所得近遠等，於今經悉是莊校儐從，都非乘體。那忽於皮毛枝葉而興諍論耶？喧怒如此，誰能別之？有人引釋論，以六度爲乘體，方便運出生死，慈悲運取衆生；於今經般若是牛，五度是莊挍，方便是儐從，慈悲是軒，亦非乘體。

中邊分別論云：「乘有五：一、乘本，謂真如佛性；二、乘行，謂福慧；三、乘攝，謂慈悲；四、乘障，謂煩惱是煩惱障，行、解等是智障；五、乘果，謂佛果也。」〔四〕唯識論云：乘是出載義，由真如佛性出福慧等行，由此行出佛果，由佛果載出衆生。攝大乘論乘有三：一、乘因，謂真如佛性；二、乘緣，謂萬行；三、乘果，謂佛果也。法華論明乘體，謂「如來平等法身」〔五〕，又云「如來大般涅槃」。此兩文似如隱顯耳。發心、低頭、舉手等名乘緣。十二門論明乘本，謂諸法實相；乘主，謂般若；乘助，謂一切行資成；乘至，至薩婆若。此五論明乘體同，而莊挍小異。於今經明乘體正是實相，不取莊挍也。若取莊挍者，則非佛所乘乘也〔六〕。

二、論體意者，何意須用此體？釋論云：「諸小乘經，若有無常、無我、涅槃三印印之，即是佛說，修之得道；無三法印，即是魔說〔七〕。大乘經，但有一法印，謂諸法實相，名了義經，能得大道；若無實相印，是魔所說。故身子云：「世尊說實道，波旬無此事。」何故小三大一？小乘明生死與涅槃異，生死以無常爲初印，無我爲後印，二印印說生死，涅槃但用一寂滅印，是故須三。大乘生死即涅槃，涅槃即生死，不二不異。淨名曰：「一切衆生常寂滅相。」〔八〕即大涅槃。又云：「本自不生，今則無滅。」本不生者，則非無常無我相，今則無滅者，則非小寂滅相，唯是一實相。實相故言常寂滅相，即大涅槃，但用一印也。此大、小印，印半滿經，外道不能雜，天魔不能破。如世文符，得印可信。當知諸經畢定須得實相之印，乃得名爲了義大乘也。

三、正顯體者，即一實相印也。三軌之中，取真性軌。十法界中，取佛法界。佛界十如是中，取如是體。四種十二因緣中，取不思議不生不滅。十二支中，取苦道即是法身。四種四諦中，取無作四諦。於無作中，唯取滅諦。七種二諦中，取五種二諦。五二諦中，唯取真諦。五三諦中，取五中道第一義諦。諸一諦中，取中道一實諦。諸無諦中，取中道無諦也。若得此意，就智妙中簡，乃至十妙，一一簡出正體，例可知也。

若譬喻明義，如梁柱綱紀一屋，非梁非柱，即屋内之空。柱梁譬以因果，非梁非柱譬以實相，實相爲體，非梁柱也。屋若無空，無所容受，因果無實相，無所成立。釋論云：「若以無此空，一切無所作。」又譬如日月綱天、公臣輔主，日月可二，太虚空天不可二也；臣將可多，主不可多也。爲此義故，須簡出正體。如三軌成乘，不縱不横，不即不離，顯示義便，須簡觀照等，唯指真性當名，正意分明。三軌既然，餘法例爾（云云）。

四、引證者，序品云：「今佛放光明，助顯實相義。」又云：「諸法實相義，已爲汝等説。」方便品云：「唯佛與佛，乃能究盡諸法實相。」偈中云：「諸佛法久後，要當説真實。」又云：「我以相嚴身，爲説實相印。」身子領解云：「世尊説實道，波旬無此事。」又云：「安住實智中，我定當作佛。」法師品云：「開方便門，示真實相。」安樂行云：「觀諸法如實相。」壽量云：「如來如實知見。」普賢觀云：「昔於靈山，廣説一實之道。」又云：「觀於一實境界。」故知諸佛爲大事因緣出現於世，秖令衆生開佛知見，見此一實非因非果之理耳。經文在兹，可爲明證也。

【校注】

〔一〕大般涅槃經卷一九光明遍照高貴德王菩薩品之一：「云何不生不生不可説？不生者名爲涅槃，涅槃不生，故不可説。何以故？以修道得故。云何生亦不可説？以生無故。云何不生不可説？以有得故。云何有因緣故亦可得説？十因緣法爲生作因，以是義故亦可得説。」

〔二〕十二門論卷一：「摩訶衍者，於二乘爲上，故名大乘；諸佛最大，是乘能至，故名爲大；諸佛大人乘是乘故，故名爲大；又能滅除衆生大苦，與大利益事，故名爲大；又觀世音、得大勢、文殊師利、彌勒菩薩等，是諸大士之所乘故，故名爲大；又以此乘能盡一切諸法邊底，故名爲大；又如般若經中佛自説摩訶衍義無量無邊，以是因緣，故名爲大。」

〔三〕佛説觀普賢菩薩行法經：「説是語已，普賢菩薩復更爲説懺悔之法：『汝於前世無量劫中，以貪香故，分別諸識處處貪著，墮落生死。汝今應當觀大乘因。大乘因者，諸法實相是。』聞是語已，五體投地，復更懺悔。」

〔四〕不見於真諦譯中邊分別論，真諦譯攝大乘論釋卷一五：「又中邊論説乘有五義：一、出離爲體，謂真如；二、福慧爲因，能引出故；三、衆生爲攝，如根性攝令至果故；四、無上菩提爲果，行究竟至此果故；五、三惑爲障，除此三惑，前四義成故。」

〔五〕妙法蓮華經論優波提舍：「何體法者，唯一乘體故。一乘體者，謂諸佛如來平等法身，聲聞、辟支佛乘非彼平等法身之體，以因果行觀不同故。」

〔六〕吉藏法華玄論與這一部分論述大致相似：「次中邊分別論明乘有五。一、乘本，謂真如佛性。二、乘行，即福慧等。三、乘攝，謂慈悲心，引一切衆生悉共出生死。四、乘障，謂煩惱障及智障。三界内煩惱，名煩惱障。餘障一切行解，名爲智障。五者、乘果，即佛果也。唯識論解乘有三體六義。三體同前：一、自性，二空所顯真如是也；二、隨流、隨順自性流，福慧十地等法是也；三至果，即隨流所出無上菩提，及一切不共法也。六義者，一、體是如如空，出離四謗；二者、因，謂福慧；三者、攝，攝一切衆生；四、境界，了真俗，脩二諦；五、障，即皮肉心三障；六、果，謂無上菩提。此六義次第者，正以真如爲根本，以有如此故，起福慧二行。起福慧二行故，能攝一切衆生。攝一切衆生，由照真俗迷境故成惑，則失乘理，見境故能除惑，除惑故得佛果也。問：乘是何義？答：彼論釋云：乘是顯載義，由真如佛性故，出福慧等行。由福慧等行故，出佛果。佛果載出衆生。攝大乘論有三：謂乘因，乘緣，乘得。乘因者，謂真如佛性第一義空爲乘因。乘緣，謂萬行。乘得，即佛果也。問：真如佛性云何爲乘體也？答：唯有真如佛性爲真實。修萬行，爲欲顯此佛性。佛性顯故，名爲法身。此三要相須，以佛性是本，故名爲因。雖有因，復須緣因。因緣具故得果。今不違此説也。法華論亦明三種。一乘體，謂如來平等法身，即是佛性爲乘體。又云佛乘者，謂如來大般涅槃，此即明佛果爲乘體。此隱顯爲異，實無兩也。又釋汝等所行是菩薩道，及低頭舉手之善，發菩提心，修菩薩行，即是了因，乃爲乘緣也。此猶是三種佛性義耳。乘緣，謂引出佛性，即了因也。乘體，謂因佛性。乘果，謂果佛性。不説果果性者，果果性還屬果門。不説境界性者，屬因門故也。

又廣説有五，略即唯三也。又望於十二門論，乘具四事：一者乘本，謂諸法實相，由實相生波若，故實相爲本，即是乘境義；二者乘主，由波若故萬行得成，故波若爲主，即智慧；三者乘助，除波若外餘一切行，資成波若；四者乘果，乘此乘故，得薩婆若也。又此經明乘有三事：一車，二牛，三賓從。車通因果，萬德萬行。牛亦通因果。中道正觀，離斷常之垢爲白。由此觀故，引萬行出生死如牛，此即波若導衆行義也。」

〔七〕大智度論卷二二釋初品中八念義之餘：「一切有爲法無常，一切法無我，寂滅涅槃，是名佛法義。是三印，一切論議師所不能壞，雖種種多有所説，亦無能轉諸法性者，如冷相無能轉令熱。

〔八〕維摩詰所説經卷一菩薩品：「若彌勒得滅度者，一切衆生亦應滅度。所以者何？諸佛知一切衆生畢竟寂滅，即涅槃相，不復更滅。」

○二、廣簡僞者，夫正體玄絶，一往難知，又邪小之名，亂於正大，譬如魚目混雜明珠，故須簡僞。即爲六意：一、就凡簡；二、就外簡；三、就小簡；四、就偏簡；五、就譬簡；六、就悟簡。

一、就凡簡者，釋論云：「世典亦稱實者，乃是護國治家稱實也。外道亦稱實者，邪智僻解謂爲實也。」〔一〕小乘稱實者，猒苦蘇息，以偏真爲實也。如是等，但有實名，而無其義。何者？世間妖幻道術亦稱爲實，多是鬼神魅法，此法入心，迷醉狂亂，自衒善好，謂勝真實，立異動衆，示奇特相。或髑髏盛屎，約多人前張口大咽，或生魚臭肉，增狀餔食，或躶形弊服，誇傲規矩，或直來直去，不問不答，種種譎詭，誑誘無智，令信染惑著。著已求脱叵得，内則病害其身，外則誅家滅族，禍延親里，現受衆苦，後受地獄長夜之苦，生生障道，無解脱期。此乃世間現見，何實可論？鈍使愛論攝。

若周、孔經籍，治法禮法，兵法醫法，天文地理，八卦五行，世間墳典，孝以治家，忠以治國，各親其親，各子其子，敬上愛下，仁義揖讓，安于百姓，霸立社稷。若失此法，强者陵弱，天下焦遑，民無聊生，鳥不暇栖，獸不暇伏。若依此法，天下太平，牛馬内向。當知此法，乃是愛民治國，而稱爲實。金光明云：「釋提桓因種種勝論。」〔二〕即其義也。蓋十善意耳。修十善，上符天心，諸天歡喜，求天然報，此法爲勝，故言勝論耳。又大梵天王，説出欲論，即是修定出欲淤泥，亦是愛論攝耳。世又方術，服藥長生，練形易色，飛仙隱形者，稱此藥方祕要真實，此亦愛論鈍使攝耳。

二、就外簡者，即是外道典籍也。若服藥求知，聰利明達，推尋道理，稱此藥方爲勝爲實者，藥力薄知，不能鑒遠，觸藥則失，藥歇則失，亦非實也。若此間莊、老，無爲無欲，天真虚静，息諸誇企，棄聖絶智等，直是虚無其抱，尚不出單四見外，何關聖法？縱令出單四見外，尚墮複四見中，見網中行，非解脱道。若外國論力受梨昌募，撰五百明難，其一云：「瞿曇爲一究竟道，爲衆多究竟道？」佛言：「但一究竟道。」論力云：「云何諸師各各説究竟道？」佛指鹿頭：「汝識其不？」論力言：「識，究竟道中，其爲第一。」佛言：「若其得究竟道，云何自捨其道爲我弟子耶？」論力即悟，歎佛法中，獨一究竟道〔三〕。又如長爪云：「一切論可破，一切語可轉，觀諸法實相，于久不得一法入心。」〔四〕釋論云：「長爪執亦有亦無見。」又云：「亦計不可説見。」〔五〕

如斯流類，百千萬種，虚妄戲論，爲惑流轉，見網浩然，邪智瀾漫，觸境生著。或時褋有無爲有，無有無無爲無，有非有非無爲有，無非有非無爲無，百千番褋，悉皆見倒，生死諸邊，非真實也。大經云：「被無明枷，繫生死柱，遶二十五有不能得脱。」〔六〕即此義也。

三、就小簡者，聲聞法中亦云：「離有離無，名聖中道。」〔七〕大集云：「拘隣如沙門，最初獲得真實之知見。」〔八〕然小乘不運大悲，不濟衆生，功德力薄，不求作佛，不深窮實相，則智慧劣〔九〕弱，雖云離有離無名聖中道，乃以斷常二見爲二邊，真諦爲中道。真無漏慧名爲見，證涅槃法名爲知，雖斷見思，除滅分段，而住草庵，非究竟理。對前生死有邊，即是涅槃無邊，二俱可破可壞，非真實道，故不名實相也。

四、就偏簡者，諸大乘經，共二乘人帶方便説者，名字既同，義須分別。如摩訶衍中云：「三乘之人，同以無言説道斷煩惱。」〔一〇〕中論云「諸法實相，三人共得」〔一一〕者，二乘之人雖共禀無言説道，自求出苦，無大悲心，得空則止，鈍根菩薩亦爾。利根菩薩大悲爲物，深求實相。共實相者，智如螢火，是故非實；不共實相，智如日光，是故爲實。大經云：「第一義空名爲智慧。」〔一二〕二乘但空，空無智慧；菩薩得不但空，即中道慧。此慧寂而常照，二乘但得其寂，不得寂照，故非實相。菩薩得寂，又得寂照，即是實相。

見不空者，復有多種：一、見不空，次第斷結，從淺至深，此乃相似之實，非正實也。二、見不空，具一切法，初阿字門則解一切義，即中、即假、即空，不一不異，無三無一。二乘但一即；别教但二即；圓具三即，三即真實相也。釋論云：「何等是實相？謂菩薩入於一相，知無量相；知無量相，又入一相。」〔一三〕二乘但入一相，不能知無量相；别教雖入一相，又入無量相，不能更入一相。利根菩薩即空故，入一相；即假故，知無量相；即中故，更入一相。如此菩薩，深求智度大海，一心即三，是真實相體也。

華嚴不共二乘，但約菩薩：三智次第得，亦非正實；不次第得者，是正實也。若方等中，四人得三智，三人爲虚，一人爲實。大品三慧説三智屬三人，前二不深求，淺而非實；後一人深求一心三智，是故是實。此經「汝實我子」，無復四三之人，十方諦求，更無餘乘，但一實相智，「決了聲聞法，但說無上道」，純是一實體也。

妙法蓮華經玄義卷第八上

【校注】

〔一〕大智度論卷一八釋般若相義：「問曰：一切世俗經書，及九十六種出家經中，皆說有諸法實相；又聲聞法三藏中，亦有諸法實相，何以不名爲般若波羅蜜？而此經中諸法實相，獨名般若波羅蜜？答曰：世俗經書中，爲安國全家、身命壽樂故非實。外道出家墮邪見法中，心愛著故，是亦非實。」

〔二〕金光明經卷二四天王品：「世尊！梵天、釋提桓因、五神通人，雖有百千億那由他無量勝論，是金光明於中最勝。」

〔三〕大智度論卷一八釋初品中般若波羅蜜：「復次，毗耶離梵志，名論力，諸梨昌等大雇其寶物，令與佛論。取其雇已，即以其夜思撰五百難，明旦與諸梨昌至佛所，問佛言：『一究竟道？爲衆多究竟道？』佛言：『一究竟道，無衆多也。』梵志言：『佛說一道，諸外道師各各有究竟道，是爲衆多非一。』佛言：『是雖各有衆多，皆非實道。何以故？一切皆以邪見著故，不名究竟道。』佛問梵志：『鹿頭梵志得道不？』答言：『一切得道中，是爲第一。』是時，長老鹿頭梵志比丘在佛後扇佛。佛問梵志：『汝識是比丘不？』梵志識之，慚愧低頭。」

〔四〕大智度論卷一初序品中緣起義釋論：「爾時，舍利弗初受戒半月，佛邊侍立，以扇扇佛。長爪梵志見佛，問訊訖，一面坐，作是念：『一切論可破，一切語可壞，一切執可轉，是中何者是諸法實相？何者是第一義？何者性？何者相？不顛倒？如是思惟，譬如大海水中，欲盡其涯底，求之既久，不得一法實可以入心者。彼以何論議道而得我姊子？』作是思惟已，而語佛言：『瞿曇！我一切法不受。』佛問長爪：『汝一切法不受，是見受不？』佛所質義，汝已飲邪見毒，今出是毒氣，言一切法不受，是見汝受不？』爾時，長爪梵志如好馬見鞭影即覺，便著正道。長爪梵志亦如是，得佛語鞭影入心，即棄捐貢高，慚愧低頭，如是思惟：佛置我著二處負門中。若我説『是見我受』，是負處門粗，故多人知，云何自言一切法不受，今受是見？此是現前妄語，是粗負處門，多人所知。第二負處門細，我欲受之，以不多人知故。作是念已，答佛言：『瞿曇！一切法不受，是見亦不受。』佛語梵志：『汝不受一切法，是見亦不受，則無所受，與衆人無異，何用自高而生憍慢？』如是，長爪梵志不能得答，自知墮負處，即於佛一切智中起恭敬，生信心，自思惟：我墮負處，世尊不彰我負，不言是非，不以爲意。佛心柔濡，第一清淨；一切語論處滅，得大甚深法，是可恭敬處，心淨第一。」

〔五〕大智度論卷二六初品中十八不共法釋論：「是般若波羅蜜中，説有、無皆無。如長爪梵志經中説三種邪見：一者、一切有，二者、一切無，三者、半有半無。佛告長爪梵志：『是一切有見，爲欲染，爲瞋恚、愚癡所縛。一切無見，爲不染、不瞋、不癡故所不縛。半有半無，有者，同上有縛；無者，同上無縛。於三種見中，聖弟子作是念：若我受一切有見，則與二人共諍，所謂一切無者、半有半無者。若我受一切無見，亦與二人共諍，所謂一切有者、半有半無者諍。若我受半有半無者，亦與二人共諍，所謂一切無者、一切有者。鬬諍故相謗，相謗故致惱；見是諍謗惱故，捨是無見，餘見亦不受，不受故即入道。』」

〔六〕大般涅槃經卷二三光明遍照高貴德王菩薩品之五：「善男子！譬如枷犬繫之於柱，終日繞柱不能得離。一切凡夫亦復如是，被無明枷繫生死柱，繞二十五有不能得離。」

〔七〕如雜阿含經卷一〇：「我親從佛聞，教摩訶迦旃延言：『世人顛倒依於二邊，若有、若無，世人取諸境界，心便計著。迦旃延！若不受、不取、不住、不計於我，此苦生時生、滅時滅。迦旃延！於此不疑、不惑、不由於他而能自知，是名正見，如來所説。所以者何？迦旃延！如實正觀世間集者，則不生世間無見，如實正觀世間滅，則不生世間有見。迦旃延！如來離於二邊，説於中道，所謂此有故彼有，此生故彼生，謂緣無明有行，乃至生、老、病、死、憂、悲、惱、苦集；所謂此無故彼無，此滅故彼滅，謂無明滅則行滅，乃至生、老、病、死、憂、悲、惱、苦滅。』」

〔八〕大方等大集經卷二陀羅尼自在王菩薩品之二：「甚深之義不可説，第一實義無聲字，憍陳比丘於諸法，獲得真實之知見，即是我往無量世，所得菩提今已得。」

〔九〕「劣」：南本作「爲」。

〔一〇〕摩訶般若波羅蜜經卷二一三慧品：「『世尊！無爲法中可得差別不？』佛言：『不也。』『世尊！若無爲法中不可得差別。何以故説是人煩惱習斷，是人煩惱習不斷？』佛告須菩提：『習非煩惱。是聲聞、辟支佛身口有似婬欲、瞋恚、愚癡相，凡夫愚人爲之得罪。是三毒習，諸佛無有。』須菩提白佛言：『世尊！若道無法，涅槃亦無法。何以故分別説是須陀洹、是斯陀含、是阿那含、是阿羅漢、是辟支佛、是菩薩、是佛？』佛告須菩提：『是皆以無爲法而有分別，是須陀洹、是斯陀含、是阿那含、是阿羅漢、是辟支佛、是菩薩、是佛。』『世尊，實以無爲法故，分別有須陀洹乃至佛。』佛告須菩提：『世間言説故有差別，非第一義。第一義中無有分別説。何以故？第一義中無言説道，斷結故説後際。』」

〔一一〕中論卷三觀法品：「佛説實相有三種：若得諸法實相，滅諸煩惱，名爲聲聞法。若生大悲，發無上心，名爲大乘。若佛不出世，無有佛法時，辟支佛因遠離生智。」

〔一二〕見於大般涅槃經卷二五師子吼菩薩品三之一。

〔一三〕大智度論卷二七釋初品大慈大悲義：「問曰：般若波羅蜜是菩薩第一道，一相，所謂無相，何以説是種種道？答曰：是道皆入一道中，所謂諸法實相。初學有種種別，後皆同一，無有差別，譬如劫盡燒時，一切所有皆同虚空。復次，爲引導衆生故，菩薩分別説是種種道，所謂世間道、出世間道等。」

妙法蓮華經玄義卷第八下

隋天台智者大師説
門人灌頂記

大經云：「一實諦者，則無有二，無有二故名一實諦；又一實諦名無虛僞；又一實諦無有顛倒；又一實諦非魔所説；又一實諦名常、樂、我、淨。」〔一〕常、樂、我、淨，無空、假、中之異。異則爲二，二故非一實諦；一實諦即空即假即中，無異無二，故名一實諦。若有三異，則爲虛僞，虛僞之法，不名一實諦；無三異故，即一實諦。若異，即是顛倒未破，非一實諦；無三異故無顛倒，無顛倒故名一實諦。異者，不名一乘；三法不異，具足圓滿，名爲一乘。是乘高廣，衆寶莊校，故名一實諦。

魔雖不證別異空、假，而能説別異空、假；若空、假、中不異者，魔不能説，魔不能説，名一實諦。若空、假、中異者名顛倒，不異者名不顛倒，不顛倒故無煩惱，無煩惱故名爲淨；無煩惱則無業，無業故名爲我；無業故無報，無報故名樂；無報則無生死，無生死則名常。常、樂、我、淨，名一實諦。

一實諦者，即是實相；實相者，即經之正體也。如是實相，即空、假、中：即空故，破一切凡夫愛論，破一切外道見論；即假故，破三藏四門小實，破三人共見小實；即中故，破次第偏實，無復諸顛倒、小偏等因果四諦之法，亦無小偏等三寶之名，唯有實相因果、四諦、三寶，宛然具足。亦具諸方便因果、四諦、三寶。何以故？實相是法界海故，唯此三諦，即是真實相也。

又開次第之實，即是圓實，證道是同故。又開三人共得實，深求即到底故。又開三藏之實，決了聲聞法。又開諸見論實，於見不動而修道品故。又開諸愛論實，魔界即佛界故，行於非道，通達佛道。一切諸法中，悉有安樂性。即絶待明實是經體也。

五、譬簡者，今借三喻，正顯僞真，兼明開合破會等意。

一、譬三獸渡河，同入於水，三獸有强弱，河水有底岸，兔、馬力弱，雖濟彼岸，浮淺不深，又不到底；大象力强，俱得底岸。三獸喻三人，水喻即空，底喻不空。二乘智少不能深求，喻如兔、馬；菩薩智深，喻如大象；水輭喻空，同見於空，不見不空；底喻實相，菩薩獨到，智者見空及與不空。到又二種：小象但到底泥，大象深到實土。别智雖見不空，歷别非實；圓見不空，窮顯真實。如是喻者，非但簡破兔、馬二乘非實，亦簡小象不空非實，乃取大象不空爲此經體也。此約空、中共爲真諦作如此簡也。

二、譬玻瓈、如意，兩珠相似，形類欲同，而玻瓈但空，不能雨寶；如意珠，亦空亦雨寶。玻瓈無寶，以喻偏空；如意能雨，以喻中道。此就有無合爲俗，簡僞顯真。今經體同如意也。

又但約一如意珠爲譬者，得珠不知力用，唯珠而已；智者得之，多有所獲。二乘得空，證空休息；菩薩得空，方便利益，普度一切。此就含中真諦，簡其得失也。今經如智者得如意珠以爲經體。

三、譬如黄石中金，愚夫無識，視之謂石，擲在糞穢，都不顧録；估客得之，融出其金，保重而已；金匠得之，造作種種釵釧鐶鐺；仙客得之，練爲金丹，飛天入地，捫摸日月，變通自在。野人喻一切凡夫，雖具實相，不知修習。估客喻二乘，但斷煩惱礦，保即空金，更無所爲。金匠喻别教菩薩，善巧方便，知空非空，出假化物，莊嚴佛土，成就衆生。仙客喻圓教菩薩，即事而真，初發心時，便成正覺，得一身無量身，普應一切。今經但取金丹實相以爲經體也。

就同而爲喻，從初至後，同是於金，凡夫、圓教，俱是實相也。就異爲喻者，初石異金，次金異器，器異丹。丹色淨徹，類若清油，柔輭妙好，豈同環釧，狀乖色别，故不一種。此就與奪破會，簡其得失。

引此三喻者，前喻根性，根性有淺深，淺得其空，深得其假，又得其中。次喻三情：初情但出苦，不志求佛道，見真即息；次情歷別，不能圓修；後者廣大，遍法界求。第三喻三方便：二乘方便少，守金而住；别教方便弱，止能嚴飾營生；圓教方便深，故能吞雲納漢。

今明此經實相之體，如大象得底，堅不可壞，以譬體妙；圓珠普雨，譬其用妙；巧智成仙，譬其宗妙。如此三譬即是三德，不縱不横，名爲大乘。於大乘中，别指真性以爲經體。

六、就悟簡者，夫法相真正，誠如上説，行未會理，豈得名諦？徒勞四説，逐語生迷，聞粖謂輭，聞雪謂冷，聞貝謂硬，聞鵠謂動，終不能見乳之真色。情闇夜遊，何能到諦？叫喚求食，無有飽理。執己爲實，餘是妄語。此有彼無，是非互起，更益流動，云何名諦？若欲見諦，慚愧有羞，苦到懺悔，機感諸佛，禪慧開發，觀心明淨，信解虚融。爾時猶名闇中見杌，髣髴不明，人木蟲塵，尚不了了。若能安忍，法愛不生，無明豁破，如明鏡不動，淨水無波，魚石色像，任運自明，清淨心常一，如是尊妙人，則能見般若，金錍抉眼，一指、二指、三指分明。爾時見色，言有亦是，言無亦是。云何有是？的的之色，與眼相應，諦諦之理，與智相稱，名之爲有。云何爲無？無復堅、冷、輭、動之相，名之爲無。論云：「一切實，一切非實，亦實亦不實，非實非不實。」〔二〕如是皆名諸法之實相。如舍利弗安住實智中：我定當作佛，爲天人所敬。爾時乃可謂永盡滅無餘，是名真實見體。故涅槃云：「八千聲聞於法華中見如來性，如秋收冬藏，更無所作。」〔三〕

約理明無所作，此是究竟之理也。約教無所作，聞此教已，更不他聞也。約行無所作者，修此行已，更不改轍。如是等種種無所作義（云云）。略而言之，隨智妙悟得見經體也。當以隨智妙悟意，歷諸諦境中，節節有隨情、智、情智種種分別，簡餘情想，唯取隨智，明見經體也。

【校注】

〔一〕大般涅槃經卷一三聖行品之二：「善男子！言實諦者，名曰真法。善男子！若法非真，不名實諦。善男子！實諦者無顛倒，無顛倒者乃名實諦。善男子！實諦者，無有虛妄；若有虛妄不名實諦。善男子！實諦者，名曰大乘；非大乘者，不名實諦。善男子！實諦者，是佛所説，非魔所説；若是魔説，非佛説者，不名實諦。善男子！實諦者，一道清淨，無有二也。善男子！有常、有樂、有我、有淨，是則名爲實諦之義。」

〔二〕大智度論卷一初序品中緣起義釋論：「一切實一切非實，及一切實亦非實，一切非實非不實，是名諸法之實相。」

〔三〕大般涅槃經卷九菩薩品：「復次，善男子！譬如闇夜，諸所營作一切皆息，若未訖者要待日明。學大乘者雖修契經、一切諸定，要待大乘大涅槃日，聞是如來微密之教，然後乃當造菩提業，安住正法。猶如天雨潤益增長一切諸種，成就菓實，悉除饑饉，多受豐樂。如來祕藏無量法雨亦復如是，悉能除滅八種熱病。是經出世，如彼菓實多所利益，安樂一切，能令衆生見如來性，如法花中八千聲聞得受記莂，成大果實。如秋收、冬藏，更無所作，一闡提輩亦復如是，於諸善法無所營作。」

○三、一法異名者，更爲四：一、出異名；二、解釋；三、譬顯；四、約四隨。

一、出異名者，實相之體秖是一法，佛説種種名，亦名妙有、真善妙色、實際、畢竟空、如如、涅槃、虛空佛性、如來藏、中實理心、非有非無中道、第一義諦、微妙寂滅等。無量異名悉是實相之別號，實相亦是諸名之異號耳。惑者迷滯，執名異解。經云：「無智疑悔，則爲永失。」〔一〕小乘論師專於名相而起諍競，非法毀人，世代儆斁，爲法怨讎。大乘學者亦復如是，學妙有者，自稱至極，聞畢竟空而生誹謗，不受其法，不耐其人；學畢竟空者，自類朋聚，引正向己，推邪與他。皆不識天主千名，聞釋提桓因而喜，聞舍脂夫而恚，恭敬帝釋，慢辱拘翼，將恐其福不補其失。實相亦爾，同是一法，豈可謗一信一耶？

二、解釋者，小乘名體，由來易簡，置而不論。今所分別，但約别、圓八門，更爲四句：一、名義體同；二、名義體異；三、名義同而體異；四、名義異而體同。

初句者，妙有爲名，真善妙色爲義，實際爲體。次以畢竟空爲名，如如爲義，涅槃爲體。次以虚空佛性爲名，如來藏爲義，中實理心爲體。次以非有非無中道爲名，第一義諦爲義，微妙寂滅爲體。如是等名字，所以理趣雖殊，而同用一門，意無有别，故言名義體同也。

第二句，名義體異者，如妙有是名，畢竟空是義，如來藏爲體。又空是名，如來藏爲義，中道是體。又如來藏爲名，中道爲義，妙有爲體。又中道是名，妙有爲義，空爲體。如是等四門更互不同，三種皆别，故言名義體異也。

第三句，名義同而體異者，如妙有爲名，妙色爲義，畢竟空爲體，是則二同一别，故言名義同而體異。又空爲名，如如爲義，妙有爲體，此亦二同一别。餘兩門亦如是，故言名義同而體異也。

第四句，名義異而體同者，如妙有等，名名不同，真善色等，義義有異，而同歸一體，更無二趣，故言名義異而體同。三門亦如是。

前三句名義皆不融，初句尋一名，得一義，得一體，當門圓融，不關餘事。第二句尋異名，識異義、異體，體義名最不融，此易可知。第三句體既不融，名義雖同，終成不合，皆是别門明義。不得意者，諍從此起，或小陵大，或大奪小。何者？小乘欲斷生死，聞畢竟不但空，順其情欲，謂是但空，執此起諍。又小乘欲斷生死，故非有；破執涅槃病，故非無。聞中道非有非無，扶其小情，謂是己典非有非無，故於二門多起諍競。若聞中實理心與小相乖，則不起諍。何者？二乘翫空，而今聞有，二乘灰身滅智，今聞心智與彼情乖，故不執作諍也。是以小陵盜大，故諍。大奪小者，大乘學者見共三乘人空門、非空非有門，名同二乘，不見深意，即推屬誑相不真宗。但取妙有、亦空亦有兩門，引是圓常之法，輸二不輸二，此諍少可。若知空是不但，非有非無是遮二邊者，則四門俱奪，而小苦諍於二門。

又大乘四門，名義不融，門門各諍，自相吞噬，況爾小乘野干陵奪師子，寧當不噉爾乎？

三句生諍，非今經體也。第四句名義異而體同，體有衆義，功用甚多。四門隨緣，種種異稱，以體融故，圓應衆名，法體既同，異名異義而不諍也。其相云何？今當略説。無量義云：「無量義者，從一法生。其一法者，所謂實相。實相之相，無相不相，不相無相，名爲實相。」〔二〕此從不可破壞真實得名。又此實相，諸佛得法，故稱妙有。妙有雖不可見，諸佛能見，故稱真善妙色。實相非二邊之有，故名畢竟空。空理湛然，非一非異，故名如如。實相寂滅，故名涅槃。覺了不改，故名虛空佛性。多所含受，故名如來藏。寂照靈知，故名中實理心。不依於有，亦不附無，故名中道。最上無過，故名第一義諦。如是等種種異名，俱名實相，種種所以，俱是實相功能，其體既圓，名義無隔，蓋是經之正體也。

復次，諸法既是實相之異名，而實相當體；又實相亦是諸法之異名，而諸法當體。妙有不可破壞，故名實相。諸佛能見，故名真善妙色。不雜餘物，名畢竟空。無二無別，故名如如。覺了不變，故名佛性。含備諸法，故名如來藏。寂滅靈知，故名中實理心。遮離諸邊，故名中道。無上無過，名第一義諦。隨以一法當體，隨用立稱，例此可知。大經云「解脱之法多諸名字」〔三〕，百句解脱，秖一解脱。大論云：「若如法觀佛，般若與涅槃，是三則一相，其實無有異。」〔四〕若得此意，知種種名，皆名實相，亦名般若，亦名解脱。三法亦是諸法名，諸法亦是三法體（云云）。

三、譬顯者，譬如一人名金師，能鍛金，其體黄，譬初句法也。譬如一人名青，而能作漆，其身白淨；又一人名烏，能研朱，其身則紫。如是等無量百千，名技身異，譬第二句。譬如百人，同姓同名，同解一技，而其身各異，譬第三句。譬如一人，遭亂家禍，處處换姓，處處變名，如張儀、范蠡之類，涉多官職，身備衆位。若從多技得名，書畫金鐵等師；若從文官，儒林、中散；若從武官，熊渠、次飛。隨處换名，譬名異，隨技得稱，譬義異，而體是一，更非異人。經言「王家力士，一人當千」，此人未必力敵於千，直以種種技藝能勝千故，故稱當千。工遍衆技，無技不通，仕具衆位，無官不歷。是不可壞人，妙技術人，有體氣人，無過患人，遍通達人，能破敵人，上族姓人，富財技人，多知人，中庶信直人，頂蓋人，譬第四句法也。譬顯泠然，故知前三句屬别意，後一句屬圓意也。

四、約四隨者。

問：實相一法，何故名義紛然？答：隨彼根機種種差别，赴欲、赴宜、赴治、赴悟。例如世人，學數則捨大，修衍則棄小，習空則惡有，善地則彈中。既不欲聞，聞之不悦，無心信受，不滅煩惱，不發道心，各於己典偏習成性，得作未來聞法根緣。如來于時，以佛眼觀其信等諸根，以若干言辭隨應方便而爲説法。爲有根性説妙有、真善妙色，不違不逆，信戒忍進，蕩除空見，即能悟入，契於實相。爲空根性説畢竟空、如如、涅槃等，諦聽諦受，以善攻惡，無相最上。爲亦空亦有根性，説虚空佛性、如來藏、中實理心，欣然起善，離非心淨。爲非空非有根性者，即説非有非無中道，遮於二邊，不來不去，不斷不常，不一不異等，欲得聽聞，欣如渴飲，信樂修習，衆善發生，執見皆祛，無惡不盡，第一義理豁然明發。

隨此四根故，四門異説，説異故名異，功别故義異，悟理不殊，體終是一。故求那跋摩云：「諸論各異端，修行理無二，偏執有是非，達者無違諍。」〔五〕故四隨殊唱，是一實之異名耳。

【校注】

〔一〕見於妙法蓮華經卷三藥草喻品。

〔二〕無量義經卷一：「無量義者，從一法生；其一法者，即無相也。如是無相，無相不相，不相無相，名爲實相。」

〔三〕大般涅槃經卷五四相品之餘：「又，解脱者名不可量。譬如穀聚，其量可知，真解脱者則不如是。譬如大海不可度量，解脱亦爾，不可度量。不可量者即真解脱，真解脱者即是如來。」

〔四〕參見大智度論卷一八釋初品中般若波羅蜜。

〔五〕參見高僧傳卷三所載求那跋摩遺文。吉藏作品中多次引用此偈。

○第四、明入實相門者，夫實相幽微，其理淵奥，如登絶壑，必假飛梯，欲契真源，要因教行，故以教行爲門。下文云：「以佛教門出三界苦。」〔一〕「佛子行道已，來世得作佛。」〔二〕門名能通，此之謂也。略爲四意：一、略示門相；二、示入門觀；三、示麤妙；四、示開顯。

示門相者，夫佛法不可宣示，赴緣説者，必以四句詮理，能通行人入真實地。大論云：「於如是法，説第一義悉檀，所謂一切實，一切不實，一切亦實亦不實，一切非實非不實。如是皆名諸法之實相。」〔三〕實相尚非是一，那得言四？當知四是入實相門耳。又云「四門入清涼池」〔四〕，是門無礙，非唯利者得入，鈍者亦入；非唯定者，散心專志精進者亦得入。又云：「般若有四種相，所謂有相、無相，乃至非有非無相。」〔五〕般若尚非一相，云何四相？當知亦是入般若門也。又云：「般若波羅蜜，譬如大火燄，四邊不可取，邪見火燒故。」〔六〕若不觸火，温身熟食；若觸火者，火則燒身。身既被燒，温食無用。四門本通般若，除煩惱，辦大事。若取著者，則成邪見，燒於法身。法身既燒，四門通何等？若不觸火，門則能通也。

若以佛教爲門者，教略爲四（云云）。若於一教，以四句詮理，即是四門，四四合爲十六門。若以行爲門者，禀教修觀，因思得入，即以行爲門。藉教發真，則以教爲門。若初聞教，如快馬見鞭影即入正路者，不須修觀。若初修觀，如夜見電光即得見道者，不更須教。並是往昔善根習熟，今於教門得通，名爲信行；於觀門得通，名法行。若聞不即悟，應須修觀，於觀悟者，轉成法行。若修觀不悟，更須聽法，聽法得悟，轉名信行。教即爲觀門，觀即爲教門。聞教而觀，觀教而聞，教觀相資，則通入成門。教觀合論，則有三十二門，此語其大數耳。細尋於門，實有無量，五百身因，三十二不二門。善財遊法界，值無量知識，説無量教門、無量觀行。如喜見城千二百門，實相法城，豈唯一轍？經云：「説種種法門，宣示於佛道。」〔七〕

今且約四教，明十六門相。

三藏四門者，初明有門，謂生死法本非世性、微塵、父母所作，乃是無明正因緣法出生諸行，煩惱、業、苦三道悉皆是有。一切有爲，無常、苦、空、無我，能發得煗、頂、世第一法，發真無漏因，用真修道。此則道諦亦是有。子果既斷，得有餘、無餘涅槃。故大集云：「甚深之理不可説，第一實義無聲字，陳如比丘於諸法，獲得真實之知見。」〔八〕此則因滅會真，真亦是有。此是諸阿毗曇論之所申，見有得道，即有門也。

二、空門者，即是彼教析正因緣，無明老死，苦集二諦，三假浮虚，破假實，悉入空平等，發真無漏，因空見真空，即第一義之門也。故須菩提在石室，觀生滅無常入空。因空得道，見佛法身，恐此是成實論之所申也。

三、明有空門者，即是彼教明正因緣生滅，亦有亦空。若禀此教，能破偏執有無之見，見因緣有空，發真無漏，因有無見真有無，即是第一義之門也。此是迦旃延因門入道，故作昆勒論，還申此門也。

四、非有非無門者，即是彼教明正因緣生滅，非有非無之理。若禀此教，能破有無邊邪執見，見因緣非有非無，發真無漏，因非有非無，見真非有非無，即第一義之門也。惡口車匿，因此入道，未見論來。有人言犢子阿毗曇申此意，彼論明我在第五不可説藏中，我非三世，故非有我；非無爲，故非無我。此恐未可定用也。

二、明通教四門相者，此是摩訶衍門，通通、通别，不可偏取。

今約通通論四門者，上三藏四門皆滅色入空，如析實人頭等六分，求人不得，故名爲空。通教四門皆即色是空，如觀鏡像，六分即空，不待析盡爲空。大論云：「佛告比丘：觀空即疊，觀疊即空。」〔九〕此是體門異析門也。

三藏觀生空得道。三藏觀生空得道已，又更觀法空，生、法二境不融。今通門生空即法空，法空即生空，無二無别。大品云：「色性如我性，我性如色性，此二〔一〇〕皆如幻化。」〔一一〕

有人言：三藏破計實性，約實法求我不得，但是觀性空；大乘明相自性是空，不須撿已爲空。此乃一往之言。大品云：「常性空，無不性空時。」〔一二〕曉了諸法如幻化水月鏡像，豈止相空而已？

秖約此幻化，即判四門。論云：「一切實，一切不實，一切亦實亦不實，一切非實非不實。」佛於此四句，廣説第一義悉檀。一切實爲有門者，若業若果善惡等法，乃至涅槃皆幻化。譬鏡中像，雖無實性，而有幻化頭等六分，爲有門也。

諸法既如幻化，幻化本自無實，無實故空，乃至涅槃亦如幻化，如鏡中像，假有形色，求不可得，是爲空門。

諸法既如幻，故名爲有。幻不可得，故名爲空。如鏡中像，見而不可見，不可見而見，是亦空亦有門。

幻有尚不可得，況復幻空而當可得？即是兩捨爲門，是通教即空之四門也。若三乘共禀而根性不同，各於四句入第一義，故此四句皆名爲門。故青目注論云：「諸法實相有三種。」〔一三〕今是三乘人同入此門，見第一義者，是即空之一種也。

三、明别教四門者，若用中論偈「亦名爲假名也」而辨四門者，即如大論四句，亦是此四句意。

所言别者，下異藏通，有七義故别；上異圓教，又歷别入中，故言别。此意正出大經，但多散説，今約乳等喻，即顯别四門也。文云：佛性如乳有酪，石中有金，力士額珠，即是有門。若明石無金性，乳無酪性，衆生佛性猶如虚空，大般涅槃空，迦毗羅城空，即是空門。又云：佛性亦有亦無。云何爲有？一切衆生悉皆有故。云何爲無？從善方便而得見故。又譬乳中亦有酪性，亦無酪性，即是亦有亦無門也。若明佛性即是中道，雙非兩遣；又譬乳中非有酪性，非無酪性，即是非空非有門。

別教菩薩稟此四門之教，因見佛性，住大涅槃，故此四句即是別教之四門。一往用擬別門經文，或時爲圓門，此義在下料簡（云云）。

圓教四門相者，此門明入佛性第一義，一往與別門名義是同，細尋意趣，別有多途。分別同異，在下委論（云云）。

【校注】

〔一〕見於妙法蓮華經卷二譬喻品。

〔二〕見於妙法蓮華經卷一方便品。

〔三〕大智度論卷一初序品中緣起義釋論：「問曰：若諸見皆有過失，第一義悉檀何者是？答曰：過一切語言道，心行處滅，遍無所依，不示諸法。諸法實相，無初、無中、無後，不盡、不壞，是名第一義悉檀。如摩訶衍義偈中說：語言盡竟，心行亦訖；不生不滅，法如涅槃。說諸行處，名世界法；說不行處，名第一義。一切實一切非實，及一切實亦非實，一切非實非不實，是名諸法之實相。」

〔四〕大智度論卷八三釋大方便品：「須菩提明智慧利根者能入，佛意但一心精進欲學者可入。譬如熱時清涼池，有目有足皆可入；雖近，不欲入者則不入。四門般若波羅蜜池亦如是，四方衆生無有遮者。不懈怠者是正精進，不妄念者是正念，不亂心者是正定，如等四門是正見，正見等安住是戒行，此八聖道能得般若波羅蜜。須菩提小乘智短故，但説利根者能入；佛大乘大智故，説雖中根、鈍根，八法和合故，能入是四門。佛此中以大悲氣故説中根、鈍根皆可得入。」

〔五〕大智度論卷六五釋無作實相品之餘：「有人説諸法有四種相：一者説有，二者説無，三者説亦有亦無，四者説非有非無。是中邪憶念故四種邪行，著此四法故，名爲邪道。是中正憶念故四種正行，中不著故，名爲正道。是中破非有非無，故名無法有法空」。

〔六〕大智度論卷一八釋初品中般若波羅蜜：「般若波羅蜜，譬如大火焰，四邊不可取，無取亦不取。」

〔七〕妙法蓮華經卷一方便品：「今我亦如是，安隱衆生故，以種種法門，宣示於佛道。」

〔八〕參見大方等大集經卷二陀羅尼自在王菩薩品之二。

〔九〕大智度論卷一二釋初品中檀波羅蜜法施之餘：「疊雖不如兔角、龜毛無，然因緣會故有，因緣散故無。如林，如軍，是皆有名而無實。譬如木人，雖有人名，不應求其人法。疊中雖有名，亦不應求疊真實。疊能生人心念因緣，得之便喜，失之便憂，是爲念因緣。心生有二因緣：有從實而生，有從不實而生。如夢中所見，如水中月，如夜見杌樹謂爲人，如是名從不實中能令心生。是緣不定，不應言心生有故便是有。若心生因緣故有，更不應求實有。如眼見水中月，心生謂是月，若從心生便是月者，則無復真月。（中略）復有觀空，是疊隨心有。如坐禪人觀疊或作地、或作水、或作火、或作風，或青、或黄、或白、或赤，或都空，如十一切入觀。（中略）復次，是疊中有十八空相故，觀之便空，空故不可得。」

〔一〇〕「二」：底本作「一」，據金本、南本、大本改。

〔一一〕原文不見於摩訶波羅波羅蜜經，可能來自於摩訶般若波羅蜜經卷一奉鉢品：「何以故？菩薩、菩薩字性空，空中無色，無受、想、行、識；離色亦無空，離受、想、行、識亦無空。色即是空，空即是色；受、想、行、識即是空，空即是識。何以故？舍利弗！但有名字故謂爲菩提，但有名字故謂爲菩薩，但有名字故謂爲空。所以者何？諸法實性無生無滅、無垢無淨故。菩薩摩訶薩如是行，亦不見生，亦不見滅，亦不見垢，亦不見淨。何以故？名字是因緣和合作法，但分別憶想假名説。是故菩薩摩訶薩行般若波羅蜜時，不見一切名字，不見故不著。」

〔一二〕見於摩訶般若波羅蜜經卷二五實際品。

〔一三〕參見中論卷三觀法品。

二、示入門觀，即爲二：先、略示入門處；二、略示入門觀。

略示入門處者，能通教門，大爲十六，所通之理，但是偏圓兩真，前八門同入偏真，後八門同入圓真。何故偏真理一門八耶？三藏四門紆迴隘陋，名爲拙度。通教四門是摩訶衍，寬直巧度。門有巧拙之殊，能通爲八，真理無二，所通唯一。譬如州城，開四面門，四面偏門，以譬三藏；四面直門，以譬通教。偏直既殊，能通爲八，使君是一，所通不二也。別教四門，偏而未融；圓四門，圓而且融。偏圓既殊，能通爲八，圓真不二，所通唯一。譬如帝城，開四面門，四面偏門，以譬別教；四面直門，以譬圓教。偏直既殊，能通爲八，帝尊不二，所通唯一（云云）。

問：小乘一種四門，摩訶衍何故三種四門？答：小乘淺近，一生斷結，喻如小家。大乘深遠，通處則長，譬如大家，須千門萬户也，三四何足爲多耶？

問：摩訶衍門那得三人見真？答：此門正意通大，傍通於小，譬如王國有通門、別門，別門通朝士，通門通朝市，不可以民庶登踐，謂爲民門。摩訶衍通門亦如是，正通實相，傍通真諦，故三乘灰斷兼由此門，不可以兼通偏真而名小乘門也。

二、略示入門觀者，先明三藏有門觀，彼有門中具於信、法。信行聞説即悟，此心疾利，得道方法難可示人。且約法行觀門，即爲十意：一、識所觀境；二、真正發心；三、遵修定慧；四、能破法遍；五、善知通知塞；六、善用道品；七、善用對治；八、善知次位；九、善能安忍；十者、法愛不生。阿毗曇中具此十意，其文閒散，論師設欲行道，不知依何而修，如惑歧路，莫識所從。今撮其要意，通冠始終，則識有門入道之觀也。

一、明所觀境者，即是識正無明因緣生一切法也。若謂世間苦樂之法，從毗紐天生，或言從世性生、微塵生，皆邪因緣生。若言自然法爾，無誰作者，此無因緣生。無因緣生是破因不破果，邪因緣亦是破正因果，是等悉非正因緣境，所不應觀。數存隣虛，論破隣虛，此與邪無相濫，殆非正因緣境。何者？隣虛有無，未免二見，猶是無明顛倒，倒故是集，集故感麤細等色。無明顛倒既其不實，所感苦果報那得定計有無？故大論云：「色若麤若細，總而觀之，無常無我。」〔一〕無我故無主，若麤若細，若因若緣，若苦若集，若依若正，皆無常無主，悉是無明顛倒所作。如阿毗曇門廣説。是名識正因緣所觀之境，不同外道邪無因緣也。

二、發心真正者，既識無明顛倒，流轉行識，乃至老死，如旋火輪，欲休息結業，正求涅槃，發二乘心，出離見愛，不要名利，但破諸有，不增長苦集，唯志無餘，其心清淨，不雜不僞，此心真正，名正發心，不同外道天魔也。

三、遵修定慧者，行人既誓求出有，依波羅提木叉住修道，但罪障紛馳，心不得安，道何由剋？爲修四念處，學五停心，破五種障。五停事觀即是定，定生念處即慧，慧定均停，故名安心。又定慧調適，故名停心。若無定慧，若單定慧，若不均〔三〕調定慧，皆不名賢人。如世間賢人，智德具足，智則靡所不閑，德則美行無缺，許由、巢父，乃可稱賢。若多智寡德名狂人，多德寡智名癡人，狂癡皆非賢也。賢名賢能，亦名賢善，善故有德，能故有智，智德具足，故稱賢人。行者亦爾，修四念處慧，學五停心定，定慧具足。

云何數息具足定慧？制諸覺散，從一至十，知息及數無常生滅，念念不停。又若觀不淨，當深猒穢惡，能觀所觀無常生滅，速朽虚誑，誑諸衆生。猒觀起恚，須慈定相應，見他得樂，亦知此定及彼樂相無常生滅。因緣觀時，横觀四生悉是因緣生法，豎觀三界亦是因緣生法，從緣生者悉是無常無我。諸障起者，應須念佛亦如是。是名五停具修定慧。有定故不狂，有慧故不愚，依此安心，爲衆行基址，發生煗、頂，入苦忍真明，隣聖爲賢，義在於此。不同外道，不知鑽摇，漿猶難得，況復酪酥等也？

四、破法遍成，見有得道，其安心定慧。若五停心後，修共念處時，帶不淨等，遍破諸法，事理悉成。若五停心後，單修性念處時，一向理觀，以無常之慧遍破諸見。破見之觀，如中論下兩品所明也。

佛初轉法輪，不説餘法，但明無常，遍破一切外道若有若無，乃至非有非無，神及世間常無常等六十二見，使得清淨。今阿毗曇師受他破云：無常是小乘，常是大乘，常得破無常，無常不得破常。若得前意，此不應然。未得道前，執心所計，常、無常、亦常亦無常、非常非無常等。法塵對意根而生諸見，見從緣生，從緣生者，悉是無常，云何外道有常、樂、我、淨？如是四倒，悉用無常破之。故五百比丘語達兜言：「但修無常，可以得道，可以得通。」〔三〕如六群比丘爲他説法，純説無常〔四〕。當知見無深淺，悉爲無常所破，不同舊醫，純用乳藥也。

五、知通塞者，前雖徧破諸見之過，未見其德。過即是塞，德即是通。若有見中八十八使，乃至非有非無不可説見中八十八使，悉從緣生，名之爲塞，塞故須破。復識其通者，所謂有見中道滅，乃至非有非無不可説見中道滅，如是道滅，從因緣生，名之爲通，通何須破？若不識諸見，謂是事實，餘妄語，執見成業，愛潤感果，豈非塞耶？能於諸見一一皆知無常顛倒，不生計著，不執則無業，無業則無果。如是達者，則有道滅，豈不名通？不同外道，如蟲食木，是蟲不知是字非字也。

六、善修道品者，豈唯識此通塞而已？當修道品，進諸法門。謂觀此有見，乃至不可説見，皆依於色，污穢不淨，即身念處。若受有受，乃至受不可説受，皆依三受，受即是苦，名受念處。觀於諸見所起想行，悉是無我，名法念處。觀諸見之心，念念無常，名心念處。

觀此四觀，名有爲法中得正憶念，得是念故，四倒則伏，是名念處。勤修四觀，名四正勤。定心中修，名四如意。五善根生，故名五根。五根增長，遮諸惡法，故名五力。定慧調停，名七覺分。安隱道中行，名八正道。今非約位道品，但就通修論三十七耳。若一停心門作三十七品，餘停心亦如是。阿毗曇道諦中，應廣分別（云云）。

此三十七品是行道法，將至涅槃城有三門，所謂苦下二行，爲空解脱門；集道各四，苦下有二，是無作解脱門；滅下有四，是無相解脱門。若涅槃門開，即得入也。故佛於須跋陀羅經中決定師子吼，唯我法中有八正道，外道法中，尚無一道，何況八道耶〔五〕？

七、善修對治者，若利人即入，若不入者當修助道。故論云：「十二禪等悉是助開門法。」〔六〕正慧既弱，遮障得起，修助道爲援。論云：「貪欲起，教修不淨、背捨等；緣中不自在，當教勝處；緣中不廣普，當教一切處；若少福德，當教無量心；若欲出色，當教四空。」〔七〕如是等悉是助道，助開門法，不同外道於根本禪起愛見慢也。

八、善識次位者，雖修如此正助等法，不得即言我是聖人，叨濫真似，不識賢聖。今明識真似階差，自知非聖，增上之慢則不得生。不同外道戒取見取，計生死法以爲涅槃也。

九、善修安忍。別相念處力弱，未甚通泰，轉修總相念處，或總一、總二，乃至總四。是時應須安忍，使諦觀成就，轉入煖法，似道烟生。大經云：「煖雖有漏有爲，還能破壞有漏有爲。」〔八〕「我弟子有，外道則無。」又若安忍即成頂法，頂法成名忍到傍邊，如其不忍，則退還此邊。故云：「頂法退爲五逆，煗法退爲闡提。」〔九〕是故此中善須安忍内外諸障，不同外道不能安忍細微遮法也。

十、法愛不生者，上來既得四善根生，若起法愛，雖不退爲五逆闡提，而不得入見諦。是則三番縮觀，進成上忍世第一法，發苦忍真明，十六刹那得成初果，或成超果，或重用觀斷五下五上，得成無學。若利人用觀，節節得入；若鈍用觀，具來至十。阿毗曇中雖復廣解，不出十意。

五百阿羅漢作毗婆沙，正申有門得道，云何而言是調心方便？四門調適，俱能得道。若生取著，俱不得道。若但云見有得道，見空不得道，云何異於外人？故大論云：「若不得般若方便，則墮有無。」〔一〇〕今以十法爲方便，直入真門，永異外道也。是爲有門入真之觀也。餘空門、亦空亦有門、非空非有門，入真之觀始終方便，比於有門，各各不同。然俱會偏真，斷三界惑，更無異也。其三門準有，例應十觀，大同小異，可以意得，今不能煩記（云云）。

【校注】

〔一〕大智度論卷一二釋初品中檀波羅蜜法施之餘：「色若粗若細，若内若外，總而觀之，無常無我。」

〔二〕「均」：底本作「詢」，據金本、南本、徑本、大本改。

〔三〕大智度論卷四釋初品中羼提波羅蜜義：「如是思惟已，敕下國中：簡擇諸釋貴戚子弟，應書之身，皆令出家。是時，斛飯王子提婆達多，出家學道，誦六萬法聚，精進修行，滿十二年。其後爲供養利故，來至佛所，求學神通。佛告憍曇：『汝觀五陰無常，可以得道，亦得神通。』而不爲說取通之法。出求舍利弗、目揵連，乃至五百阿羅漢，皆不爲說，言：『汝當觀五陰無常，可以得道，可以得通。』不得所求，涕泣不樂，到阿難所，求學神通，是時阿難未得他心智，敬其兄故，如佛所言以授。提婆達多受學通法，入山不久，便得五神通。」

〔四〕十誦律卷二〇：「王在乘上，六群比丘爲王說法言：『大王！色無常，受、想、行、識無常。』」

〔五〕大般涅槃經卷下：「須跋陀羅即問佛言：『今者世間沙門、婆羅門、外道六師富蘭那迦葉、末伽利拘賒梨子、删闍夜毗羅眂子、阿耆多翅舍欽婆羅、迦羅鳩馱迦旃延、尼犍陀若提子等，各各自說是一切智，以餘學者名爲邪見，言其所行是解脱道，說他行者是生死因。互相是非，云何而得知其虚實？何師應得沙門之稱？何師定是解脱之因？』爾時，如來即答之曰：『善哉！善哉！須跋陀羅，乃能問我如此之義。諦聽諦聽，吾爲汝說。

須跋陀羅！諸法之中若不見有八聖道法，當知無有一沙門名，二及三四，亦復不有；既無沙門，亦無解脱；解脱既無，非一切種智。須跋陀羅！若諸法中，有八聖道法，當知必有四沙門名；有沙門名，則有解脱；既有解脱，是一切種智。須跋陀羅！唯我法中，有八聖道，有四沙門名，是解脱道，是一切種智。彼諸外道，富蘭那迦葉等，其説法中，無八聖道，無沙門名，非是解脱及一切種智。若言有者，當知必是虚誑之説。』」

〔六〕大智度論卷二〇釋初品中三三昧義：「三十七品是趣涅槃道，行是道已，得到涅槃城。涅槃城有三門，所謂空、無相、無作。已説道，次應説到處門，四禪等是助開門法。」

〔七〕大智度論卷二〇釋初品中三三昧義：「若欲得大福德者，爲説四無量心；患厭色，如在牢獄，爲説四無色定；於緣中不能得自在、隨意觀所緣，爲説八勝處；若有遮道，不得通達，爲説八背捨；心不調柔，不能從禪起次第入禪，爲説九次第定；不能得一切緣遍照、隨意得解，爲説十一切處。」

〔八〕大般涅槃經卷三三迦葉菩薩品之三：「佛言：『善男子！如是如是，如汝所説。善男子！如是煖法雖是有爲、有法，還能破壞有爲、有法，是故能爲無漏道相。善男子！如人乘馬，亦愛、亦策。煖心亦爾，愛故受生、厭故觀行。是故雖復有法、有爲，而能與彼正道作相。』」

〔九〕可參考慧遠大乘義章卷一七：「次明有退無退之義。須陀向中有退無退，是義云何？五停心觀、總别念處一向可退；煖、頂二心亦退不退。是義云何？依如毘曇，煖心已上無有斷善作闡提義，名爲不退；容起餘過，墮三惡道，目之爲退。若依涅槃，永更不起四重、五逆，及斷善根作一闡提，名爲不退；遇惡知識，容起十惡，没三惡道，名之爲退。若依成實，亦更不起四重、五逆及斷善根，又亦不起兼重十惡，墮三惡道，名爲不退。故成實中説煖、頂等爲上正見，往來百千世不墮惡道。容起煩惱，造作輕業，人天輪轉，名之爲退。忍、世第一及見道心，一向不退。」

〔一〇〕大智度論卷一八釋初品中般若波羅蜜：「若人入此三門，則知佛法義不相違背。能知是事，即是般若波羅蜜力，於一切法無所罣礙。若不得般若波羅蜜法，入阿毗曇門則墮有中，若入空門則墮無中，若入蜫勒門則墮有無中。」

次明通教有門觀者，例爲十意，列名（云云）。體解諸法皆如幻化，三人發心雖同，亦有小異（云云）。中論師云：此中是大乘聲聞。今言非也。經云：「欲得聲聞、緣覺，當學般若。」〔一〕論云：「聲聞及緣覺，解脱涅槃道，皆從般若得。」〔二〕經論不云是大〔三〕人師謬耳。雖知定慧不可得，而安心二法，以幻化之慧，遍破四見、六十二見及一切諸法，知幻化中苦集名爲塞，知幻化中道滅名爲通。以不可得心修三十七品，以無所治學諸對治，識乾慧地乃至佛地，幻化之慧，不爲外魔所動，内障所退。諸法不生而般若生，亦不愛著，即得入真，若智若斷無生法忍，比〔四〕前爲巧，準作可知，不復委記。餘三門十意，大同小異，可以意得，亦不煩記文也。

次明別教有門觀，即爲十意（云云）。

一、觀境者，超出凡夫四見四門外，亦非二乘四門法，亦非通教四門法。諸四門法爲境，不名實相，非生死涅槃；如來藏者，乃名爲妙有，有真實法。如此妙有爲一切法而作依持，從是妙有出生諸法，是爲所觀之境也。

二、明發心者，菩薩深觀實相妙有，不爲生死所遷，金藏草穢〔五〕，額珠鬭没〔六〕，貧窮孤露，甚可愍傷。菩薩爲此起大慈悲，四弘誓願。思益有三十二大悲〔七〕。華嚴云：「不爲一人、一國、一界微塵人，乃爲法界衆生發菩提心。」〔八〕如是發心有大勢力，如師子吼。既發心已，安心進行，如前所説種種定慧，如是時中宜應修如是定，如是時中宜應修如是慧。定愛慧策，安心修道，依止二法，不餘依止，是爲安心法也。還以妙有之慧，遍破生死一切諸見六十二等，功德黑闇，皆悉不受。遍破涅槃沉空取證，猶如大樹，不宿怨鳥。於一一法中，明識通塞，如雪山中備有毒草，亦有藥王。

菩薩須知，如此心起，即是六道苦集，名爲塞；如是心起，即是二乘道滅，名爲通。又如是心起，是二乘苦集，名爲塞；如是心起，是菩薩道滅，名爲通。如是心起，名爲菩薩苦集；如是心起，名佛道滅。於苦集中，能知非道通達佛道，能知佛道起於壅塞，了了無滯，是爲識通塞。

善修道品者，夫三十七品是菩薩寶炬陀羅尼。破倒念處，勤行定心，五善根生，能排五惡，定慧調適，安隱道中行。離十相故，名空三昧；亦不見空相，名無相三昧；不作願求，名無作三昧。是行道法，近涅槃門。若修諸法對治之門，所謂常無常，恒非恒，安非安，爲無爲，斷不斷，涅槃非涅槃，增上非增上，常樂觀察諸對治門，助開實相也。

從初十信、十住、十行、十迴向、十地、等覺、妙覺，聖位深淺悉知無謬，終不謂我叨極上位。內忍善惡兩覺、違從二賊；外忍八風，以忍力故，不爲傾動。設證相似之法，法愛不起，不墮菩薩頂。生名法愛，無是愛故，即入菩薩位。破無明穢草，顯出妙有金藏，得見佛性，入於實相。是爲有門修入實觀也。

餘空門、亦空亦有門、非空非有門，入實之觀，例亦爲十。諸門方便，雖各不同，俱會圓真，理無差二。三門觀法，準有可知，不復委記（云云）。

妙法蓮華經玄義卷第八下

【校注】

〔一〕摩訶般若波羅蜜經卷二一方便品：「復次，須菩提！般若波羅蜜於一切諸法中最大，譬如大海於萬川中最大，般若波羅蜜亦如是，於一切諸法中最大。以是故，諸欲求聲聞、辟支佛及菩薩道，應當學般若波羅蜜、檀那波羅蜜乃至一切種智。」

〔二〕見於大智度論卷一八釋初品中般若波羅蜜。

〔三〕「大」：大本作「件」。

〔四〕「比」：南本作「此」。

〔五〕大般涅槃經卷八如來性品：「迦葉白佛言：『世尊！二十五有，有我不耶？』佛言：『善男子！我者，即是如來藏義。一切衆生悉有佛性，即是我義。如是我義，從本已來常爲無量煩惱所覆，是故衆生不能得見。善男子！如貧女人舍内多有真金之藏，家人大小無有知者。時有異人善知方便，語貧女言：我今雇汝，汝可爲我耘除草穢。女即答言：我今不能。汝若能示我子金藏，然後乃當速爲汝作。是人復言：我知方便，能示汝子。女人答言：我家大小尚自不知，况汝能知？是人復言：我今審能。女人答言：我亦欲見，并可示我。是人即於其家掘出金藏。女人見已，心生歡喜，生奇特想，宗仰是人。善男子！衆生佛性亦復如是，一切衆生不能得見，如彼寶藏，貧人不知。善男子！我今普示一切衆生所有佛性爲諸煩惱之所覆蔽，如彼貧人有真金藏不能得見。如來今日普示衆生諸覺寶藏，所謂佛性。一切衆生見是事已，心生歡喜，歸仰如來。善方便者，即是如來；貧女人者，即是一切無量衆生；真金藏者，即佛性也。』」

〔六〕參見大般涅槃經卷八如來性品「力士額珠」典故。

〔七〕參見思益梵天所問經卷二解諸法品第四之餘。

〔八〕參見大方廣佛華嚴經卷一七入法界品第三十四之四。

妙法蓮華經玄義卷第九上

隋天台智者大師説
門人灌頂記

次明圓門入實觀者，先簡圓門，次明圓觀。

上三藏門，滅實色通真，不得意多諍。體門即幻色通真，示人無諍法；别門體滅生死色，次第滅法性色通中，不得意多諍；圓門即生死色是法性色，即法性色而通中，示人無諍法，故文云「無上道」，又云「而行深妙道」，即此義也。

上兩門不通中，不俟分别。别、圓兩種俱通中，論其同異略爲十：一、融、不融；二、即法、不即法；三、明佛智、非佛智；四、明次行、不次行；五、明斷斷惑、不斷斷惑；六、明實位、不實位；七、果縱、果不縱；八、圓詮、不圓詮；九、約難問；十、約譬喻。尋此十意，明識八門同異也。

一、明融、不融者，别教四門，所據決定妙有善色，不關於空；據畢竟空，不關於有；

乃至非空非有門亦如是。四門歷别，當分各通。不得意者，作定相取，似同性實，殆濫冥初生覺（云云）。前三藏有門，已破外道邪計先盡；次空等三門，破邪則少；又通巧四門，破三藏之拙；又别教之門，破通門之近，已不與二乘共，何況外道冥覺而濫妙有？妙有依如來藏分判四門，何得同彼尼犍性實？如周璞、鄭璞，名同質異，貴賤天懸。今時學地論人，反道還俗，竊以此義偷安莊、老，金石相糅，遂令邪正混淆，盲瞑之徒不别涇渭。若得諸四門意，精簡真僞，偷盜不生。

然别門雖作定説，如是諍論，諸佛境界，二乘不知，豈同外道耶？圓門虚融微妙，不可定執，説有不隔無，約有而論無；説無不隔有，約無而論有。有無不二，無決定相，假寄於有，以爲言端。而此有門亦即三門，一門無量門，無量門一門，非一非四，四一一四，此即圓門相也。

復次，更約破會明融不融相。若破外道邪見，不破二乘邪曲，亦不破大乘方便。又會不圓者，如淨名中會凡夫反復，聲聞無也；會塵勞之儔爲如來種，無爲入正位，不能反復。又會生死惡人、煩惱惡法而皆被會；一乘善法、四果聖人而不被會。又般若中，明二乘所行念處、道品皆摩訶衍；貪欲、無明、見愛等皆摩訶衍。善惡之法悉皆被會，亦不會惡人及二乘人等，不辨其作佛，此即别門攝也。

若圓破者，從別教已去，皆是方便。故迦葉自破云：「自此之前，我等皆名邪見人也。」〔一〕既言邪見之人，即無圓正道法，則人法俱被破也。別教人法尚爾，何況草庵人法？二乘尚爾，何況凡夫人法？是則圓破無所固留。

圓會者，會諸凡夫著法之衆，「汝等皆當作佛，我不敢輕於汝等」。五逆調達亦與受記，龍畜等亦與受記，況二乘菩薩等？「世間治生產業，皆與實相不相違背」，即會一切惡法也。「汝等所行是菩薩道」，析法二乘尚被會，況通況別？「汝是我子，我則是父」，無有人法而不被會，俱皆融妙，此即圓門攝也。

復次，更約經文前後明圓不圓相。若先明不融門，此說地前；後明不融門而言證融，此說向後。或先明證融門，此說向後；後明不融門，此說地前者，此皆別門攝。若先明融門證亦融，此說信後；後明證不融，此說住前。或先明證不融，此說住前；後明證融，此說信後者，此皆屬圓門攝（云云）。

二、即法、不即法者，若說有爲門，此有非生死有，出生死外，別論真善妙有。空門者，出二乘真外，別論畢竟空，乃至非有非無門亦如是，是爲別四門相。若有爲門，即生死之有，是實相之有，一切法趣有，有即法界，出法界外，更無法可論；生死即涅槃，涅槃即生死，無二無別，舉有爲門端耳。實具一切法，圓通無礙，是名有門。三門亦如是，此即生死之法，是圓四門相也。復次，即法有遍、不遍，判圓別相，例前分別(云云)，約五住遍、不遍。復次，即法、不即法，或前或後，判別圓相，如前分別(云云)。

三、約佛智、非佛智者，若有爲門，分別一切智，了達空法；分別道種智，照恒沙佛法差別不同者，是菩薩智，即別四門相也。若有爲門，分別一切種智，五眼具足，圓照法界，正遍知者，即諸佛之智，是圓四門相也。復次，別門説圓智，圓門説別智，或前或後，分別別、圓相，例如前(云云)。復次，別門證圓智，圓門證別智，或前或後，分別別、圓，如前分別(云云)。

四、約次第、不次第者，若以有爲門，依門修行，漸次階差，從微至著，不能一行中即無量行，乃至非空非有門亦如是，是別四門相。若以有爲門，一切法趣有門，依門修行，亦一切行趣有行，一行無量行，名爲遍行，乃至非空非有門亦如是，是圓四門相。復次，別門圓行，圓門別行，或前或後，分別別、圓，例如前(云云)。

五、約斷斷、不斷斷者，夫至理虛無，無明體性本自不有，何須智慧？解惑既無，安用圓、別？涅槃云：「誰有智慧？誰有煩惱？」〔二〕淨名曰：「婬、怒、癡性即是解脱」〔三〕，又「不斷癡愛，起於明脱」〔四〕，此則不論斷、不斷。大經云：「闇時無明，明時無闇。有智慧時，則無煩惱。」此用智慧斷煩惱也。

若别有門，多就定分割截，漸次斷除五住，即是思議智斷也，乃至三門亦如是，是爲别四門相。若圓有門，解惑不二，多明不斷斷，五住皆不思議，即是不思議斷，乃至三門亦如是，是爲圓四門相。

復次，圓門説斷，别門説不斷斷，或前或後，判别圓相者，例如前説(云云)。

六、約實位、非實位者，若有門明斷界内見思，判三十心位；斷界外見思無明，判十地位；等覺後心，斷無明盡；妙覺常果，累外無事，此乃他家之因，將爲己家之果，皆方便非實位也。後三門大同小異，皆是别四門相。若有門從初發意，三觀一心，斷界内惑，圓伏界外無明，判十信位；進發真智，圓斷界外見思無明，判四十心位；等覺後心，無明永盡；妙覺累外，此是究竟真實之位，乃至三門亦如是，是名圓四門相。復次，别門説實位，圓門説不實位，别門證實位，圓門證不實位，或前或後，皆如前分别(云云)。

七、約果縱、果不縱者，若有爲門，從門證果，三德縱横。言法身本有，般若修成，解脱始滿。不但果德縱成，因亦局限。如地人云：初地具足檀波羅蜜，於餘非爲不修，隨力隨分檀滿。初地不通上地，餘法分有而不具足者，是義有餘，三門亦如是，是爲别四門相。

若有爲門，從門證果，三德具足，不縱不横，亦因如是一法門具足一切法門，通至佛地。華嚴云：「從初一地具足諸地功德。」大品云：「初阿字具足四十一字功德。」三門亦如是，是爲圓四門相。復次，別門説果不縱，圓門説果縱，或前或後，判圓別相，例前（云云）。

八、約圓詮、不圓詮者，若有爲門，門不圓融，或融一或融二：門前章，偏弄引；門中章，詮述不融不即菩薩智，乃至偏譬喻等；門後，還結不融不即等。三門亦如是，是爲別四門相。若有爲門，一門即三門：門前，圓弄引；門中，詮述融即佛智，乃至圓譬喻等；門後，結成融即等。三門亦如是，是爲圓四門相。復次，別門詮圓，圓門詮別，或前或後，分別別、圓之相，例前（云云）。

九、約問答者，若有門明義，未辨圓、別，須尋問答覈徵，自見圓、別指趣，三門亦如是（云云）。

十、約譬喻者，諸門前後，或舉金銀寶物爲譬，或舉如意日月爲譬，或用別合，或用圓合，圓、別之相自顯（云云）。

今以十意玄覽衆經，圓、別兩門，朗然明矣。

復約五味，分別少多：乳教兩種四門；酪教一種四門；生酥四種四門；熟酥三種四門；此經一種四門（云云）。

今經十義者：「觀一切法空如實相」，「決了聲聞法，是諸經之王」，「開方便門」，此是融凡小大之人法也。「一切世間治生産業，皆與實相不相違背」，「即客作者，是長者子」，此是即法之義也。「開、示、悟、入佛之知見」，「今所應作，唯佛智慧」，即佛慧也。「著如來衣、座、室等」，即不次第行也。「不斷五欲而淨諸根」，「又過五百由旬」，即不斷斷義也。「五品、六根淨」，「乘寶乘，遊四方」，即實位也。「佛自住大乘，定慧力莊嚴，以此度衆生」，即果不縱也。「合掌以敬心，欲聞具足道」，即今佛文前圓詮也。「諸法實相義，已爲汝等説」，即古佛文後圓詮也。智積、龍女問答，顯圓也。輪王頂珠，其車高廣，皆圓喻也。十意既足，圓門明矣。

融門四相，今當説。若言「佛之智慧微妙第一」，又云：「我以如來智慧觀彼久遠猶若今也」。智知妙法，有門也。「一切法空，常寂滅相，終歸於空」，空門也。「諸法常無性，佛種從緣起」，即亦空亦有門也。「非如非異，非虛非實」，雙非兩捨，即非空非有門也。

四相標門，十意簡別，故知此經，明圓四門也（云云）。

【校注】

〔一〕參見妙法蓮華經卷二信解品。

〔二〕大般涅槃經卷二九師子吼菩薩品之五：「善男子！汝言毗婆舍那破煩惱者，是義不然。何以故？有智慧時則無煩惱，有煩惱時則無智慧。云何而言毗婆舍那能破煩惱？善男子！譬如明時無闇，闇時無明。若有説言明能破闇，無有是處。善男子！誰有智慧，誰有煩惱，而言智慧能破煩惱？如其無者，則無所破。」

〔三〕維摩詰所説經卷二觀衆生品：「佛爲增上慢人，説離婬、怒、癡爲解脱耳；若無增上慢者，佛説婬、怒、癡性即是解脱。」

〔四〕維摩詰所説經卷二弟子品：「世尊！我不堪任詣彼問疾。所以者何？憶念我昔入其舍，從乞食，時維摩詰取我鉢，盛滿飯，謂我言：『唯，須菩提！若能於食等者，諸法亦等；諸法等者，於食亦等。如是行乞，乃可取食。若須菩提不斷婬、怒、癡，亦不與俱；不壞於身，而隨一相；不滅癡愛，起於明脱；以五逆相而得解脱，亦不解不縛；不見四諦，非不見諦；非得果，非不得果；非凡夫，非離凡夫法；非聖人，非不聖人；雖成就一切法，而離諸法相，乃可取食。』」

二、明入實觀者，上已知四圓門，今依有門修觀，觀則爲十（云云）。

對前十二思議之門，名不思議境，不思議境即是一實四諦。謂生死苦諦不可思議，即空、即假、即中。即空故，方便淨；即假故，圓淨；即中故，性淨。三淨一心中得，名大涅槃。淨名曰：「一切衆生即大涅槃。」故名不可思議四諦也。「不可復滅」，此即生死之苦諦，是無作之滅，亦是集道也。煩惱集諦不可思議，即空、即假、即中。即空故，名一切智；即假故，名道種智；即中故，一切種智。三智一心中得，名大般若。淨名曰：「一切衆生即菩提相，不可復得。」[一]此即煩惱之集，而是無作道諦，亦是苦滅，故名不思議一實四諦也。亦是真善妙色，何者？生死即空故名真，生死即假故名善，生死即中故名妙，此名有門不可思議境也。

二、發真正心者，一切衆生即大涅槃，云何顛倒，以樂爲苦？即起大悲，興兩誓願：令未度者度，令未斷者斷。一切煩惱即是菩提，云何愚闇，以道爲非道？即起大慈，興兩誓願：令未知者知，未得者得。無緣慈悲，清淨誓願，慈善根力，任運吸取一切衆生也。

三、安心者，既體解成就，發心具足，豈可臨池觀魚，不肯結網，裹糧束脚，安坐不行？修行之要，不出定慧。譬如陰陽調適，萬物秀實，雨旱不節，焦爛豈生？若兩輪均平，是乘能運，二翼具足，堪任飛升。體生死即涅槃名爲定，達煩惱即菩提名爲慧。於一心中，巧修定慧，具足一切行也。

四、破法遍者，以此妙慧，如金剛斧，所擬皆碎；如無翳日，所臨皆朗。若生死即涅槃者，分段、變易，苦諦皆破；若煩惱即菩提者，四住五住，集諦皆破。雖復能破，亦不有所破。何者？生死即涅槃，故無所破也。

五、識通塞者，如主兵寶，取捨得宜，强者綏之，弱者撫之。知生死過患名爲塞，即涅槃名爲通；煩惱惱亂名爲塞，即是菩提名爲通。始從外道四見，乃至圓教四門，皆識通塞。節節執著即是塞，節節亡妙名爲通。若不識諸法夷嶮，非但行法不前，亦亡去重寶也。

六、善識道品者，觀生死即涅槃，十界生死色陰皆非淨非不淨，乃至識陰非常非不常。能破八顛倒，即法性四念處，念處中具道品、三解脱及一切法。又知涅槃即生死，顯四枯樹；知生死即涅槃，顯四榮樹；知生死涅槃不二，即一實諦，非枯非榮，住大涅槃也。

七、善修對治者，若正道多障，應須助道，觀生死即涅槃，治報障也；觀煩惱即菩提，治業障、煩惱障也。

八、善知次位者，生死之法本即涅槃，理涅槃也。解知生死即涅槃，名字涅槃也。勤觀生死即涅槃，觀行涅槃也。善根功德生，即相似涅槃也。真實慧起，即分真涅槃也。盡生死底，即究竟涅槃也。觀煩惱即菩提，亦如是。

九、善安忍者，能安内外强軟遮障，不壞觀心。若觀生死即涅槃，不爲陰、入、境、病患、業、魔、禪、二乘、菩薩等境所動壞也。若觀煩惱即菩提，不爲諸見、增上慢境所動壞也。

十、無法愛者，既過障難，道根成立，諸功德生。觀生死即涅槃故，諸禪三昧功德生。觀煩惱即菩提故，諸陀羅尼無畏不共諸般若生。觀生死涅槃不二故，法身實相生。相似功德順理而生，喜起順道法愛，生名愛法，不上不退，名爲頂墮〔二〕。此愛若起，即當疾滅；愛若滅已，破無明，開佛知見，證實相體。觀生死即涅槃故，證得解脱；煩惱即菩提故，證得般若。此二不二，證得法身，一身無量身。無上寶聚，如意圓珠，衆法具足。是名有門入實，證得經體。餘三門亦如是。

是十種觀，經文具足。「是法不可示，言辭相寂滅，諸餘衆生類，無有能得解」，又「我法妙難思」，即不思議境。「於一切衆生中起大慈心，於非菩薩中起大悲心，我得三菩提時，以神通力、智慧力引之，令得住是法中」，即正發心也。「佛自住大乘，如其所得法，定慧力莊嚴」，即是安於二法，自成成他也。破有法王，即是破法遍也。又「如日月光明，能除諸幽暝，斯人行世間，能破衆生闇」，即破法遍也。「有一導師，將導衆人，明了心決定，在嶮濟衆難」，善知通塞也。「淨藏、淨眼〔三〕善修三十七品諸波羅蜜」，即是兩意也。「增道損〔四〕生，遊於四方」，即是識次位也。「安住不動如須彌頂，著如來衣」，即安忍也。「雖聞是諸聲，聽之而不著，其意等六根，皆言清淨若此」，又云「真淨大法」，即無法愛也。

是十種觀散在經文而人不知，今撮聚十數，入有門爲觀，乃至三門，小異大同，十觀入實，亦復如是。

復次，此十觀意，非但獨出今經；大小乘經論，備有其意。如摩黎山純出栴檀〔五〕，固非外道四韋陀典，及此間莊、老之所載也。世人咸共講讀，而對文不知，若欲學道，全無方便。悲夫！徒知聲捋，不解鑽摇。若識十意，於小乘四門俱用入真，於大乘四門俱用入實，既入實已，如食乳糜，更無所須。半如意珠、全如意珠，布施一切，雖有此施，不見有人輕生重道，勤心修習。不受不用，徒施何益？我則悔焉，雖無所益，作毒鼓因。欲具知之，委如止觀（云云）。

【校注】

〔一〕維摩詰所説經卷一菩薩品：「若彌勒得受記者，一切衆生亦應受記。所以者何？夫如者不二不異，若彌勒得阿耨多羅三藐三菩提者，一切衆生皆亦應得。所以者何？一切衆生即菩提相。若彌勒得滅度者，一切衆生亦應滅度。所以者何？諸佛知一切衆生畢竟寂滅，即涅槃相，不復更滅。」

〔二〕大智度論卷二七釋初品大慈大悲義：「云何爲頂墮？答曰：如須菩提語舍利弗，若菩薩摩訶薩無方便心行六波羅蜜，入空、無相、無作中，不能上菩薩位，亦不墮聲聞、辟支佛地，愛著諸功德法，於五衆無常、苦、空、無我取相心著，言是道、是非道，是應行、是不應行。如是等取相分別，是菩薩頂墮。」

〔三〕淨藏、淨眼：妙莊嚴王二子，參見妙法蓮華經卷七妙莊嚴王本事品。

〔四〕「損」：底本作「塤」，據南本、徑本、大本改。

〔五〕大智度論卷二初品總説如是我聞釋論：「如讚佛偈中説：『諸世善語，皆出佛法，善説無失，無過佛語。餘處雖有，善無過語，一切皆是，佛法之餘。諸外道中，設有好語，如蟲食木，偶得成字。初中下法，自共相破，如鐵出金，誰當信者？如伊蘭中，牛頭栴檀，如苦種中，甘善美果。設能信者，是人則信，外經書中，自出好語。諸好實語，皆從佛出，如栴檀香，出摩梨山。除摩梨山，無出栴檀，如是除佛，無出實語。』」

三、明諸門麤妙者，爲二：一、就能所判麤妙；二、約諸門判麤妙。

能、所爲四句，門名能通，理是所通。自有能通麤，所通亦麤；能通妙，所通麤；能通麤，所通妙；能通妙，所通亦妙。

三藏四門，扶事淺近，故能通爲麤；但詮偏真，所通亦麤。通教四門，大乘體法，如實巧度，能通爲妙；三乘偏證，所通爲麤。別教四門，教道方便，能通爲麤；詮入圓真，所通爲妙。圓教四門，證道實説，能通爲妙；即事而圓，所通亦妙也。

又自有帶麤能、所，生酥教是也。不帶麤能、所，乳教是也。自有帶麤所、不帶麤能，熟酥教是也。自有帶麤能、不帶麤所，圓接通、接别是也，涅槃中諸門亦是也。

問：經云「唯有一門而復狹小」[一]，爲麤故稱一小？爲妙故稱一小？答：此義當通用，不可局在一門。何者？如三藏四門赴機異説，故言四；同是佛教，故言一。門門方便異，故言四；同向涅槃，故言一。所通從能通，故言四；能通會所通，故言一。文字中無菩提，是約教論狹小；譬如隘路，不受二人並行，即約行論狹小。教行兩門取真難契，即約理論狹小（云云）。

通教亦如是，逗緣别説，故爲四；同是佛教，故言一。觀法不同，故有四；俱向無生，故爲一。所隨於能，故爲四；能隨於所，故爲一。通教即事而真，文字中有菩提，善惡俱觀皆不可得，即是并行。不約此義論狹小，但教觀取真理難當，故名理爲狹小（云云）。

别教四門亦如是，爲四機説，故有四；同是佛教，故言一。入實觀異，故言四；俱向一實，故言一。所隨於能，故言四；能會於所，故言一。不即生死是涅槃，教狹小；不即煩惱是菩提，故行狹小。教行取理難當，名理論狹小。

圓教四門亦如是，逗四種機，故言四；皆是佛説，故言一。入實觀異，故言四；四觀向實，故言一。將門名理，故言四；以理應門，故言一。此教即生死是涅槃，教不狹小；

煩惱即菩提，行不狹小。而此教觀取理難當，名理爲狹小。若依經文「唯有一門而復狹小」者，正語教行之門，取理不當，故言狹小也。

今拓開一句，處處不同，豈可定執守一文耶？若得此意，麤妙自明（云云）。

二、約諸門判麤妙者，先明三藏四門皆是能通，執著四門俱皆壅礙，成壞麤妙，更無優劣。此則不可偏判。若從法爲語，有則附俗，入道則拙；空則傍真，入道則巧。故釋論云：「爲鈍根人説生空，爲利根説法空。」〔二〕即其義也。亦有亦無門，望前爲巧，望後是拙，非有非無門則是巧也。大論云：「半有半無者，名爲鈍人。」〔三〕是約四門法判麤妙也。今約根性便宜，若宜有門，有門成，三門壞。若宜無門，無門成，三門壞。乃至第四門亦如是。若就一門，皆得四悉檀者，皆名爲成；失四悉檀者，皆名爲壞。還就一門，赴欲爲得，乖情爲失；當宜爲得，不當宜爲失；治病爲得，不治病爲失；見第一義爲得，不見第一義爲失。傳有成壞，約此得論麤妙也。又約十觀判麤妙者，觀因緣境正爲得，境邪僻爲失；發真正心爲得，不爾爲失；安心得所爲得，安心不調爲失；破法遍爲得，不遍爲失；知通塞爲得，不知通塞爲失；乃至順道法愛不生爲得，順道法愛生爲失。若一門十法成就，則此門爲妙，餘門爲麤。若餘門十法成就，此門不成就，則此爲麤，餘門爲妙（云云）。

通四門麤妙者，通理唯一，一不可説，有何形比麤妙可論？就赴機説門，不無優劣，判四門深淺，如三藏中説。又約一一門，若説會四悉檀機，名之爲妙；若乖四機，名之爲麤。若於一一門十觀修行，句句得所，名之爲妙；句句失所，名之爲麤。麤故四邊火所燒，不得入清涼池；異此者名之爲妙也。

別四門麤妙者，若論法相，有門附事，故爲麤，空門傍理，故爲妙；空門單理，故爲麤，亦空亦有門兩通，故爲妙；亦空亦有兩存，故爲麤，非空非有門兩捨，故爲妙。若約根緣則不如是，有門稱欲，故爲妙，三門不稱欲，故爲麤；有門是宜，故爲妙，三門非宜，故爲麤；有門對惡，故爲妙，三門非對，故爲麤；有門見第一義，故爲妙，三門不見第一義，故爲麤。餘三門亦如是。

又，識有門真善妙色之境者，名鎮頭迦；不識境故，名迦羅迦〔四〕。正發心故，名鎮頭迦；不正發心，名迦羅迦。安心定慧，名鎮頭迦；不安二法，名迦羅迦。破諸法遍，名鎮頭迦；破法不遍，名迦羅迦。善識通塞，名鎮頭迦；不識通塞，名迦羅迦。修三十七品，名鎮頭迦；不修道品，名迦羅迦。善解對治，名鎮頭迦；不善對治，名迦羅迦。善知次位，名鎮頭迦；不識次位，名迦羅迦。安忍不動，名鎮頭迦；不能安忍，名迦羅迦。無順道愛，名鎮頭迦；順道愛起，名迦羅迦。迦羅迦果則有九分，鎮頭迦果纔有一分。若十觀成就，則十分鎮頭，十觀皆妙。若九分迦羅，迦羅則麤；一分鎮頭，鎮頭則妙。疊華千斤，不如真金一兩，故約此判麤妙也。有門既爾，餘三門亦如是。

圓教四門者，則皆妙無麤。何者？有門爲法界，攝一切法不可思議，即是一切法，况復三門？空門即是法界，攝一切法，況復三門？餘二亦如是，法相平等，無復優劣。若爾，則無四門之異，但因順根機，赴緣四説，如四指指一月，月一指四。何者？此由衆生世世習此四門，因以成性。昔四門中推理，欲翻無明，即成慧根性。昔四門中修善，欲翻惡業，即成福德根性。福慧因緣，感令名、色、觸、受，各於本習而起愛取，是爲十法，成圓性衆生。欲樂不同，宜治有異，佛智明鑒，照機無差。以世界悉檀赴四性欲，説此四門；以爲人悉檀生四善；以對治悉檀治其四執；以第一義悉檀令四人見理。無此四緣，佛不説法。緣既不一，略言其四，皆是正直捨方便，但説無上道。門相圓融，四門皆妙。

此就教門，更判麤妙。何者？若不得四悉檀意，諸論諍競，誰能融通？如地論有南北二道，加復攝大乘興，各自謂真，互相排斥，令墮負處，若不得意，四門俱失。但圓門融淨，教尚虚玄，銷釋經論，何競不息？若欲入道，何門不通？悟理之時，豈應存四？修行之時，豈應有塞？但四塞有輕重。别教門隔，悟者無乖，未悟成諍，其執大重，譬如鈍馬，痛手乃去。圓門虚玄，未悟之時，其執則輕，譬如快馬，見鞭影即去。如此輕執，若未得第一義益，不失三悉檀利。故論云：是四悉檀，皆實不虚。何者？世界故實，乃至見第一故實。

雖俱是實，實有深淺，亦俱是虛。何者？如有門説世界悉檀，於樂欲是實，於餘則虛；有門生善爲實，於餘則虛；有門破惡爲實，於餘則虛；有門見第一義爲實，於餘則虛。乃至三門亦如是。有門三悉檀於世界故實，於第一義則虛；一悉檀於第一義故實，於世界則虛。實故爲妙，虛故爲麤，廣作（云云）。

若以此麤妙約五味者，乳教有八門，四麤四妙，所通俱妙也。酪教四門爲麤，理亦是麤。生酥則十六門，十二門是麤，四門是妙。兩所通爲麤，兩所通爲妙。熟酥有十二門，八門是麤，四門是妙。一理爲麤，一理爲妙。法華四門爲妙，一理亦妙。諸聲聞人前來門理俱麤，至此法華門理融妙。菩薩不定，或於方等、般若門理融妙；極鈍者，同二乘也。涅槃有十六門，十二門麤，四門爲妙，所通俱妙。何者？前來諸門麤妙各通，猶存權理。涅槃不爾，一切諸法中悉有安樂性，是諸衆生皆有佛性，無復權理，但一妙理，而更存麤門爲妙理方便，皆明入實。如梵志問云：因無常故，果云何常？佛反質答（云云）〔五〕。故知如百川總海，諸門會實，實理要急，是故須融；接引鈍根，存麤方便。法華折伏，破權門理，如金沙大河，無復迴曲。涅槃攝受，更許權門，各爲因緣，存廢有異。然金沙百川，歸海不別（云云）。

四、開麤門顯妙門者。

問：中論先明摩訶衍門，後明二乘門。今何意先明小門，後明大門？答：中論爲時人見成病，先以大蕩，後示入真之門。今經無復見病，但住草庵，須開方便門，示圓實相，故先列小門，次明大門。開破適時，各有其美。

若法華後教，不俟更開，法華前教，或門、理已入妙者，更何所開？或門、理雖妙，而人未妙。門、理妙者，亦不須開；若門、若理、若人未妙者，今當開。謂開一切愛見煩惱即是菩提，故云：「觀一切法空如實相。」開一切生死即是涅槃，故云：「世間相常住。」開一切凡人即是妙人，故云：「一切衆生皆是吾子。」開一切愛見言教即是佛法，故云：「若説俗間經書，治生産業，皆與實相不相違背。」開一切衆生即是妙理，故云：「爲令衆生開佛知見，示、悟、入等，亦復如是。」開一切小乘法即是妙法，故云：「決了聲聞法，是諸經之王。」開一切聲聞教，故云：「佛昔於菩薩前毁呰聲聞，然佛實以大乘而見教化。」開一切聲聞行即是妙行，故云：「汝等所行是菩薩道。」開一切聲聞理即是妙理，故云：「開方便門，示真實相。」開諸菩薩未被妙者，今皆得圓，故云：「菩薩聞是法，疑網悉已除。」

別教有一種菩薩，三藏亦一種菩薩，通教一種菩薩，未決了者，今皆開顯。若門若理，無不入妙，是名開權顯實，決麤令妙也（云云）。

【校注】

〔一〕見於妙法蓮華經卷二譬喻品。

〔二〕大智度論卷三一釋初品中十八空義：「復次，略説有二種空：衆生空、法空。小乘弟子鈍根故，爲説衆生空，我、我所無故，則不著餘法；大乘弟子利根故，爲説法空，即時知世間常空如涅槃。」

〔三〕大智度論卷二六初品中十八不共法釋論：「是般若波羅蜜中，説有、無皆無。如長爪梵志經中説三種邪見：一者、一切有，二者、一切無，三者、半有半無。佛告長爪梵志：『是一切有見，爲欲染，爲瞋恚、愚癡所縛。一切無見，爲不染、不瞋、不癡故所不縛。半有半無，有者，同上有縛；無者，同上無縛。於三種見中，聖弟作是念：若我受一切有見，則與二人共諍，所謂一切無者、半有半無者。若我受一切無見，亦與二人共諍，所謂一切有者、半有半無者諍。若我受半有半無者，亦與二人共諍，所謂一切無者、一切有者。鬭諍故相謗，相謗故致惱。見是諍謗惱故，捨是無見，餘見亦不受，不受故即入道。』」

〔四〕大般涅槃經卷六四依品：「復次，善男子！如迦羅迦林，其樹衆多，於是林中唯有一樹名鎮頭迦。是迦羅迦樹、鎮頭迦樹，二菓相似，不可分別。其菓熟時，有一女人悉皆拾取，鎮頭迦菓纔有一分，迦羅迦菓乃有十分。是女不識，齎來詣市而衒賣之。凡愚小兒復不別故，買迦羅迦菓，噉已命終。有智人輩聞是事已，即問女人：『姊！於何處得是菓來？』是時女人即示方所。諸人即言：『如是方所多有無量迦羅迦樹，唯有一根鎮頭迦樹。』諸人知已，笑而捨去。善男子！大衆之中八不淨法亦復如是，於是衆中多有受用如是八法，唯有一人清淨持戒，不受如是八不淨法，善知諸人受畜非法而與同事不相捨離，如彼林中一鎮頭迦樹。」

〔五〕大般涅槃經卷二三光明遍照高貴德王菩薩品之四：「善男子！夫涅槃者，實非聲果。若使涅槃是聲果者，當知涅槃非是常法。善男子！譬如世間從因生法，有因則有果，無因則無果。因無常故，果亦無常。所以者何？因亦作果，果亦作因。以是義故，一切諸法無有定相。若使涅槃從因生者，因無常故，果亦無常。而是涅槃不從因生，體非是果，是故爲常。善男子！以是義故，涅槃之體無定、無果。」

○第五、實相爲諸經作體，更爲五：一、今經之體種種異名；二、諸經體種種異名；三、傍正料簡；四、此彼料簡；五、麤妙，開麤顯妙。

一、此經體名前後同異者，序品云：「今佛放光明，助發實相義。」又云：「諸法實相義，已爲汝等說。」方便品廣説中云：「諸佛一大事因緣，開佛知見」、「無上道」、「實相印」等。譬喻中，以「大車」譬一大乘。信解中名「付家業」。藥草中名「一切智地」、「最實事」。化城中名「實所」。授記中名「繫珠」。法師中名祕密藏。寶塔中名「平等大慧」。

安樂行中名「實相」。壽量中名「非如非異」。神力品中「祕要之藏」。妙音中名「普現色身三昧」。觀音中名「普門」。勸發中名「殖衆德本」。

如是等異名不同，其義亦異。理極真實，以實爲相，故名「實相」。靈知寂照，名「佛知見」。三世諸佛唯用此自行化他，故言「大事因緣」。虚通名「道」。正定諸法名「實相印」。運載名「乘」。成辦佛事名「家業」。一切所依，故名「智地」。諸法之元，故名「寶所」。圓妙難思，故言「寶珠」。無所積聚而含衆法，名「祕藏」。祕要通達無礙，名「平等大慧」。遮於二邊，名「非如非異」。妙色自在，故言「普現三昧」。入實之由，故名「普門」。諸法由生，故言「德本」。如是名義差別，體即實相，已如上説(云云)。

二、諸經之體種種異名者。

問：釋論云：「無實相印，是魔所説。」〔一〕今談實相可用爲體，餘經不爾，應是魔説？

答：不然。諸經異名，或真善妙色，或畢竟空，或如來藏，或中道等，種種異名不可具載，皆是實相別稱，悉是正印，各稱第一，由實印故也。若失此意，則非佛法，故言衆經體同也。

三、傍正料簡者，衆經半滿小大之殊，體有傍正。正即實相，傍即偏真。偏真或時含實相，實相或時帶偏真，而通稱實相。故中論云「實相三人共得」〔二〕，共得者，即偏真也。

大經云「聲聞之人，但見於空」，空即傍也。「智者見空及與不空」〔三〕，不空即正也。此經云「我等昔日同入法性」〔四〕，法性即傍也。「今日安住實智中」〔五〕，實智中即正也。小乘三法印，此傍也；通教帶傍明正也；別、圓但明於正，不復論傍。

若約五味，乳唯論正；酪唯論傍；生酥、熟酥，傍正相兼帶；醍醐唯正。

又正實相多諸名字，約名字中復論傍正，勝鬘自性清淨爲正，餘名爲傍；華嚴以法身爲正；般若以一切種智爲正；涅槃以佛性爲正；此經以實相一乘爲正，餘名爲傍。此則非傍非正論傍正，傍正悉是經體（云云）。

四、就彼此料簡，上約別、圓二法異名料簡，今更通就小大四句料簡：或名義體與此經同；或名義體與此經異；或名義與此經同而體異；或名義與此經異而體同。

三藏中若名體爲實相者，此名義與此經同而體異；若不名爲實相者，此名義體與此經異。唯論兩句，無有兩句。通教名實相爲體者，此名義同而體異；若不作此名，則名義體俱異。若通門遠通中道者，則名義體同，名義異而體同。別教望圓經四句，如一法異名中分別云云。

歷五味者，乳教兩種名義同，兩種名義異而體同。酪教如前（云云）。生酥、熟酥中如前（云云）。涅槃中四種名義異、名義同，而皆體同，一佛性則無差別（云云）。

五、麤妙者，正實相中傍正異名者，此乃異名異義，其體本同，此無麤妙。但傍爲麤，傍含正，正帶傍，一往亦爲麤，但正爲妙也。藏、通名同義同而體别，一向是麤。别名義或同或異，教門異爲麤，體同爲妙；名義同，名義異，而體同爲妙。歷五味中，麤妙可知也。開麤者，即開於傍也。或開傍教即正教，佛昔於菩薩前毁呰聲聞，然佛實以大乘而見教化。或開傍行即正行，「汝等所行是菩薩道」。或開傍人即正人，客作人一日之價，即長者子也。或開傍體即正體，「開方便門，示真實相」，「後見此貧人，示以所繫珠」。深觀傍理即正理也。一切皆妙，無麤可待，即經之正意也。

○第六、諸行體，此爲四：一、諸行同異；二、依經修行；三、麤妙；四、開麤。

行同異者，夫禀教立行，不出信、法。鈍者因聞得解，從解立行，故名信行。利者自推得解，從解立行，故名法行。二行通四教。三藏信、法，以傍實相爲體。通教信、法，以傍含正爲體。别教信、法，以正爲體。圓信、法，亦用正爲體。若横論行，即是諸波羅蜜、慈悲喜捨等，當教論體。若横竪諸行有體，則本立而道生。若體有行，體則藉行而顯也。重明圓竪行，五品、六根以相似正爲體；初住至等覺，皆用真正爲體。横行者，如大品云：「一切法皆是摩訶衍，以不可得。不可得故，即正實相也。此文云：「不得諸法，若有若無」，「等賜諸子各一大車」，即其義也。儒童見然燈佛，得無生忍，行有真體。金剛般若云：「無住相布施，如人有目，見種種色。」〔六〕亦其義也。豎行有體，其車則高；横行有體，其車即廣。高廣大運，行步平正，其疾如風（云云）。

二、依經修行者，前信、法兩行，意通時寬，或經劫數，譬如長圍。若依諸經別明行法，剋日制時，喻如苦攻。若隨事行行，行則無體；若隨理行行，令此空慧與行相應，能破無量障道罪，能得無生忍者，此行有體。諸經別行乃多，略言其四：謂常行行、常坐行、半行半坐行、非行非坐行。諸行各有事相方法，勤身苦策，悉用實相正觀爲體。念念無間，清淨如空，具論觀意，如止觀中説。

然小乘戒藏不許懺重，修多羅藏使犯重人念佛身。佛身者，念空也。亦備有常行等方法，而以偏空爲體。通教亦明常行等方法，而用即空爲體。別行歷別，圓行虚融，而俱用正實相爲體。以此四行歷五味，論方法之體，義推可知。

三、麤妙者，藏、通，信、法真似横豎諸行，以傍實相爲體，體行俱麤。別，信、法真似横豎諸行，雖依別門，用正實相爲體，因無常故，而果是常，行麤體妙。圓，信、法真似横豎，依圓門正體，體行俱妙。歷五味明麤妙可知（云云）。

依諸經方法，常行等行，以傍爲體，體、行俱麤；以正爲體，則行麤體妙。體、行俱妙，例前可知。歷五味亦可解（云云）。

四、開麤者，開三藏信、法兩行，亦是「決了聲聞法，是諸經之王，聞已諦思惟，得近無上道」。聞即信行，思惟即法行，皆近無上道者，即大乘無相行，近於真也。開横行者，低頭舉手，歌詠散心，皆已成佛道。三藏最淺，尚被開即妙，況通、别等，可以意得。開依小乘常行等方法者，小小微善，無一不成佛，可以意得（云云）。

妙法蓮華經玄義卷第九上

【校注】

〔一〕大智度論卷五初品中菩薩功德釋論：「復次，除諸法實相，餘殘一切法，盡名爲魔。如諸煩惱、結使，欲縛、取纏，陰、界、入，魔王、魔民、魔人。如是等盡名爲魔。」

〔二〕中論卷三觀法品：「若行道者能通達如是義，則於一切法，不一不異，不斷不常。若能如是，即得滅諸煩惱戲論，得常樂涅槃。是故説諸佛以甘露味教化。如世間言得天甘露漿，則無老病死，無諸衰惱。此實相法是真甘露味。佛説實相有三種。若得諸法實相，滅諸煩惱，名爲聲聞法。若生大悲，發無上心，名爲大乘。若佛不出世，無有佛法時，辟支佛因遠離生智。若佛度衆生已，入無餘涅槃，遺法滅盡，先世若有應得道者，少觀厭離因緣，獨入山林，遠離憒閙，得道，名辟支佛。」

〔三〕大般涅槃經卷二五獅子吼菩薩品：「善男子！佛性者，名第一義空；第一義空，名爲智慧。所言空者，不見空與不空。智者見空及與不空、常與無常、苦之與樂、我與無我。空者，一切生死；不空者，謂大涅槃；乃至無我者即是生死，我者謂大涅槃。見一切空，不見不空，不名中道；乃至見一切無我，不見我者，不名中道。中道者，名爲佛性。以是義故，佛性常、恒、無有變易，無明覆故，令諸衆生不能得見。聲聞、緣覺見一切空，不見不空，乃至見一切無我，不見於我。以是義故，不得第一義空。不得第一義空故，不行中道。無中道故，不見佛性。」

〔四〕妙法蓮華經卷二譬喻品：「今從世尊聞此法音，心懷勇躍，得未曾有。所以者何？我昔從佛聞如是法，見諸菩薩授記作佛，而我等不豫斯事，甚自感傷，失於如來無量知見。世尊！我常獨處山林樹下，若坐若行，每作是念：『我等同入法性，云何如來以小乘法而見濟度？是我等咎，非世尊也。所以者何？若我等待説所因成就阿耨多羅三藐三菩提者，必以大乘而得度脱。然我等不解方便隨宜所説，初聞佛法，遇便信受、思惟、取證。』世尊！我從昔來，終日竟夜每自剋責，而今從佛聞所未聞未曾有法，斷諸疑悔，身意泰然，快得安隱。今日乃知真是佛子，從佛口生，從法化生，得佛法分。」

〔五〕妙法蓮華經卷二譬喻品：「我心大歡喜，疑悔永已盡，安住實智中。」

〔六〕金剛般若波羅蜜經：「菩薩心不應住色布施。（中略）須菩提！若菩薩心住於法而行布施，如人入闇，則無所見；若菩薩心不住法而行布施，如人有目，日光明照，見種種色。」

妙法蓮華經玄義卷第九下

隋天台智者大師説
門人灌頂記

第七、遍爲一切法體者，觀經云：「毗盧遮那遍一切處。」〔一〕一切不出四諦。大經云：「佛所不説，如十方土；所説者，如爪上土。」〔二〕迦葉云：「已説是四諦，其未説者，應有五諦。」佛言：「無也，但言是四諦有無量相耳。」〔三〕若然，廣開即成四種四諦，具如境妙中説。當知苦集，世間善惡因果；道滅，出世一切因果：悉用實相爲體。淨名曰：「從無住本，立一切法。」〔四〕此之謂乎？然所依之體，體妙無異；能依之法，法有麤妙。諸法相待，分別可知。歷五味分別，麤妙亦可知。開麤顯妙，亦可知（云云）。略説經體竟。

○大章第三、明宗。宗者，修行之喉衿，顯體之要蹊，如梁柱持屋，結綱綱維，提維則目動，梁安則桷存。釋宗爲五：一、簡宗體；二、正明宗；三、衆經同異；四、明麤妙；五、結因果。

簡宗體者，有人言：宗即是體，體即是宗。今所不用。何者？宗致既是因果，因果即二體，非因非果，體即不二。體若是二，體即非體；體若不二，體即非宗。宗若不二，宗即非宗；宗若是二，宗即非體。云何而言體即是宗，宗即是體？又柱梁是屋之綱維，屋空是梁柱所取，不應以梁柱是屋空，屋空是梁柱。宗、體若一，其過如是。又宗、體異者，則二法孤調，宗非顯體之宗，體非宗家之體。宗非顯體之宗，宗則邪倒無印；體非宗家之體，則體狹不周，離法性外，別有因果。宗體若異，其過如是。

今言不異而異，約非因非果而論因果，故有宗體之別耳。釋論云：「若離諸法實相，皆名魔事。」普賢觀云：「大乘因者，諸法實相。大乘果者，亦諸法實相。」〔五〕即其義也。當知實相體通，而非因果，行始辨因，行終論果，而復偏圓有別者，譬如銅體，非始非終，擬鑄爲像，即名像始；治瑩悉畢，即名像終。此譬圓因果。若擬器皿及其成就，器皿始終，譬偏因果也。發七方便心謂偏因，證有餘、無餘名偏果；開佛知見名圓因，究竟妙覺名圓果。若識此喻，不即不離，宗義明矣。

例如正因佛性，非因非果，而言是因非果名佛性，是果非因名大涅槃。又佛性非當非本，而言本自有之，一切衆生即涅槃相，不可復滅。又言一切衆生悉有佛性，而實未有三十二相，未來當得金剛之身。以其非當，是故言本；以其非本，是故言當。宗體之義，亦復如是。

遠師以一乘爲宗，所謂妙法。引文云：「是乘微妙，爲無有上。」私謂爲破三故一，待麤非妙，因而不該始末。

龍師云：但以果爲宗。妙法者，是如來靈智體也。衆麤斯盡爲妙，動静軌物爲法，法既真妙，借蓮華譬之，所以果智爲宗也。私謂果不孤立，云何棄其因，又乖文也。

慧觀序云：「會三歸一，乘之始也；慧覺成滿，乘之盛也；滅影澄神，乘之終也。」〔六〕什師歎云：「若非深入經藏，豈能作如此説？」〔七〕

印師云：諸法實相是一乘妙境，用〔八〕境智爲宗，境無三僞，故稱實相也。今謂加境而闕果，腫不益肥。光宅用一乘因果爲宗，前段爲因，後段爲果。私謂二文各有因果，若互存互没，則害經文。

有人用權實二智爲宗。私謂用權，應明三是經宗；三是今經所棄，云何取所棄爲宗？

又師云：此名「妙法蓮華」，即以名爲宗，妙法是佛所得根本真實法性，此性不異惑染，不與惑同，故稱妙，即宗爲名耳。此是地師所用，據八識是極果，今攝大乘破之，謂是生死根本。

有師云：常住爲宗，但未極上，是覆相明常。私謂都非經意，常若被覆，宗何所顯？常不被覆，常則非宗。

有師云：是顯了明常，與涅槃爲廣略耳。私謂常爲宗者，常無因果，常亦無宗（云云）。

有言：萬善爲宗，但使是善，皆得作佛。私謂若作佛即是果，何不取果爲宗？

有言：萬善中取無漏爲宗。私謂太局，又濫小涅槃。

有人言：若稟斯異説各蒙益者，衆釋無可爲非；聞而不悟，衆師無可爲是。一師之意，唯貴在悟，宜以悟爲經宗。大經云：「若有定相，是生死法，是魔王相；佛法無定相，是故如來非道説道、道説非道。」當知唯悟是從。私謂若悟爲宗，乃是果證，非謂行因。問南指北，方隅料亂。又定以悟爲宗，是爲定定。何謂不定？説者甚多，不能具出也〔九〕。

二、正明宗者，此經始從序品訖安樂行品，破廢方便，開顯真實佛之知見，亦明弟子實因實果，亦明師門權因權果。文義雖廣，撮其樞要，爲成弟子實因，因正果傍，故於前段明迹因迹果也。從涌出品訖勸發品，發迹顯本，廢方便之近壽，明長遠之實果。亦明弟子實因實果，亦明師門權因權果，而顯師之實果，果正因傍，故於後段明本因本果。合前因果共爲經宗，意在於此。所以經分二文，論本論迹，雙題法譬，舉蓮舉華，師弟權實，總在其間也。

三、衆經因果同異者，謂迹因果或同或異，本因果永異迹因果者，實相通印諸體，何經不約此論因果？大品明非因非果，實相爲體，而但因爲宗，般若遣蕩，正是因意。故云：「菩薩心中名般若，在佛心中名薩婆若。」文中亦説菩薩無生無滅因，獲不斷不常薩婆若果。叡師序云：「啓玄章以不住爲始，歸三慧以無得爲終。」〔一〇〕終始，因果也。文中亦説一切種智佛果，爲成般若因，因正果傍。無量義宣説摩訶般若，歷劫修行，故知彼經用因爲宗也。淨名用佛國因果兩義爲宗，寶積具問因果，佛備答因果，故知雙用因果爲宗也〔一一〕。華嚴圓頓之教，解宗不同。或言用因爲宗，據題言「華嚴」是萬行莊飾，修因之義；文中多説四十地行相，故用因爲宗。又云果爲宗，據題云「大方廣佛」，佛是極果之名，華嚴是定慧萬善，莊嚴佛身，非莊嚴因；文中多説舍那法身之事，即用果爲宗也。又解云：因果合爲宗，如言佛即是果，華嚴即是因，文中具説法身，亦説諸地，俱用因果爲宗。

諸經對緣不同，故明宗互異耳。般若通對三人，傍真因果，此義則異。別對菩薩，復有利鈍，爲鈍明因，此義亦異；利人因者，此義則同。淨名佛國義兼，若三種佛國因果，此義則異；一種佛國因果者則同。華嚴亦對兩緣鈍異利同，如前分別。又將此意歷五味因果，例可知。是爲衆經因果與迹門同異之相也。

二、本門因果永異衆經者，若三藏菩薩始行實因果，無權因果，乃至明佛道樹始成，非久遠本迹。通教菩薩亦始行因，神通變化而論本迹，非久遠本迹也。大品説菩薩有本迹，二乘則無，説佛始得生法二身本迹，不説久遠。淨名不説聲聞有本迹，但明菩薩住不思議之本迹。説佛有淨土，螺髻所見亦非久遠。華嚴説舍那、釋迦爲本迹，菩薩亦有本迹，聲聞尚不聞不解，云何自有本迹？今經發聲聞有本，本有因果，示爲二乘迹中因果。發佛之迹，王宫生身生，道樹法身生，乃至中間生法二身，悉皆是迹。但取最初先得真應，名之爲本。故師弟本因本果，與餘經永異。今經迹中師弟因果，與衆經有同有異，本中師弟因果，衆經所無，正以此之因果爲經妙宗也。

【校注】

〔一〕佛説觀普賢菩薩行法經：「釋迦牟尼名毗盧遮那，遍一切處；其佛住處名常寂光，常波羅蜜所攝成處、我波羅蜜所安立處、淨波羅蜜滅有相處、樂波羅蜜不住身心相處。」

〔二〕參見大般涅槃經卷三一迦葉菩薩品之一。

〔三〕參見大般涅槃經卷一二聖行品。

〔四〕見於維摩詰所説經卷二觀衆生品。

〔五〕佛説觀普賢菩薩行法經：「説是語已，普賢菩薩復更爲説懺悔之法：『汝於前世無量劫中，以貪香故，分別諸識，處處貪著，墮落生死。汝今應當觀大乘因。大乘因者，諸法實相是。』聞是語已，五體投地，復更懺悔。」

〔六〕法華宗要序：「三乘同往。同往之三會而爲一，乘之始也。覺慧成滿，乘之盛也。滅景澄神，乘之終也。雖以萬法爲乘，然統之有主。舉其宗要，則慧收其名，故經以真慧爲體，妙一爲稱。」

〔七〕高僧傳卷七慧觀傳：「洒著法華宗要序以簡什。什曰：善男子，所論甚快。君小卻當南遊江、漢之間，善以弘通爲務。」

〔八〕「用」：底本作「前」，據南本、徑本、大本改。

〔九〕這一部分是灌頂加入的内容，吉藏法華玄論卷二「第四辨經宗旨」一節内容與此相關，可參看。

〔一〇〕大品經序：「故啓章玄門，以不住爲始。妙歸三慧，以無得爲終。」

〔一一〕參見維摩詰所説經卷一佛國品。

四、麤妙者，若半字之因，道樹偏〔一〕果，此宗則麤。大品所明三乘共因果，亦如是不共之因。雖云菩薩一日行般若，如日照闇，發心即遊戲神通，而猶帶麤因，圓因不得獨顯；雖説法身無來無去，猶帶麤果，圓果不得獨顯，故名爲麤。方等中雖彈偏因果，高原陸地不生蓮華，不辨偏得入圓，圓不彰顯，是亦爲麤。華嚴前照高山，説一圓因；究竟後身，說一圓果。又帶别因果，所帶處麤。今經聲聞受記，菩薩疑除，同開佛知見，俱入一圓因，發迹顯本，同悟實果，因圓果實，不帶方便，永異餘經，故稱爲妙也。開麤者，昔緣根鈍，未堪聞讚佛乘因果，用方便因果引接近情，五味調熟，心漸通泰，決了麤因，同成妙因；決諸麤果，同成妙果。故低頭舉手著法之衆，皆成佛道，更無非佛道因。佛道既成，那得猶有非佛之果？散善微因，今皆開決，悉是圓因，何況二乘行？何況菩薩行？無不皆是妙因果也。

五、結成者，即爲二：一、結因果；二、四句料簡。

夫經説因果，正爲通益生法行人。若開權顯實，正令七種方便生身未入者入，傍令生、法二身已入者進。若説壽量長遠，傍令生身未入者入，正令生法已入者進。神力品云「如來所有一切甚深之事」者，非因非果是甚深之理，因果是甚深之事。從七種方便初得入圓，登銅輪位，名之爲因。乃至餘有一生在，若轉一生，即得妙覺，名之爲果。從於二住至於等覺中間，名爲亦因亦因因，亦果亦果果。用無礙道伏一分無明，名之爲因；用解脱道斷一分無明，名之爲果。約此解脱，復修無礙，故云因因；從此無礙，復得解脱，故言果果。

復次，初十住爲因，十行爲果；十行爲因，迴向爲果；十向爲因，十地爲果；十地爲因，等覺爲果；等覺爲因，妙覺爲果。妙覺唯果、唯解脱，不得名因、名無礙；初住唯因、唯無礙，不得名果、名解脱。何者？初住見真，以真爲因；住前相似，非是真因。若取性德爲初因者，彈指散華是緣因種，隨聞一句是了因種，凡有心者是正因種。此乃遠論性德三因種子，非是真實開發，故不取爲因也。

二、四句料簡者。

問：若言初住入理，名爲圓因圓果，何得文云「漸漸修學得成佛道」？答：應作兩種四句料簡：自有漸圓，自有圓漸，自有漸漸，自有圓圓。漸圓者，此約理外七種方便，同開佛知見，始見圓理。見圓理者，良由理外七種方便，漸入圓因，故言漸圓。漸圓三句（云云）。圓漸者，初入此圓，同觀三諦，見實相理，初後無殊，然而事中修行，未能盡備，復須研習。據初入圓，故名爲圓。進修上行，復名爲漸。漸漸者，從二住去至等覺，此是圓家漸漸，非理外漸漸。圓圓者，至妙覺亦名漸圓，亦名圓圓，圓理先圓，今復事圓，故言圓圓。復次，圓漸如初住，漸漸如二住已去至三十心，漸圓如初地已去，圓圓即妙覺也。

三十心雖同有賢聖之義，義稱爲賢，伏多斷少故。十地去名爲聖，伏少斷多故。又十住名賢聖，二十心是聖賢，十地、等覺是聖，妙覺是聖聖。今借喻初月，匡廓〔二〕已圓，光用未備，此譬圓漸；從二日至十四日，其明漸進，此譬漸漸；至十五日，此譬漸圓，又譬圓圓。夫月無虧盈，亦約月辨虧盈；理無圓漸，亦約理判圓漸耳。此經之宗，利益巨大，始自圓漸，終竟圓圓。大乘因果，增長具足（云云）。

問：既稱圓漸，復稱圓別，乃至通藏亦應爾耶？答：此義出四教章中。其意云何？三藏，三藏可解。别者，諦緣度也。通者，真諦也。圓者，無學辨也。通通者，同無生也。三藏者，道諦中戒定慧也。别者，正習盡不盡也，化他、不化他，出假、不出假之别也。圓者，同證真也。别别者，别上别下也。三藏者，修無量道諦中戒定慧也。通者，四門俱契中也。圓者，五住盡也。圓圓者，融也。别者，四門異也。通者，四門相攝也。藏者，圓道諦、圓戒定慧也。

此義既通，亦應漸圓，漸圓四句皆得也。結因果皆成也。然後判麤妙、開麤妙悉得也。

〇大章第四、明用者，用是如來之妙能，此經之勝用。如來以權實二智爲妙能，此經以斷疑生信爲勝用，秖二智能斷疑生信，生信斷疑由於二智，約人約法左右互論耳。

前明宗，就宗體分别，使宗體不濫。今論於用，就宗用分别，使宗用不濫。何者？宗亦有用，用亦有宗。宗用非用用，用用非宗用，用宗非宗宗，宗宗非用宗。宗用者，因果是宗，因果各有斷伏爲用；用有宗者，慈悲爲用宗，斷疑生信爲用用。若論於宗，且置斷伏，但論因果；今明於用，但論斷疑生信，且置慈悲。若得此意，則知權實二智能斷疑生信，是今經之大用，其義明矣。

論用開爲五：一、明力用；二、明同異；三、明歷別；四、對四悉檀；五、悉檀同異。

一、正明用者，諸經不純明佛智慧，不發佛自應迹，不正破廢二乘果，不斷生身菩薩之近〔三〕疑，起其遠信，不顯本地，增法身菩薩大念佛之道，損界外之生。如此力用，衆經所無，今經具之，所以命章。不論二乘、菩薩等智，純顯佛之微妙智慧；不開衆生九法界知見，純開衆生佛之知見。餘經但道佛所變化是迹，不道佛身自是迹；今經自道佛身是迹，其餘變化寧得非迹？今經正破廢化城二乘之果，況其因行耶？又破稟方便教菩薩執迹爲極，今皆發廢，悉稱是權迹，及中間諸疑悉斷，起於深遠不思議信。又顯本地真實功德，令法身菩薩得大利益。始自初阿，終隣後茶。抹十方那由他土爲塵數，增道菩薩不能令盡。蓋由如來雨權實二智一味之雨，普等四方俱下者，一切諸四門俱破也。充足求於具足道者，斷其深疑，起其大信，令入一圓因。控摩訶衍車，遊於四方，直至道場，大用大力，妙能妙益，猶自未盡。

復次，此力能破二乘之果。二乘怖畏生死，入空取證，生安隱想，生已度想，墮三無爲坑。若死，若死等苦，已如敗種，更不還生，智醫拱手，方藥無用。至如涅槃能治闡提，此則爲易。闡提心智不滅，夫有心者，皆當作佛，非定死人，治則不難。二乘灰身滅智，灰身則色非常住，滅智則心慮已盡。焦芽敗種，復在高原陸地，既聾且瘂，永無反復，諸教主〔四〕所棄，諸經方藥不行。今則本佛智大、妙法藥良，色身不灰如淨瑠璃，内外色像悉於中現，令心智不滅，開示悟入佛之知見。令客作賤人，付菩提家業，高原陸地，授佛蓮華。其耳一時聽十法界聲；其舌隨一切類，演佛音聲，令一切聞。能以一根遍爲衆用，即是今經之力用也。

上已説佛智力竟，今更重説。如漢末三分，曹公智略當時第一，復劣楊脩三十五里〔五〕。此真丹人智不及外國外道智，如芥比山。一切世人外道智，不及舍利弗智十六分一。二乘智如螢火蟲，菩薩智如日光。通菩薩智如鴻鵠，勢不及遠。别菩薩智如金翅鳥，從一須彌至一須彌。别菩薩智如爪上土，比佛智慧如十方土。當知佛之智慧，至融至即，至頓至實，不可思議，不縱不横，圓妙無比，喻不可盡問答。餘經不純説，今經獨純説之，此佛實智力大也。譬如十小牛，乃至一龍、十龍；一力士、十力士不如五通人，外五通不如一羅漢，一切羅漢不如一目連，目連不如一身子，身子不如菩薩，菩薩不如别菩薩，别菩薩不如圓菩薩，圓菩薩不如佛。佛迹甚大，化復作化，化化無盡，無謀而當，如修羅琴，一切賢聖無能測者。佛權力既如此，餘諸義例可知，不復記。

二、明同異者。

問：實相體，因果宗，既通衆經，權實二智復云何？答：名雖通用，力大差別。藏、通以二智斷四住之疑，生偏真之信。淨名雖彈斥二乘及偏行菩薩，亦是界内斷疑生信，不能令小乘及方便菩薩斷大疑、生大信。大品通意，亦是界内疑斷信生，别意雖在界外，亦未斷近疑、生遠信。華嚴正意，斷界外疑，生於圓信，亦未斷近生遠。故權實二名雖復通用，而力大異。今經用佛菩提二智，斷七種方便最大無明，同入圓因。破執近迹之情，生本地深信，乃至等覺，亦令斷疑生信。如是勝用，豈同衆經耶？

三、别釋，爲兩：一、别釋迹門；二、别釋本門。

釋迹門爲十：一、破三顯一；二、廢三顯一；三、開三顯一；四、會三顯一；五、住一顯一；六、住三顯一；七、住非三非一顯一；八、覆三顯一；九、住三用一；十、住一用三。

此意通歷十妙，一一妙中皆具十意，義推可解（云云）。

今就别説者，破三顯一，正破三情而顯一智。何者？昔若初讚佛乘，衆生没在苦，既不堪聞大，尋念過去佛所行方便力，亦應説三乘。説三乘已，齊教封三情，不更願好者。今破三執，顯於佛智，故言「諸佛法久後，要當説真實」也。

廢三顯一者，此正廢教。雖破其情，若不廢教，樹想還生，執教生惑，是故廢教。「正直捨方便，但説無上道，十方佛土中，唯有一乘法，無二亦無三」。

開三顯一者，正就於理，傍得約教。約教者，昔教明三人入真，今教明三人得佛也。正約理者，秖是二乘真空，自有實相。昔方便不深，不能妙見。今開此空即是實相，故言「決了聲聞法，是諸經之王」；開方便門，示真實相」。大經云：「爲諸聲聞開發慧眼。」（六）

會三顯一者，正就於行。大品會宗云：「四念處、四禪等，皆是摩訶衍。」（七）但會其法，未會其人。此經人、法、行俱會，故云：「汝等所行，是菩薩道，漸漸修學，悉當成佛」，「低頭舉手，皆成佛道」（云云）。

住一顯一者，此就佛本意，本以實智化物，「佛平等説，如一味雨」，「佛自住大乘，如其所得法，定慧力莊嚴，以此度衆生，若以小乘化，我則墮慳貪，是事爲不可」。故知從得道夜，常説中道，常説大乘；而衆生罪故，故使如來以毒塗乳，著弊垢衣，方便婆和，引令向大。故言「雖説種種道，其實爲一乘」（云云）。

住三顯一者，此就佛權智，方便化物。「尋念過去佛，所行方便力，我今亦如是，即趣波羅柰，以方便力故，爲五比丘説。」過去諸佛，亦住三乘而顯一乘，今佛亦爾，故言：「更以異方便，助顯第一義」，又「昔於菩薩前毁呰聲聞，然佛實以大乘而得度脱」。

住非三非一顯一者，或約理，或約事。約理者，「是法住法位，世間相常住」，「是法不可示」，「知法常無性，佛種從緣起」。無性即非三非一，從緣起即是三緣顯一，令會非三非一。約事者，即是人天乘，此乘非三，亦復非一。常以此乘引入於大，「低頭舉手，皆成佛道」，「若我遇衆生，盡教以佛道」。

覆三顯一者，此就權巧多端，前權前度，但除其病，不除其法。法不除故，擬化後緣。若破此法，後何所用？機息則覆，機興則用，何但佛爾，入實菩薩亦然。若有不信此法，於餘深法中，示教利喜（云云）。

住三用一者，此就法身妙應眷屬，前住三顯一是師門，今住三用一是弟子門。如富樓那等，實是法身，現作聲聞，示住於三而常顯一，饒益同梵行者。

住一用三者，此就本誓，如華光作佛，願說三乘，而非惡世。今佛亦於寶藏佛所，願於惡世說此三乘（云云）。但權實大用包括法界，豈止十意而已？爲顯十妙之用，故略言十耳。

破三顯一是用智妙，廢三顯一是用說法妙，開三顯一是用境妙，會三顯一是用行妙，住一顯一是用乘妙，住三顯一是用感應妙，住非三非一顯一是用神通妙，覆三顯一是用位妙，住三用一是用眷屬妙，住一用三是用利益妙。

將十用對當十妙，文義相揀，大意可解（云云）。

【校注】

〔一〕「偏」：大本作「遍」。

〔二〕「廓」：大本作「郭」。

〔三〕「近」：南本作「遠」。

〔四〕「主」：底本作「注」，徑本作「王」，據南本、大本改。

〔五〕世説新語捷悟：「魏武嘗過曹娥碑下，楊修於碑背見題作『黄絹幼婦，外孫韲臼』八字。魏武謂修曰：『解不？』答曰：『解。』魏武曰：『卿未可言，待我思之。』行三十里，魏武乃曰：『吾已得。』令修記所知。修曰：『黄絹，色絲也，於字爲絶；幼婦，少女也，於字爲妙；外孫，女子也，於字爲好；韲臼，受辛也，於字爲辭。所謂絶妙好辭也。』魏武亦記之，與修同，乃歎曰：『我才不及卿，乃覺三十里。』」

〔六〕參見大般涅槃經卷四四相品之一。

〔七〕參見摩訶般若波羅蜜經卷六勝出品。

二、本門力用，例爲十意。若扶文便，應言開近顯遠。若取義便，應言本迹，秖呼近爲迹，遠爲本，名異義同。所言十者：一、破迹顯本；二、廢迹顯本；三、開迹顯本；四、會迹顯本；五、住本顯本；六、住迹顯本；七、住非迹非本顯本；八、覆迹顯本；九、住迹用本；十、住本用迹。

通就本門，一一妙中皆具十意。若別論者，破迹顯本，亦就破情。序品、方便、寶塔三文，已動執生疑。如文殊答彌勒云：昔八王子師事妙光，妙光先居補處，而王子成佛，號曰然燈。弟子今又成佛，號曰釋迦。妙光翻爲弟子，字曰文殊。動迹執生此疑，何由可決？今言非是補處淹緩，亦非弟子超越，良由釋迦成道已久，昔示弟子，今示作師耳。拂此迹疑，顯於本智，故言破迹顯本也。方便品云：「我從久遠劫來，讚示涅槃道，生死苦永盡，我常如是説。」當知生死久已永盡，非是中間始入涅槃。寶塔涌現，證示滅不滅，即迹而常，分身皆集，八方不可稱數，分身既多，當知成佛久矣。如荷積滿池之喻。推三品文，已是破迹之漸。所以下方涌出，非寂滅道場受化，亦非他方分身所受化，此兩處人彌勒皆識，而今不識，所以驚疑。破此近情，顯本長遠，故文云：「一切世間皆謂我釋迦牟尼，出釋氏宫，去伽耶城不遠，得三菩提。然我實成佛來，無量百千萬億那由他劫。」直舉世界問彌勒，彌勒不知其數，何況世界中塵而當可數？此是破近執謂，生其遠智也。

廢迹顯本者，亦就説法。昔爲五濁障重，不得遠説本地，但示迹中近成。今障除機動，須廢道樹王城迹中之説，皆是方便。執近之心既斷，封近之教亦息。文云：「自從是來，我常在此娑婆世界説法教化，亦於餘處百千萬億那由他阿僧祇國導利衆生。」即是廢一期之迹教，顯久遠之本説也。

開迹顯本者，此亦就法，亦就理。秖文殊所述，然燈佛及久遠來，讚示涅槃道，及分身諸佛。如此迹説，以是顯本之意，惑者未悟玄旨。今若顯本，亦不迴就餘途，還開近迹示其本要耳。就理者，但深觀方便之迹，本理即顯。文云：「我實成佛已來，久遠若斯，但以方便教化衆生，令入佛道。」若入佛道，即於迹得本也。

會迹顯本者，此則就行。尋迹中諸行，或從此佛行行得記，或從彼佛行行得記，或示己身他身，隨機應現長短大小，諸迹悉從本垂。若結會古今，還結迹而顯本耳。本迹雖殊，不思議一。文云：「諸善男子！於是中間，我説然燈佛等，又復言其入於涅槃，如此皆是方便分別。」即會迹顯本意也。

住本顯本，此就佛本意。即如下方菩薩於空中住，法身佛爲法身菩薩説法，法身修道，純説一乘。文云：「娑婆世界純以黄金爲地，人天充滿。」又云：「人衆見燒盡，我淨土不毁。」能如是深觀，是爲深信解相，常住此本，恒顯於本。文云：「我成佛已來，甚大久遠，壽命無量阿僧祇劫，常住不滅。」豈非住本顯本也？

住迹顯本者，此就迹意，即是釋迦住生身而顯一。由顯一故，古佛塔涌。塔涌故，召請分身。分身集故，慕覓弘經，下方出現。慕覓弘經，下方出現，彌勒疑問。問故說壽長遠，動執遣疑，是爲住迹顯本也。文云：「我以佛眼觀其信等諸根，乃至種種方便說微妙法，能令衆生發歡喜心也。」

住非迹非本而顯本者，此約絶言冥會，即是非本非迹而能本迹。昔非迹而垂迹，今非本而顯本。文云：非實非虛，非如非異，如斯之事，如來明見也。

覆迹顯本者，亦約機應多端。若執迹障本，故覆令不執，更對後機，還須用迹，故有師子奮迅之力。文云：「以若干言辭，因緣譬喻，種種說法。」所作佛事，未曾暫廢。

住迹用本者，上來住迹顯本者，直是迹中隨機方便，顯本地理。今言住迹用本者，即是中間，迹至道樹，數數生滅。他身他事者，皆用本地實因實果，種種本法，爲諸衆生而作佛事，故言住迹用本。此就師爲解。若約弟子者，即是本時妙應眷屬，住於權迹，垂形九道，而用本法利益衆生。文云：「然我今非實滅度，而便唱言當取滅度。如來以是方便，教化衆生。」此是住迹，而用本時滅度而示滅度也。

住本用迹者，即是本地不動而迹周法界，非生現生，非滅現滅，常用此迹利潤衆生。此義據師。若據弟子者，即是法身菩薩，以不住法住於本地，無謀之權，迹用無盡。文云：「又善男子！諸佛如來，法皆如是，爲度衆生，皆實不虛。」佛散赴衆緣，文小不次，今題來證義，引於壽量文盡。

破迹顯本、會迹顯本，別用因妙。開迹顯本，是別論用本果妙。住本顯本，是別用本國土妙。廢迹顯本，別論是用本説法妙。住非迹非本，別論是用本感應妙。覆迹顯本，別論是用本神通妙。住迹用本，別論是用本壽命妙，亦是用本眷屬妙。住本用迹，別論是用本涅槃妙，亦是本利益妙（云云）。

四、結成悉檀者，權實二智，十用不同，即是一音演説，隨類各解。迹中破廢，令七種方便開佛知見。本中破廢，恒沙菩薩斷疑增道，皆是四悉檀意，成熟衆生。今束此十用爲四悉檀：先束迹門，次束本門。

迹又爲二：先別束，次通束。別者，開三顯一、住三用一、會三歸一，此三條屬爲人悉檀。何者？本習此三，今還約三修一，不改途易轍，秖深觀此三，一理自顯。三中有一，不須取捨，故開三顯一，屬爲人悉檀。住三用一亦如是，秖就此三而修一道，如富樓那，但住聲聞而自饒益，亦能饒益同梵行者，即是不改三法，能生一解，皆屬爲人悉檀也。破三、廢三、覆三，此三屬對治。其封三疑一，斥破其情，廢於權教，密覆權法，令執病心除，入一實道，安住實智中也。住三顯一、住一用三，兩種屬世界悉檀。何者？世界以樂欲爲本，若衆生欲得三乘之道，不欲聞一實之化，故佛自住一，同彼説三。又三乘緣異，如世界隔別，故名世界悉檀也。住三顯一，亦是世界。何者？佛隨人法，住於方便，調熟顯一，故屬世界悉檀也。住一顯一、住非三非一顯一，此屬第一義悉檀也。

通明四悉檀者，秖破三顯一，得有四種益。何者？君子樂聞過，小人惡聞愆，欲知過必改，即爲破執除病，歡喜奉行，即是世界也。若執住三，不能進道，破三從一，覺悟心生，善法增進，是名爲人也。執三是病，説一爲樂，是名對治也。若聞破三得見理，名第一義也。餘九種例爾。故知佛之善巧，稱合機緣，皆令得益，四悉檀之力也（云云）。

二、結本門十用爲四悉檀者，亦有別、通二意。住迹顯本、住本用迹，此屬世界悉檀，亦名隨樂欲，釋如前。開迹顯本、會迹顯本、住迹用本，屬爲人悉檀，不改途更修，還約本法修顯本也，釋如前。破迹、廢迹、覆迹，屬對治。住本顯本、住非本非迹顯本，屬第一義，釋如前。

次通約一科，結四悉檀，亦如前，餘九例亦爾，具解（云云）。

五、悉檀同異者，餘經亦用四悉檀破三顯一、破迹顯本等，而與此有異。即爲兩：一、迹門明異；二、本門明異。

迹門異者，三藏中亦用四悉檀破廢等意，但爲有餘、無餘涅槃（云云）。大品中共般若，亦用四悉檀破立廢等意，但悟真理，未能久圓（云云）。方等中亦破三顯一，於菩薩人有一分同，二乘人不得入實，故十弟子被淨名訶墮八邪、不入衆數〔一〕。此是破斥之語，稱歎不思議大乘之道，皆用四悉檀意，而二乘不悟也。此經用四悉檀意，二乘而得斷疑除執，入佛正道，受記作佛。故知此經用四悉檀巧妙。文云：「言辭柔輭，悦可衆心。」身子領解云：「佛以種種緣，譬喻巧言説，其心安如海，我聞疑網斷，安住實智中。」即其義也。

問：法華顯一，還藉先破，無前調熟，今亦不解。答：今日得悟，由昔彈訶，但功屬此經，名非彼得。譬如百人共圍一賊，而攻圍之力實賴衆人，能擒賊者得勳，不屬百人（云云）。此經開權顯實，四悉檀大用最爲雄猛（云云）。發迹顯本四悉檀永異衆經。何者？迹中力用已出諸教，本中十用諸經無一，況當有十？迹中悉檀已出諸經，本中悉檀諸經無一，何況有四？可以意推，無煩多記也。

妙法蓮華經玄義卷第九下

【校注】

〔一〕參見維摩詰所説經卷一弟子品。

妙法蓮華經玄義卷第十上

隋天台智者大師説
門人灌頂記

大章第五、釋教相者，若弘餘經，不明教相，於義無傷；若弘法華，不明教者，文義有闕。但聖意幽隱，教法彌難。前代諸師，或祖承名匠，或思出神衿，雖阡陌縱横，莫知孰是。然義不雙立，理無兩存，若深有所以，復與修多羅合者，録而用之；無文無義，不可信受。南岳大師心有所證，又勘同經論，聿遵佛語，天台師述而從用，略明教爲五：一、大意；二、出異；三、明難；四、去取；五、判教。

大意者，佛於無名相中假名相説，説餘經典，各赴緣取益。至如華嚴，初逗圓别之機，高山先照，直明次第、不次第，修行住上、地上之功德，不辨如來説頓之意。若説四阿含，增一明人天因果，中明真寂深義，雜明諸禪定，長破外道，而通説無常，知苦斷集，證滅修道，不明如來曲巧施小之意。若諸方等，折小彈偏，歎大褒圓，慈悲行願，事理殊絶，不明並對訶讚之意。若般若，論通，則三人同入；論别，則菩薩獨進，廣歷陰入，盡淨虚融，亦不明共别之意。若涅槃在後，略斥三修，麤點五味，亦不委説如來置教原始結要之終。凡此諸經皆是逗會他意，令他得益，不譚佛意，意趣何之？

今經不爾，絓是法門網目，大小觀法、十力、無畏、種種規矩，皆所不論，爲前經已説故；但論如來布教之元始，中間取與，漸頓適時，大事因緣，究竟終訖，説教之綱格，大化之筌罤。其宿殖淳厚者，初即頓與，直明菩薩位行功德，言不涉小。文云：「始見我身，聞我所説，即皆信受，入如來慧。」其不堪者，隱其無量神德，以貧所樂法方便附近，語令勤作。文云：「我若讚佛乘，衆生没在苦。」如此之人，應以此法漸入佛慧。既得道已，宜須彈斥，即如方等，以大破小。文云：「苦切責之已，示以所繫珠。」若宜兼通，半滿洮汰，如大品遣蕩相著，會其宗途。文云：「將導衆人欲過嶮道。」過此難已，定之以子父，付之以家業，拂之以權迹，顯之以實本。

當知此經，唯論如來設教大綱，不委微細綱目。譬如筭者，初下後除，紀定大數，不存斗斛。故無量義云：「無量義者，從一法生。」則於一佛乘，分别説三。此譬下筭。若收無量以入一，會三而歸大者，此譬除筭，唯記大數焉。如是等意，皆法身地，寂而常照，非始道樹，逗大逗小。佛智照機，其來久矣。文云：「唯以一大事因緣，出現於世。」此照大久矣。文云：「殷勤稱歎方便。」此照小久矣。文云：「諸佛法久後，要當説真實。」此照會小歸大久矣。信解品云：「踞師子牀，見子便識。」此語初鑒大機久矣。「於窻牖中，遥見其子」者，此鑒小機久矣。「密遣二人，方便附近，語令勤作」，此鑒須開三久矣。「心相體信，入出無難」，此鑒調斥久矣。「領知衆物」，此鑒洮汰久矣。「後付家業」，此鑒教行等久矣。

當知佛意深遠，彌勒不識所爲因緣，況下地二乘凡夫等耶？文云：「唯我知是相，十方佛亦然。」又「已今當説，最爲難信難解。」前經是已説，隨他意，彼不明此意，故易信易解。無量義是今説，亦是隨他意，亦易信易解。涅槃是當説，先已聞故，亦易信易解。將説此教，疑請重疊，具如迹本二文。受請説時，秖是説於教意，教意是佛意，佛意即是佛智，佛智至深，是故三止四請。如此艱難，比於餘經，餘經則易。

若始坐道場，梵王初請，直言請法，亦無疑網。往復殷勤，説諸方等，觀文可知。説大品時，猶酬梵請。唯華嚴中請金剛藏，可爲連類。而人師偏著，謂加於法華。言小乘致請不及菩薩，此見一邊耳。身子騰衆心云：「佛口所生子，合掌瞻仰待，求佛諸菩薩，大數有八萬，欲聞具足道。」何獨是一小乘？又彌勒闔衆求決文殊，與解脱月、金剛藏，若爲有異？

又本門中，菩薩請佛説於佛法，豈比菩薩請菩薩説菩薩法耶？若就此意，有加於彼。若彼列衆，十方雲集，皆是盧舍那佛宿世知識；此經雲集，地涌菩薩，皆從釋尊發心，是我所化，此一往則齊，而不無疎密。又彼明十方佛説華嚴被加者，同名法慧、金剛藏等，不言彼佛是舍那分身；今明三變土田，一方各四百萬億那由他土，滿中諸佛，悉是釋尊分身，此意異彼。

彼以華嚴爲勝薳，復出一兩句，非故興毁；若較其優劣，恐成失旨。但此法華開權顯本，前後二文疑多請倍，不比餘經，秖爲深論佛教，妙説聖心，近會圓因，遠申本果，所以疑請不已。若能精知教相，則識如來權實二智也。教意甚深，其略如是。

○二、出異解者，即爲十意：所謂南三、北七〔一〕。

南北地通用三種教相：一、頓；二、漸；三、不定。華嚴爲化菩薩，如日照高山，名爲頓教。三藏爲化小乘，先教半字，故名有相教。十二年後，爲大乘人説五時般若，乃至常住，名無相教。此等俱爲漸教也。别有一經，非頓漸攝，而明佛性常住，勝鬘、光明等是也，此名偏方不定教。此之三意通途共用也。

一者、虎丘山岌師，述頓與不定，不殊前舊，漸更爲三：十二年前明三藏，見有得道，名有相教；十二年後齊至法華，明見空得道，名無相教；最後雙林，明一切衆生佛性、闡提作佛，明常住教也。

二者、宗愛法師，頓與不定同前，就漸更判四時教，即莊嚴旻師〔二〕所用。三時不異前，更於無相後、常住之前，指法華會三歸一，萬善悉向菩提，名同歸教也。

三者、定林柔、次二師〔三〕，及道場觀法師〔四〕，明頓與不定同前，更判漸爲五時教，即開善光宅所用也。四時不異前，更約無相之後、同歸之前，指淨名、思益諸方等經爲褒貶抑揚教。

四者、北地師亦作五時教，而取提謂波利爲人天教，合淨名、般若爲無相教，餘三不異南方。

五者、菩提流支〔五〕明半滿教，十二年前皆是半字教，十二年後皆是滿字教。

六者、佛馱三藏〔六〕、學士光統〔七〕所辨四宗判教：一、因緣宗，指毗曇六因四緣；二、假名宗，指成論三假；三、誑相宗，指大品、三論；四、常宗，指涅槃、華嚴等，常住佛性，本有湛然也。

七者、有師開五宗教，四義不異前，更指華嚴爲法界宗，即護身自軌大乘所用也。

八者、有人稱光統云，四宗有所不收，更開六宗，指法華萬善同歸，諸佛法久後，要當說真實，名爲真宗。大集染淨俱融，法界圓普，名爲圓宗。餘四宗如前，即是耆闍凜師〔八〕

所用。

九者、北地禪師，明二種大乘教：一、有相大乘；二、無相大乘。有相者，如華嚴、瓔珞、大品等，説階級十地功德行相也。無相者，如楞伽、思益，真法無詮次，一切衆生即涅槃相也。

十者、北地禪師，非四宗、五宗、六宗、二相、半滿等教，但一佛乘，無二亦無三，一音説法，隨類異解。諸佛常行一乘，衆生見三，但是一音教也。出異解竟〔九〕。

【校注】

〔一〕吉藏法華玄論卷三對南北朝判教也有論述：「宋道場寺惠觀法師著涅槃序明教有二種：一頓教，即華嚴之流；二漸教，謂五時之説。後人更加其一，復有無方教也。三大法師並皆用之。爰至北土，還影五教，製於四宗。今依大乘經論，詳其得失。釋論云：佛法有二種，一者大乘藏，二者小乘三藏。又云：佛法有二道，一者聲聞道，二菩提薩埵道。前約法分兩，後就人開二。又釋論云：佛滅後，迦葉與阿難結集三藏。文殊、彌勒亦與阿難結集摩訶衍藏。大經云：字有二種，一半字，二滿字。爲聲聞説半字，爲菩薩説滿字。又云：諸大衆凡有二種，一求小乘，二求大乘。昔於波羅捺爲聲聞轉小法輪，今始於此拘尸那城爲諸菩薩轉大法輪。又法華云：昔於波羅捺轉生滅小輪，今至鷲山轉無生滅大輪。又法華明二種教：一教聲聞，二教菩薩。教聲聞者如雇之除糞，教菩薩者如付窮子財。從付財已去皆是教菩薩。又唯有草菴及以大宅，唯有中道化城及以寶所。又攝大乘論明聲聞法、菩薩法。聲聞法但斷惑障，菩薩法斷惑智二障。又地論明二藏與釋論同。又淨名云菩薩法藏所攝，則知有聲聞法藏所攝。又中論云：聲聞法入第一義道，摩訶衍入第一義道。又一切經初皆列二衆：一小乘衆，二大乘衆。如是等處處經論但明大小二乘，故唯有二種法輪，不應立三教也。又以理推之，衆生根有二種：一堪受佛道，二不堪受大道。堪受大道，爲説佛乘，名爲大乘。不堪受者，爲説小乘。故知但應有二，不應立三也。又三教之言，無的明據，不可用也。次明亦無漸教。舊云：波若是三乘通教，凡引四文。初云：欲得聲聞地者，當學波若，乃至欲得菩薩地者，當學般若。又云：是波若中廣説三乘之教。又云：二乘智斷是菩薩無生法忍。又云：欲住須陀洹者，亦不應離是忍。故知波若是三乘通教。評曰：論序説波若因緣意云，於三藏中但爲聲聞説法，未説菩薩行，今欲爲彌勒等廣説菩薩行，故説波若。不言今欲通説三乘人行，故説波若。即知波若非三乘通教。又論云：波若不屬二乘，但屬菩薩。若波若是三乘通教者，則應通屬三乘，不應但屬菩薩。又論云：在菩薩心中名波若，在聲聞心中名道品。又云：在菩薩心中名陀羅尼，在二乘心中名爲道品。若波若是三乘通教，則在三乘心通名波若，不應有别名也。又難曰：若三乘通學波若，波若是三乘通教者，涅槃經云：「三乘之人同觀中道。下智觀故，得聲聞菩提；乃至上智觀故，得諸佛菩提。亦應是三乘通教。若言蓋是涅槃一枝之義，不足以證大宗者，勸學品勸三乘學波若亦是一句之言，不足以證其通致。又云波若出生三乘，故是三乘通教者，大經云即是聲聞藏出生諸聲聞，即是因緣藏出生緣覺，應是三乘通教。又勝鬘經明大地出四寶藏，攝受正法，能生五乘，亦應是三乘通教。」

〔二〕莊嚴旻師：即莊嚴寺僧旻，梁代三大師之一，擅長成實學，續高僧傳卷五有傳。

〔三〕定林柔、次二師：即定林寺僧柔、僧次。僧柔，南齊僧人，擅長成實，高僧傳卷八有傳。僧次，不見於僧傳。

〔四〕道場觀法師：即道場寺慧觀，劉宋僧人，精通涅槃、十誦，高僧傳卷七有傳。

〔五〕菩提流支：北魏譯經僧，北天竺人，翻譯十地經論、金剛般若經、佛名經、法集經、深密解脱經，大寶積經論、法華經論、無量壽經論等三十九部一二七卷佛經，續高僧傳卷一有傳。

〔六〕佛䭾三藏：應指伏陀扇多，北魏譯經僧，與菩提流支等一起譯出十地經論，見續高僧傳卷一菩提流支傳。

〔七〕光統：指慧光（四六八—五三七），北朝僧人，是地論學派和四分律學的主要代表人物，曾先後擔任僧都、國統，故有光統律師之稱，續高僧傳卷二一有傳。

〔八〕耆闍凜師：即耆闍寺安廩法師（五〇七—五八三），續高僧傳卷七有傳。智顗請觀音經疏中也引用凜法師觀點：「耆闍凜師解云：釋迦爲應，彼佛爲真。執應不能除毒害見，真則能消伏毒害。」

〔九〕法華玄義釋籤卷一九對這一部分有闡釋：「初中言南三北七者，南謂南朝，即京江之南，北謂北朝，河北也。自宋朝已來三論相承，其師非一，並稟羅什，但年代淹久，文疏零落，至齊朝已來玄綱殆絶，江南盛弘成實，河北偏尚毗曇，於時高麗朗公至齊建武來至江南，難成實師，結舌無對，因兹朗公自弘三論。至梁武帝敕十人止觀詮等令學三論，九人但爲兒戲，唯止觀詮習學成就。詮有學士四人入室，時人語曰『興皇伏虎朗，栖霞得意布，長干領語辯，禪衆文章勇』，故知南宗初弘成實，後尚三論。近代相傳以天台義指爲南宗者，非也。自是山門一家相承，是故難則南、北俱破，取則南、北俱存。今時言北宗者，謂俱舍、唯識，南方近代亦無偏弘，其中諸師所用義意，若憑三論則應判爲南宗。若今師所用毗曇、成實及三論等大小諸經，隨義引用，不偏南、北。若法相宗徒，多依大論，觀門綱格，正用瓔珞，融通諸法，則依大品及諸部圓文，故知今家不偏朋黨。護身寺自軌法師：大乘是人爲立號，以重其所習，故美之，稱爲大乘。」

○三、明難者，先難南地五時，其義不成，餘四時、三時例壞也。若言十二年前名有相教者，成實論師自誣己論。論云：「我今正欲明三藏中實義。」〔一〕實義者，所謂空。是空非無相耶？三藏非十二年前耶？又阿含中説：「是老死，誰老死。」〔二〕二皆邪見。無是老死即法空，無誰老死即生空。三藏經中自説二空，二空豈非無相？又釋論云：「三藏中明法空爲大空，摩訶衍中明十方空爲大空。」〔三〕即以法空爲大空，即大無相。又成道六年，即説殃掘摩羅經，明空最切，此非無相，誰是無相耶（云云）？又大論云：「從得道夜至泥洹夜，常説般若。」〔四〕般若即空慧也。

復次，十二年前名有相教，爲得道？爲不得道？若得道，則乖成論。論師云：有相四諦是調心方便，實不得道；須見空平，乃能得道。既言有相，那忽得道？若不得道，用此教爲？又拘隣如五人，最初於佛法，寂然無聲字，獲真實知見。最初之言，豈非十二年前得道耶？又若得道，教同無相；若不得道，教同邪説。又若得道，得何等道？若見空得道，還同無相；若不見空得道，亦同九十五種，非得佛道。有相之教，具有二過（云云）。

二、難十二年後名無相教，明空蕩相，未明佛性常住，猶是無常八十年佛，亦不會三歸一，亦無彈訶褒貶者，此不可解。若言無相，何意不蕩無常？猶有無常，何謂無相？若言不明佛性法身常住者，共般若可非佛性法身常等，不共般若云何非佛性耶？大經云：「佛性有五種名，亦名首楞嚴，亦名般若。」〔五〕般若乃是佛性之異名，何得言非？彼即救言：

經稱佛性，亦名般若者，是三德之般若，何關無相之般若？若爾者，涅槃第八何意云「如我先於摩訶般若中說，我與無我，其性不二」〔六〕？不二之性，即是實性，實性之性，即是佛性。如此遥指，明文灼然，何意言非？又涅槃佛性，秖是法性常住，不可變易。般若明實相實際，不來不去，即是佛無生法，無生法即是佛。二義何異？故知法性實相，即是正因佛性；般若觀照，即是了因佛性；五度功德資發般若，即是緣因佛性。此三般若，與涅槃三佛性，復何異耶？金剛般若論云：「福不趣菩提，二能趣菩提。於餘名生因，於實名了因。」〔七〕實相了因能趣菩提，豈非佛性？但名異義同，如前分別，何得聞釋提婆那民，謂非帝釋？其謬類此。若言無常八十年佛說，非佛性常住者，涅槃亦云八十年，佛背痛有疾，於娑羅入滅〔八〕。那忽譚常辨性（云云）？釋論云：「佛有生身、法身，生身同人法，有寒熱、病患、馬麥、乞乳；法性身佛，光明無邊，色像無邊，尊特之身，猶如虛空，爲法性身菩薩說法。」聽法之衆尚非生死身，何況佛耶？釋論云：「又生身佛壽則有量，法身佛壽則無量。」〔九〕豈可以無常八十年加於法身耶？小乘中云，法身尚其不滅，如均提沙彌〔一〇〕憂惱，佛問：汝和尚戒身滅不？答言：不。乃至解脫知見滅不？答言：不。何況般若法身而言無常。若言般若無會三者，何故問住品云：「諸天子今未發三菩提心者，應當發。若入聲聞正位，是人不能發三菩提心。何以故？與生死作障隔故。是人若發三菩提心者，我亦隨喜。所以者何？上人應求上法，我終不斷其功德。」〔一一〕若聲聞不求上法，何所隨喜？既隨喜上法，即是會三。若言般若無彈訶者，大品云：「二乘智慧猶如螢火，菩薩一日學智慧，如日照四天下。」〔一二〕又十三卷云：「譬如狗不從大家求食，反從作務者索。當來世善男女人棄深般若，而攀枝葉，取聲聞、辟支佛所應行經。」又云：「見像觀跡，皆名不黠。」〔一三〕豈有彈訶更劇於此，謂無褒貶耶？若言般若是第二時教，引諸天子白佛云見第二法輪轉者，何經不見第二，而獨言般若？淨名云：「始坐道樹力降魔，得甘露滅覺道成。」乃至「説法不有亦不無。」〔一四〕兩説相對，亦應是第二法輪轉。法華亦云：「昔於波羅柰轉四諦法輪，今復更轉最上之法輪。」〔一五〕涅槃又云：「昔於波羅柰初轉法輪，八萬天人得須陀洹果，今於此間拘尸那城轉法輪時，八十萬億人得不退轉。」〔一六〕經經皆有此旨，亦應併是第二，何獨般若耶？若言十二年後明無相者，何得一夜常説般若？故知無相之過亦甚衆多（云云）。

次難褒貶教是第三時。雖七百阿僧祇，猶是無常，不明常住，直是彈訶褒揚而已。今問：説般若時，諸大弟子皆轉教説法，雖不悕取，咸以具知菩薩法門，何得被訶，茫然不識是何言，不知以何答？故知褒貶不應在般若之後，非第三時也。又彌勒等亦被屈折，何但聲聞？若言七百阿僧祇者，此亦不然。其文自説佛身無爲，不墮諸數，金剛之體，何疾何惱？爲度衆生，現斯事耳。文辨金剛，而人判七百；涅槃亦辨金剛，那忽常住？又云：「觀身實相，觀佛亦然。」〔一七〕又不思議解脱有三種：真性、實慧、方便，即是三佛性義。且復塵勞之儔是如來種，豈非正因佛性？不斷癡愛起諸明脱，明即了因性，脱即緣因性。三義宛然，判是無常；涅槃三種佛性，何得是常耶？

次難第四時同歸教，正是收束萬善，入於一乘，不明佛性，神通延壽，前過恒沙，後倍上數，亦不明常。此不應爾。法華明一種性相，一地所生，其所説法，皆悉到於一切智地，命章即云：「開、示、悟、入佛之知見。」華嚴明佛智慧，猶帶菩薩智慧，菩薩智慧如爪上土，如來智慧如十方土。法華純説佛之智慧如十方土，而非常者，華嚴爪上土，云何明常住？又華嚴始坐道場，初成正覺，成佛太近。法華明成佛久遠，中間、今日皆是迹耳。迹中所説而言是常，本地之教豈不明常？又無量義經云：「説華嚴海空歷劫修行，未曾宣説如是甚深無量義經。」〔一八〕甚深無量義經已自甚深，甚深之經爲法華弄引，豈不明常？若言常住語少者，如天子一語，可非敕耶？文云：「世間相常住」，又云：「無量阿僧祇劫，壽命無量，常住不滅。」伽耶城壽命及數數示現等，是應佛壽命；阿僧祇壽命無量者，是報佛壽命；常住不滅者，是法佛壽命也。三佛宛然，常住義足。法華論云：示現三種菩提。一者、應化佛菩提：隨所應見而爲示現，謂出釋氏宮，去伽耶城不遠，坐道場得三菩提也。

二、報佛菩提：謂十地滿足，得常涅槃。文云：「我實成佛已來，無量無邊百千萬億那由他劫也。」三、法佛菩提：謂如來藏性淨涅槃，常清淨不變。文云：「如來如實知見三界之相，不如三界，見於三界。」謂衆生界即涅槃界；不離衆生界，即如來藏。又云：「我不敢輕於汝等，汝等皆當作佛。」即正因佛性。又云：「爲令衆生開佛知見。」即了因佛性。又云：「佛種從緣起。」即緣因佛性。法華論亦明三種佛性。論云：「唯佛如來證大菩提，究竟滿足一切智慧，故名大。」言「我不敢輕於汝等，汝等皆當作佛」者，示諸衆生皆有佛性也〔一九〕。經、論明據，云何言無？又涅槃云：「是經出世，如彼果實，多所利益，安樂一切，能令衆生見如來性，如法華中八千聲聞得受記莂，成大果實，如秋收冬藏，更無所作。」〔二〇〕若八千聲聞於法華中不見佛性，涅槃不應懸指，明文信驗，何勞苟執？又涅槃二十五云：「究竟畢竟者，一切衆生所得一乘。一乘者，名爲佛性。以是義故，我説一切衆生悉有佛性，一切衆生悉有一乘。」〔二一〕故今經是一乘之教，與涅槃玄會。且涅槃猶帶三乘得道，此經純一無雜；涅槃更不發迹，此經顯〔二二〕本義彰。處處唱生，處處現滅，未來常住，三世益物，人衆見燒，我土不毁，豈是神通延壽有滅盡耶？破神通延壽義（云云）。

難第五時教，雙林常住、衆生佛性、闡提作佛者，問成論師，依二諦解義，第五時教爲二諦攝不？若二諦攝，與諸教同，前教二諦猶是無常，雙林二諦何得是常？若雙林不出二諦，能照别理，破别惑，得是常者；前教所明二諦，亦照别理，破别惑，那忽無常？衆生佛性、闡提作佛，例如此難。故知明理不異前時，據何爲常住耶？

難頓教者，例此可解。實既是同，據何爲頓？權雖别異，不應從事判大小，則大顛倒（云云）。

次難偏方不定教，謂非次第，别爲一緣，如金光、勝鬘、楞伽、殃掘之流也。問：殃掘之經，六年所説，列次第衆，委悉餘經，彈斥明常，分明餘教，釋梵四王及十弟子，乃至文殊，皆被訶斥，同聞宛然，應入次第，而今判作偏方，淨名亦是彈訶，那得引爲次第？又淨名所訶，事在往昔，追述前語，以辭不堪。當知十二年前已應被訶，與殃掘同。若殃掘偏方，則淨名非次。若謂殃掘明常，别爲一緣者，淨名云「塵勞之儔是如來種」，何得是次第之説（云云）？

次難其依涅槃五味判五時教。用從牛出乳，譬三藏十二年前有相教；從乳出酪，譬十二年後般若無相教；從酪出生酥，譬方等褒貶教；從生酥出熟酥，譬萬善同歸法華教；從熟酥出醍醐，譬涅槃常住教。此現見乖文義理，顛倒相生，殊不次第。何者？經云「從牛出乳」，譬初從佛出十二部經，云何以十二部對於九部有相教耶？一者、有相教無十二部。二者、有相教非佛初説，故不應以此爲對（云云）。彼即救云：小乘亦有十二部。引文證云：「雪山忍草，牛若食者，即出醍醐。更有異草，牛若食者，不出醍醐。」故知大小通有十二部，但有佛性無佛性之異耳。今問：縱令通有十二部者，何故不取明佛性之十二部爲乳教耶？大經第七云：「九部不明佛性，是人無罪。如言大海，唯有七寶，無有八寶，是人無罪。」〔二三〕例此而言，若十二部無佛性者，是人得罪。既言具十二部，何意不明佛性，即墮得罪之句，豈會無罪十二部耶？

若言從十二部出修多羅，修多羅對無相般若教者，修多羅則通一切有相無相，五時皆名修多羅，何以獨對無相般若？解云：般若中有直説義，復是第二時，故以對之。若言直説應是修多羅者，般若中有譬説、因緣説、授記説、論義説，那得獨是直説耶？般若兼具衆説，以修多羅爲名者，餘經亦直説，何不對修多羅？若言第二時者，何經非第二時，已如前難。從修多羅出方等經，用對褒貶淨名等教者，淨名不應在大品之後，已如前破（云云）。從方等出般若，用對法華者，經文自云般若，而曲辨爲法華，迴經文就義，最爲無意。涅槃云「八千聲聞於法華受記」〔二四〕，不道般若受記，那得喚法華爲般若？乖文失旨，不成次第也。從般若出大涅槃，彼即解云：從法華出大涅槃。此亦不會經文，譬如佷子，又似佒羊（云云）〔二五〕。

五時之失，其過如是，其四時、三時，無勞更難，南方教相，不可復依也。今更難用三時義家云：十二年後訖至法華，同名無相教者，法華會三，般若亦應歸一。若不爾者，云何同是無相？四時亦例爾。

【校注】

〔一〕見於成實論卷一發聚中佛寶論初具足品。

〔二〕雜阿含經卷一二：「諸比丘！若無明離欲而生明，彼誰老死？老死屬誰者？老死則斷，則知斷其根本，如截多羅樹頭，於未來世成不生法。若比丘無明離欲而生明，彼誰生？生屬誰？乃至誰是行？行屬誰者？行則斷，則知斷其根本，如截多羅樹頭，於未來世成不生法。若比丘無明離欲而生明，彼無明滅則行滅，乃至純大苦聚滅，是名大空法經。」大智度論卷一八：「法空者，如佛説大空經中十二因緣，無明乃至老死。若有人言『是老死』，若言『誰老死』，皆是邪見。生、有、取、愛、受、觸、六入、名色、識、行、無明，亦如是。若有人言『身即是神』，若言『身異於神』，是二雖異，同爲邪見。佛言：『身即是神，如是邪見，非我弟子；身異於神，亦是邪見，非我弟子。』」

〔三〕大智度論卷三一釋初品中十八空義：「大空者，聲聞法中，法空爲大空。（中略）摩訶衍經説：十方、十方相空，是爲大空。」

〔四〕大智度論卷一初序品中緣起義釋論：「又佛二夜經中説：佛初得道夜，至般涅槃夜，是二夜中間所説經教，一切皆實不顛倒。」

處得名。」

〔五〕大般涅槃經卷二五師子吼菩薩品之一：「善男子！首楞嚴三昧者有五種名：一者、首楞嚴三昧，二者、般若波羅蜜，三者、金剛三昧，四者、師子吼三昧，五者、佛性，隨其所作，處處得名。」

〔六〕參見大般涅槃經卷八如來性品。

〔七〕見於金剛般若波羅蜜經論卷上。

〔八〕參見大般涅槃經卷一〇現病品。

〔九〕大智度論卷九初品中放光釋論之餘：「復次，佛有二種身：一者法性身，二者父母生身。是法性身滿十方虛空，無量無邊，色像端正，相好莊嚴，無量光明，無量音聲，聽法衆亦滿虛空；此衆亦是法性身，非生死人所得見也。常出種種身、種種名號、種種生處、種種方便度衆生，常度一切，無須臾息時。如是法性身佛，能度十方世界衆生。受諸罪報者是生身佛，生身佛次第説法如人法。以有二種佛故，受諸罪無咎。」

〔一〇〕均提沙彌：婆羅門之子，七歲跟隨舍利弗出家，後證得阿羅漢。得道後，爲感師恩，終身作沙彌，供給所需。參見賢愚經卷一三沙彌均提品。

〔一一〕參見摩訶般若波羅蜜經卷七問住品。

〔一二〕參見摩訶般若波羅蜜經卷一習應品。

〔一三〕摩訶般若波羅蜜經卷一三魔事品：「須菩提！菩薩摩訶薩學般若波羅蜜時，亦學世間、出世間法。須菩提！譬如狗不從大家求食，反從作務者索。如是，須菩提！當來世有善男子、善女人棄深般若波羅蜜而攀枝葉，取聲聞、辟支佛所應行經，當知是爲菩薩魔事。須菩提！譬如有人欲得見象，見已反觀其跡。須菩提！於汝意云何，是人爲點不？」

〔一四〕見於維摩詰所說經卷一佛國品。

〔一五〕參見妙法蓮華經卷二譬喻品。

〔一六〕參見大般涅槃經卷一三聖行品。

〔一七〕參見維摩詰所說經卷三見阿閦佛品。

〔一八〕參見無量義經卷一説法品。

〔一九〕參見妙法蓮華經論優波提舍卷一譬喻品：「我不輕汝，汝等皆當作佛者，示諸衆生皆有佛性故。」

〔二〇〕見於大般涅槃經卷九如來性品。

〔二一〕見於大般涅槃經卷二五師子吼菩薩品之一。

〔二二〕「顯」：底本作「題」，據南本、徑本、大本改。

〔二三〕大般涅槃經卷七邪正品：「善男子！如汝所説，實不毁犯波羅夷罪。善男子！譬如有人説言『大海唯有七寶，無八種』者，是人無罪。若有説言『九部經中無佛性』者，亦復無罪。何以故？我於大乘大智海中説有佛性，二乘之人所不知見，是故説無，無有罪也。如是境界諸佛所知，非是聲聞、緣覺所及。」

〔二四〕大般泥洹經卷六問菩薩品：「摩訶衍經無量衆生皆悉受決現如來性，八千聲聞於法華經得受記別，唯除冬冰一闡提輩。」

〔二五〕法華玄義釋籤卷一九：「譬云佷戾者，兩字本爲一義，謂諍競不順，今隨語便，故分字釋。」

次難北地五時義。若言提謂〔一〕説五戒十善者，彼經但明五戒，不明十善，唯是人教，則非天教。縱以此爲人天教者，諸經皆明戒善，亦應是人天教耶？又彼經云：「五戒爲諸佛之母，欲求佛道讀是經，欲求阿羅漢讀是經。」又云：「欲得不死地，當佩長生之符，服不死之藥，持長樂之印。」長生符者，即三乘法是。長樂印者，即泥洹道是。云何獨言是人天教耶？又云：五戒天地之根、衆靈之源，天持之和陰陽，地持之萬物生，萬物之母，萬神之父，大道之元，泥洹之本。又四事本，五陰、六衰本，四事即四大，四事本淨，五陰本淨，六衰本淨。如此等意，窮元極妙之説，云何獨是人天教耶？又提謂長者得不起法忍，三百人得信忍，二百人得須陀洹，四天王得柔順法忍，龍王得信根，阿須輪衆皆發無上正真道意，觀此得道，豈是人天教耶？復次，釋論結集法藏，初從波羅柰至泥洹夕，凡所説小乘法，結爲三法藏；從初生至雙樹，凡説大乘，結爲摩訶衍藏；柰苑之前，不預小乘攝。何者？爾時未有僧寶，故不應用提謂爲初教也。若言提謂是祕密教，一音異解者，不應在顯露之初。餘四時同南家，已如前破（云云）。

次難流支半滿義。從初鹿苑三藏，皆明半義；從般若已去訖至涅槃，皆明滿者，此不應然。從得道夜，常説般若，鹿苑已來，何曾不滿？如提謂時，無量天人得無生忍。成道六年已，説殃掘摩羅。涅槃云：「我初成道，恒沙菩薩來問是義，如汝無異。」〔二〕當知鹿苑不應純半。從般若已去，諸經皆滿者，釋論云：「般若非祕密教，以付阿難；法華是祕密教，付諸菩薩。」〔三〕若同是滿教，何得一祕一不祕？又若皆是滿，應同會三。又若同是滿，生、熟二酥應同是醍醐，醍醐應同是生、熟酥。能譬之味既差別不同，所譬之法豈併是滿（云云）？

次難四宗者，謂因緣宗，指阿毗曇六因四緣。若爾，成論亦明三因四緣，一切諸法皆爲因緣所成，因緣語通，何獨在毗曇？又因緣宗異假名宗，故成論云：「見有四諦，是調心法，不能得道。」〔四〕既立因緣宗，得何等道？若得小乘道，則與假名宗同，何須別立？若得大乘道，即與圓常等同，何須別立？今別以爲宗，應別判一道（云云）。

次難假名宗者，指成實論，觀三假浮虛，乃是世諦事法，非彼論宗。彼論見空得道，應用空爲宗。又釋論明三藏中空門，無假名門，若指彼義，應用彼宗。既别立名，則非見空得道（云云）。

次難不真宗，此指大品十喻，爲不真誑相者。龍樹彈方廣云：「取佛十喻，説一切如幻如化，無生無滅，失般若意，與外道同。」〔五〕云何拾他被彈之義，立不真宗？若謂文明幻化，不辨佛性常住爲不真者，此則不然。經明佛性常住，已如前説，何但此經明幻化耶？華嚴亦云「如化忍、如夢忍」〔六〕，「心如工幻師」等〔七〕種種譬喻。涅槃亦云：「諸法如幻化，佛於中不著」，紸是諸經皆明幻化，亦應是不真宗。若諸經幻化，非不真宗，何獨大品苦爲誑相？

又難常宗，指於涅槃，涅槃之經何但明常，亦明非常、非無常，能常、能無常雙用，具足八術，云何單取常用爲宗？何不取無常用爲宗？單輪隻翼，不能飛運（云云）。

彼云誑相不真宗即是通教，常宗秖是真宗，即是通宗者，宗則通真、不真，不真何意没宗而用教？真宗何意無教而立宗？宗若無教，何得知真？真宗若没宗有教，則同名通教。若俱没教留宗，則同名通宗。若俱安教，則同名通宗教。若留不真、真，則名通不真宗教、通真宗教。通不真宗，可爲三乘通修；通真宗，亦應三乘通修也。若言此通是融通之通者，通教亦是通真之真也。此則兩名混同，義無别也。彼引楞伽經云：「説通教童蒙，宗通教菩薩。」〔八〕故以真宗爲通宗也。若爾，是則因緣、假名不真，皆是童蒙，不應悉立宗也。覆却並決，四宗名義，甚不便也。

次難五宗者，難四宗如前。若言華嚴爲法界宗，異大涅槃，涅槃非法界，但名常宗。大經云「大般涅槃是諸佛法界」〔九〕，若爲劣謝華嚴耶？若常非法界，法界非常，應有生滅，常非法界，攝法不盡，此皆不可然也。大品云「不見一法出法性外」者，法性即是法界。又云「一切法趣色，是趣不過」，豈非法界之説？而獨言華嚴是法界，異於涅槃、大品耶？

次難六宗者，四宗如前難。今問：真、常兩宗，真、常若同，何故開兩？真、常若異，俱非妙法。何者？真若非常，真則生滅；常若非真，常則虛僞。又真若非常，與前三宗何異？若常非真，即有破壞法。

次難圓宗，若言大集染淨圓融，異於涅槃、華嚴者，此亦不然。大品云：「即色是空，非色滅空。」釋論解云：「色是生死，空是涅槃，生死際，涅槃際，一而無二。」〔一〇〕此豈非染淨俱融？又云「一切趣色欲，趣瞋、趣癡、諸見」等，豈非俱融之相？淨名云：「一切塵勞是如來種。不斷癡愛，起諸明脱，行於非道，通達佛道。」此圓融何異大集（云云）。

此六宗、五宗皆倚傍四宗而開，但四宗無文，或言出頂王經，經云：「初説因緣諸法空，次教諸子一乘常住法。」〔二二〕諸法空者，不應是假名宗也。一乘常住者，不應是通教誑相也。或言經不度也。四宗既爾，五宗、六宗約四開立，皆難信用也。

次難有相、無相大乘教者，相、無相不應單説。何者？本約真論俗，還約俗論真，一切智人以無爲法而有差別。華嚴雖論十地，何曾不約法身？楞伽、思益雖復論空，何曾不説無生忍？若純用有相，相則無體，教何所詮？亦不得道。若純用無相，無相真寂，絶言離相，言語道斷，心行處滅，則非復是教，云何可説？若言是教，教即是相，何謂無相？大品須菩提問云：若諸法畢竟無所有，云何説有一地乃至十地？佛答云：以諸法畢竟無所有故，則有菩薩初地至十地，若諸法有決定性者，則無一地乃至十地〔二三〕。故知二種大乘別説乖經（云云）。

次難一音教者，但言一大乘，無三差別者，秖是實智，不見權智。若但大乘者，法華何故云「我若讚佛乘，衆生没在苦，破法不信故，墜於三惡道，尋時思方便，諸佛皆歡喜」？故知非獨一大乘教。若純是一乘，亦應純長者身，既有垢衣之體，亦有大小教異，那得混判一音，失於方便？若言佛常説一乘，衆生見三者，此則衆生能化，佛是所化。佛既是能化，應能説三乘，何得用一乘？若言法華純一，可爾。華嚴五天徃反，亦爲鈍根菩薩開别方便，況餘經耶？故知一音之教，但有一大車，無有僕從方便侍衛，但有智慧波羅蜜，無方便波羅蜜（云云）。

【校注】

〔一〕提謂，即提謂波利經，二卷，北魏曇靖撰。主要講述佛陀成道後在去鹿野苑途中爲提謂、波利等五百商賈説人天五戒、十善，提謂得不起法忍，二百商人得柔順忍，三百商人得須陀洹果。本經後來佚失不傳，但在很多書中有引用。二十世紀初敦煌發現抄本。

〔二〕大般涅槃經卷三長壽品：「爾時，佛讚迦葉菩薩：善哉，善哉。善男子！汝今未得一切種智，我已得之，然汝所問甚深密藏，如一切智之所諮問，等無有異。善男子！我坐道場菩提樹下，初成正覺，爾時，無量阿僧祇恒河沙等諸佛世界有諸菩薩亦曾問我是甚深義，然其所問句義功德亦皆如是等無有異。如是問者，則能利益無量衆生。」

〔三〕大智度論卷一〇〇釋囑累品：「問曰：若爾者，法華經、諸餘方等經，何以囑累喜王諸菩薩等？答曰：有人言：是時，佛説甚深難信之法，聲聞人不在。又如佛説不可思議解脱經，五百阿羅漢雖在佛邊而不聞，或時得聞而不能用，是故囑累諸菩薩。問曰：更有何法甚深勝般若者，而以般若囑累阿難，而餘經囑累菩薩？答曰：般若波羅蜜非祕密法。而法華等諸經説阿羅漢受決作佛，大菩薩能受持用，譬如大藥師能以毒爲藥。復次，如先説，般若有二種：一者、共聲聞説；二者、但爲十方住十地大菩薩説，非九住所聞，何況新發意者。復有九地所聞，乃至初地所聞，各各不同。般若波羅蜜總相是一，而深淺有異，是故囑累阿難無咎。」

〔四〕參見成實論卷五見一諦品。

〔五〕參見大智度論卷六初品中十喻釋論。

〔六〕大方廣佛華嚴經卷二八十忍品：「爾時，普賢菩薩摩訶薩復告諸菩薩言：佛子！菩薩摩訶薩成就十種忍，能得一切無礙忍地，又得一切諸佛無盡無礙之法。何等爲十？所謂：隨順音聲忍、順忍、無生法忍、如幻忍、如焰忍、如夢忍、如響忍、如電忍、如化忍、如虚空忍。佛子！是爲菩薩摩訶薩十種忍，過去諸佛已説，未來諸佛當説，現在諸佛今説。」

〔七〕大方廣佛華嚴經卷四三離世間品：「心如工幻師，示現種種事，善分别五陰，其心無所著。」

〔八〕楞伽阿跋多羅寶經卷三一切佛語心品之三：「佛告大慧：三世如來，有二種法通，謂説通及自宗通。説通者，謂隨衆生心之所應，爲説種種衆具契經，是名説通。自宗通者，謂修行者，離自心現種種妄想，謂不墮一異、俱不俱品，超度一切心、意、意識，自覺聖境界，離因成見相，一切外道、聲聞、緣覺墮二邊者，所不能知。我説是名自宗通法。大慧！是名自宗通及説通相。汝及餘菩薩摩訶薩，應當修學。」

〔九〕大般涅槃經卷四四相品之一：「善男子！大涅槃者，即是諸佛如來法界。」

〔一〇〕大智度論卷一九釋初品中三十七品義：「復次，聲聞、辟支佛法中，不説世間即是涅槃。

何以故？智慧不深入諸法故。菩薩法中，説世間即是涅槃，智慧深入諸法故。如佛告須菩提：色即是空，空即是色；受、想、行、識即是空，空即是受、想、行、識；空即是涅槃，涅槃即是空。中論中亦説：涅槃不異世間，世間不異涅槃。涅槃際世間際，一際無有異故。」

〔二〕頂王經：有三個譯本：一、西晉竺法護譯，一卷，題曰大方等頂王經；一、梁月婆首那譯，一卷，稱曰大乘頂王經；三、隋闍那崛多譯，二卷，名善思童子經。引文不見於頂王經。

〔三〕參見摩訶般若波羅蜜經卷二三一念品。

○四、研詳去取者，覈實故言研，覈權故言詳，適法相故言去取。

若五時明教，得五味方便之文，而失一道真實之意。雖得其文，配對失旨，其文通用，其對宜休。

若言十二年前明有相教，此得小乘一門，而失三門。何者？三藏有四門得道，或見有得道，如阿毗曇；或見空得道，如成實；或見亦有亦空得道，如昆勒；或見非空非有得道，如車匿。故知泥洹真法寶，衆生各以種種門入，若欲舉一標四，應總言三藏，若欲廣明，備立四種，何意偏存有相，失没三耶？疑誤後生，空有成諍。若三藏中菩薩，須廣學四門，通諸方便，後得佛時，名正遍知。若但標有相之教，唯得見有得道一門聲聞，全失三門入泥洹路，則於小乘義闕。若但有相，秖偏知一門，不解三(二)門，非正遍知，於菩薩義闕。其闕則衆，故須棄；其得則寡，唯存一。

若十二年後明無相，無相者，此得共般若，失不共般若。共般若有四門：如幻如化，即有門；幻化即無，是空門；幻化有而不有，是亦空亦有門；雙非幻化，即非空非有門。若言般若無相者，秖得共般若一空門，全失三門，亦失七門。尚不是因中正遍知，況果上正遍知。其失則去，其得則取(云云)。

若言第三時抑挫聲聞，褒揚菩薩，此得斥小一種聲聞，全失七種聲聞；得顯大一意，全不得折挫諸偏菩薩，褒揚極圓菩薩；亦不得折挫諸權菩薩，褒揚於實菩薩。又不識偏、圓、權、實四門，所得處少，不得處多。

若言第四時同歸之教，唯得萬善同歸一乘之名，不得萬善同歸一乘之所。所者，即佛性。同歸常住等也。秖得會三歸一，不得會五歸一，不得會七歸一；唯得歸於一，不得歸佛性常住，有如此等失(云云)。

第五時，若依二諦論常住，則非常住；若不依二諦，無所間然。彼雖明常，全失非常非無常，雙用常無常，唯得四術之一，永失七術，復不得其正體(云云)。

四時教、三時教，無文可依，無實可據，進退無所可取（云云）。北地五時亦無文據，又失實意，其間去取，類前可知。半滿教得實意，失方便意。四宗教失五味方便意，又失實意。五宗、六宗例如此。二種大乘教，權實乖離，父母乖離，導師云何得生？權若離實，無實相印，是魔所説。實若離權，不可説示。一音教得實失權，鰥夫寡婦，不成生活，永無子孫。

衆家解教，種種不同，皆是當世之師，各各自謂有於深致。時既流播，義亦添雜，晚賢情執，苟諍紛紜，所以上來研難，次論去取，略知大意（云云）。

若除其病，如上所説，若不除法，用之則異。云何用異？有相則具用四門，無相則用共不共八門。褒貶則用貶小褒大，貶偏褒圓，貶權褒實。同歸則用同歸一乘，常住佛性，究竟圓趣。常住則用非常非無常，雙用常無常，二鳥俱遊，八術具足。用五味則次第如文，在下當説。用提謂波利，亦不止是人天之乘。用半滿則有五句：滿、開滿立半、破半明滿、帶半明滿、廢半明滿。用因緣、假名，則爲三藏兩門耳。用誑相，是通教一門耳。用真秖是常，常秖是真，法界不獨在華嚴，圓宗不偏指大集。用有相無相者，約有相明無相，約無相明有相，二不相離。用一音者，有慧方便解，有方便慧解，設取其名，用義永異（云云）。

○五、判教相者，即爲六：一、舉大綱；二、引三文證；三、五味半滿相成；四、明合不合；五、通別料簡；六、增數明教。

一、大綱三種：一、頓；二、漸；三、不定。此三名同舊，義異也（云云）。今釋此三教各作二解：一、約教門解；二、約觀門解。教門爲信行人，又成聞義；觀門爲法行人，又成慧義。聞慧具足，如人有目，日光明照，見種種色，具如釋論偈（云云）。

先約教者，若華嚴七處八會之説，「譬如日出，先照高山」。淨名中「唯嗅薝蔔」。大品中説「不共般若」。法華云：「但説無上道。」又：「始見我身，聞我所説，即皆信受，入如來慧，若遇衆生，盡教佛道。」涅槃二十七云：「雪山有草名爲忍辱，牛若食者，即得醍醐。」又云：「我初成佛，恒沙菩薩來問是義，如汝無異。」諸大乘經如此意義類例，皆名頓教相也，非頓教部也。

二、漸教相者，如涅槃十三云：「從佛出十二部經，從十二部經出修多羅，從修多羅出方等經，從方等經出般若，從般若出涅槃。」如此等意即是漸教相也。

又始自人天、二乘、菩薩、佛道，亦是漸也。又中間次第入，亦是漸（云云）。

三、不定教者，此無別法，但約頓、漸，其義自明。今依大經二十七云：「置毒乳中，乳即殺人，酪、酥、醍醐亦能殺人。」此謂過去佛所，嘗聞大乘實相之教，譬之以毒。今值釋迦聲教，其毒即發，結惑人死。若如提謂、波利，但聞五戒，不起法忍，三百人得信忍，四天王得柔順忍，皆服長樂之藥，佩長生之符，住於戒中，見諸佛母，即是乳中殺人也。酪中殺人者，如智度論云：「教有二種：一、顯露教，二、祕密教。」〔二〕顯露者，初轉法輪，五比丘及八萬諸天得法眼淨。若祕密教，無量菩薩得無生法忍。此是毒至於酪而能殺人也。生酥中殺人者，有諸菩薩，於方等大乘教得見佛性，住大涅槃，即其義也。熟酥殺人者，有諸菩薩，於摩訶般若教得見佛性，即其義也。醍醐殺人者，如涅槃教中，鈍根聲聞開發慧眼，得見佛性，乃至鈍根緣覺、菩薩七種方便，皆入究竟涅槃，即其義也。是名不定教相也，非不定部。

二、約觀門明義者，一、圓頓觀，從初發心即觀實相，修四種三昧，行八正道，即於道場開佛知見，得無生忍。如牛食忍草，即得醍醐，其意具在止觀（云云）〔三〕。

二、漸次觀，從初發心爲圓極故，修阿那波那十二門禪，即是根本之行。故云：「凡夫如雜血乳。」次修六妙門、十六特勝、觀、練、熏、修等，乃至道品、四諦觀等，即是聲聞法，如清淨乳行也。次修十二緣觀，即是緣覺，如酪行也。次修四弘誓願、六波羅蜜，通藏菩薩所行事理之法，皆如生酥行也。次修別教菩薩所行之行，皆如熟酥，故云菩薩如熟酥也。次修自性禪、入一切禪，乃至清淨淨禪，此諸法門，能見佛性，住大涅槃，真應具足，故名醍醐行也。若的就菩薩位，辨五味義，如上行妙中辨，亦如次第禪門説也〔四〕，是名漸次觀也。

不定觀者，從過去佛深種善根，今修證十二門，豁然開悟，得無生忍，即是毒在乳中，即能殺人也。若坐證不淨觀，九想、十想、背捨、勝處、有作四聖諦觀等，因此禪定，豁然心開意解，得無生忍，即是毒至酪中殺人也。若有人發四私誓願，修於六度，體假入空，無生四諦觀，豁然悟解，得無生忍，即是毒至生酥殺人也。若人修行六度，修從空出假，修無量四諦觀，豁然心悟，得無生忍，是毒至熟酥而殺人也。若有坐禪，修中道自性等禪正觀，學無作四聖諦，行法華、般舟等四種三昧，豁然心悟，得無生忍，即是醍醐行中殺人也。

今辨信、法兩行，明於佛法，各作三意，歷前諸教，無有一科而不異諸法師也。若欲修禪學道，歷前諸觀，爲法行人説安心法，無有一科與世間禪師同也。是名略點教觀大意，大該佛法。

二、引三文證者，所謂方便品、無量義經、信解品也。方便品云：「我始坐道場，觀樹亦經行，於三七日中，思惟如此事，我所得智慧，微妙最第一，衆生諸根鈍，云何而可度？我寧不説法，疾入於涅槃。尋念過去佛，所行方便力，我今所得道，亦應説三乘。」「我始坐道場」，即是明頓，何者？從兜率下，法身眷屬如陰雲籠月，共降母胎，胎若虚空，常説妙法，乃至寂滅道場，始成正覺，爲諸菩薩純説大乘，如日初出，前照高山。此明釋迦最初頓説也。序品云：「佛放眉間光，遍照東方萬八千土，覩聖主師子，演説經法，微妙第一，教諸菩薩。」次云：「若人遭苦，爲説涅槃，盡諸苦際。」即是現在佛先頓後漸。又文殊釋疑，引昔佛亦爾。文云：「又見諸如來，自然成佛道。世尊在大衆，敷演深法義。」次即云：「一一諸佛土，聲聞衆無數。」即是古佛先頓後漸。又下方涌出菩薩問訊，佛答云：「如是！如是！衆生易度，始見我身，聞我所説，即皆信受，入如來慧。除先修習學小乘者，如是之人，我今亦令得聞是經，入於佛慧。」即是釋迦初頓後漸。

如此等初頓，未必純教法身菩薩，亦有凡夫大根性者，即有兩義。當體圓頓得悟者，即是醍醐。初心之人，雖聞大教，始入十信，最是初味，初能生後，復是於乳。何者？雖言是頓，或乘戒俱急，或戒緩乘急，如此業生，無由自致，必須應生，引入七處八會。大機扣佛，譬忍辱草，圓應頓説，譬出醍醐。又頓教最初，始入内凡，仍呼爲乳。呼爲乳者，意不在淡，以初故本故。如牛新生，血變爲乳，純淨在身，犢子若嗽，牛即出乳。佛亦如是，始坐道場，新成正覺，無明等血，轉變爲明，八萬法藏，十二部經，具在法身，大機犢子，先感得乳。乳爲衆味之初，譬頓在衆教之首，故以華嚴爲乳耳。三教分别，即名頓教，亦即醍醐。五味分别，即名乳教。

又約行者，大機稟頓，即破無明，得無生忍，行如醍醐。又雖稟此頓，未能悟入，始初立行，故其行如乳。若望小根性人，行又如乳。何者？大教擬小，如聾如瘂，非己智分，行在凡地，全生如乳。以此義故，頓教在初，亦名醍醐，亦名爲乳，其意可見也。

次開漸者，佛本以大乘擬度衆生，其不堪者，尋思方便，趣波羅柰，於一乘道分别説三，即是開三藏教也。非但釋迦隱其無量神德，作斯漸化，過現諸佛亦復如是。如前所引，當知初頓之後，次開於漸。故涅槃云：「從佛出十二部經，從十二部出修多羅。」正與此義相應。譬如從牛出乳，從乳出酪。其譬不違漸機，於頓教未轉，全生如乳。三藏中轉，革凡成聖，喻變乳爲酪，即是次第相生，爲第二時教，不取濃淡優劣爲喻也。方便品文齊於此。

妙法蓮華經玄義卷第十上

【校注】

〔一〕「三」：底本作「二」，據南本、徑本、大本改。

〔二〕大智度論卷四初品中菩薩釋論：「佛法有二種：一、祕密，二、現示。現示中，佛、辟支佛、阿羅漢皆是福田，以其煩惱盡無餘故。祕密中，説諸菩薩得無生法忍，煩惱已斷，具六神通，利益衆生。以現示法故，前説阿羅漢，後説菩薩。復次，菩薩以方便力現入五道，受五欲，引導衆生；若在阿羅漢上，諸天、世人當生疑怪，是故後説。」

〔三〕參見摩訶止觀卷一。

〔四〕次第禪門，即智顗釋禪波羅蜜次第法門。

妙法蓮華經玄義卷第十下

隋天台智者大師說
門人灌頂記

次引無量義爲證者：文云：「我以佛眼觀一切法，不可宣説。所以者何？諸衆生性欲不同。性欲不同，種種説法，文辭是一而義别異，義異故衆生解異，解異故得法、得果、得道亦異。初説四諦，爲求聲聞人，而八億諸天來下聽法，發菩提心。中於處處説甚深十二因緣，爲求支佛人。次説方等十二部經、摩訶般若、華嚴海空，宣説菩薩歷劫修行，而百千比丘、無量衆生發菩提心，或住聲聞，萬億人天得須陀洹，至阿羅漢，住辟支佛。」〔一〕佛眼觀一切法，即是頓法在前，四諦、十二緣即是次漸。若依此文，説三藏竟，次説方等十二部經。所以次小説大者，佛本授大，衆生不堪，抽大出小，令斷結成聖，雖有此益，非佛本懷。次説方等維摩、思益、殃掘摩羅，彈訶小乘保果之僻，譏刺三藏斷滅之非。故身子、善吉，齊教專小，初不曾聞大乘威德，或茫然棄鉢，或怖畏卻華，不知是何言，不知以何答。

然方等彈斥教在三藏之後，被訶之時應在十二年前。何以得知？皆追述昔訶，驗是前事。何者？前已稟教得道，證於無學，荷佛恩深，心相體信，不復恚怒。自昔至今，恣殃掘之譏、任淨名之折，得爲耻小慕大之益，喻如烹酪作生酥，即此義也。按無量義，得知方等是三藏之後，爲第三時教也。

按無量義經云「次説摩訶般若，華嚴海空，歷劫修行」者，此是方等之後而明大品。大品或説無常無我，或説於空，或説不生不滅，皆歷色心至一切種智，句句迴轉，明修行法，即是歷劫修行之意也。而言華嚴海空者，若作寂滅道場之華嚴，此非次第。今依法性論云：「鈍根菩薩三處入法界，初則般若，次則法華，後則涅槃。」因般若入法界，即是華嚴海空。又華嚴時節長，昔小機未入，如聾如瘂；今聞般若即能得入，即其義焉。大品通三乘人，可得有四果，華嚴隔小，故無此義。故方等之後，次説般若，爲第四時教也。

復言熟酥味者，命令轉教，領知衆物，心漸通泰，自知螢火不及日光，敬伏之情倍更轉熟，如從生酥轉成熟酥也。又解「般若之後明華嚴海空」者，即是圓頓法華教也。何者？初成道時，純説圓頓，爲不解者大機未濃，以三藏、方等、般若洮汰淳熟，根利障除，堪聞圓頓，即説法華，開佛知見，得入法界，與華嚴齊，法性論中入者是也。故下文云：「始見我身，入如來慧。」今聞是經，入於佛慧，初後佛慧圓頓義齊，故次般若之後，說華嚴海空，齊法華也，亦第五時教也。

復言醍醐者，是衆味之後也。涅槃稱爲醍醐，此〔二〕經名大王饍，故知二經俱是醍醐。又燈明佛說法華經竟，即於中夜唱入涅槃。彼佛一化，初說華嚴，後說法華。迦葉佛時，亦復如是，悉不明涅槃，皆以法華爲後教後味。今佛熟前番人，以法華爲醍醐，更熟後段人，重將般若洮汰，方入涅槃，復以涅槃爲後教後味。譬如田家先種先熟先收，晚種後熟後收。法華八千聲聞，無量損生菩薩，即是前熟果實，於法華中收，更無所作。若五千自起，人天被移，皆是後熟，涅槃中收。爲此義故，故云：「從摩訶般若出大涅槃。」即後番次第也。按無量義云：「摩訶般若，次華嚴海空。」即前番法華中次第也。

問：何意知鈍者於法華不入，更用般若洮汰？答：釋論云：「須菩提何故更問菩薩畢定不畢定？答云：須菩提於法華中，聞諸菩薩受記作佛，今於般若中，更問畢定不畢定。」〔三〕當知法華之後，更明般若也。

三、引信解品，四大聲聞領教證次第者，文云：「其父先來求子不得，中止一城，其家大富，多有僮僕，臣佐吏民亦甚衆多。時貧窮子，遇到父舍，疾走而去，即遣傍人急追將還。窮子驚愕，稱怨大喚，無罪囚執，此必定死。父語使言：不須此人，勿强將來。」此領何義？領初成佛寂滅道場，法身大士四十一地眷屬圍遶，説圓頓教門，于時以大擬子，機生悶絶，當知佛日初出，頓教先開，譬如從牛，必先出乳。

「爾時，長者將欲誘引其子，而以方便密遣二人，形色憔悴無威德者，汝可詣彼，徐語窮子：雇汝除糞。即脱瓔珞，著垢膩衣，以方便故，得近其子。」此領何義？此領次頓之後，隱舍那威德相好，作老比丘像，説三藏之教。二十年中常令除糞，得一日之價，即是從十二部後出修多羅，于時見思已斷，無漏心淨，譬如從乳出酪也。

又經「過是已後，心相體信，出入無難，然其所止，故在本處。」此領何義？明三藏之後，次説方等，已得道果，心相體信，聞大名「入」，住小名「出」，苦言彈訶名「無難」。又進宅内名「入」，入見羣臣豪族大功德力，聞寶炬陀羅尼，見不思議解脱神變，故名「入」也。「出」者，止宿草庵，二乘境界名「出」也。心相體信者，得羅漢已，聞罵不瞋，内心慚愧，不敢以聲聞支佛法化人，心漸淳熟，如從酪出生酥，是名從修多羅出方等經，即第三時教也。

「是時長者有疾，自知將死不久，語窮子言：我今多有金銀珍寶，倉庫盈溢，其中多少，所應取與。窮子受勑，領知衆物，而無悕取一餐之意，然其所止，故在本處。」此領何義？從方等後，次説般若。般若觀慧，即是家業，歷於名色乃至種智，即是衆物。善吉等轉教，即是領知。但爲菩薩説，自不行證，故無悕〔四〕取，即是從方等經出摩訶般若。因是得識大士法門，減破無知，譬從生酥出熟酥，是爲第四時教也。

「復經少時，父知子意漸已通奉，臨欲終時，而命其子，并會親族，即自宣言：此實我子，我實其父，今吾所有，皆是子有。付以家〔五〕業，窮子歡喜，得未曾有。」此領何義？即是般若之後，次説法華。先以領知庫藏諸物，後不須説，但付業而已。譬前轉教，皆知法門，不須重演觀法，直破草庵，賜一大車，授作佛記，豈非明見佛性，住大涅槃？故言從摩訶般若出大涅槃，是時無明破，中道理顯，其心皎潔，如清醍醐，即是從於熟酥轉出醍醐，爲第五時教也。

此五味教，調熟一段漸機衆生，如身子等大德聲聞，於法華中得受記莂，見如來性，成大果實，如秋收冬藏，更無所作，不生不生，名大涅槃，即是前番從摩訶般若出妙法華。爲未熟者更論般若，入於涅槃而見佛性，即是後番又從般若出大涅槃也。

然二經教意，起盡是同。如法華三周説法，斷奠聲聞，咸歸一實，後開近顯遠，明菩薩事。涅槃亦爾，先勝三修，斷奠聲聞，入祕密藏，後三十六問，明菩薩事也。又涅槃臨滅，更扶三藏，誡約將來，使末代鈍根不於佛法起斷滅見，廣開常宗，破此顛倒，令佛法久住。如此等事，其意則別，第五醍醐佛性味同也。

【校注】

〔一〕參見無量義經卷一説法品。

〔二〕「此」：底本作「比」，據南本、徑本、大本改。

〔三〕參見大智度論卷九三釋畢定品。

〔四〕「悕」：南本、徑本、大本作「怖」。

〔五〕「家」：底本作「寰」，據南本、徑本、大本改。

三、約五味半滿相成者，若直論五味，猶同南師，但得方便；若直半滿，猶同北師，但得其實。今明五味不離半滿，半滿不離五味。五味有半滿，則有慧方便解；半滿有五味，有方便慧解。權實俱遊，如鳥二翼，雖復俱遊，行藏得所。若華嚴頓滿大乘家業，但明一實，不須方便，唯滿不半，於漸成乳。三藏客作，但是方便，唯半不滿，於漸成酪。若方等彈訶，則半滿相對，以滿斥半，於漸成生酥。若大品領教，帶半論滿，半則通爲三乘，滿則獨爲菩薩，於漸成熟酥。若法華付財，廢半明滿，若無半字方便調熟鈍根，則亦無滿字開佛知見，於漸成醍醐。如來殷勤稱歎方便者，半有成滿之功，意在此也。四大聲聞領解，無上寶聚不求自得，安住實智中者，皆由半滿相成，意在此也。

四、明合不合者，半滿五味既通約諸經，諸經不同，今當辨其開合。若華嚴，正隔小明大，於彼初分永無聲聞，後分則有，雖復在坐，如聾如瘂，非其境界。爾時尚未有半，何所論合？次開三乘，引接小機，令斷見思，則以小隔大，既不論滿，何所可合？故無量義云：「三法、四果、二道不一。」不一即不合也。若方等教，或半滿雙明，或半滿相對，或以滿彈半，稟半聞滿，雖知恥小，猶未入大，故云「止宿草庵」。下劣之心，猶未能改，則半滿不合。般若以滿洮練於半，命領家業，明半方便，通入無生，半字法門皆是摩訶衍，是合其法，「而不悕取一餐之物」，即是未合其人，是故半滿不合。若至法華，覺悟化城，云非真實，「汝等所行，是菩薩道」，即是合法，「汝實我子」，即是合人，人法俱合。

自鹿苑開權，歷諸經教，來至法華，始得合實，故無量義云：「四十餘年，未顯真實。」若於法華未合，於涅槃得合，法性論明中、下二根入法界者，即是得合菩薩也。

若論聲聞：一、祕密合；二、顯露合。祕密合者，初爲提謂說五戒法，已有密悟無生忍者，況修多羅、方等、般若，豈無密悟？此則不論。若就顯露，未入位聲聞亦隨處得合。例如般若三百比丘得記者是也。若住果聲聞，決至法華敦信令合。若住果不合，是增上慢，未入位五千，簡衆起去，到涅槃中，方復得合。

總就諸教通作四句，華嚴、三藏非合非不合，方等、般若一向不合，法華一向合，涅槃亦合亦不合。何者？涅槃爲末代更開諸權，引後代鈍根，故言亦不合。

問：菩薩因法華入法界與華嚴合，不見因華嚴入一乘與法華合。答：華嚴入法界，即是入一乘（云云）。

五、料簡者，爲三意：一、約通別；二、益不益；三、約諸教。

通別者：夫五味半滿，論別，別有齊限；論通，通於初後。若華嚴頓乳，別但在初，通則至後，故無量義云：「次説般若歷劫修行，華嚴海空。」法華會入佛慧，即是通至二經。又像法決疑經云：「今日坐中無央數衆，各見不同，或見如來入涅槃，或見如來住世一劫，若減一劫，若無量劫。或見如來丈六之身，或見小身，或見大身，或見報身蓮華藏世界海，爲千百億釋迦牟尼佛説心地法門。或見法身同於虚空，無有分別，無相無礙，遍同法界。或見此處山林地土沙，或見七寶，或見此處乃是三世諸佛所行之處，或見此處即是不可思議諸佛境界真實之法。」夫日初出，先照高山，日若垂没，亦應餘輝峻嶺。故蓮華藏海通至涅槃之後，況前教耶？

若修多羅半酪之教，別論在第二時，通論亦至於後。何者？迦留陀夷於法華中面得授[一]記，後入聚落被害，作結戒緣起。又如身子，法華請主後入滅，均提持三衣至佛問（云云）。豈非三藏至後耶？釋論云：「從初鹿苑至涅槃夜，所説戒、定、慧，結爲修妬路等藏。」〔二〕當知三藏通至於後。

若方等教半滿相對，是生酥教，別論是第三時，通論亦至於後。何者？陀羅尼云：「先於王舍城授諸聲聞記，今復於舍衛國祇陀林中，復授聲聞記。昔於波羅柰授聲聞記，身子云：世尊不虛，所言真實，故能第一、第二、第三，授我等記。」〔三〕故知方等至法華後。

般若帶半論滿，是熟酥教。別論在第四時，通論亦至初後。何者？從得道夜至泥洹夜，常說般若。又釋論云：「須菩提問畢定不畢定。」當知般若亦至後。

若涅槃醍醐滿教，別論在第五時，通論亦至於初。何者？釋論云：「從初發心，常觀涅槃行道。」前來諸教，豈無發心菩薩觀涅槃耶？大經云：「我坐道場菩提樹下，初成正覺，爾時無量阿僧祇恒沙世界諸菩薩，亦曾問我是甚深義。然其所問句義功德，亦皆如是，等無有異。如是問者，則能利益無量衆生。」〔四〕此則通至於前。

若法華，顯露邊論，不見在前；祕密邊論，理無障礙。故身子云：「我昔從佛聞如是法，見諸菩薩受記作佛。」豈非證昔通記之文？

問：涅槃追說四，方等正開四，別教復有四，若爲分別？答：涅槃當四，通入佛性；別教次第，後見佛性；方等保證，二不見性（云云）。

二、就益不益料簡者，若華嚴爲乳，三藏爲酪，此則方便味濃，大乘味薄。釋此爲三：

一、取用益爲論，如貴藥非病治，賤藥是病宜，貴藥非宜，徒服無益。初説華嚴，於初心未深益，於漸機亦未轉，於二緣如乳。若漸機稟三藏，能斷見思，三毒稍盡，即轉凡成聖，如變乳爲酪。不可以用益謂賤勝，不用益謂貴劣。華嚴亦如是，於小如乳，於大如醍醐。少分譬喻，不可全求也。

二、如良醫有一祕方，具十二藥，三種最貴，善占病相，盈縮所宜，終不乖候，謬有所治。佛亦如是，圓方妙治，具十二部，無問、廣記，最爲甚深。菩薩智利，具足全服，二乘病重，以九爲劑。此若不縮，於病無益。於不縮爲乳，於縮爲酪。此取相生，次第爲譬，不取濃淡淺深。

三、約行人心者，説華嚴時，凡夫見思不轉，故言如乳。説三藏時，斷見思惑，故言如酪。至方等時，被挫恥伏，不言真極，故如生酥。至般若時，領教識法，如熟酥。至法華時，破無明，開佛知見，受〔五〕記作佛，心已清淨，故言如醍醐。行人心生，教亦未轉；行人心熟，教亦隨熟。

問：爲一人稟五味，爲五人耶？答：自有一人稟一味，如華嚴中純一根性，即得醍醐，不歷五味也。大經云：「雪山有草，牛若食者，即得醍醐。」自有一人歷五味，如小乘根性，於頓如乳，三藏如酪，乃至醍醐方乃究竟。如大經云：「從牛出乳，乃至酥出醍醐。」自有利根菩薩，未入位聲聞，或於三藏中見性，是歷二味。自有方等中見性，是歷三味。般若中見性，是歷四味，如三百比丘。大經云：「置毒乳中，遍五味中，悉能殺人。」即此意也。

三、歷諸教料簡者，如大經云：「凡夫如乳，聲聞如酪，菩薩如生、熟酥，佛如醍醐。」今釋此譬，總喻半滿五時，凡夫無治道，全生如乳，聲聞發真，通皆如酪，通教菩薩及二乘如生酥，別教如熟酥，圓教如醍醐。

今當教各判五味。大經云：「凡夫如乳，須陀洹如酪，斯陀含如生酥，阿那含如熟酥，阿羅漢、支佛、佛如醍醐。」有超果者，即得醍醐；或有味味入者，此即三藏教中三意也。

當通教中五味者，大經三十二云：「凡夫佛性（六）如雜血乳。血者，即是無明、行等一切煩惱；乳者，即善五陰。是故我説，從諸煩惱及善五陰得三菩提，如衆生身皆從精血而得成就，佛性亦爾。須陀洹、斯陀含斷少煩惱如真乳，阿那含如酪，阿羅漢如生酥，支佛至十地菩薩如熟酥，佛如醍醐。」超果不定（云云）。

當別教自明五味者，第九云：「衆生如牛新生，血乳未別，聲聞、緣覺如酪，菩薩之人如生、熟酥，諸佛世尊猶如醍醐。」具有超果不定（云云）。

當圓教但一味，大經云：「雪山有草，名曰忍辱，牛若食者，即得醍醐。」正直純一，故不論五味。若無差別中作差別者，約名字即，乃至究竟即，判五味相生也。從佛出十二部即是出乳，新醫用乳也，可約四善根，就發中爲五味也。

【校注】

〔一〕「授」：南本作「受」。

〔二〕大智度論卷二初品總説如是我聞釋論：「從轉法輪經至大般涅槃，集作四阿含：增一阿含、中阿含、長阿含、相應阿含，是名修妬路法藏。」

〔三〕參見大方等陀羅尼經卷二授記分。

〔四〕參見大般涅槃經卷三長壽品。

〔五〕「受」：南本作「授」。

〔六〕「性」：南本作「陀」。

六、增數明教者，先約迹，次約本。夫教本逗機，機既不一，教迹衆多，何但半滿五時，當知無量種教，今且增一至八。

初約一法明開合者，「十方佛土中，唯有一乘法」，於此法不解，全生如乳。若欲開者，開圓出別教一乘也。若於別不解，亦全生如乳，又開通一乘也。若於通不解，亦全生如乳，又開三藏一乘也。雖開爲四，皆名一大乘法，俱求佛果也。若於三藏一乘得解，即變乳成酪，乃至入本一乘也（云云）。若於四一乘不解，又更於三藏開出聲聞支佛教。若斷結證果，心漸通泰者，即卻二乘，唯言大乘求佛，漸以般若洮汰，令心調熟，即廢方便一乘，唯圓實一乘。故云：「如我本誓願，今者已滿足，化一切衆生，皆令入佛道。若以小乘化，我則墮慳貪，是事爲不可。」是故始從一而開一，終從一而歸一。

若約二法論開合者，約半滿兩教，初明華嚴之滿。若衆生無機，次約滿開半。次方等對半明滿。次般若帶半明滿。次法華捨半明滿。始則從滿開半，終則廢半歸滿（云云）。

次約三法論開合者，即是於一佛乘，方便説三。既知息已，滅卻化城，亦是約三善，聲聞爲下善（云云）。

次約四法論開合者，即是四教。約圓開別，約别開通，次開三藏，如是次第，會來合圓（云云）。又四法論開合者，約四門。本是圓四門，衆生不解，開出别四門，乃至通、三藏四門，利者得傳傳入，鈍者五味調入。

次約五法論開合者，即是五味。從初十二部開修多羅，乃至涅槃，教教論五味。從初五味開諸五味，細細漸合，還歸圓滿五味。

次約六法論開合者，即是四教，大乘六度、七覺分、八正道也。初開圓出别，乃至三藏，如是縮合，還一圓道（云云）。

次約七法論開合者，謂四教、二乘、并人天乘，若上向合圓、別；不者，下向合人天，令七數足開合（云云）。

次約八法論開合者，約前八法開合（云云）。

若得開合之意，自在説之。

二、約本門明教開合者，借迹知本，本亦復如是。復次本門中明，或示己身，或示他身，或説己法，或説他法。己身是佛法界像，他身是九法界像，己法是圓頓佛之知見，降此已下，皆是他法。雖示種種形，欲令度脱故，雖説種種道，其實爲一乘，此即開合意也。

如是開合，半滿五味，宛然無失，次第之意，彌復分明，非次第意，自然可解，不定之教，彌爲易見矣。

從一開一者，十方佛土中，唯有一乘法，衆生不解，全生如乳。從此圓一乘，開出別一乘，衆生又不解，亦全生如乳。又開出體法一乘，衆生又不解，亦全生如乳。又開出析法一乘，衆生即解，是則轉乳爲酪。次入體法，即轉酪爲生酥。次入別一乘，即轉生酥爲熟酥。次轉入圓一乘，如轉熟酥爲醍醐，是中備有頓、漸、不定（云云）。此是從一以開一，從一以歸一也。

次從二以開二者，元本是如來藏，如來藏中備有半、滿不思議之二，衆生不解，全生如乳。又開出帶半之滿，又不解，全生如乳。又開出破半之滿，衆生不解，亦全生如乳。又單説半，衆生解，轉乳爲酪。次説破半之滿，轉酪爲生酥。次説帶半之滿，衆生爲一熟酥。次純説不思議之滿，衆生如醍醐。此中具有頓、漸、不定，即從二開二，從二歸二。

從三歸三，本是即空即假即中之三，衆生不解，即開次第之三；又不解，即開體真之三；又不解，即開析法之三。利人從析空之三，入體空之三，從體入次，從次入即。鈍者住析三，故用即空三調之，即生蘇。又用次三調爲熟蘇，今方得入即空即假即中。此約三法論開合也。

四法開合者，本是圓四門，衆生不解，開別四門，乃至三藏四門，傳傳令入如前。

約五法論開合者，約五味準前(云云)，乃至八亦如是。

記者私録異同。

有人引釋論會宗品，舉十大經：雲經、大雲經、法華經，般若最大〔一〕。又大明品云：「諸餘善法入般若中，謂法華經亦是善法也。」〔二〕第百卷云：「法華是祕密，般若非祕密，爲不明二乘作佛故。」又云：般若、法華是異名耳。此三種云何通？

有人會云：衆聖以無心契無相，如衆流納海。若其化物，以無相爲宗，如空總包。般若盛明此二，故於十經最大。又般若明第一義悉檀，是故最大。又九十品，前六十品明實慧，無盡品去明方便。二慧是三世佛法身父母，是故最大善。衆經明此二，皆攝入般若中。

問：衆經明此二，亦應般若攝入衆經中。答：大品最初專明此二，餘經不爾。古來稱般若是得道經，故知大也。

今謂還是論語專大義，何謂會通？會通者，有共般若、不共般若。不共般若最大，餘經若明不共，其義正等（云云）。

他會通：法華明二乘作佛，是祕密；般若不明二乘作佛，故非祕密。祕密則深，般若則淺。何者？般若明菩薩是佛因，於義易解，故非祕密；二乘作佛，與昔教反，於義難解，故是祕密。論云：如用藥爲藥，其事易，用毒爲藥，其事難（云云）。

然密、顯通大小，釋論第四云，顯示教明羅漢斷惑清淨，菩薩不斷惑、不清淨，故菩薩在後列〔三〕。若祕密法，明菩薩得六神通，斷一切煩惱，超二乘上，當知顯示淺、祕密深。今般若、法華皆明菩薩得無生忍，具六神通，並祕密、並深、並大。就祕密更論祕、不祕，般若不明二乘作佛，闕此一條，故言不祕耳。

問：般若未開權，應是祕密；法華開權，應是顯示？答：若取開權，如所問；今取淺易，爲顯示耳。

問：若爾，未了者云何言大？答：據二慧爲深大，不明二乘作佛爲未了。

問：既言深大，何不説二乘是方便，令得作佛？此義未了，亦何大乎？答：非獨自釋。叡師亦云：「般若，照也；法華，實也。論窮理盡性，明萬行，則實不如照；取大明真化，解本無三，則照不如實。是故歎深則般若之功重，美實則法華之用高也。」〔四〕

問：雖引叡師，如攀枯求力，不覺人机俱倒，釋猶未了。今謂不共般若，何時不明二乘作佛？與法華平等大慧更復何殊耶？

衆經論明教非一，若摩得勒伽有二藏：聲聞藏、菩薩藏。又諸經有三藏：二如上，加雜藏。分十一部經是聲聞藏，方廣部是菩薩藏，合十二部是雜藏。又有四藏，更開佛藏。菩薩處胎經八藏，謂胎化藏、中陰藏、摩訶衍方等藏、戒律藏、十住藏、雜藏、金剛藏、佛藏〔五〕。彼諸藏云何會通？

通二藏者：其一通聲聞，其二通菩薩藏。通三藏者：初通聲聞藏，次通雜，其一通菩薩藏。通四藏者：一一相通。通八藏者：八藏降神已來，四教從轉法輪已來，時節節有異，今以轉法輪來八教通之。若胎化藏、中陰藏，未爲阿難説時，即是祕密教；爲阿難説時，即是不定教；摩訶衍方等藏即頓教；戒律藏去五藏，即漸教中之次第。戒律藏即三藏教，十住藏即方等教，雜藏即通教，金剛藏即别教，佛藏即圓教。然佛意難測，一往相望，作此會通（云云）。

問：四教名義出何經？答：長阿含行品：「佛在圓彌城北尸舍婆村説四大教者，從佛聞，從和合衆、多比丘聞，從一比丘聞，是名四大教。」〔六〕月燈三昧經第六，明四種修多羅，謂諸行、訶責、煩惱、清淨。

私釋會之。諸行，是因緣生法，即三藏義也。訶責，是體知過罪，即通教義也。煩惱者，不入巨海，不得寶珠；若無煩惱，則無智慧，即别教義也。清淨者，既舉一淨當名，任運有我常樂等，即圓教也。

又一一教具四修多羅，諸行即集諦，諸行果即苦諦，諸行對治，對治煩惱即道諦，諸行清淨即滅諦，此三藏中具四修多羅也。

又訶責諸行即集諦，訶責諸有即苦諦，訶責煩惱對治即道諦，訶責清淨即滅諦，此通教中具四修多羅。

又煩惱諸行是集諦，煩惱諸有是苦諦，煩惱行被訶責即道諦，煩惱清淨即滅諦，此别教中具四修多羅。

又涅槃即生死，苦諦清淨也；菩提即煩惱，集諦清淨也；煩惱即菩提，道諦清淨也；

生死即涅槃，滅諦清淨也。此圓教中四修多羅。

彼經復明四論、四法、四境界、四門、四斷煩惱智、四苦、四集、四道，皆與四教相應，具如彼應知。

地論第七地云：「一念心具十波羅蜜、四攝、三十七品、四家。」〔七〕釋四家云：「般若家、諦家、捨煩惱家、苦清淨家。」私釋者，約苦諦爲初門修道品，令苦清淨者，即三藏義也。捨煩惱家者，即無相體達爲捨，如色是空，以空捨無相論修道品者，此即通教義也。般若家者，般若智照諸法明了，恒沙法門皆悉通達而修道品，此即別教義也。諦家者，諦即實相之理，即是圓教約實相而修道品也，具如彼説（云云）。

達摩鬱多羅釋教迹義云：教者謂佛被下之言，迹謂蹤跡，亦應跡、化跡。言聖人布教各有歸從，然諸家判教非一。一云釋迦一代不出頓漸，漸有七階五時，世共同傳，無不言是。又云五時之言，那可得定？但雙林已前，是有餘不了，涅槃之唱，以之爲了。又言佛一音報萬，衆生大小並受，何可以頓漸往定，判無頓漸？

今驗之經論，皆是穿鑿耳。何者？人云佛教不出頓漸，而實頓漸攝教不盡，如四阿含經、五部戒律，教未窮深，未得名頓，説亘始終，復不與大次第爲漸，是則頓漸不攝，何得云佛教不出頓漸也？然不無頓，不得全破。何者？凡論頓漸，蓋隨所爲，若就如來，實大小並陳，時無前後，但所爲之人悟解不同，自有頓受，或從漸入，隨所聞結集，何得言無頓也？但不可定其時節，比其淺深耳。

人言漸教中有七階五時，言佛初成道，爲提謂、波利説五戒十善人天教門。然佛隨衆生宜聞便説，何得唯局初時爲二人説五戒也？又五戒經中，二長者得不起法忍，三百人得信忍，二百人得須陀洹果。普曜經中，佛爲二長者授記，號密成如來。若爾，言初爲二人説人天教門，義何依據？又二長者見佛聞法，禮佛而去，竟不向鹿苑。初説五戒時，未化陳如，與誰接次而名爲漸？

人言第二時十二年中説三乘别教。若爾，過十二年，有宜聞四諦、因緣、六度，豈可不説？若説，是則三乘别教不止在十二年中。若不説，是一段在後宜聞者，佛豈可不化也？定無此理。經言爲聲聞説四諦，乃至説六度，不止十二年，蓋一代中隨宜聞者即説耳。如四阿含經、五部律，是爲聲聞説，乃訖於聖滅，即是其事。故增一經説：「釋迦十二年中略説戒，後瑕玼起，乃廣制。」〔八〕長阿含遊行經説「乃至涅槃」，何得言小乘悉十二年中也。

人言第三時三十年中説空宗般若、維摩、思益，依何經文知三十年也？

言四十年後説法華一乘，法華經中彌勒言佛成道來，始過四十餘年，然不可言法華定在大品經後。何故？大智論云：「須菩提於法華中聞説舉手低頭，皆得作佛，是以今問退義。」〔九〕若爾，大品與法華前後何定也？

然大品、法華及涅槃，三教淺深，難可輒言。何者？涅槃佛性亦名般若，亦名一乘，一乘是法華之宗，般若是大品所説，即是明性，復有何未了乎？大品中説第一義空，與涅槃經明空無異，皆云色空，乃至大涅槃亦空。又大品説「涅槃非化」，維摩説佛身離五非常，與涅槃明常，説涅槃不空，有何異而自生分別，言維摩偏詺明常，大品一向説空也？

人以阿難等諸聲聞在大品會，復經法華會，終至涅槃會，故知大品、法華、涅槃應有淺深。義不必爾。何者？如阿難、迦葉經法華會，若未聞説常，涅槃會中二人不在，何由得有常解流通涅槃？復次，舍利弗在佛涅槃前七日滅度，大目連爲執杖外道所打，亦在佛前涅槃，皆不在雙林之會，豈可不得常解乎？即知法華中已悟常竟，不假更聞。又舍利弗等諸聲聞，皆是如來影響，如法華經説：「知衆樂小法而畏於大智，是故諸菩薩作聲聞、緣覺。」涅槃亦云：「我法最長子，是名大迦葉，阿難多聞士，能斷一切疑，自然能解了，是常與無常。」〔一〇〕故知影響之人，在大則大，在小則小，何可就其人以定階漸也？又若從法華後入涅槃者，法華經中已明王宫非始，久來成道，何由涅槃中方引道樹始成，執實爲疑？故知爲一段衆生最後聞常者涅槃經；聞法華者，不假聞涅槃也。

又涅槃經有大利益，如法華中八千聲聞得受記莂，成大果實。若以法華得記，證涅槃之益，即是理同，教無深淺明矣。

又法華優波提舍中明法華經理圓教極，無所缺少。龍樹於大智論中，歎法華最爲甚深。何故餘經皆付阿難，唯法華但付菩薩？是知法華究竟滿足，弗須致疑。

復應當知諸大乘經指歸不殊，但隨宜爲異耳。如華嚴、無量義、法華皆三昧名，般若是大智慧，維摩説不思議解脱是解脱，大涅槃是究竟滅，文殊問菩提是滿足道，悉是佛法。法無優劣，於中明果皆是佛果，明因皆是地行，明理皆是法性，所爲皆是菩薩，指歸不當有異，人何爲强作優劣？若爾，誕公云：雙樹已前，指法華經悉不了，豈非誣調〔一〕也？人情既爾，經論云何？

摩得勒伽説十二部經，唯方廣部是菩薩藏，十一部是聲聞藏。又佛爲聲聞菩薩説出苦道，諸集經者以爲菩薩所説爲菩薩藏，以爲聲聞所説爲聲聞藏。龍樹於大智論中亦云：「大迦葉與阿難在香山撰集三藏爲聲聞藏，文殊與阿難集摩訶衍經爲菩薩藏。」涅槃亦云：「十一部經爲二乘所持，方等部爲菩薩所持。」〔二〕是以依按經論，略唯二種，聲聞藏及菩薩藏也。

然教必對人，人别各二：聲聞藏中有決定聲聞及退菩提心聲聞；菩薩藏中有頓悟大士，有漸入菩薩。聲聞藏中決定聲聞者，久習别異善根，小心狹劣，成就小性，一向樂小；

佛爲説小，畢竟作證，不能趣大。言退菩提心聲聞者，是人嘗於先佛及諸菩薩所發菩提心，但經生歷死，忘失本念，遂生小心，志願於小；佛爲説小，終令趣大。然決定聲聞一向住小，退菩提心聲聞後能趣大，雖有去有住，而受小時一，故對此二人所説爲聲聞藏。

菩薩藏中有能頓悟者，如華嚴等經所爲衆生，不由小來，一往入大，故名爲頓。從漸入者，即向退菩提心聲聞，後能入大，大從小來，故稱爲漸。雖有頓漸不同，然受大處一，故對此二人所説爲菩薩藏也。

然此二藏，隨所爲、隨所説，聲聞藏中有菩薩爲影響，然非所爲，不可從菩薩名作大乘經。菩薩藏中亦有聲聞人，非正所爲宗，不説聲聞法，故不可名爲小乘法。擬人定法，各自不同，是以要而攝之，略唯二也。

問：佛爲三乘人説三種教，何以故判藏唯有其二？答：佛爲求三乘人説三乘法，然聞因緣者，即是聲聞。辟支佛出無佛世，但現神通，默無所説，故結集經者集爲二藏也。依經判教，厥致云爾。

今之四教與達摩二藏，會通云何？彼自云要而攝之，略唯二種。今開分之，判爲四教耳：聲聞藏即三藏教也；菩薩藏即通、别、圓教也。爲決定聲聞説三藏教，爲退大聲聞説通教，爲漸悟菩薩説别教，爲頓悟菩薩説圓教。非唯名數易融，而義意玄合，今古符契，一無二焉。唯文略而義廣，教一而蔽諸。若申隱以使顯，須多作論義。如捕獵川澤，饒結筌罤，豈漁獵者好博耶？不得已而博耳。

師云：我以五章，略譚玄義，非能申文外之妙，特是麤述所懷，常恨言不能暢意，況復記能盡言？雖然，若能尋七義，次通十妙，研別體七，餘五鉤瑣相承，宛宛如繡，引經印定，句句環合，非直包諸名教，該乎半滿而已矣。又即事成觀，鑿凡夫之乾土，見聖法之水泥。圓通之道，於斯通矣。遍朗之朗，於兹明矣。此備於前，今更消文於後也。

妙法蓮華經玄義卷第十下

【校注】

〔一〕大智度論卷四六釋摩訶衍品：「若説般若波羅蜜，則攝六波羅蜜；若説六波羅蜜，則具説菩薩道，所謂從初發意，乃至得佛。譬如王來，必有營從，雖不説從者，當知必有。摩訶衍亦如是，菩薩初發意所行，爲求佛道故，所修集善法，隨可度衆生所説種種法，所謂本起經、斷一切衆生疑經、華手經、法華經、雲經、大雲經、法雲經、彌勒問經、六波羅蜜經、摩訶般若波羅蜜經，如是等無量無邊阿僧祇經，或佛説，或化佛説，或大菩薩説，或聲聞説，或諸得道天説。是事和合，皆名摩訶衍。此諸經中，般若波羅蜜最大故，説摩訶衍，即知已説般若波羅蜜。諸餘助道法，無般若波羅蜜和合，則不能至佛。以是故，一切助道法皆是般若波羅蜜，如後品中佛語須菩提：汝說摩訶衍，不異般若波羅蜜。」

〔二〕大智度論卷五七釋寶塔校量品：「諸餘善法入般若波羅蜜者，是諸餘經，所謂法華經、密迹經等。十二部經中義同般若者，雖不名爲般若波羅蜜經，然義理即同般若波羅蜜。」

〔三〕參見六五四頁注〔二〕。

〔四〕出三藏記集卷八：「法華鏡本以凝照，般若冥末以解懸。解懸理趣，菩薩道也。凝照鏡本，告其終也。終而不泯，則歸途扶疏，有三實之跡。權應不夷，則亂緒紛綸，有惑趣之異。是以法華、般若相待以期終，方便、實化冥一以俠盡。論其窮理盡性，夷明萬行，則實不如照；取其大明真化，解本無三，則照不如實。是故歎深，則般若之功重；美實，則法華之用微。」

〔五〕菩薩處胎經卷七出經品：「爾時，阿難發聲唱言：我聞如是一時，說佛所居處。迦葉及一切聖衆，皆墮淚悲泣不能自勝，咄嗟老死如幻如化，昨日見佛，今日已稱言滅爲聞。最初出經，胎化藏爲第一，中陰藏第二，摩訶衍方等藏第三，戒律藏第四，十住菩薩藏第五，雜藏第六，金剛藏第七，佛藏第八，是爲釋迦文佛經法具足矣。二月八日成佛，二月八日轉法輪，二月八日降魔，二月八日般涅槃。」

〔六〕參見佛說長阿含經卷三遊行經。

〔七〕十地經論卷九：「如是諸佛子！是菩薩住此菩薩遠行地中，念念具足十波羅蜜，亦具足四攝法，亦具足四家三十七助菩提分法、三解脱門，略説乃至一切助菩提分法於念念中皆悉具足。」

〔八〕參見增一阿含經卷四四。

〔九〕大智度論卷九三釋畢定品：「復次，須菩提聞法華經中説，於佛所作少功德，乃至戲笑一稱南無佛，漸漸必當作佛。又聞阿鞞跋致品中有退、不退，又復聞聲聞人皆當作佛，若爾者，不應有退。如法華經中説畢定，餘經説有退、有不退，是故今問爲畢定、爲不畢定。如是等種種因緣故，問定、不定。佛答：『菩薩是畢定。』」

〔一〇〕參見大般涅槃經卷一〇一切大衆所問品。

〔一一〕「調」：底本作「謂」，據南本、徑本、大本改。

〔一二〕參見大般涅槃經卷一六梵行品之三。

附録　隋國師智者天台山國清寺釋智顗傳〔一〕

釋智顗，字德安，姓陳氏，潁川人也。有晉遷都，寓居荆州之華容焉。即梁散騎孟陽公起祖〔二〕之第二子也。母徐氏夢香煙五采縈迴在懷，欲拂去之，聞人語曰：「宿世因緣，寄託王道，福德自至，何以去之！」又夢吞白鼠，如是再三，怪而卜之，師曰：「白龍之兆也。」及誕育之夜，室内洞明，信宿之間，其光乃止。内外胥悦，盛陳鼎俎相慶，乃火滅湯冷，爲事不成。忽有二僧扣門，曰：「善哉！兒德所熏，必出家矣。」言訖而隱，賓客異焉。隣室憶先靈瑞，呼爲王道。兼用後相，復名光道。故小立二名字，參互稱之。眼有重瞳，二親藏掩，而人已知。兼以卧便合掌，坐必面西。年大已〔三〕來，口不妄噉，見像便禮，逢僧必敬。七歲喜往伽藍，諸僧訝其情志，口授普門品，初契一遍即得。二親遏絶，不許更誦，而情懷惆悵，奄忽自然通餘文句。豈非夙植德本，業延于今？志學之年，士梁承聖。屬元帝淪没，北度硤州，依乎舅氏。而俊朗通悟，儀止温恭，尋討名師，冀依出有。

【校注】

〔一〕本傳出自道宣續高僧傳卷一七習禪篇，本次校注以大正藏本爲底本，磧砂藏爲校本。

〔二〕梁散騎孟陽公起祖：陳起祖，智顗父，梁元帝即位後，封爲使持節、散騎常侍、益陽縣開國侯。

〔三〕「大巳」：底本作「一紀」，據磧砂藏本改。

年十有八，投湘州果願寺沙門法緒而出家焉。緒授以十戒，導以律儀，仍攝以北度，詣慧曠律師〔二〕，北〔三〕面横經，具蒙指誨。因潛大賢山，誦法華經及無量義、普賢觀〔三〕等。二旬未淹，三部究竟。

又詣光州大蘇山慧思禪師〔四〕，受業心觀。思又從道於就師，就又受法於最師〔五〕。此三人者，皆不測其位也。思每歎曰：「昔在靈山，同聽法華，宿緣所追，今復來矣。」即示普賢道場，爲説四安樂行。顗乃於此山行法華三昧，始經三夕，誦至藥王品心緣苦行，至是真精進句〔六〕，解悟便發，見共思師處靈鷲山七寶淨土聽佛説法。故思云：「非爾弗感，非我莫識，此法華三昧前方便也。」又入熙州白砂山，如前入觀，於經有疑，輒見思來，冥爲披釋。爾後常令代講，聞者伏之。惟於三三昧、三觀智用以諮審，自餘並任裁解，曾不留意。思躬執如意，在座觀聽，語學徒曰：「此吾之義兒，恨其定力少耳。」〔七〕於是師資改觀，名聞遐邇。

【校注】

〔一〕慧曠律師：（五三四—六一三）南朝、隋著名僧人，精通律學和各種大乘經典，續高僧傳卷一〇有傳。

〔二〕「北」：底本作「地」，據磧砂藏本改。

〔三〕法華經、無量義、普賢觀：被稱爲法華三經。無量義經即佛説無量義經，一卷，北齊曇摩伽陀耶舍譯。觀普賢經全稱佛説觀普賢菩薩行法經，一卷，南朝宋曇摩密多譯。後者因承法華經普賢菩薩勸發品之後而作，故被認爲是法華經的結經。

〔四〕慧思：（五一五—五七七）南北朝著名禪師，被天台宗奉爲三祖，重視法華經和大智度論，對智顗開創天台宗有重要影響。續高僧傳卷一七有傳。

〔五〕最師：南齊僧，無傳，高僧傳卷八僧鍾傳提及。續高僧傳卷一七慧思傳：「時禪師慧文聚徒數百，衆法清肅，道俗高尚，乃往歸依，從受正法。（中略）後往鑒、最等師述己所證，皆蒙隨喜。」

〔六〕心緣苦行，至是真精進句：此處依據妙法蓮華經卷六藥王菩薩本事品：「一切衆生喜見菩薩樂習苦行，（中略）是真精進。」隋天台智者大師别傳作「誦至藥王品：諸佛同讚，是真精進，是名真法供養。」

〔七〕此吾之義兒，恨其定力少耳：隋天台智者大師别傳作：「可謂法付法臣，法王無事者也。」

及學成往辭，思曰：「汝於陳國有緣，往必利益。」思既遊南岳，顗便詣金陵，與法喜等三十餘人在瓦官寺創弘禪法。僕射徐陵〔一〕、尚書毛喜〔二〕等，明時貴望，學統釋、儒，並禀禪慧，俱傳香法，欣重頂戴，時所榮仰。長干寺大德智辯延入宋熙，天宫寺僧晃請居佛窟。斯由道弘行感，故爲時彦齊迎。顗任機便動，即而開悟。白馬警韶〔三〕、奉誠智文〔四〕、禪衆慧命〔五〕，及梁代宿德大忍法師〔六〕等，一代高流，江表聲望，皆捨其先講，欲啓禪門，率其學徒，問津取濟。禹穴慧榮〔七〕住莊嚴寺，道跨吴、會，世稱義窟，辯號懸流，聞顗講法，故來設問，數關徵覈，莫非深隱，輕誕自矜，揚眉舞扇，扇便墮地。顗應對事理，涣然清顯〔八〕，遣榮曰：「禪定之力，不可難也。」時沙門法歲，撫榮背曰：「從來義龍，今成伏鹿〔九〕。扇既墮地，何以遮羞？」榮曰：「輕敵失勢，未可欺也。」綿歷八周〔一〇〕，講智度論，肅諸來學，次説禪門〔一一〕，用清心海。

【校注】

〔一〕徐陵：（五〇七—五八三）陳書卷二六、南史卷六二有傳。徐陵集國家重臣與文苑領袖於一身，曆仕梁、陳，官至尚書左僕射，陳後主曾令其講大品經，國清百録中有多封徐陵寫給智顗的書信。徐陵及其子徐儀，其弟徐孝克對智顗都非常敬信。

〔二〕毛喜：（五一六—五八七）擔任過吏部尚書，陳書卷九、南史卷五八有傳。

〔三〕白馬警韶：（五〇八—五八三）續高僧傳卷七有傳，精通成實、般若，並跟隨真諦學習唯識學。在僧傳中屬於「義解」類僧人。

〔四〕奉誠智文：（五〇九—五九九），續高僧傳卷二二有傳，屬於「明律」類僧人，擅長十誦律。

〔五〕禪衆慧命：（五三一—五六八），續高僧傳卷一七有傳，屬「習禪」類僧人，年十五誦法華經，僧傳記載「初，命與慧思定業是同，贊激衡、楚，詞采高掞，命實過之。」

〔六〕大忍法師：僧史無傳，續高僧傳卷三〇隋杭州靈隱天竺寺真觀法師傳中有其事跡。

〔七〕禹穴慧榮：禹穴指浙江紹興會稽山。慧榮，續高僧傳卷八有傳，屬「義解」類僧人，擅長成實。本傳稱父母寄信，得而焚之，「如此積功，三十餘載，不號義龍，誓無返跡」，自謂「禹穴慧榮，江東獨步」。

〔八〕「顯」：底本無，據磧砂藏本補。

〔九〕伏鹿：據漢書朱雲傳，漢元帝時，少府五鹿充宗治梁丘易，以貴幸善辯，諸儒莫敢與抗論。人有薦朱雲者，雲入，昂首論難，駁得充宗無言以對。諸儒爲之語曰：「五鹿嶽嶽，朱雲折其角。」

〔一〇〕八周：即八年。

〔一一〕禪門：即釋禪般若蜜次第法門。

語默之際，每思林澤。乃夢巖崖萬重，雲日半垂，其側滄海無畔，泓澄在于其下。又見一僧摇手申臂，至于岐麓，挽顗上山云云。顗以夢中所見通告門人，咸曰：「此乃會稽之天台山也，聖賢之所託矣。昔僧光〔一〕、道猷〔二〕、法蘭〔三〕、曇密〔四〕，晉、宋英達，無不栖焉。」因與慧辯等二十餘人，挾道南征，隱淪斯岳。先有青州僧定光，久居此山，積四十載，定慧兼習，蓋神人也。顗未至二年，預告山民曰：「有大善知識當來相就，宜種豆造醬，編蒲爲席，更起屋舍，用以待之。」會陳始興王〔五〕出鎮洞庭，公卿餞送，迴車瓦官，與顗談論。幽極既唱，貴位傾心，捨散山積，虔拜殷重。因歎曰：「吾昨夢逢强盗，今乃表諸軟賊毛繩截骨〔六〕，則憶曳尾泥中。」仍遣謝門人曰：「吾聞闇射則應於弦，何以知之？無明是暗也，脣舌是弓也。心慮如弦，音聲如箭。長夜虛發，無所覺知。又法門如鏡，方圓任象。初瓦官寺四十人坐，半入法門。今者二百坐禪，十人得法。爾後歸宗轉倍，而據法無幾。斯何故耶？亦可知矣。吾自行化導，可各隨所安，當從吾志也。」即往天台。

【校注】

〔一〕僧光：高僧傳卷一一有傳，屬於「習禪」類僧人。據僧傳：「晉永和初遊于江東，投剡之石城山。」

〔二〕道猷：應指竺曇猷，高僧傳卷一一有傳，屬於「習禪」類僧人。據僧傳：「或云法猷，燉煌人。少苦行習禪定，後遊江左，止剡之石城山，乞食坐禪。」

〔三〕法蘭：高僧傳卷一有傳，僧傳中没有提到其到天台山事。

〔四〕曇密：高僧傳卷三有傳，屬於「譯經」類僧人，據僧傳：「會稽太守平昌孟顗，深信正法，以三寶爲己任，素好禪味，敬心殷重。及臨浙右，請與同遊，乃於鄮縣之山建立塔寺。」

〔五〕始興王：陳叔陵，字子嵩，陳宣帝第二子。陳書卷三六、南史卷六五有傳。太建元年（五六九）封始興王，十四年遷都督湘州刺史，出守洞庭。

〔六〕毛繩截骨：大智度論卷五初品中菩薩功德釋論：「是利養法如賊，壞功德本。譬如天雹，傷害五穀，利養、名聞亦復如是，壞功德苗，令不增長。如佛説譬喻，如毛繩縛人，斷膚截骨，貪利養人斷功德本，亦復如是。」

既達彼山，與光相見，即陳賞要。光曰：「大善知識！憶吾早年山上摇手相喚不乎？」顗驚異焉，知通夢之有在也。時以陳太建七年秋九月矣。又聞鍾聲滿谷，衆咸怪異。光曰：「鍾是召集有緣，爾得住也。」顗乃卜居勝地，是光所住之北，佛隴山南，螺溪之源。處既閑敞，易得尋真。地平泉清，徘徊止宿。俄見三人，皂帽絳衣，執疏請云：「可於此行道。」於是聿創草菴，樹以松果，數年之間，造展相從，復成衢會。光曰：「且隨宜安堵，至國清時，三方總一，當有貴人爲禪師立寺，堂宇滿山矣。」時莫測其言也。

顗後於寺北華頂峰獨静頭陀，大風拔木，雷霆震吼，魑魅千群，一形百狀，吐火聲叫，駭異難陳，乃抑心安忍，湛然自失。又患身心煩痛，如被火燒。又見亡没二親，枕顗膝上，陳苦求哀。顗又依止法忍，不動如山，故使强軟兩緣，所感便滅。忽致西域神僧，告曰：「制敵勝怨，乃可爲勇。」文多不載。

陳宣帝下詔曰：「禪師佛法雄傑，時匠所宗，訓兼道俗，國之望也。宜割始豐縣調，以充衆費，蠲兩户民，用供薪水。」天台山縣名爲安樂，令陳郡袁子雄〔一〕，崇信正法，每夏常講淨名。忽見三道寶階從空而降，有數十梵僧乘階而下，入堂禮拜，手擎香爐，遶顗三匝，久之乃滅。雄及大衆同見，驚歎山喧。其行達靈感，皆如此也。永陽王伯智〔二〕出撫吴興，與其眷屬就山請戒，又建七夜方等懺法。王晝則理治，夜便習觀。顗謂門人智越〔三〕：「吾欲勸王更修福禳禍，可乎？」越對云：「府僚無舊，必應寒熱。」顗曰：「息世譏嫌，亦復爲善。」俄而王因出獵，墮馬將絶，時乃悟意，躬自率衆作觀音懺法。不久，王覺小醒，憑几而坐，見梵僧一人擎爐直進，問王所苦，王流汗無答，乃遶王一匝，坦然痛止。仍躬著願文曰：「仰惟天台闍梨，德侔安、遠，道邁光、猷，遐邇傾渴，振錫雲聚。紹像法之墜緒，以救昏蒙；顯慧日之重光，用拯澆俗。加以遊浪法門，貫通禪苑，有爲之結已離，無生之忍現前。弟子飄蕩業風，沈淪愛水，雖餐法喜，弗祛蒙蔽之心；徒仰禪悦，終懷散動之慮。日輪馳騖，羲〔四〕和之轡不停；月鏡迴斡〔五〕，恒娥之景難駐。有離有會，歎息何言；愛法敬法，潺湲無已。願生生世世值天台闍梨，恒修供養，如智積奉智勝如來〔六〕，若藥王覲雷音正覺〔七〕。安養、兜率，俱蕩一乘（云云）。」〔八〕其爲天王信敬，爲此類也。於即化移海岸，法政歐閩，陳疑請道，日昇山席。

【校注】

〔一〕袁子雄：據隋天台智者大師别傳：「有陳郡袁子雄奔林百里，又新野庾崇斂民三課。兩人登山，值講淨名，遂齋戒連辰，專心聽法。雄見堂前有山，瑠璃映徹，山陰曲澗，琳琅布底，跨以虹橋，填以寶飾。梵僧數十，皆手擎香爐從山而出，登橋入堂，威儀溢目，香煙徹鼻。雄以告崇，崇稱不見。並席天乖，其在此矣。雄因發心改造講堂。此事非遠，堂今尚在。」

〔二〕永陽王伯智：陳文帝第十二子，陳書卷二八、南史卷六五有傳。

〔三〕智越：智顗弟子，續高僧傳卷一七習禪篇有傳。智顗卒後，楊廣爲建國清寺，智越擔任第一任主持。

〔四〕「義」：底本作「義」，據磧砂藏本改。

〔五〕「斡」：隋天台智者大師别傳作「軒」。

〔六〕智積奉智勝如來：出於妙法蓮華經卷三化城喻品。

〔七〕藥王覲雷音正覺：此處可能有誤，據妙法蓮華經卷七妙音菩薩品記載，妙音菩薩供奉雲雷音王佛。

〔八〕參見國清百録卷二所載永陽王解講疏。

陳帝意欲面禮，將申謁敬，顧問群臣：「釋門誰爲名勝？」陳暄〔一〕奏曰：「瓦官禪師德邁風霜，禪鏡淵海。昔在京邑，群賢所宗。今高步天台，法雲東藹。願陛下詔之還都，使道俗咸荷。」因降璽書，重沓徵入。顗以重法之務，不賤其身，乃辭之。後爲永陽苦諫，因又降敕，前後七使，並帝手疏。顗以道通惟人，王爲法寄，遂出都焉。迎入太極殿之東堂，請講智論。有詔羊車童子〔二〕列導於前，主書舍人翊從登陛，禮法一如國師瓘闍梨故事。陳主既降法筵，百僚盡敬，希聞未聞，奉法承道，因即下敕立禪衆於靈曜寺。學徒又結，望衆森然。煩降敕於太極殿講仁王經〔三〕，天子親臨，僧正慧晅〔四〕、僧都慧曠，京師大德，皆設巨難。顗接問承對，盛啓法門。晅執爐賀曰：「國十餘齋，身當四講，分文析義，謂得其歸。今日出星收，見巧知陋矣。」其爲榮望，未可加之。然則江表法會，由來諍競不足，及顗之御法即坐，肅穆有餘，遂使千支花錠，七夜恬耀，舉事驗心，顗之力也。

【校注】

〔一〕陳暄：官至通直散騎常侍，南史卷六一有傳，智者大師别傳爲徐陵。

〔二〕羊車童子：隋書卷一〇禮儀志五：「其制如軺車，金寶飾，紫錦幰，朱絲網。馭童二十人，皆兩鬟髻，服青衣，取年十四五者爲，謂之羊車小史。駕以果下馬，其大如羊。」

〔三〕煩降敕於太極殿講仁王經：據佛祖統紀記載，陳武帝永定三年（五五九），「敕大内設仁王齋」，此後每年舉行兩次法會，按仁王經護國品儀軌設置道場，講經護國。

〔四〕慧晅：（五一五—五八九）續高僧傳卷九有傳。

晚出住光曜，禪慧雙弘，動郭奔隨，傾意清耳。陳主於廣德殿下敕謝云：「今以佛法仰委，亦願示諸不逮。」于時檢括僧尼，無貫者萬計，朝議云：「策經落第者，並合休道。」顗表諫曰：「調達誦六萬象經〔一〕，不免地獄，槃特誦一行偈，獲羅漢果〔二〕。篤論道也，豈闍多誦？」陳主大悦，即停搜簡。是則萬人出家，由顗一諫矣。末爲靈曜褊隘，更求閑静，忽夢一人，翼從嚴正，自稱名云：「余冠達也，請住三橋。」顗曰：「冠達，梁武法名。三橋，豈非光宅耶？」乃移居之。其年四月，陳主幸寺，修行大施。又講仁王，帝於衆中起拜殷勤，儲后已下並崇戒範，故其受〔三〕法文云：「仰惟化導無方，隨機濟物，衛護國王，汲引天人，照燭光輝，託迹師友。比丘入夢，符契之象久彰；和上來儀，高座之德斯炳。是以翹心十地，渴仰四依〔四〕，大小二乘，内外兩教，尊師重道，由來尚矣。伏希俯提所請，世世結緣；遂其本願，日日增長。今奉請爲菩薩戒師。」便傳香在手，而瞼下垂淚。斯亦德動人主，屈幸從之。

【校注】

〔一〕調達誦六萬象經：出曜經卷一四利養品：「昔佛在羅閱城竹園加蘭陀所。爾時有比丘名曰調達，聰明廣學，十二年中坐禪入定，心不移易，十二頭陀初不缺減，起不淨觀，了出入息，世間第一法乃至頂法一一分別，所誦佛經六萬，象載不勝。」

〔二〕槃特誦一行偈，獲羅漢果：法句譬喻經卷二述千品：「昔佛在舍衛國，有一長老比丘字般特，新作比丘，稟性闇塞，佛令五百羅漢日日教之，三年之中不得一偈，國中四輩皆知其愚冥。佛愍傷之，即呼著前，授與一偈：『守口攝意，身莫犯非，如是行者得度世。』時般特感佛慈恩，歡欣心開，誦偈上口。佛告之曰：『汝今年老，方得一偈，人皆知之，不足爲奇；今當爲汝解説其義，一心諦聽。』般特受教而聽，佛即爲説身三、口四、意三所由，觀其所起，察其所滅，三界五道輪轉不息，由之昇天，由之墮淵，由之得道，涅槃自然，分別爲説無量妙法。時般特爣然心開，即得羅漢道。」

〔三〕「其受」：底本作「受其」，據磧砂藏本改。

〔四〕四依：指四依菩薩，即四種可以依止的菩薩。大乘諸師對四依菩薩與大乘修行階位之配列，有多種説法，如法華玄義卷五上載，五品、十信之人爲初依，十住之人爲二依，十行、十迴向之人爲三依，十地、等覺之人爲四依。

及金陵敗覆，策杖荆湘，路次盆城〔一〕，夢老僧曰：「陶侃瑞象，敬屈護持。」〔二〕於即往憩匡山，見遠圖續，驗其靈也，宛如其夢。不久潯陽反叛〔三〕，寺宇焚燒，獨有兹山，全無侵擾，信護象之力矣。末剗迹雲峰，終焉其致。

會大業在藩〔四〕，任總淮海，承風佩德，欽注相仍，欲遵一戒法，奉以爲師，乃致書累請。顗初陳寡德，次讓名僧，後舉同學，三辭不免，乃求四願。其辭曰：「一、雖好學禪，行不稱法，年既西夕，薳守繩床，撫臆循心，假名而已，吹嘘在彼，惡聞過實，願勿以禪法見期。二、生在邊表，長逢離亂，身闇庠序，口拙暄涼，方外虛玄，久非其分，域間撙節，無一可取，雖欲自慎，樸直忤人，願不責其規矩。三、徵〔五〕欲傳燈，以報法恩，若身當戒範，應重去就，去就若重，傳燈則闕，去就若輕，則來嫌誚。避嫌安身，未若通法而命，願許其爲法，勿嫌輕動。四、三十餘年，水石之間，因以成性。今王途既一，佛法再興，謬課庸虚，沐此恩化，内竭朽力，仰酬外護。若丘壑念起，願隨心飲啄，以卒殘年。許此四心，乃赴優旨。」晉王方希淨戒，如願唯諾，故躬制請戒文云：「弟子基承積善，生在皇家，庭訓早趍，貽〔六〕教夙漸，福履攸臻，妙機頓悟。耻崎嶇於小徑，希優遊於大乘。笑息止於化城，誓舟航於彼岸。開士萬行，戒善爲先。菩薩十受〔七〕，專持最上。喻宫室，先基趾，徒架虚空，終不能成。孔、老、釋門，咸資鎔鑄，不有軌儀，孰將安仰？誠復能仁奉爲和上，文殊冥作闍梨，而必藉人師，顯傳聖授，自近之遠，感而遂通。波崙罄髓於無竭〔八〕，善才亡身於法界。經有明文，非徒臆説。深信佛語，幸遵時導〔九〕。禪師佛法龍象，戒珠圓淨，定水淵澄，因静發慧，安無礙辯，先物後己，謙挹成風，名稱遠聞，衆所知識。弟子所以虔誠遥注，命檝遠迎，每慮緣差，值諸留難。師亦既至，心路豁然，及披雲霧，即銷煩惱。今開皇十一年十一月二十三日，於揚州總管金〔一〇〕城設千僧會，敬屈授菩薩戒。戒名爲孝，亦名制止。方便智度，歸宗奉極。作大莊嚴，同如來慈，普諸佛愛，等視四生，猶如一子云云。」〔一一〕即於内第躬傳戒香，授律儀法。告曰：「大士爲度，遠濟爲宗，名實相符，義非輕約。今可法名爲總持也，用攝相兼之道也。」王頂受其旨，教曰：「大師禪慧内融，導之法澤，輒奉名爲智者。」自是專師率誘，日進幽玄，所獲施物六十餘事，一時迴施悲敬兩田，願使福德增繁，用昌家國。便欲返故林，王仍固請，顗曰：「先有明約，事無兩違。」即拂衣而起。王不敢重邀，合掌尋送，至于城門。顧曰：「國鎮不輕，道務致隔。幸觀佛化，弘護在懷。」王禮望目極，銜泣而返。

【校注】

〔一〕盆城：應爲湓城，屬江西九江。

〔二〕老僧指慧遠。陶侃瑞象事，見高僧傳卷六釋慧遠傳，陶侃爲廣州刺使時，見到一個神像，後來到荆州做刺使，派人迎接神像，幾十人抬到船上，船立即覆没，没有成功。後來慧遠創立東林寺，至誠啓請，佛像飄然自至。

〔三〕潯陽反叛：隋滅陳後，陳人未服，不斷發起叛亂。當時有江南李稜等聚衆作叛，又有朱莫問自稱南徐刺史，兵據京口，又有晉陵顧世興與吴郡沈玄懀等叛亂。共有五處大亂，都是元帥楊素率軍平叛。

〔四〕大業在藩：大業是楊廣稱帝後的年號，這裏借指楊廣。開皇十年（五九〇），晉王楊廣接替其弟秦王楊俊，擔任揚州總管，駐守江都。

〔五〕「徵」：磧砂藏本作「微」。

〔六〕「眙」：高麗藏本作「胎」。

〔七〕菩薩十受：指梵網經十重戒。

〔八〕波崙罄髓於無竭：出摩訶般若波羅蜜經二七常啼品。薩陀波崙，菩薩名，譯曰常啼，因聞般若不得，嘗七月七夜啼哭，後賣身肉髓供養曇無竭菩薩，以求其説法。

〔九〕「遵時導」：磧砂藏本作「願遵持」。

〔一〇〕「金」：底本作「寺」，據磧砂藏本改。

〔一一〕受戒文内容參見國清百録卷二、廣弘明集卷二七。

便泝流上江，重尋匡嶺，結徒行道，頻感休徵。百越邊僧聞風至者，累迹相造。又上渚宮〔一〕鄉壤，以答生地恩也。道俗延頸，老幼相攜，戒場講坐，衆將及萬。遂於當陽縣玉泉山立精舍，敕給寺額，名爲一音。其地昔惟荒嶮，神獸蛇暴，創寺之後，快無憂患。是春亢旱，百姓咸謂神怒。顗到泉源，帥衆轉經，便感雲興雨霔，虚誣〔二〕自滅。總管宜陽公王積〔三〕到山禮拜，戰汗不安，出曰：「積屢經軍陣，臨危更勇，未嘗怖懼頓如今日。」

其年晉王又遣手疏〔四〕請還，辭云：「弟子多幸，謬稟師資，無量劫來，悉憑開悟。色心無作〔五〕，昔年虔受。身雖疏漏，心護明珠，定水禪支，屏散歸静。荷國鎮蕃，爲臣爲子，豈寂四緣〔六〕，能入三昧？電光斷結〔七〕，其類甚多，慧解脱人，厥朋不少。即日欲伏膺智斷，率先名教，永汎法流，兼用治國，未知底滯可開化不？師嚴導尊可降意不？宿世根淺可發萌不？菩薩應機可逗時不？書云：『民生在三，事之如一。』〔八〕況覃〔九〕釋典而不從師？今之慊言，備瀝素款，成就事重，請棄飾詞。」顗答書云：「謬承人乏〔一〇〕，擬迹師資。顧此庸微，以非時許，況隆今命，彌匪克當，徒欲沈吟，必乖深寄。」王重請云：「學貴承師，事推物論。歷求法界，厝心有在。仰惟久殖善根，非一生得，初乃由學，俄逢聖境。南岳記莂，説法第一，無以仰過。照禪師來，具述此事，于時心喜，以域寸誠。智者昔入陳朝，彼國明試，瓦官大集，衆論鋒起。榮公强口，先被折角；兩瓊〔一一〕繼軌，纔獲交綏；忍師讚歎，嗟唱希有。弟子仰延之始，屈登無畏，釋難如流，親所聞見，衆咸瞻仰。承前荆楚，莫不歸伏，非禪不智〔一二〕，驗乎金口。比釋侣〔一三〕所談，智者融會，甚有階位，譬若群流歸乎大海，此之包舉，始得佛意。惟願未得令得，未度令度，樂説不窮，法施無盡。」乃從之重現。令造淨名疏。河東柳顧言〔一四〕、東海徐儀〔一五〕，並才華胄績，應奉文義，緘封寶藏，王躬受持。後蕭妃〔一六〕疾苦，醫治無術。王遣開府柳顧言等致書請命，願救所疾。顗又率侣建齋七日，行金光明懺，至第六夕，忽降異鳥，飛入齋壇，宛轉而死，須臾飛去，又聞豕吟之聲，衆並同矚。顗曰：「此相現者，妃當愈矣。鳥死復蘇，表盍棺還起。豕幽鳴顯，示齋福相乘。」至于翌日，患果遂瘳，王大嘉慶。

【校注】

〔一〕渚宫：代指江陵。荆州被稱爲渚宫，在春秋中已出現。

〔二〕「誣」：磧砂藏本作「謡」。

〔三〕王積：應爲王世積，隋書卷四〇有傳，曾擔任荆州總管。

〔四〕參見國清百録卷二王謝天冠并請義書。

〔五〕色心無作：指戒體。智顗菩薩戒義疏卷一：「初戒體者，不起而已，起即性無作假色。」

〔六〕四緣：指因緣、次第緣、所緣緣、增上緣。

〔七〕電光斷結：佛垂般涅槃略説教誡經：「譬如夜見電光，即得見道。」

〔八〕人生在三，事之如一：三，指君、父、師。國語晉語一：「民生於三，事之如一。父生之，師教之，君食之。非父不生，非食不長，非教不知，生之族也，故壹事之。」

〔九〕「覃」：隋天台智者大師别傳作「譚」。

〔一〇〕「乏」：磧砂藏本作「主」。

〔一一〕兩瓊：指彭城寺寶瓊和建初寺寶瓊（續高僧傳卷七有傳）。

〔一二〕非禪不智：一般和「非智不禪」連用。灌頂觀心論疏：「空、無相、無作名三解脱，亦名三三昧。從正見入定，發無漏智，名大臣，定名大王，故名三三昧，非智不禪也。正定生正見，發無漏定，爲大臣，正見爲大王，名三解脱，非禪不智也。」

〔一三〕「侣」：底本無，據磧砂藏本補。

〔一四〕河東柳顧言：官至秘書監，深得隋煬帝喜愛，煬帝爲太子時，令作法華玄宗二十卷。隋書卷五八有傳。

〔一五〕東海徐儀：徐陵之子，陳書卷二六徐陵傳有附傳。

〔一六〕蕭妃：（五六七—六四七）祖父爲西梁皇帝蕭詧，父爲西梁孝明帝蕭巋，後爲隋煬帝皇后。

時遇入朝，旋歸台岳，躬率禪門，更行前懺，仍立誓云：「若於三寶有益者，當限此餘年。若其徒生，願速從化。」不久告衆曰：「吾當卒此地矣，所以每欲歸山。今奉冥告，勢當將盡。死後安措西南峰上，累石周屍，植松覆坎〔一〕，仍立白塔，使見者發心。」又云：「商客寄金〔二〕，醫去留藥〔三〕，吾雖不敏〔四〕，狂子可悲〔五〕。」仍口授觀心論，隨略疏成，不加點潤。命學士智越往石城寺掃洒，吾〔六〕於彼佛前命終，施床東壁，面向西方，稱阿彌陀佛、波若、觀音。又遣多然香火，索三衣〔七〕鉢杖，以近身自餘道具分爲二分，一奉彌勒，一擬羯磨。有欲進藥者，答曰：「藥能遣病，留殘年乎？病不與身合，藥何所遣？年不與心合，藥何所留？」智晞往，曰：「復何所聞？觀心論内復何所道？紛紜醫藥，累擾於他。」

又請進齋飯，答曰：「非但步影而爲齋也，能無觀無緣，即真齋矣。吾生勞毒器〔八〕，死悦休歸，世相如是，不足多歎。」又出所制淨名疏，并犀角如意、蓮華香爐與晉王別，遺書七紙〔九〕，文極該綜，詞采風標，屬以大法。末乃手注疏曰：「如意、香爐是大王者，還用仰別，使永布德香，長保如意也。」便令唱法華經題，顗贊引曰：「法門父母，慧解由生，本迹彌大，微妙難測，輟斤〔一〇〕絶絃〔一一〕於今日矣。」又聽無量壽竟，仍贊曰：「四十二願，莊嚴淨土，華池寶樹，易往無人云云。」又索香湯漱口，説十如、四不生、十法界、三觀、四教、四無量、六度等。有問其位者，答曰：「汝等嬾種善根，問他功德，如盲問孔〔一二〕，蹶者訪路云云。吾不領衆，必淨六根，爲他損己，只是五品内位〔一三〕耳。吾諸師友從觀音、勢至皆來迎我。波羅提木叉是汝宗仰，四種三昧〔一四〕是汝明導。」又敕維那：「人命將終，聞鍾磬聲，增其正念，唯長唯久，氣盡爲期，云何身冷方復響磬？世間哭泣、著服，皆不應作。且各默然，吾將去矣。」言已，端坐如定，而卒於天台山大石像前〔一五〕，春秋六十有七，即開皇十七年十一月二十二日也。滅後依有遺教而殮焉。至仁壽末年已前，忽振錫披衣，猶如平昔，凡經七現，重降山寺。一還佛隴，語弟子曰：「案行故業，各安隱耶？」舉衆皆見，悲敬言問，良久而隱。

【校注】

〔一〕植松覆坎：從漢代開始，在墳墓前種植松柏成爲一種慣例。覆坎：覆，蓋；坎，墳穴。松盛則翠蓋其墳。

〔二〕商客寄金：大般涅槃經卷一二長壽品：「世尊！譬如老人年百二十，身嬰長病，寢卧床席，不能起居，氣力虚劣，餘命無幾。有一富人緣事欲行，當至他方，以百斤金寄彼老人而作是言：『我今他行，以是寶物持用相寄。或經十年、或二十年，事畢當還，還時歸我。』是老病人即便受之，而此老人復無繼嗣，其後不久病篤命終，所寄之物悉皆散失。財主行還，求索無所。如是癡人不知籌量所寄可否，是故行還求索無所，以是因緣喪失財寶。世尊！我等聲聞亦復如是，雖聞如來慇懃教戒，不能受持令得久住，如彼老人受他寄付。我今無智，於諸戒律當何所問？」

〔三〕醫去留藥：出自妙法蓮花經卷五如來壽量品。

〔四〕吾雖不敏：論語顔淵：「顔淵問仁。子曰：克己復禮爲仁。一日克己復禮，天下歸仁焉。爲仁由己，而由人乎哉？顔淵曰：請問其目。子曰：非禮勿視，非禮勿聽，非禮勿言，非禮勿動。顔淵曰：回雖不敏，請事斯語矣。」

〔五〕狂子可悲：論語公冶長：「子在陳，曰：歸與！歸與！吾黨之小子狂簡，斐然成章，不知所以裁之。」

〔六〕「吾」：底本無，據磧砂藏本補。

〔七〕三衣：依佛教戒律規定，比丘所可擁有的三種衣服，謂之三衣，即：僧伽梨、郁多羅僧、安陀會。此三衣總稱爲支伐羅。由於三衣依規定須以壞色（濁色，即袈裟色）布料製成，故又稱爲袈裟。

〔八〕吾生勞毒器：成實論卷一〇身見品：「如憂波斯那經説：清淨持戒人，善修八聖道，命終時心喜，猶如破毒器。」成實論卷一一明因品：「如舍利弗説，清淨持戒得道者，死時歡喜，猶破毒器。」

〔九〕遺書七紙：智顗寫給晉王的遺書見國清百録卷三。

〔一〇〕輟斤：莊子徐無鬼：「郢人堊慢其鼻端若蠅翼，使匠石斲之。匠石運斤成風，聽而斲之，盡堊而鼻不傷，郢人立不失容。宋元君聞之，召匠石曰：嘗試爲寡人爲之。匠石曰：臣則嘗能斲之，雖然，臣之質死久矣。自夫子之死也，吾無以爲質矣，吾無與言之矣。」後用「輟斤」指失去知己。

〔一一〕絶絃：出自吕氏春秋，也稱爲「伯牙絶絃」。絶，斷絶。伯牙因爲子期死了，就把琴摔碎，再也不彈琴。比喻知己喪亡後，棄絶某種愛好，表示悼念。

〔一二〕「孔」：底本作「乳」，據磧砂藏本改。

〔一三〕五品内位：智顗根據妙法蓮華經設立隨喜、讀誦、説法、兼行六度、正行六度五品，稱爲五品弟子位。五品成就，能圓伏五住煩惱，屬外凡位。智顗認爲五品位是圓教八位的第一位，其他爲十信（即六根清淨位）、十住、十行、十回向、十地、等覺、妙覺。

〔一四〕四種三昧：指智顗摩訶止觀卷二上所舉之常坐三昧、常行三昧、半行半坐三昧、非行非坐三昧。

〔一五〕據隋天台智者大師別傳，智顗在石城寺（今浙江新昌大佛寺）去世。

自顗降靈龍象，育神江漢，憑積善而託生，資德本而化世，身過七尺，目佩異光，解統釋門，行開僧位，往還山世，不染俗塵，屢感幽祥，殆非可測。初，帝於蕃日，遣信入山迎之，因散什物，標域寺院，殿堂厨宇，以爲圖樣。告弟子曰：「此非小緣所能締構，當有皇太子爲吾造寺，可依此作，汝等見之。」後果如言，事見別傳。

往居臨海，民以滬魚爲業。罾網相連四百餘里，江滬溪梁六十餘所。顗惻隱觀心，彼此相害，勸捨罪業，教化福緣。所得金帛，乃成山聚，即以買斯海曲，爲放生之池。又遣沙門慧拔表聞于上。陳宣下敕，嚴禁此池不得採捕。國爲立碑，詔國子祭酒徐孝克〔一〕爲文，樹于海濱，詞甚悲楚，覽者不解墮淚。時還佛壟，如常習定，忽有黃雀滿空，翺翔相慶，嗚呼山寺，三日乃散。顗曰：此乃魚來報吾恩也。至今貞觀，猶無敢犯，下敕禁之，猶同陳世。此慈濟博大，仁惠難加。又居山有蕈，觸樹皆垂，隨採隨出，供僧常調。顗若他涉，蕈即不生。因斯以談，誠道感矣。

所著法華疏、止觀門、修禪法等，各數十卷。又著淨名疏，至佛道品，有三十七卷，皆出口成章，侍人抄略，而自不畜一字。自餘隨事流卷，不可殫言，皆幽指爽徹，摛思開天。煬帝奉以周旋，重猶符命，及臨大寶，便藏諸麟閣〔二〕，所以聲光溢于宇宙，威相被于當今矣。

而枯骸特立，端坐如生，瘞以石門，關以金鑰，所有事由，一關別敕。每年諱日，帝必廢朝，預遣中使，就山設供。尚書令楊素〔三〕，性度虛簡，事必臨信，乃陳其意：「云何枯骨特坐如生？」敕授以户鑰，令自尋視，既如前告，得信而歸。

顗東西垂範，化通萬里。所造大寺三十五所，手度僧衆四千餘人，寫經一十五藏，金檀畫像十萬許軀。五十餘州道俗受菩薩戒者不可稱紀，傳業學士三十二人，習禪學士散流江漢，莫限其數。沙門灌頂侍奉多年，歷其景行，可二十餘紙〔四〕。又終南山龍田寺沙門法琳〔五〕，夙預宗門，觀〔六〕傳戒法，以德音遽遠，拱木俄森，爲之行傳，廣流於世。隋煬末歲，巡幸江都，夢感智者言及遺寄。帝自製碑，文極宏麗，未及鐫勒，值亂便失。

【校注】

〔一〕徐孝克：（五二七—五九九）徐陵弟，陳書卷二六有傳，曾剃髮爲沙門，還俗後，常與諸僧討論釋典，遂通三論，「每日二時講，旦講佛經，晚講禮傳。道俗受業者數百人。（中略）乃蔬食長齋，持菩薩戒，晝夜講誦法華經，高宗甚嘉其操行。（中略）隋文帝召令於尚書都堂講金剛般若經。（中略）臨終，正坐念佛，室内有非常異香氣，鄰里皆驚異之。」

〔二〕麟閣：麟閣是漢代閣名，在未央宫中。三輔黄圖：「麒麟閣，蕭何造，以藏秘書，處賢才也。」

〔三〕楊素：（五四四—六〇六）隋朝權臣，官至尚書令、太師、司徒，封楚國公，隋書卷四八有傳。

〔四〕歷其景行，可二十餘紙：即灌頂所著隋天台智者大師别傳。

〔五〕法琳：（五七二—六四〇）續高僧傳卷二四有傳，屬於「護法」類僧人。

〔六〕「觀」：磧砂藏本作「親」。